LANGUAGES IN TIME AND SPACE

Volume 4 - Edited by VITALY SHEVOROSHKIN and CINDY DROVER-DAVIDSON

***

VLADIMIR OREL

RUSSIAN ETYMOLOGICAL DICTIONARY

BOOK 4: Т – Я

ISBN: 978-1-77083-026-4

REFERENCES

AASF — *Annales Academiae Scientiarum Fennicae. Serie B.* Hel-sinki.

ABS — *Acta Baltico-Slavica.* Białystok, 1964-.

ACAREAN *HAB* — ACAREAN, HRAC'EAY H. *Hayerēn armatakan ba-ṛaran.* I-IV. Yerevan: Yerevan University, 1971-1979.

ADAMS *TB* — ADAMS, DOUGLAS Q. *A Dictionary of Tocharian B.* Amsterdam-Atlanta: Rodopi, 1999.

AfslPh — *Archiv für slavische Philologie.* I-XXX. Berlin, 1876-1909.

Aġ. p'il. - Aġmosavluri p'ilologia. I-. T'bilisi: Mec'niereba, 1969-.

AGI — *Archivio glottologico italiano.* Roma-Milano-Torino, 1873-.

AGRELL *BSL* — AGRELL, SIGURD. *Zur baltoslavischen Lautge-schichte.* Lund: C. W. K. Gleerup, 1921.

AGRELL *LG* — AGRELL, SIGURD. *Zwei Beiträge zur slavischen Lautgeschichte.* Lund: C. W. K. Gleerup, 1918.

AHG - *The American Heritage Dictionary of the English language.* Boston: Houghton Mifflin Company, 1978.

AION-Sl. — *Annali dell'Instituto Orientale di Napoli. Sezione slava.* Napoli, 1958-.

ALH - Acta linguistica Academiae Scientiarum Hungaricae. Budapest, 1951-.

AJPh — *American Journal of Philology.* Baltimore, 1880-.

AKPAW — *Abhandlungen der königlichen Preussischen Akade-mie der Wissenschaften zu Berlin.* Berlin, 1889-.

ALASH — *Acta linguistica Academiae Scientiarum Hungaricae.* Budapest, 1951-.

ANF — *Arkiv for nordisk filologi.* Christiania, 1883-, NF. Lund.

Anz. SPh — *Anzeiger für slavische Philologie.* Graz, 1966-.

AOASH — *Acta orientalia Academiae Scientiarum Hungaricae.* Budapest, 1950-.

ArOr — *Archiv orientální.* Praha, 1929-.

ARUMAA - ARUMAA, PEETER. Urslavische Grammatik. Einführung in das vergleichende Studium der slavischen Sprachen. Heidelberg: C. Winter, 1964.

BAO - Im Bannkreis des Alten Orients. Innsbruck, 1986.

BA — *Balkan-Archiv.* Hamburg, 1925-1928.

Baltistica — *Baltistica.* Vilnius. I-. 1965-.

BAMMESBERGER *Nom.* — BAMMESBERGER, ALFRED. *Die Morpholo-gie des urgermanischen Nomens.* Heidelberg: Carl Winter, 1990.

BARIĆ *ARSt.* — BARIĆ, HENRIK. *Albano-rumänische. Studien* I.

Sarajevo: Institut für Balkanforschung, 1919 [= *Zur Kunde der Balkanhalbinsel. Quellen und Forschungen* VII].

BASP - Bulletin de l'Academie de St. Petersbourg. St. Petersbourg.

BB — *Beiträge zur Kunde der indogermanischen Sprachen*. Göttingen. 1877-1907.

BBS — *Balcano-balto-slavica. Симпозиум по структуре текста.* Москва: Наука, 1979.

BENVENISTE *IEL* — BENVENISTE, EMILE. *Indo-European Language and Society*. London: Faber and Faber, 1973 [English transl. of BENVENISTE *Inst.*].

BENVENISTE *Inst.* — BENVENISTE, EMILE. *Le vocabulaire des in-stitutions indo-europénnes* I-II. Paris: Editions de Minuit, 1969.

BENVENISTE *Nom.* — BENVENISTE, EMILE. *Noms d'agent et noms d'action en indo-européen*. Paris: Adrien-Maisonneuve, 1948.

BENVENISTE *Origines* — BENVENISTE, EMILE. *Origines de la forma-tion des noms en indo-européen*. Paris: Adrien-Maisonneuve, 1935.

BENVENISTE *Hitt.* — BENVENISTE, EMILE. *Hittite et indo-européen*. Paris: Adrien-Maisonneuve, 1962.

BERNEKER — BERNEKER, ERICH K. *Slavisches etymologisches Wörterbuch*. I-II. Heidelberg: C. Winter, 1908-1913.

Bez. — *Slawisch-deutsche Wechselbeziehungen in Sprache, Literatur und Kultur*. Berlin: Academie Verlag, 1969.

BEZLAJ *ES* — BEZLAJ, FRANCE. *Etimološki slovar slovenskega jezika*. I-. Ljubljana: Slovenska akademija znanosti in umet-nosti, 1982-.

BEZLAJ *ES* — BEZLAJ, FRANCE. *Eseji o slovenskem jeziku*. Ljubljana: Mladinska knjiga, 1967.

Blažek

BLOCH-WARTBURG — BLOCH, OSCAR, [ed. and augmented by] VON WARTBURG, WALTHER. *Dictionnaire étmologique de la langue française*. 5ième ed. Paris: Presses universitaires de France, 1964.

BOISACQ — BOISACQ, EMILE. *Dictionnaire étymologique de la langue grecque*. Paris-Heidelberg: C. Winter & C. Klincksieck, 1930.

BOPP *Alb.* — BOPP, FRANZ. Über das Albanesische in seinen verwandtschaftlichen Beziehungen. *Königliche Preußische Akademie der Wissenschaften. Abhandlungen der Philoso-phisch-historischen Klasse*. Berlin: J. Stargardt, 1854, 459-549.

BORYŚ-POPOWSKA — BORYŚ, WIESŁAW, POPOWSKA-TABORSKA, HANNA. *Słownik etymologiczny kaszubszczyny*. I-. Warszawa: Sławistyczny Ośrodek Wydawniczy, 1994-.

BRÜCKNER *SEJP* — BRÜCKNER, ALEKSANDER. *Słownik etymologicz-ny języka polskiego*. Kraków: Krakowska Spółka Wydawnicza, 1927.

BRÜCKNER *Fr.* — BRÜCKNER, ALEKSANDER. *Die slavische Fremd-wörter in Litauischen*. Weimar, 1887.

BRUGMANN *Grundriß* — BRUGMANN, KARL, DELBRÜCK, BERTHOLD. *Grundriß der vergleichenden Grammatik der indogermani-schen*

Sprachen. I–V. Berlin: Walter de Gruyter, 1967 [reprint of the 2nd edition].

BRUGMANN *KVG* — BRUGMANN, KARL. *Kurze vergleichende Grammatik der indogermanischen Sprachen*. Straßburg: Karl J. Trübner, 1904.

BSL — *Bulletin de la Société linguistique de Paris*. Paris, 1900–.

BSOAS — *Bulletin of the School of Oriental and African Studies*. London.

BUCK *Synonyms* - BUCK, CARL D. *A Dictionary of Selected Syno-nyms in the Principal Indo-European Languages*. Chicago–London: The University of Chicago Press, 1949.

BŪGA — BŪGA, KAZIMIERAS. *Rinktiniai raštai*. I–III. Vilnius: Val-stybinė politinės ir mokslinės literatūros leidykla, 1958–1961.

ÇABEJ *St.* — ÇABEJ, EQREM. *Studime gjuhësore*. I–VI. Prishtinë: Rilindja, 1975–1977.

ÇABEJ *Etim.* — ÇABEJ, EQREM. *Studime etimologjike në fushë të shqipes*. I–VI. Tiranë: Akademia e Shkencave, 1976–2002.

CAMAJ *Alb. Wortb.* — CAMAJ, MARTIN. *Albanische Wortbildung*. Wiesbaden: Harrassowitz, 1966 [= *Albanische Forschungen* VI].

CAMARDA — CAMARDA, D. *Saggio di grammatologia comparata sulla lingua albanese*. Livorno: Successore di Egisto Vignozzi, 1864.

CHANTRAINE — CHANTRAINE, PIERRE. *Dictionnaire étymologique de la langue grecque. Histoire des mots*. I–IV. Paris: Klinck-sieck, 1968–1980.

CHRISTIANI — CHRISTIANI, W. *Über das Eindringen von Fremd-wörtern in die russische Schriftsprache des 17. und 18. Jahr-hunderts*. Berlin, 1906.

CL - Cercetări de lingvistică. Cluj, 1956–.

ČMF — *Časopis pro moderní filologii*. Praha, 1911–.

COLLINDER — COLLINDER, BJÖRN. *Fenno-Ugric Vocabulary.An Etymological Dictionary of the Uralic Languages*. Hamburg: Buske, 1977.

COMRIE-STONE — COMRIE. BERNARD, STONE, GERALD. *The Russian Language since the Revolution*. Oxford: Clarendon Press, 1978.

ČOP *Lab.* — ČOP, BOJAN. *Prispevek k zgodovini labialnih pripon v indoevropskih jezikih*. Ljubljana: Slovenska akademija zna-nosti in umetnosti, 1973.

CORTEN — CORTEN, IRINA H. *Vocabulary of Soviet Society and Culture*. Durham–London: Duke UP, 1992.

CSP — *Canadian Slavonic Papers*. Ottawa, 1956–.

CURTIUS *Gr. Et.* — CURTIUS, GEORG C. *Grundzüge der griechi-schen Etymologie*. Leipzig, 1879.

ČR - Československá rusistika. Praha, 1956–.

DARMS Vṛddhi - DARMS, GEORGES. Schwäher und Schwager, Hahn und Huhn. Die Vṛddhi-Ableitung im Germanischen. München: Kitzinger, 1978.

DAUZAT — DAUZAT, ALBERT. *Dictionnaire étymologique de la langue française.* Paris: Librairie Larousse, 1938.

DEMIRAJ *AE* — DEMIRAJ, BARDHYL. *Albanische Etymologien.* Amsterdam-Atlanta: Rodopi, 1997.

DETSCHEW *Thr.* — DETSCHEW, DIMITAR. *Die thrakischen Sprachreste.* Wien: In Kommission bei R.M. Rohrer, 1957.

DIEFENBACH *VW* — DIEFENBACH, LORENZ. *Vergleichendes Wörter-buch der gotischen Sprache.* I-II. Frankfurt, 1846-1851.

DIRR *Namen* — DIRR, ADOLF. "Die heutigen Namen der kauka-sischen Völker". *Petermanns Mitteilungen* LIV (1908) 204-212.

DLit — Deutsche Literaturzeitung. Berlin, 1880-.

DOERFER — DOERFER, GERHARD. *Türkische und mongolische Ele-mente im Neupersischen.* I-IV. Wiesbaden: F. Steiner, 1963-1975.

DWA — Denkschriften der Wiener Akademie der Wissenschaften. Philosophisch-historische Klasse. Wien.

EiT — Etnogeneza i topogeneza Słowian. Ed. IRENA KWILECKA. Poznań: PWN, 1980.

ERNOUT-MEILLET — ERNOUT, ALFRED, MEILLET, ANTOINE. *Dictionnaire étymologique de la langue latine.* 4ième ed. Paris: Klincksieck, 1967.

ESSJ-G — KOPEČNY, FRANTIŠEK et al. *Etimologický slovník slovanských jazyků. Slova gramatická a zájmena.* I-. Praha: Academia, 1973-.

ESSJ-U — ČAPKOVÁ, VERA et al. *Etimologický slovník slovanských jazyků. Ukázkové číslo.* Brno: Academia, 1966.

Etnolog — Etnolog. Ljubljana, 1948-.

Etym. — SCHMITT, RÜDIGER (ed.). *Etymologie.* Darmstadt: Wissenschaftliche Buchgesellschaft, 1977.

FALK Радуга - FALK, KNUT O. Das russische und ukrainische Wort радуга. Eine etymologische Studie. Uppsala, 1944.

Festschr. Baudouin — Prace lingwistyczne ofiarowane J. Baudou-inowi de Courtenay. Kraków, 1921.

Festschr. Bezzenberger — Festschrift A. Bezzenberger [...]. Göttingen, Vandenhoeck & Ruprecht, 1921.

Festschr. Brang — «Прими собранье пёстрых глав». Bern-Frankfurt-New York-Paris: Peter Lang, 1989.

Festschr. Brückner — Studia staropolskie: Księga ku czci Aleksandra Brücknera. Warszawa-Lwów: Nakł. Krakowskiej Spólki Wydawniczej, 1928.

Festschr. Bugge Kr. — Akademiske Afhandlinger til Prof. S. Bugge. Kristiania: H. Aschehoug, 1898.

Festschr. Čyževśkyj — Festschrift für Dmytro Čyževśkyj. Berlin: O. Harrassowitz, 1954.

Festschr. Dologpolsky — Bygone Voices Revived. Copenhagen: Underskoven, 2007.

Festschr. Gunnarsson — Studia slavica Gunnaro Gunnarsson sexagenario dedicata. Göteborg: Almqvist & Wiksell, 1960 (= *SSU* I).
Festschr. Hamm — Festschrift zu Ehren von Josip Hamm. Wien: Österrechischen Akademie der Wissenschaften, 1975.
Festschr. Horbatsch — Studia Slavica in honorem [...] *Olexa Horbatsch.* München: Otto Sagner, 1983.
Festschr. Jagić — Jagić-Festschrift. Berlin, 1908.
Festschr. Jakobson — For Roman Jakobson. The Hague: Mouton, 1956.
Festschr. Kelle — Untersuchungen und Quellen zur germani-schen und romanischen Philologie J. von Kelle dargebracht. Hildesheim: Gerstenberg, 1975 [reprint of the 1908 Prague edition].
Festschr. Kiparsky — Lingua viget. Commentationes slavicae in honorem V. Kiparsky. Helsinki: Suomalaisen Kirjallisuuden Kirjapaino, 1965.
Festschr. Kronasser — Investigationes Philologicae et Compara-tivae. Wiesbaden: O. Harrassowitz, 1982.
Festschr. Kuryłowicz = Symbolae linguisticae in honorem Georgii Kuryłowicz. Wrocław: PAN, 1965.
Festschr. Kurz — Studia palaeoslovenica Josepho Kurz septua-genario dedicatum. Praha: Academia, 1971.
Festschr. Lehr-Spławiński — Studia linguistica in honorem Th. Lehr-Spławiński. Warszawa: PAN, 1963.
Festschr. Schrijnen — Donum Natalicium Schrijnen. Chartres: Imprimerie Durand, 1929.
Festschr. Shevelov — Symbolae in Honorem Georgii Y. Shevelov. München: Logos, 1971 [= *Universitas Libera Ucrainensis. Facultas Philosophica. Studia* VII].
Festschr. Shevoroshkin — Indo-European, Nostratic, and Be-yond: Festschrift for Vitalij V. Shevoroshkin. Washington: Institute for the Study of Man [= *JIES Monographs* XXII].
Festschr. Streitberg - Streitberg-Festgabe. Leipzig: Markert & Peters, 1924.
Festschr. Thomsen — Festschrift Vilhelm Thomsen zur Voll-endung des siebzigsten Lebensjahres. Leipzig: Otto Har-rassowitz, 1912.
Festschr. Toivonen - Commentationes Fenno-Ugricae in honorem Y.H. Toivonen. Helsinki: Suomalais-ugrilainen Seura, 1950.
Festschr. Unbegaun — Studies in Slavic Linguistics and Poetics in Honor of Boris O. Unbegaun. New York-London: New York UP, University of London Press, 1968.
Festschr. Vasmer — Festschrift für Max Vasmer. Wiesbaden: Harrassowitz, 1956.
Festschr. Watkins - Mír Curad. Studies in Honor of Calvert Watkins. Innsbruck: Institut für vergleichende Sprachwissenschaft, 1998.

FICK — FICK, AUGUST. *Vergleichendes Wörterbuch der indogermanischen Sprachen.* I–II. Göttingen: Vandenhoeck & Rup-precht, 1890–1894.

FLH — *Folia Linguistica Historica.* The Hague, 1979–.

FO — *Folia Orientalia.* Kraków.

FRAENKEL — FRAENKEL, ERNST. *Litauisches etymologisches Wörterbuch.* I–II. Heidelberg–Göttingen: Carl Winter and Van-denhoeck & Ruprecht, 1962–1965.

FRIEDRICH *Trees* — FRIEDRICH, PAUL. *Proto-Indo-European Trees.* Chicago: University of Chicago Press, 1970.

FUF — *Finnisch-ugrische Forschungen.* Helsingfors (Helsinki), 1901–.

FUF Anz. — *Finnisch-ugrische Forschungen. Anzeiger.* Helsing-fors (Helsinki), 1901–.

GAMILLSCHEG — GAMILLSCHEG, ERNST. *Etymologisches Wörter-buch der französischen Sprache.* Heidelberg: Carl Winter, 1969.

GEBAUER — GEBAUER, JAN. *Slovník staročeský.* I–II. Praha: ČAV, 1903–1916.

GEORGAKAS *Icht.* — GEORGAKAS, DEMETRIUS J. *Ichtyological Terms for the Sturgeon and Etymology of the International Terms Botargo, Caviar and Congeners.* Athens: Akademia Athenon, 1978.

GGA — *Göttingische Gelehrte Anzeigen.* Göttingen.

GHÅ — *Göteborgs Högskolas Årsskrift.* Göteborg, 1895–1953.

Glotta — *Glotta. Zeitschrift für griechische und lateinische Spra-che.* Göttingen, 1921–.

Gnomon — *Gnomon.* München, 1925–.

GOŁĄB *Origins* — GOŁĄB, ZBIGNIEW. *The Origins of the Slavs. A Linguist's View.* Columbus: Slavica, 1991.

GRIENBERGER *Got.* — GRIENBERGER, THEODOR VON. *Unte-rsuchungen zur gotischen Wortkunde.* Wien: Gerold, 1900.

GRIEPENTROG *Wurzelnomina* — GRIEPENTROG, WOLFGANG. *Die Wurzelnomina des Germanishen und ihre Vorgeschichte.* Innsbruck: Institut für Sprachwissenschaft, 1995.

HAUDRESSY — HAUDRESSY, DOLA. *Les mutations de la langue russe. Ces mots qui disent l'actualité.* Paris: Institut d'études slaves, 1992 (= *Lexiques de l'Institut des études slaves X*).

HEHN *Kult.* — HEHN, VICTOR. *Kulturpflanzen und Hausthiere in ihrem Übergang aus Asien nach Griechenland und Italien.* Hrsg. O. SCHRADER. Berlin: Borntraeger, 1911.

HEHN *Cultiv.* — HEHN, VICTOR. *Cultivated Plants and Dome-sticated Animals in Their Migration from Asia to Europe.* Amsterdam: John Benjamins, 1976 [transl. of HEHN *Kult.*].

HEIDERMANNS — HEIDERMANNS, FRANK. *Etymologisches Wörter-buch der germanischen Primäradjektive.* Berlin–New York: Walter de Gruyter, 1993.

Hermes — *Hermes.* Milano.

HOLTHAUSEN AWN - HOLTHAUSEN, FERDINAND. Vergleichendes und etymologisches Wörterbuch des Altwestnordischen. Göttingen: Vandenhoeck & Ruprecht, 1948.

HOLUB — HOLUB, JOSEF. *Stručný slovník etymologický jazyka československého.* Praha: SPN, 1967.

HOLUB-KOPEČNÝ — HOLUB, JOSEF, KOPEČNÝ, FRANTIŠEK. *Etymo-logický slovník jazyka českého.* Praha: Statní nakladatelství učebnic, 1952.

HOOPS *Waldbäume* — HOOPS, JOHANNES. *Waldbäume und Kulturpflanzen im germanischen Altertum.* Straßburg: Trüb-ner, 1905.

HORBATSCH — HORBATSCH, OLEXA. *Russische Gaunersprache.* I. Frankfurt am Main: Kubon & Sagner, 1978.

HÜTTL-WORTH — HÜTTL-WORTH, GERTA. *Die Bereicherung des russischen Wortschatzes im XVIII. Jahrhundert.* Wien: A. Holzhausens Nfg., 1956.

HÜTTL-WORTH *FW* — HÜTTL-WORTH, GERTA. *Foreign Words in Russian.* Los Angeles, 1963.

Idg. Jb. - Indogermanisches Jahrbuch. Strassburg, 1913-1948.

IBK - Innsbrucker Beiträge zur Kulturwissenschaft. Innsbruck, 1956 -.

IBOJ — *Informační bulletin pro otázky jazykovědné.*Brno: 1960-.

IE Roots - WATKINS, CALVERT. *The American Heritage Dictionary of Indo-European Roots.* Second edition. Boston - New York: Houghton Mifflin Company, 2000.

IES — *Indo-European Studies.* Cambridge (Mass.), 1975-.

IF — *Indogermanische Forschungen.* Berlin-New York. 1892-.

IJSLP — *International journal of slavic linguistics and poetics.* The Hague, 1959-.

JAKOBSON *SW* — JAKOBSON, ROMAN. *Selected Writings.* I-VIII. 's-Gravenhage: Mouton, 1962-1988.

JANHUNEN *AS* — JANHUNEN, JUHA. *Altaistische Studien.* Stock-holm, 1985.

JIRS - Jahresbericht des Instituts für rumänische Sprache. Leipzig, 1894-1921.

JiS — *Jezik in slovstvo.* Ljubljana, 1955-.

JOKI *Lehnw.* — JOKI, AULIS J. *Die Lehnwörter des Sajan-samojedischen.* Helsinki, 1952 [= *MSFOugr* CIII].

JOKL *LKUBA* — JOKL, NORBERT. *Linguistisch-kulturhistorische Untersuchungen aus dem Bereiche des Albanischen.* Berlin-Leipzig: Walter de Gruyter, 1923.

JOKL *Studien* — JOKL, NORBERT. *Studien zur albanesischen Ety-mologie und Wortbildung.* Wien: A. Hölder, 1911 [= *Kaiser-liche Akademie der Wissenschaften in Wien. Sitzungsberichte. Philosophisch-historische Klasse* CLXVIII/1].

JP — *Język polski.* Kraków, 1901-.

JSL - Journal of Slavic Linguistics. Bloomington, 1993-.

KALIMA — KALIMA, JALO L. *Die ostseefinnischen Lehnwörter im Russischen.* Helsingfors: Drückerei finnischen Literaturgesellschaft, 1919 [= *MSFOugr* XLIV].

KARŁOWICZ — KARŁOWICZ, JAN. *Słownik wyrazów obcego a mniej jasnego pochodzenia.* Kraków: Nakł. Akademii Umietności, 1894-1905.

KARSTEN *NB* — KARSTEN, TORSTEN E. *Studier öfver de nordiska språkens primära nominalbildning.* I-II. Helsingfors: Finska litteratursällskapets tryckeri, 1895-1900.

KARULIS — KARULIS, KONSTANTĪNS. *Latviešu etimoloijas vārdnīca.* I-II. Riga: Avots, 2001.

KBS - Klagenfurter Beiträge zur Sprachwissenschaft. Klagenfurt, 1975-.

KIPARSKY Fr. - KIPARSKY, VALENTIN. Fremdes im Baltendeutsch. Helsingfors (Helsinki): Société Néophilologique, 1936.

KIPARSKY *Gem.* — KIPARSKY, VALENTIN. *Die gemeinslavischen Lehnwörter aus dem Germanischen.* Helsinki, 1934 (= *AASF* XXXII/2).

KIPARSKY *Morse* — KIPARSKY, VALENTIN. *L'histoire du morse.* Helsinki, 1952 (= *AASF* LXXIII/3).

KIPARSKY *RHG* — KIPARSKY, VALENTIN. *Russische historische Grammatik.* III. *Entwicklung des Wortschatzes.* Heidelberg: C. Winter, 1975.

KLUGE-SEEBOLD — KLUGE, FRIEDRICH. *Etymologisches Wörterbuch der deutschen Sprache.* 23. Auflage. Bearb. von E. SEEBOLD. Berlin-New York: W. de Gruyter, 1995.

KOCHMAN *PRK* — KOCHMAN, STANISŁAW. *Polsko-rosyjskie kon-takty językowe w zakresie słownictwa w XVII wieku.* Wrocław-Warszawa-Kraków: Zakład Narodowy im. Ossolińskich, 1967.

KOCHMAN *PRS* — KOCHMAN, STANISŁAW. *Polsko-rosyjskie sto-sunki językowe od XVI do XVIII w.: słownictwo.* Opole: OTPN, 1975.

Koll. Idg. Ges. — RASMUSSEN, JENS ELMEGÅRD (ed.). *In honorem Holger Pedersen. Kolloquium der Indogermanischen Gesell-schaft.* Wiesbaden: Dr. Ludwig Reichert Verlag, 1994.

KOPEČNÝ *ESSJ* — KOPEČNYÝ, FRANTIŠEK (ed.) *Etymologický slov-ník slovanských jazyků: slova grammatická a zájmena.* I-II. Praha: Academia, 1973-1980 [= *ESSJ-G*].

KOŘINEK *Ind.* — KOŘINEK, JOZEF M. *Od indoeuropského prajazyka k praslovančine.* Bratislava: Slovenská akadémia vied a ume-ní, 1948.

KRETSCHMER
Einleitung — KRETSCHMER, PAUL. *Einleitung in die Geschichte der griechischen Sprache.* Göttingen: Vanden-hoeck & Ruprecht, 1896.

KURYLOWICZ *Etudes* — KURYLOWICZ, JERZY. *Etudes indo-euro-pénnes.* Kraków: Gebethner & Wolff, 1935.

KZ —

Zeitschrift für vergleichende Sprachforschung auf dem Gebiete des Deutschen, Griechischen und Lateinischen. Berlin, 1852-1987 [since 1988 — *Historische Sprachfor-schung*].

Language — *Language.* Baltimore, 1925-.

LB — *Linguistique balkanique.* Sofia, 1959-.

LEDER — LEDER, IRMGARD. *Russische Fischnamen.* Wiesbaden: O. Harrassowitz, 1969.

LEHMANN *GED* — LEHMANN, WINFRED P. *A Gothic Etymological Dictionary.* Leiden: Brill, 1986.

LESKIEN *Ablaut* — LESKIEN, AUGUST. *Der Ablaut der Wurzelsilben im Litauischen.* Leipzig: Sächs. Ges. d. Wiss., 1884.

LESKIEN Bild. — LESKIEN, AUGUST. Bildung der Nomina im Litauischen. Leipzig: Sächs. Ges. d. Wiss., 1891.

LESKIEN *Handbuch* — LESKIEN, AUGUST. *Handbuch der altbulgarischen (altkirchenslavischen) Sprache.* Weimar, H. Böhlau, 1886.

LF — *Listy Filologické.* Praha, 1874-.

LIDDELL-SCOTT — LIDDELL HENRY G., SCOTT, ROBERT. *Greek-Eng-lish Lexicon.* Oxford: Clarendon, 2005 [CD-ROM].

LIDÉN *BSB* — LIDÉN, BROR PER EWALD. *Blandade språkhistoriska bidrag.* I. Göteborg: Wettergren & Kerber, 1903-1904.

LIDÉN *Studien* — LIDÉN, BROR PER EWALD. *Studien zur alt-indischen und vergleichenden Sprachgeschichte.* Uppsala, 1897-1899 [= *Upsal.-Humanistiska Vetenskapssamfundet. Skrifter* VI/1 1890].

LINDE — LINDE, SAMUEL B. *Słownik języka polskiego.* I-VI. War-szawa: PAN, 1951 [reprint].

Lingua — *Lingua.* Amsterdam, 1947-.

Linguistica — *Linguistica.* Ljubljana, 1960-.

LOKOTSCH - LOKOTSCH, KARL. Etymologisches Wörterbuch der europäischen (germanischen, romanischen und slavischen) Wörter orientalischen Ursprungs. Heidelberg: C. Winter, 1927.

LP — *Lingua Posnaniensis.* Poznań, 1949-.

LUÅ - Lunds universitets årsskrift. NF. Lund.

LUr — *Linguistica uralica.* Tallinn, 1965-.

LWGT — *Laut- und Wortgeschichte der Türksprachen.* Wies-baden : Harrassowitz, 1995.

MACHEK — MACHEK, VÁCLAV. *Etymologický slovník jazyka českého a slovenského.* Praha: Nakl. ČAV, 1957.

MACHEK[2] — MACHEK, VÁCLAV. *Etymologický slovník jazyka čes-hého.* Praha: Academia, 1968.

MACHEK Recherches - MACHEK, VÁCLAV. Recherches dans le domaine du lexique balto-slave. Brno, 1934.

Mél. Boyer - Mélanges publiés en l'honneur de M. Paul Boyer. Paris: Institut d'études slaves, 1925.

MARQUART *Komanen* — MARQUART, JOSEF. *Über das Volkstum der Komanen.* Berlin, 1914 [= *Abhandlungen der Göttinger Ges. D. Wiss. Philos.-hist. Kl.*, N.F. XIII/1].

MATZENAUER — MATZENAUER, ANTONIN. *Cizí slova ve slovan-ských řečech.* Brno: Nákl. Matice moravske, 1870.

MAYRHOFER — MAYRHOFER, MANFRED. *Kurzgefaßtes etymologi-sches Wörterbuch des Altindischen.* I-III. Heidelberg: Carl Winter, 1956-1976.

MAŽIULIS *PKP* — MAŽIULIS, VYTAUTAS. *Prūsų kalbos paminklai.* I-II. Vilnius: Mokslas, 1966-1981.

MEILLET *Etudes* — MEILLET, ANTOINE. *Etudes sur l'étymologie et le vocabulaire du vieux slave.* I-II. Paris: Ecole Pratique des Hautes Etudes, 1902-1905.

Mélanges Boyer — *Mélanges publiés en l'honneur de M. Paul Boyer.* Paris: Institut d'études slaves, 1925.

Mélanges Mikkola — *Mélanges de philologie, offerts à M. J.J. Mikkola.* Helsinki, 1931 [= *AASF* XXVII].

MENGES — MENGES, KARL H. *The Oriental Elements in the Voca-bulary of the Oldest Russian Epos, The Igor' Tale.* New York: Linguistic Circle of New York, 1951.

MEULEN - VAN DER MEULEN, REINDER. De hollandsche zee- en scheepstermen in het Russisch. Amsterdam: J. Müller, 1909.

MURKO - MURKO, MATTHIAS. Geschichte der älteren südslawischen Literaturen. Leipzig: C.F. Amelang, 1908.

MEYER *AEW* — MEYER, GUSTAV. *Etymologisches Wörterbuch der albanesischen Sprache.* Strassburg: K. J. Trübner, 1891.

MEYER *Alb. St.* III — MEYER, GUSTAV. *Albanesische Studien* III.

Lautlehre des indogermanischen Bestandteile des Albanesi-schen. Wien: Carl Gerold's Sohn, 1892. [= *Sitzungsberichte der philosophisch-historischen Classe der Kaiserlichen Aka-demie der Wissenschaften* CXXV/11, 1-93].

MEYER *Neugr.* — MEYER, GUSTAV. *Neugriechische Studien.* I-IV. Wien: F. Tempsky, 1894-1895.

MEYER Türk. - MEYER, GUSTAV. Türkische Studien I: Die griechischen und romanischen Bestandteile im Wortschatz des Osmanisch-Türkischen. Wien: F. Tempsky, 1893.

MIKKOLA *ÄB* — MIKKOLA, JOOSEPPI J. *Die älteren Beziehungen zwischen Ostseefinnischen und Russisch.* Helsinki: Suoma-lais-ugrilainen seura, 1938 [= *MSFOugr* LXXV].

MIKKOLA *BS* — MIKKOLA, JOOSEPPI J. *Baltisches und Slavisches.* Helsingfors (Helsinki), 1903 [= *ÖFV* XLV/4].

MIKKOLA *Berühr.* — MIKKOLA, JOOSEPPI J. *Berührungen zwischen den westfinnischen und den slavischen Sprachen. I. Slavische Lehnwörter in den westfinnischen Sprachen.* Helsingfors (Helsinki), 1894 [= *MSFOugr* VIII].

MIKKOLA *Ursl.* — MIKKOLA, JOOSEPPI J. *Urslavische Grammatik: Einführung in das vergleichende Studium der slavischen Sprachen.* Heidelberg, C. Winter, 1913.

MIKLOSICH *Chr.* — MIKLOSICH, FRANZ. *Die christlichie Termino-logie der slavischen Sprachen.* Wien: W. Braumüller, 1875.

MIKLOSICH *EW* — MIKLOSICH, FRANZ. *Etymologisches Wörterbuch der slavischen Sprachen.* Wien: W. Braumüller, 1886.

MIKLOSICH *LP* — MIKLOSICH, FRANZ. *Lexicon palaeoslovenico-graeco-latinum.* Vindobonae: G. Braumüller, 1862-1886.

MIKLOSICH *Slav. Elemente* — MIKLOSICH, FRANZ. *Albanische Forschungen.* I. *Die slavischen Elemente im Albanischen.* Wien: Karl Gerold's Sohn, 1870 [= *Denkschr. Akad. Wien* XIX].

MIKLOSICH *Türk.* — MIKLOSICH, FRANZ. *Die türkischen Elemente in den südost- und osteuropäischen Sprachen.* I-II. Wien, 1884-1885 [=*Denkschr. Akad. Wien* XXXIV-XXXV].

MIKLOSICH *Türk. Nachtrag* — MIKLOSICH, FRANZ. *Die türkischen Elemente in den südost- und osteuropäischen Sprachen. Nachtrag* I-II. Wien, 1890 [=*Denkschr. Akad. Wien* XXXVIII].

MIKLOSICH *VG* — MIKLOSICH, FRANZ. *Vergleichende Grammatik der slavischen Sprachen.* I-IV. Wien: W. Braumüller, 1868-1879.

MNHMA — *MNHMA. Sborník vydaný na pamět' [...] J. Zubatého.* Praha, 1923.

MNy — *Magyar Nyelv.* Budapest, 1905-.

MORGENSTIERNE Pashto - MORGENSTIERNE, GEORG. An Etymological Vocabulary of Pashto. Oslo: Norske Videnskaps Akademi, 1927.

Morph. Unt. — OSTHOFF, HERMANN, BRUGMANN, KARL. *Morphologische Untersuchungen auf dem gebiete der indo-germanischen Sprachen.* I-VI. Leipzig: S. Hirzel, 1878-1910.

MOSZYŃSKI *Zasiąg* — MOSZYŃSKI, KAZIMIERZ. *Pierwotny zasiąg języka praslowiańskiego.* Wrocław: Zakład Narodowy im. Ossolińskich, 1957.

MPKJ — *Materiały i Prace Komisji językowej Akademii umiejęt-ności w Krakowie.* Kraków.

MRIW — *Mitteilungen des rumänischen Instituts an der Univer-sität Wien.* Wien. 1914.

MSFOugr — *Mémoires de la Société Finno-Ougrienne.* Helsing-fors (Helsinki), 1890-.

MSL — *Mémoires de la Société de linguistique de Paris.* Paris, 1868-.

MSN — *Mémoires de la Société Néophilologique à Helsingfors.* Helsingfors (Helsinki), 1893-.

MUCHLIŃSKI — MUCHLIŃSKI, ADAM. *Zródłosłownik wyrazów które przeszły, wsprost czy porednio, do naszej mowy z języków wschodnich.* Petersburg, 1858.

MÜHLENBACH-ENDZELIN — MÜHLENBACH, KARL. *Lettisch-deut-sches Wörterbuch.* Red. J. ENDZELIN. I-IV. Riga: Bildungs-ministerium, 1923-1932.

MURKO - MURKO, MATTHIAS. Geschichte der älteren südslawischen Literaturen. Leipzig: C.F. Amelang, 1908.

NALEPA *OS* — NALEPA, JERZY. *Opuscula slavica.* I-II. Lund: Sla-viska Institutionen, 1971-1973.

Neuphilol. Mitteil. — *Neuphilologische Mitteilungen.* Helsingfors (Helsinki), 1900-.

NIKOLAYEV-STAROSTIN *NCED* - NIKOLAEV, S. L., STAROSTIN, S. A. *A North Caucasian Etymological Dictionary.* Moscow: Asterisk Publishers, 1994.

NŘ — *Naše řeč.* Praha, 1917-.

NTS — *Norsk Tidsskrift för sprogvidenskap.* Oslo, 1928-.

Numerals — *Indo-European Numerals.* Ed. J. GVOZDANOVIĆ. Berlin-New York: Mouton de Gruyter, 1991 [=*Trends in Linguistics. Studies and Monographs* LVII].

ODVB - Der ostdeutsche Volksboden. Aufsätze zu den Fragen des Ostens. Hrsg. WILHELM VOLZ. Breslau: F.Hirt, 1926.

ÖFV — *Översigt af Finska Vetensk. Societetens Förhandlingar.* Helsingfors, 1858-.

ONIONS — ONIONS, CHARLES T. (ed.) *The Oxford Dictionary of English Etymology.* Oxford: Oxford UP, 1978.

OREL *Alb. Gr.* — OREL, VLADIMIR. *A Concise Historical Grammar of the Albanian Language.* Leiden: Brill, 1998.

OREL *AED* — OREL, VLADIMIR. *Albanian Etymological Dictionary.* Leiden: Brill, 2000.

OREL *HGE* — OREL, VLADIMIR. *Handbook of Germanic Etymology.* Leiden: Brill, 2003.

OREL *Phrygians* — OREL, VLADIMIR. *The Language of Phrygians.* Delmar (NY): Caravan Books, 1997.

Oriens — *Oriens.* Leiden, 1948-.

Orpheus — *Orpheus.* Sofia, 1991-.

OSP — *Oxford Slavonic Papers.* Oxford, 1950-.

ga. Leipzig: S. Hirzel, 1901.

OSTHOFF *Parerga* — OSTHOFF, HERMANN. *Etymologische parer-* OSP - Oxford Slavonic Papers. Oxfor, 1950-.

OSTHOFF *Perf.* — OSTHOFF, HERMANN. *Zur Geschichte des Perfects im Indogermanischen: mit besonderer Rücksicht auf Griechisch und Lateinisch.* Straßburg-London: Trübner, 1884.

OTRĘBSKI *St. IE* — OTRĘBSKI, JAN SZ. *Indogermanische For-schungen.* Wilna, 1939.

OTRZĘBSKI *Życie* — OTRZĘBSKI, JAN SZ. *Życie wyrazów w języku polskim.* Poznań: Nakł. Poznańskiego Tow. Przyjaciół Nauk, 1948.

Paideia — *Paideia.* Brescia, 1946-.

PEDERSEN *Kelt. Gr.* — PEDERSEN, HOLGER. *Vergleichende Gram-matik der keltischen Sprachen.* Göttingen: Vandenhoeck & Ruprecht, 1909.

PERSSON *Beiträge* — PERSSON, PER. *Beiträge zur indogermani-schen Wortforschung* I-II. Uppsala-Leipzig: A.-B. Akademiska Bokhandeln & Otto Harrassowitz, 1912.

PERSSON Wurzelerw. - PERSSON, PER. Studien zur Lehre von der Wurzelerweiterung und Wurzelvariation. Uppsala: Berling, 1891.

PETERSSON BSl. — PETERSSON, HERBERT. Baltisches und Slavisches. Lund: Berlingska boktryckeriet, 1916.

PETERSSON Sl. Wf. - PETERSSON, HERBERT. Zur slavischen und vergleichenden Wortforschung. Lund: Berlingska boktryckeriet, 1915.

PETERSSON *VSW* — PETERSSON, HERBERT. *Vergleichende slavische Wortstudien.* Lund: Berlingska boktryckeriet, 1922.

POHL *NK* — POHL, HEINZ D. *Die Nominalkomposition im Alt- und Gemeinslavischen: ein Beitrag zur slavischen, indogermanischen und allgemeinen Wortbildung.* Klagenfurt: Klagenfurter Sprachwissenschaftliche Gesellschaft, 1977.

POKORNY — POKORNY, JULIUS. *Indogermanisches etymologi-sches Wörterbuch.* I. Bern: Francke, 1948-1969.

Pol. St. - Z polskich studiów slawistycznych. VI. Warszawa: PAN, 1983.

POLAŃSKI — POLAŃSKI, KAZIMIERZ. *Słownik etymologiczny języka Drzewian połabskich.* I-VI. Wrocław-Warszawa-Kraków: Za-kład Narodowy im. Ossolińskich, 1962-1994.

PORZIG *Gliederung* — PORZIG, WALTER P. *Die Gliederung des indogermanischen Sprachgebiets.* Heidelberg: Carl Winter, 1954.

PROKOSCH *CGG* — PROKOSCH, EDUARD. *A Comparative Germanic Grammar.* Philadelphia: Linguistic Society of America - Uni-versity of Pennsylvania, 1939.

PUHVEL—PUHVEL, JAAN. *Hittite Etymological Dictionary.* I-. Berlin-New York: Mouton-de Gruyter, 1984-.

PYO — PYO, SANG-YONG. *Die Einflüsse des Angloamerikanischen auf das heutige Russische.* Marburg: Biblion, 1997.

Rad — *Rad Jugoslavenske Akademije znanosti i umjetnosti.* Za-greb, 1867-.

RANU — *Radovi Akademije znanosti i umjetnosti Bosne i Hercegovine. Odjeljenje društvenih nauka.* Sarajevo.

RÄSÄNEN — RÄSÄNEN, MARTTI. *Versuch eines etymologischen Wörterbuchs der Türksprachen.* Helsinki: Suomalais-ugrilai-nen seura, 1969.

REKA — *Realenzyklopädie der klassischen Altertumswissen-schaft.* Hrsg. A.F. PAULY, G. WISSOWA u.a. Stuttgart: J.B. Metz-ler, 1894-1919.

Rend. Lomb. — *Rendiconti. Istituto Lombardo. Accademia di scienze e lettere. Cl. di lettere, sc. morali e storiche.* Milano.
RES — *Revue des études slaves.* Paris, 1921–.
RicL - Ricerche linguistiche. Roma.
RIEB — *Revie internationale des études balkaniques.* Beograd, 1934–.
RL — *Russian Linguistics.* Dordrecht-Boston-London, 1974–.
RO — *Rocznik Orientalistyczny.* Warszawa, 1925–.
Roczn. Sław. — *Rocznik Sławistyczny.* Kraków, 1908–.
RRL - Revue roumaine de linguistique. Bucareste, 1956 –.
RUDNICKI *PLP* — RUDNICKI, MIKOŁAJ. *Prasłowiańszczyzna - Lechia - Polska.* I–II. Poznań, 1959–1961.
RUDNYĆKYI — RUDNYĆKYI, JAROSLAV B. *An Etymological Dic-tionary of the Ukrainian Language.* 1–7. Winnipeg: Ukrainian Free Academy of Sciences, 1966–1969.
SABBO - Studi albanologici, balcanici, bizantini e orientali in onore di Giuseppe Valentini S.J. Firenze: Olschki, 1986.
ŠAFAŘÍK *Sp.* — ŠAFAŘÍK, PAVEL J. *Sebrané spisy.* I–III. Praha, 1865.
SaS — *Slovo a slovesnost.* Praha, 1935–.
SAS — *Studia Academica Slovaca.* Bratislava, 1972–.
Sb. fil. - Sborník filologický. Praha, 1912–.
Sb. Janko - Sborník věnovaný Josefu Jankovi. Praha: Klub moderních filologů, 1939.
Sb. Fil. — *Sborník Filologický.* Praha, 1912–.
SBAW Wien — *Sitzungsberichte der kaiserlichen Akademie der Wissenschaften.* Wien, 1848–.
SCHMIDT *Plur.* — SCHMIDT, JOHANNES. *Die Pluralbildungen der indogermanischen Neutra.* Weimar: H. Böhlau, 1889.
SCHMIDT *Urheimat*—SCHMIDT, JOHANNES. *Die Urheimat der Indogermanen und das europäische Zahlensystem.* Berlin: Verlag der Königl. Akad. der Wissenschaften, 1890.
SCHMIDT *Voc.* — SCHMIDT, JOHANNES. *Zur Geschichte des indo-germanischen Vocalismus.* I–II. Weimar: Böhlau, 1871–1875.
SCHRADER-NEHRING — SCHRADER, OTTO. *Reallexikon der indogermanischen Altertumskunde.* Hrsg. A. NEHRING. I–II. Berlin-Leipzig: W. de Gruyter, 1917–1929.
SCHRÖTTER - FREIHERR VON SCHRÖTTER, FRIEDRICH. Wörterbuch der Münzkunde. Berlin: De Gruyter, 1930.
SCHULZE *Qu.* — SCHULZE, WILHELM. *Quaestiones epicae.* Gü-tersloh: Baertelsmann, 1892.
SCHUMANN — SCHUMANN, KURT. *Die griechischen Lehnbildungen und Lehnbedeutungen im Altbulgarischen.* Wiesbaden: O. Harrassowitz, 1958.

SCHUSTER-ŠEWC — SCHUSTER-ŠEWC, HEINZ. *Historisch-etymologisches Wörterbuch der ober- und niedersorbischen Spra-chen.* I-. Bautzen: Domowina, 1978-.

ScSl — *Scando-Slavica.* Copenhagen, Munksgaard, 1954-.

SEB — *Studia etymologica Brunensia.* Praha, 2000-.

SEEBOLD — SEEBOLD, ELMAR. *Vergleichendes und etymologi-sches Wörterbuch der germanischen starken Verben.* The Hague-Paris: Mouton, 1970.

SFinl — *Slavica Finlandensia.* Helsinki, 1984-.

SHEVELOV *Prehist.* — SHEREKH, IURII [SHEVELOV, GEORGE Y.]. *A Prehistory of Slavic: The Historical Phonology of Common Slavic.* New York: Columbia UP, 1965.

SHLYAKHOV-ADLER — SHLYAKHOV, VLADIMIR, ADLER, EVE. *Russian slang and colloquial expressions.*Hauppauge: Barron's, 1999.

SIE — *Studia indoeuropejskie.* Wrocław: Zakład Narodowy im. Ossolińskich, 1974.

SIGG - Studien zur indogermanischen Grundsprache. Wien: Gerold, 1952.

SILUÅ — *Slaviska Institutet vid Lunds Universitet. Årsbok.* Lund.

SKARDŽIUS LKŽD - SKARDŽIUS, PRANAS. Lietuvių kalbos žodžių daryba. Vilnius, 1943.

SKOK — SKOK, PETAR. *Etimologijski rječnik hrvatskoga ili srpskoga jezika.* I-IV. Zagreb: Jugoslavenska akademija zna-nosti i umjetnosti, 1971-1974.

SKÖLD *LWS* — SKÖLD, HANNES. *Lehnwortstudien.* Lund, 1923 [=*LUÅ* XIX/5].

Sł. Prasł. — *Słownik prasłowiański.* I-. Ed. F. SŁAWSKI. Kraków: Zakład Narodowy im. Ossolińskich, 1974-.

Sł. St. — URBANCZYK, STANISŁAW (ed.). *Słownik staropolski.* I-. Warszawa, 1953-.

Slavia — *Slavia.* Praha, 1922-.

SŁAWSKI — SŁAWSKI, FRANCISZEK. *Słownik etymologiczny języka polskiego.* Kraków: Nakł. Tow. Miłośników Języka Polskiego, 1952-1979.

SO — *Slavia Occidentalis.* Poznań, 1921-

SOLMSEN *Beitr.* — SOLMSEN, FRIEDRICH. *Beiträge zur griechischen Wortforschung. I.* Strassburg: K. J. Trübner, 1909.

SOr — *Slavia Orientalis.* Warszawa, 1957-.

SPECHT — SPECHT, FRANZ. *Der Ursprung der indogermanischen Deklination.* Göttingen: Vandenhoeck & Ruprecht, 1944.

SPCS I - GALLER, MEYER. *Soviet prison camp speech.* Hayward, California, 2007.

SPCS II - GALLER, MEYER and MARQUESS, HARLAN E. *Soviet prison camp speech.* Madison: Wisconsin University Press, 1972.

SR — *Slavische Rundschau.* München.

SRev — *Slavistična Revija*. Ljubljana, 1947-.

SSlv — *Slavica Slovaca*. Bratislava, 1966-.

SSS — *Słownik starożytnośći słowiańskich*. *I-VIII*. Pod red. W. Kowalenki et al. Wrocław-Warszawa-Kraków: Zakład Narodo-wy im. Ossolińskich, 1961-1991.

SSU — *Studia Slavica Upsaliensia*. Uppsala.

St. Balt. — *Studi baltici*. Roma, 1931-1969.

St. Lehr-Spławiński — *Studia linguistica in honorem Th. Lehr-Spławiński*. Warzszawa: Państwowe wydawnictwo naukowe, 1963.

St. Whatmough — *Studies Presented to Joshua Whatmough*. The Hague: Mouton, 1957.

STANG *LS* — STANG, CHRISTIAN S. *Lexikalische Sonderübereinstimmungen zwischen dem Slavischen, Baltischen und Germanischen*. Oslo-Bergen-Tromsø: Universiteitsforlaget, 1972.

Starostin MV — *S.A.Starostin Memorial Volume*. Copenhagen: Underskoven, 2007.

STENDER-PETERSEN *Slav.-germ.* — STENDER-PETERSEN, ADOLF. *Slavisch-germanische Lehnwortkunde*. Göteborg: Elander, 1927.

STENDER-PETERSEN Varangica - STENDER-PETERSEN, ADOLF. Varangica. Aarhus: Universitets slaviske institut, 1953.

STOKES *Urkelt.* — STOKES, WHITLEY. *Urkeltischer Sprachschatz*. Göttingen, 1894.

ŠTREKELJ — ŠTREKELJ, KARL. *Zur slavischen Lehnwörterkunde*. Wien, 1904 [= *DWA* L/3].

Studia Slavica. Budapest, 1955-.

SuM — *Senatne un māksla*. Rīga, 1936-.

SUOLAHTI *DVN* — SUOLAHTI, VIKTOR HUGO. *Die deutschen Vogelnamen: eine wortgeschichtliche Untersuchung*. Straß-burg: K.J. Trübner, 1909.

SUOLAHTI *Fr. Einfl.* — SUOLAHTI, VIKTOR H. *Der französische Einfluß auf die deutsche Sprache im 13. Jahrhundert*. I-II. Helsingfors, 1929-1933 [= *MSN* VIII].

SVSL - Skrifter utgivna av kgl. humanistika Vetenskapssamfund. Lund.

SWS — *Slawische Wortstudien*. Bautzen: Domowina, 1975.

Symb. Rozwadowski - Symbolae grammaticae in honorem Joannis Rozwadowski. I-II. Cracoviae, 1927-1928.

SZEMERÉNYI *Kinship* — SZEMERÉNYI, OSWALD. *Studies in the Kinship Terminology of the Indo-European Languages with Special Reference to Indian, Iranian, Greek and Latin*. Leiden: Brill, 1977.

SZEMERÉNYI *Numerals* — SZEMERÉNYI, OSWALD. *Studies in the Indo-European System of Numerals*. Heidelberg: Carl Winter 1960.

SZEMERÉNYI Scripta - SZEMERÉNYI, OSWALD. Scripta Minora. Selected Essays in Indo-European, Greek, and Latin. Innsbruck: Institut für Sprachwissenschaft, 1987 [=Innsbrucker Beitrage zur Sprachwissenschaft LII-LIII].

SZEMERÉNYI *Syncope* — SZEMERÉNYI, OSWALD. *Syncope in Greek and Indo-European and the Nature of Indo-European Accent.* Naples: Istituto Universitario Orientale di Napoli, 1964.

THOMAS — THOMAS, GEORGE. *Middle Low German Loanwords in Russian.* München: Otto Sagner, 1978.

THOMSEN *Ursprung* — THOMSEN, VILHELM. *Der Ursprung des russischen Staates.* Gotha: F.A. Perthes, 1879.

THÖRNQUIST ANL - THÖRNQUIST, CLARA. Studien über die altnordischen Lehnwörter im Russischen. Uppsala: Almquist & Wiksells, 1948.

THÖRNQVIST — THÖRNQVIST, CLARA. *Studien über die alt-nordischen Lehnwörter im Russischen.* Stockholm, 1948.

TOMASCHEK *Taurien* — TOMASCHEK, WILHELM. *Die Goten in Taurien.* Wien, 1881.

TISCHLER *HEG* — TISCHLER, JOHANN. *Hethitisches etymolo-gisches Glossar.* Innsbruck: ISUI, 1983-.

TORBIÖRNSSON *Liqu.* — TORBIÖRNSSON, TORE. *Die gemein-slavische Liquidametathese.* I-II. Uppsala: E. Berling, 1901-1903.

TORP-FALK — TORP, ALF, FALK, HJALMAR S. *Wortschatz der germanischen Sprachen.* Göttingen: Vandenhoeck & Rup-recht, 1909.

TORP-FALK - TORP, ALF, FALK, HJALMAR S. Wortschatz der germanischen Sprachen. Göttingen: Vandenhoeck & Ruprecht, 1909.

TPS - Transactions of the Philological Society. London, 1842-.

TRAUTMANN GL - TRAUTMANN, REINHOLD. Germanische Lautgesetze. Königsberg, 1906.

TRAUTMANN *BSW* — TRAUTMANN, REINHOLD. *Baltisch-slavisches Wörterbuch.* Göttingen: Vandenhoeck & Ruprecht, 1923 [= *Göttinger Sammlung indogermanische Grammatiken und Wörterbücher* IV].

TRIER Lehm - TRIER, JOST. Lehm. Etymologien zum Fachwerk. Marburg: Simons, 1951.

TRIER *Venus* — TRIER, JOST. *Venus. Etymologie um das Futter-laub.* Köln: Böhlau, 1963.

UAJb. — *Ural-Altaische Jahrbücher.* Wiesbaden, 1981-.

UI — *Uralo-indogermanica. Балто-славянские языки и пробле-ма урало-индоевропейских связей.* I-II. Москва: Наука, 1990.

UUÅ - Uppsala Universitets Årsskrift. Filosofi, språkvetenskap och historiska vetenskaper. Uppsala, 1861-.

VAHROS *Sauna* — VAHROS, IGOR. *Zur Geschichte und Folklore der grossrussischen Sauna.* Helsinki: Suomalainen Tiede-akademia, 1966 [= *FF Communications* CLCVII].

VAILLANT *Gr. Comp.* — VAILLANT, ANDRÉ. *Grammaire comparée des langues slaves.* I-V. Lyon: IAC, Paris: Klincksieck, 1950-1977.

VASMER *Alb. Wortforsch.* — VASMER, MAX. *Studien zur albanesi-schen Wortforschung.* Dorpat: Universität Derpt, 1921 (= *Acta et Comm. Univ. Dorp.*, Serie B I/1).

VASMER Gespr. - VASMER, MAX. Ein russisch-byzantinisches Gesprächbuch. Leipzig: Universität Leipzig, 1922.

VASMER *REW* — VASMER, MAX. *Russisches etymologisches Wörterbuch.* I-III. Heidelberg: C. Winter, 1953-1958.

VÁŽNÝ — VÁŽNÝ, VÁCLAV. *O jménech motýlů v slovenských nářečích.* Bratislava: Vydavatelstvo Slovenskej akadémie vied, 1955.

VENDRYES — VENDRYES, JOSEPH. *Lexique étymologique de l'irlandais ancien.* Paris: Dublin Institute for Advanced Studies & Centre National de la recherche scientifique, 1959-1987.

VONDRÁK *VSG* — VONRÁK, VÁCLAV. *Vergleichende slavische Grammatik.* I-II. Göttingen: Vandenhoeck & Ruprecht, 1924-1928.

VWSS — SADNIK, LINDA, AITZETMÜLLER, RUDOLF. *Vergleichendes Wörterbuch der slavischen Sprachen.* Wiesbaden: Harras-sowitz, 1963-.

WdS — *Die Welt der Slaven.* Köln, 1956-.

WARTBURG - WARTBURG, VON, WALTHER. Französisches etymologisches Wörterbuch. Bonn: F. Klopp, 1928-1961.

WHITTALL — WHITTALL, SARAH. *Study of English Nautical Loan-words in the Russian Language of the Eighteenth Century.* Frankfurt-Bern-New York: Peter Lang, 1985.

WOJTYŁA-ŚWIERZOWSKA *PAbst.* — WOJTYŁA-ŚWIERZOWSKA, MA-RIA. *Prasłowiańskie abstractum.* Warszawa: Omnitech Press, 1992.

WuS — *Wörter und Sachen.* Heidelberg, 1909-1937 [Neue Fol-ge: 1938-1944].

WZKM — *Wiener Zeitschrift für die Kunde des Morgenlandes.* Wien, 1887-.

X CIL — *Actes du Xième Congrès International des linguistes.* I-IV. Bucareste, 1970.

ZAV — *Latvijas PSR Zinatņu Akadēmijas Vēstis.* Rīga, 1947-.

ZfBalk — *Zeitchrift für Balkanologie.* Wiesbaden, 1962-.

ZfPhon — *Zeitschrift für Phonetik und allgemeine Sprachwissen-schaft.* Berlin, 1947-. [= *Zeitschrift für Phonetik, Sprach-wissenschaft und Kommunikationsforschung*].

ZfSl — *Zeitschrift für Slawistik.* Berlin, 1956-.

ZfslPh — *Zeitschrift für slavische Philologie.* Leipzig,1924-1950.

ZUBATÝ *SČ* — ZUBATÝ, JOSEF. *Studie a članky. I-II.* Praha: Česká Akad. véd a uméni, 1945-1954.

ZUPITZA *Gutt.* — ZUPITZA, ERNST. *Die germanischen Gutturale.* Berlin: Weidmann, 1896.

АБАЕВ — АБАЕВ, ВАСИЛИЙ И. *Историко-этимологический сло-варь осетинского языка.* I-IV. Москва-Ленинград: Изда-тельство АН СССР [from volume II — Наука], 1958-1979.

АВАНЕСОВ *СДРЯ* — АВАНЕСОВ, РУБЕН И. (ed.). *Словарь древнерусского языка (XI — XIV вв.).* Москва: Русский язык, 1988–.

АМРК — Анти-мир русской культуры. Язык. Фольклор. Литература. Москва: Ладомир, 1996.

АНИКИН *БС* — АНИКИН, АЛЕКСАНДР Е. *Этимология и балто-славянское лексическое сравнение в праславянской лексикографии.* Новосибирск: РАН, 1994.

АНИКИН *Сиб.* — АНИКИН, АЛЕКСАНДР Е. *Этимологический сло-варь русских диалектов Сибири.* Новосибирск: Наука, 1997.

АФАНАСЬЕВ *Поэт.* — АФАНАСЬЕВ, АЛЕКСАНДР Н. *Поэтические воззрения славян на природу.* I-III. Москва, 1865-1869.

АХМАНОВА — АХМАНОВА, ОЛЬГА С. и др. *Большой русско-английский словарь.* Москва: Русский язык - Медиа, 2004.

АХМЕТОВА — АХМЕТОВА, ТАТЬЯНА В. *Русский мат. Толковый словарь.* Москва: Глагол, 1997.

БАЙБУРИН — БАЙБУРИН, АЛЬБЕРТ, БЕЛОВИНСКИЙ, ЛЕОНИД, КОНТ, ФРАНСИС. *Полузабытые слова и значения.* Санкт-Петербург — Москва: Европейский Дом, Знак, 2004 [= *ПСЗ*].

БАСКАКОВ *РФ* — БАСКАКОВ, НИКОЛАЙ А. *Русские фамилии тюркского происхождения.* Москва: Наука, 1979.

БАСКАКОВ *СДА* — БАСКАКОВ, НИКОЛАЙ А. *Северные диалекты алтайского (ойротского) языка.* Москва: Наука, 1985.

БЕ — Български език. София, 1951–.

БЛ — Беларуская лінгвістыка. Мінск, 1967–.

БЛЭ — Беларуская лексікалогія і этымалогія. Мінск, 1968.

БОРОВОЙ — БОРОВОЙ, ЛЕВ Я. *Путь слова.* Москва: Советский писатель, 1974.

БСИ 1983 — Балто-славянские исследования 1983. Москва: Наука, 1984.

БСМС - ЛЕВИКОВА, СВЕТЛАНА И. *Большой словарь молодежного сленга.* Москва: ФАИР - ПРЕСС, 2003.

БУДИЛОВИЧ *Перв.* — БУДИЛОВИЧ, АНТОН С. *Первобытные славяне в их языке, быте и понятиях по данным лекси-кальным.* I-II. Киев: Тип. М.П. Фрица, 1878.

БУРЛАК *ИФТЯ* — БУРЛАК, СВЕТЛАНА А. *Историческая фонетика тохарских языков.* Москва: Институт востоковедения РАН, 2000.

БУСЛАЕВ — БУСЛАЕВ, ФЕДОР И. *Историческая грамматика рус-ского языка.* Москва: Гос. учебно-педагогическое изда-тельство. 1959.

ВАРБОТ *Др.* — ВАРБОТ, ЖАННА Ж. *Древнерусское именное словообразование.* Москва: Наука, 1969.

ВАРБОТ *Пр.* — ВАРБОТ, ЖАННА Ж. *Праславянская морфоно-логия, словообразование и этимология.* Москва: Наука, 1984.

ВАХРОС *Об.* — ВАХРОС, ИГОРЬ. *Наименования обуви в русском языке.* Хельсинки, 1959.

Вестник МГУ — Вестник МГУ. Серия VII. Филология. Москва, 1960–.

Вестник ЛГУ — Вестник ЛГУ. История, язык, литература. Ленинград, 1967–.

Виз. вр. — Византийский временник. Москва, 1946–.

ВИЛ — Вопросы исторической лексикологии и лексико-графии восточнославянских языков. Москва: Наука, 1974.

ВИНОГРАДОВ *Авт.* — ВИНОГРАДОВ, ВИКТОР В. *Проблема авторства и теория стилей.* Москва: ГИХЛ, 1961.

ВИНОГРАДОВ *Изб. Грамм.* — ВИНОГРАДОВ, ВИКТОР В. *Из-бранные труды. Исследования по русской грамматике.* Москва: Наука, 1975.

ВИНОГРАДОВ *Изб. Лекс.* — ВИНОГРАДОВ, ВИКТОР В. *Избранные труды. Лексикология и лексикография.* Москва: Наука, 1977.

ВИНОГРАДОВ *Изб. РЛИ* — ВИНОГРАДОВ, ВИКТОР В. *Избранные труды. История русского литературного языка.* Москва: Наука, 1978.

ВИНОГРАДОВ *Изб. худ.* — ВИНОГРАДОВ, ВИКТОР В. *Избранные труды. О языке художественной прозы.* Москва: Наука, 1980.

ВИНОГРАДОВ *ИС* — ВИНОГРАДОВ, ВИКТОР В. *История слов.* Москва: Толк, 1994.

ВИНОГРАДОВ *Очерки* — ВИНОГРАДОВ, ВИКТОР В. *Очерки по истории русского литературного языка XVIII–XIX веков.* Москва, 1938.

ВИНОГРАДОВ *РЯ* — ВИНОГРАДОВ, ВИКТОР В. *Русский язык. Грамматическое учение о слове.* Москва–Ленинград, 1947.

ВИНОГРАДОВ *УЯ* — ВИНОГРАДОВ, Н. «Условный язык за-ключенных Соловецких Лагерей Особого Назначения». *Из работ Криминологической секции. Соловецкое общество краеведения. Материалы.* XVII. Соловки, 1927, 15–30.

ВИНОГРАДОВ *ЯП* — ВИНОГРАДОВ, ВИКТОР В. *Язык Пушкина. Пушкин и история русского литературного языка.* Москва–
Ленинград, 1935.

ВКР — Вопросы культуры речи. I–VIII. Москва, 1955–1967.

ВЛАДИМИРЦОВ — ВЛАДИМИРЦОВ, БОРИС Я. *Сравнительная грамматика письменного монгольского языка и хакас-ского наречия.* Москва: Наука, 1989.

ВС — Владимирский сборник. Материалы для статистики, этнографии, истории и археологии Владимирской губер-нии. Москва, 1857.

ВСЯ — Вопросы славянского языкознания. Москва: 1957–.

ВЯ — Вопросы языкознания. Москва: 1952–.

ГАМКРЕЛИДЗЕ-ИВАНОВ — ГАМКРЕЛИДЗЕ, ТАМАЗ В., ИВАНОВ ВЯ-ЧЕСЛАВ В. *Индоевропейский язык и индоевропейцы.* I–II. Тбилиси: Издательство Тбилисского университета, 1984.

ГЕОРГИЕВ *БЕО* — ГЕОРГИЕВ, ВЛАДИМИР. *Българска етимология и ономастика.* София: Издателство на Българската акаде-мия на науките, 1960.

ГЕОРГИЕВ *БЕР* — ГЕОРГИЕВ, ВЛАДИМИР (ed.). *Български етимологичен речник.* I–. София: Издателство на Българската академия на науките, 1971–.

ГЕОРГИЕВ *Въпроси* — ГЕОРГИЕВ, ВЛАДИМИР. *Въпроси на българската етимология.* София: Българска академия на науките, 1958.

ГИЛЬФЕРДИНГ *Отн.* — ГИЛЬФЕРДИНГ, АЛЕКСАНДР Ф. *Об отно-шении языка славянского к языкам родственным.* Москва: Университетская типография, 1853.

ГОРДЕЕВ *ЭСМЯ* — ГОРДЕЕВ, ФЕДОР И. *Этимологический словарь марийского языка.* Йошкар-Ола: Марийское книжное изд-во, 1979.

ГОРЯЕВ — ГОРЯЕВ, НИКОЛАЙ В. *Сравнительный этимоло-гический словарь русского языка.* Тифлис: Типография Канц. главнонач. гр. ч. на Кавказе, 1896.

ГОРЯЕВ *Доп.* I — ГОРЯЕВ, НИКОЛАЙ В. *К сравнительному этимологическому словарю русского языка. Дополнения и по-правки.* Тифлис: Типография Канц. главнонач. гр. ч. на Кавказе, 1901.

ГОРЯЕВ *Доп.* II — ГОРЯЕВ, НИКОЛАЙ В. *Этимологические объяснения наиболее трудных и загадочных слов в рус-ском языке. К сравнительному этимологическому словарю русского языка. Новые дополнения и поправки.* Тифлис: Типография Канц. главнонач. гр. ч. на Кавказе, 1905.

ГРОТ *ФР* — ГРОТ, ЯКОВ К. *Филологические разыскания.* I–II. Санкт-Петербург: Типография Имп. АН, 1873–1876.

ГУДЗИЙ — ГУДЗИЙ, НИКОЛАЙ К. *История древнерусской литературы.* Москва, 1938.

ДАЛЬ — ДАЛЬ, ВЛАДИМИР И. *Толковый словарь живого великорусского языка.* I–IV. Под ред. И.А. БОДУЭНА-ДЕ-КУР-ТЕНЕ. Санкт-Петербург: Изд. т-ва Вольф, 1904–1912.

ДВ — Древний Восток. Этнокультурные связи. Москва: Наука, 1988.

Диал. лекс. 1979 — Диалектная лексика. 1979. Москва: Нау-ка, 1979.

ДМИТРИЕВ *СТЯ* — ДМИТРИЕВ, НИКОЛАЙ К. *Строй тюркских языков.* Москва: Изд-во восточной литературы, 1962.

Докл. ИЯ — Доклады и сообщения Института языкознания. Москва, 1952–.

Докл. РАН — Доклады Российской Академии наук. Ленинград, 1922–1925.

ДУРНОВО Очерк - ДУРНОВО, НИКОЛАЙ Н. Очерк истории русского языка. Москва: ГИЗ, 1924.

ДЫБО *БСА* — ДЫБО, ВЛАДИМИР А. *Балто-славянская акценто-логия и закон Винтера.* Москва, 2001 [manuscript].

ЕСУМ — Етимологічний словник української мови. I–. Київ: Наукова думка, 1982–.

ЖМНП — *Журнал Министерства народного просвещения.* Санкт-Петербург, 1867–1917.

ЖСт — *Живая старина.* Санкт-Петербург, 1891–1917.

Зап. УжДУ — *Наукові записки Ужгородського університету.* Ужгород, 1947–.

Зб. ЕИ — *Зборник радова Етнографског института.* Београд, 1967–.

Зб. ФФБ - Зборник филозофског факултета у Београду. Београд, 1954–.

Зб. ФЛ — *Зборник за филологију и лингвистику.* Нови Сад, 1957–.

ЗЕЛЕНИН *Очерки* I — ЗЕЛЕНИН, ДМИТРИЙ К. *Очерки русской мифологии.* Вып. I. Петроград, 1916.

ЗЕЛЕНИН *Табу* — ЗЕЛЕНИН, ДМИТРИЙ К. *Табу слов у народов Восточной Европы и Северной Азии.* I–II. Ленинград: 1929–1930 (= *Сборник Музея Антропологии и Этнографии им. Петра Великого.* VIII–IX).

ИВАНОВ *Мет.* - ИВАНОВ, ВЯЧЕСЛАВ В. *История славянских и балканских названий металлов.* Москва: Наука, 1983.

ИВАНОВ–ТОПОРОВ *ИОСД* — ИВАНОВ, ВЯЧЕСЛАВ В., ТОПОРОВ, ВЛАДИМИР Н. *Исследования в области славянских древ-ностей.* Москва: Наука, 1974.

ИВАНОВ–ТОПОРОВ *Мод.* — ИВАНОВ, ВЯЧЕСЛАВ В., ТОПОРОВ, ВЛАДИМИР Н. *Славянские языковые моделирующие систе-мы.* Москва: Наука, 1965.

Изв. ОЛЯ — *Известия Академии наук. Отделение литературы и языка.* Москва–Ленинград, 1950–.

Изв. УрГУ — *Известия Уральского государственного университета.* Екатеринбург, 1996–.

ИИГЛ — *Исследования по исторической грамматике и лексикологии.* Москва: Наука, 1990.

ИЛЛИЧ-СВИТЫЧ *Опыт* — ИЛЛИЧ–СВИТЫЧ, ВЛАДИСЛАВ М. *Опыт сравнения ностратических языков (семито-хамитские, картвельские, индоевропейские, уральские, дравидий-ские, алтайские). Сравнительный словарь.* I–III. Москва: Наука, 1971–1984.

ИЛС — *Историко-литературный сборник. Посв. В.И. Срезневскому.* Ленинград: Отделение русского языка и слове-сности РАН, 1924.

ИЛЬИНСКИЙ *ПСГ* — ИЛЬИНСКИЙ, ГРИГОРИЙ А. *Праславянская грамматика.* Нежин: Типолит., 1916.

ИОРЯС — *Известия Отделения русского языка и словесности Академии наук.* Санкт-Петербург, 1867–1928.

ИРЛТЯ — *Историческое развитие лексики тюркских языков.* Москва: Изд-во АН СССР, 1961.

ИРС — *Из истории русских слов. Словарь-пособие.* Москва: Школа-пресс, 1993.

ЈФ — Јужнословенски филолог. Београд, 1913-.
КАРЦЕВСКИЙ ЯВР - КАРЦЕВСКИЙ, СЕРГЕЙ И. Язык, война и революция. Berlin, 1923.
Карп. — Симпозиум по проблемам карпатского языкознания.
Тезисы докладов и сообщений. Москва: Наука, 1973.
КВЕСЕЛЕВИЧ — КВЕСЕЛЕВИЧ, ДМИТРИЙ И. *Толковый словарь ненормативной лексики русского языка.* Москва: Астрель, 2003.
КОЛОМИЕЦ *ПОНР* — КОЛОМИЕЦ, ВЕРА Т. *Происхождение общеславянских названий рыб.* Киев: Наукова думка, 1983.
КСИГИЯ — Конференция по сравнительно-исторической грамматике индоевропейских языков. Предварительные материалы. Москва: Наука, 1972.
КСИС — Краткие сообщения Института славяноведения. Мос-ква.
КЭСРЯ — ШАНСКИЙ, НИКОЛАЙ М., ИВАНОВ, ВАЛЕРИЙ В., ШАН-СКАЯ, ТАТЬЯНА В. *Краткий этимологический словарь рус-ского языка. Пособие для учителей.* Москва: Гос. учебно-педагогическое изд-во, 1961.
ЛАВРОВ *УУ* — ЛАВРОВ, БОРИС В. *Условные и уступительные предложения в древнерусском языке.* Москва-Ленинград, 1941.
ЛАРИН *ИРЯ* — ЛАРИН, БОРИС А. *История русского языка и общее языкознание.* Москва: Просвещение, 1977.
ЛАРИН ПСМ - ЛАРИН, БОРИС А. Парижский словарь московитов 1586 г. Рига: Изд-во Латвийского государственного университета, 1948.
ЛАУЧЮТЕ *Балт.* — ЛАУЧЮТЕ, ЮРАТЕ А. *Словарь балтизмов в славянских языках.* Ленинград: Наука, 1982.
ЛББМ — Лексічныя балтызмы ў беларускай мове. Мінск, 1969.
ЛИУККОНЕН — ЛИУККОНЕН, КАРИ. *Восточнославянские отглагольные существительные на -m-.* Хельсинки, 1987 (= Studia Helsingiensia V).
ЛНП — Литературная норма и просторечие. Москва: Наука, 1977.
ЛС — Лексикографический сборник. I-III. Москва, 1956-.
ЛЫТКИН-ГУЛЯЕВ *КЭСК* — ЛЫТКИН, ВАСИЛИЙ И., ГУЛЯЕВ, ЕВ-ГЕНИЙ С. *Краткий этимологический словарь коми языка.* Москва: Наука, 1970.
ЛЬВОВ *ПВЛ* — ЛЬВОВ, АНДРЕЙ С. *Лексика «Повести временных лет».* Москва: Наука, 1975.
МАКСИМОВ - МАКСИМОВ, СЕРГЕЙ В. Крылатые слова. Санкт-Петербург, 1890.
МАРТЫНОВ *Слав.-герм.* — МАРТЫНОВ, ВИКТОР В. *Славяно-германское лексическое взаимодействие древнейшей по-ры: к проблеме прародины славян.* Минск: Издательство АН БССР, 1963.
МАРТЫНОВ *БСИ* — МАРТЫНОВ, ВИКТОР В. *Балто-славяно-италийские изоглоссы. Лексическая синонимия.* Минск: Наука

и техника, 1978.

МАРТЫНОВ *ЯПВ* — МАРТЫНОВ, ВИКТОР В. *Язык в пространстве и времени: к проблеме глоттогенеза славян.* Москва: Наука, 1983.

МЕЙЕ *ОСЯ* — МЕЙЕ, АНТУАН. *Общеславянский язык.* Москва: Иностранная литература, 1951.

МЕЛЬНИЧУК *Розвіток* — МЕЛЬНИЧУК, ОЛЕКСАНДР С. *Розвіток структури слов'янського речення.* Київ: Наукова думка, 1966.

МЕНГЕС — МЕНГЕС, КАРЛ Г. *Восточные элементы в «Слове о полку Игореве».* Москва: Наука, 1979.

МЕРКУЛОВА *Раст.* — МЕРКУЛОВА, ВАЛЕНТИНА А. *Очерки по рус-ской народной номенклатуре растений.* Москва: Наука, 1967.

МИХЕЛЬСОН *РМР* — МИХЕЛЬСОН, МОРИЦ И. *Русская мысль и речь.* I–II. Санкт-Петербург: Типография Имп. Академии наук, 1902.

МЛАДЕНОВ — МЛАДЕНОВ, СТЕФАН. *Етимологически и право-писен речник на българския книжовен език.* София: Христо Г. Данов, 1941.

МНМ — *Мифы народов мира.* I–II. Москва: Советская энци-клопедия, 1980–1982.

Мов. — *Мовознавство.* Київ, 1967–.

МОКИЕНКО *ПТГ* — МОКИЕНКО, ВАЛЕРИЙ М. *Почему так говорят? От* авося *до* ятя. Санкт-Петербург: Норинг, 2004.

МОКИЕНКО-НИКИТИНА *Бр.* — МОКИЕНКО, ВАЛЕРИЙ М., НИКИ-ТИНА, ТАТЬЯНА Г. *Словарь русской брани.* Санкт-Петер-бург: Норинт, 2003.

МОКИЕНКО-НИКИТИНА *ТС* — МОКИЕНКО, ВАЛЕРИЙ М., НИКИТИ-НА, ТАТЬЯНА Г. *Толковый словарь языка Совдепии.* Санкт-Петербург: Олио-Пресс, 1998.

НИКИТИНА *СМС* — НИКИТИНА, ТАТЬЯНА Г. *Словарь молодёж-ного сленга 1980–2000 гг.* Санкт-Петербург: Фолио-Пресс, 2003.

НИКИТИНА *ТГМ* — НИКИТИНА, ТАТЬЯНА Г. *Так говорит моло-дёжь. Словарь молодёжного сленга.* Санкт-Петербург: Фо-лио-Пресс, 1998.

НИКИТИНА *ТСМС* - НИКИТИНА, ТАТЬЯНА Г. *Словарь молодежного сленга.* Санкт-Петербург: Фолио-Пресс / Норинт, 2003.

НОСОВИЧ — НОСОВИЧ, ИВАН И. *Словарь белорусского наречия.* Санкт-Петербург: Отделение русского языка и словес-ности АН, 1870.

ОДИНЦОВ *Гипп.* — ОДИНЦОВ, ГЕННАДИЙ Ф. *Из истории гиппо-логической лексики в русском языке.* Москва: Наука, 1980.

ОЖЕГОВ — ОЖЕГОВ, СЕРГЕЙ И. *Словарь русского языка.* Мос-ква: Мир и образование, 2006.

ОЛА 1972– — *Общеславянский лингвистический атлас. Материалы и исследования.* Москва: Наука, 1974.

ОРЕЛ *Субст.* — ОРЕЛ, ВЛАДИМИР Э. *Состав и характеристика субстратного фонда балканославянских языков. Реферат диссертации [...] канд. фил. наук.* Москва: Институт славяноведения и балканистики, 1981 [manuscript].

ОСИПОВ — ОСИПОВ, БОРИС И. *Словарь современного рус-ского города.* Москва: Русские словари - АСТ - Астрель - Транзиткнига, 2003.

ОТИН - ОТИН, ЕВГЕНИЙ. *«Все менты - мои кенты ...».* Москва: ЭЛПИС, 2006.

ОТКУПЩИКОВ — ОТКУПЩИКОВ, ЮРИЙ В. *Из истории индоевропейского словообразования.* Ленинград: Издательство Ленинградского университета, 1967.

ПАВСКИЙ — ПАВСКИЙ, ГЕРАСИМ П. *Филологические наблюде-ния над составом русского языка.* Санкт-Петербург: Типо-графия Имп. Академии наук, 1850.

ПИДСЯ — Проблемы истории и диалектологии славянских языков. Москва: Наука, 1971.

ПИЕЯ — Проблемы индоевропейского языкознания. Москва: Наука, 1964.

ПИЗАНИ *Этимология* — ПИЗАНИ, ВИТТОРЕ. *Этимология.* Моск-ва: Иностранная литература, 1956.

ПИМСИ — Принципы и методы семантических исследований. Москва: Наука, 1976.

ПК — Памятники культуры народов Европы и европейской части СССР. Ленинград: Наука, 1982.

ПОАЯ — Проблемы общности алтайских языков. Ленинград: Наука, 1971.

ПОГОДИН *Сл.* — ПОГОДИН, АЛЕКСАНДР Л. *Следы корней-основ в славянских языках.* Варшава-Санкт-Петербург, 1903/1905 [= *ИОРЯС* X/2].

ПОПОВ — ПОПОВ, АЛЕКСАНДР И. *Названия народов СССР: Вве-дение в этнонимику.* Ленинград: Наука, 1973.

ПОПОВ *ВЕ* — ПОПОВ, АЛЕКСАНДР И. *Из истории лексики языков Восточной Европы.* Ленинград: Издательство ЛГУ, 1957.

ПОПОВ *Сл.* — ПОПОВ, В.М. *Словарь воровского и арестант-ского языка.* Киев: Печатня С.П.Яковлева, 1912.

ПОТЕБНЯ *Зв.* — ПОТЕБНЯ, АЛЕКСАНДР А. *К истории звуков русского языка.* I–IV. Воронеж: Типография В.И. Исаева, 1876–1883.

ПРЕОБР. — ПРЕОБРАЖЕНСКИЙ, АЛЕКСАНДР Г. *Этимологический*

словарь русского языка. I–III. Москва: Тип. Г.Лисснера и Д. Совко; Гос. издательство иностранных и национальных словарей, 1910–1959.

Пушк. конф. — Пушкинская конференция в Стэнфорде. Материалы и исследования. Москва: Объединенное гуманитар-ное издательство, 2001.

РАДЛОВ — РАДЛОВ, ВАСИЛИЙ В. *Опыт словаря тюркских наречий.* I–IV. Санкт-Петербург, 1888–1911.

РАМЗЕВИЧ — РАМЗЕВИЧ, НИКОЛАЙ К. *Словарь гуманитария.* Москва: Былина, 1998.

РЕЙФ — РЕЙФ, ФИЛИПП. *Русско-французский словарь, в котором русские слова расположены по происхождению.* I–II. Санкт-Петербург, 1835–1836.

РА — *Русский архив.* 1863–.

РЖ – ГРАЧЕВ, МИХАИЛ А., МОКИЕНКО, ВАЛЕРИЙ М. *Русский жаргон.* Москва: АСТ-ПРЕСС, 2008.

РОЖАНСКИЙ — РОЖАНСКИЙ, ФЕДОР И. *Сленг хиппи. Материалы к словарю.* Санкт-Петербург: Издательство Европейского Дома, 1992.

РОЖКОВА *Сел.* — РОЖКОВА, МАРИЯ К. *Сельское хозяйство и положение крестьянства. Очерки экономической истории России первой половины XIX века.* Москва, 1959

РОЗИНА *Жарг.* — ЕРМАКОВА, ОЛЬГА П., ЗЕМСКАЯ, ЕЛЕНА А., РОЗИНА, РАИСА И. [ed.]. *Слова, с которыми мы все встре-чались. Толковый словарь русского общего жаргона.* Мос-ква: Азбуковник, 1999.

РОМАНОВА *Меры* — РОМАНОВА, ГАЛИНА Я. *Наименования мер длины в русском языке.* Москва: Наука, 1975.

РОМАНОВА *СЯС* — РОМАНОВА, НЕОНИЛА П. *Словообразование и языковые связи.* Киев: Наукова думка, 1985.

РР — *Русская речь.* Москва, 1967–.

РЯ — *Русский язык.* Минск, 1981–.

РЯНО — *Русский язык в научном освещении.* Москва, 2001–.

РЯНШ — *Русский язык в национальной школе.* Москва, 1957–.

РФВ — *Русский филологический вестник.* Варшава, 1879–1918.

Сб. Аванесов — *Русское и славянское языкознание. К 70-летию Р.И. Аванесова.* Москва: Наука, 1972.

Сб. Анучин — *Сборник в честь семидесятилетия проф. Д.Н. Анучина.* Москва: Общество любителей естествознания, антропологии и этнографии, 1913.

Сб. Бернштейн — *Исследования по славянскому языко-знанию.* Москва: Наука, 1971.

Сб. Бернштейн Dial. — *Dialectologia Slavica.* Москва: Индрик, 1995.

Сб. Борковский — *Проблемы истории и диалектологии славянских языков.* Москва: Наука, 1971.

Сб. Василенко — *Вопросы филологии. К 70-летию И.А.Василенко.* Москва, 1969 [= *Уч. зап. МГПИ* CCCXLI].

Сб. Дечев - Изследвания в чест на Д. Дечев. София: БАН, 1958.

Сб. Золотова — *Коммуникативно-смысловые параметры грамматики и текста. Сборник статей, посвященный юби-лею Г.А. Золотовой.* Москва: Эдиториал УРСС, 2002.

Сб. Иванов — Поэтика. История литературы. Лингвистика. Москва: ОГИ, 1999.

Сб. Кочергина — Сравнительно-историческое и общее языкознание. Сборник статей в честь 80-летия В.А. Кочергиной. Москва: Добросвет, 2004.

Сб. Кузнецова — Лингвистический беспредел. Сборник ста-тей к 70-летию А.И. Кузнецовой. Москва: Изд-во Москов-ского университета, 2002.

Сб. Ларин — Вопросы теории и истории языка. Ленинград: Наука, 1969.

Сб. Марр — Акад. Н.Я.Марру — Академия наук СССР. Москва-Ленинград: АН СССР, 1935.

Сб. Миллер — Юбилейный сборник в честь В.Ф. Миллера. Москва: 1900.

Сб. Мирчев — Изследвания върху историята и диалектите на българския език. Сборник в памет [...] К. Мирчев. София: БАН, 1979.

Сб. Младенов — Езиковедски изследвания в чест на Ст. Мла-денов. София: БАН, 1957

СбНУ — Сборник за народни умотворения и народопис. София, 1889-.

Сб. ОРЯС — Сборник Отделения русского языкак и словес-ности Имп. Академии наук. Санкт-Петербург, 1867-.

Сб. Потанин - Сборник в честь 70-летия Г.Н. Потанина. Санкт-Петербург: Изд. Географического Общества, 1909.

Сб. Романски — Езиковедско-етнографски изследвания в памет на акад. Ст. Романски. София: БАН, 1960.

Сб. Сорокалетов — Проблемы диалектной лексикологии и лексикографии. К 80-летию Ф.П. Сорокалетова. Санкт-Петербург: Наука, 2004.

Сб. Толстая — Славянские этюды. Москва: Индрик, 1999.

Сб. Толстой — Philologia Slavica. Москва: Наука, 1993.

Сб. Топоров — ΠΟΛΥΤΡΟΠΟΝ. Москва: Индрик, 1998.

Сб. Цейтлин — Folia Slavistica. Москва: Институт славяно-ведения РАН, 2000.

Сб. Шахматов = ИОРЯС XXV.

Сб. Шишманов — Сборник в чест на [...] Иван Д. Шишманов. София: Придворна печатница, 1920.

СБЯ Лекс. — Славянское и балканское языкознание. Пробле-мы лексикологии. Москва: Наука, 1983.

СБЯ — Славянское и балканское языкознание. Москва: Наука, 1984.

СЕВОРТЯН *ЭСТЯ* — СЕВОРТЯН ЭРВАНД В. *Этимологический сло-варь тюркских языков.* I–IV. Москва: Наука, 1974–1989.

СЕЛИЩЕВ *Сиб.* — СЕЛИЩЕВ, АФАНАСИЙ М. *Диалектологический очерк Сибири.* I. Иркутск: Издательство Иркутского университета, 1921.

СКЕ — Исследования по семантике (семантические классы единиц). Уфа: Башкирский гос. университет, 1980.

Слав. яз. VI — Славянское языкознание. VI Международный съезд славистов. Доклады советской делегации. Москва: Наука, 1968 [=*СЯ VI*].

Слав. яз. VIII — Славянское языкознание. VIII Международный съезд славистов. Доклады советской делегации. Москва: Наука, 1978.

Слав. яз. IX — Славянское языкознание. IX Международный съезд славистов. Доклады советской делегации. Москва: Наука, 1983.

Слав. яз. X — Славянское языкознание. X Международный съезд славистов. Доклады советской делегации. Москва: Наука, 1988.

Слав. яз. XI - Славянское языкознание. X Международный съезд славистов. Доклады российской делегации. Москва: Наука, 1993.

Слав. яз. XIII — Славянское языкознание. XIII Международный съезд славистов. Доклады российской делегации. Москва: Индрик, 2003.

СЛС — Сербо-лужицкий лингвистический сборник. Москва: Наука, 1963.

СМИРНОВ — СМИРНОВ, АЛЕКСАНДР И. *Западное влияние на русский язык в петровскую эпоху.* Санкт-Петербург, 1910 [= *Сб. ОРЯС* LXXXVIII/2].

СНЕГИРЕВ — СНЕГИРЕВ, ИВАН М. *Русские простонародные праздники и суеверные обряды.* Москва: Университетская типография, 1837-1838.

СОБОЛЕВСКИЙ *ЛАЗ* — СОБОЛЕВСКИЙ, АЛЕКСЕЙ И. *Лингвис-тические и археологические заметки.* Воронеж, 1921.

СОБОЛЕВСКИЙ *Лекции* — СОБОЛЕВСКИЙ, АЛЕКСЕЙ И. *Лекции по истории русского языка.* Киев: Университетская типогра-фия, 1888.

СРА - ЕЛИСТРАТОВ, ВЛАДИМИР С. *Словарь русского арго.* Москва: Русские словари,2000.

СРЕЗНЕВСКИЙ — СРЕЗНЕВСКИЙ, ИЗМАИЛ И. *Материалы для сло-варя древнерусского языка.* I-III. Москва: Знак, 2003 [re-print].

СРЛ — Современная русская лексикология. Москва: Наука, 1966.

СРНГ — ФИЛИН, ФЕДОТ П. (ed.). *Словарь русских народных говоров.* Ленинград: Наука, 1966-.

СРЯ — БОГАТОВА, ГАЛИНА А. (ed.). *Словарь русского языка XI-XVII вв.* I-. Москва: Наука, 1975-.

СРЯ XVIII — БАРХУДАРОВ, СТЕПАН Г. и др. (eds.). *Словарь русского языка XVIII в.* I-. Ленинград: Наука. 1984-.

ССб. — Славистичен сборник. София: БАН, 1968.

ССМЖ - ГРАЧЕВ, МИХАИЛ А. *Словарь современного молодежного жаргона.* Москва: Эксмо, 2006.
ССРЛЯ - Словарь современного русского литературного язы-ка. I-XVII. Москва-
Ленинград: АН СССР, 1950-1965.
СТ — Советская тюркология. Баку, 1970-.
СтатСл — Статьи по славяноведению. I-III. [Ред.] В. ЛАМАН-СКИЙ. Санкт-Петербург, 1904-1910.
СтБ - Старобългаристика. София, 1977-.
СТИГ — Струтурно-типологические исследования в области грамматики славянских языков. Москва: Наука, 1973.
СФУ — Советское финноугроведение. Ленинград-Таллинн.
СЭ — Советская этнография. Москва, 1931-.
ТАУБЕ-ДАГЛИШ — ТАУБЕ А.М., ДАГЛИШ, Р.С. *Современный рус-ско-английский словарь.* Москва: Русский язык-Медиа, 2005.
ТОЛСТОЙ *СГТ* — ТОЛСТОЙ, НИКИТА И. *Славянская географи-ческая терминология.* Москва: Наука, 1969.
ТОПОРОВ *ПЯ* — ТОПОРОВ, ВЛАДИМИР Н. *Прусский язык.* I-IV. Москва: Наука, 1975-1990.
ТОПОРОВ-ТРУБАЧЕВ — ТОПОРОВ, ВЛАДИМИР Н., ТРУБАЧЕВ ОЛЕГ Н. *Лингвистический анализ гидронимов Верхнего Поднеп-ровья.* Москва: Издательство АН СССР, 1963.
ТПРИЛ — Теория и практика русской исторической лек-сикографии. Москва: Наука, 1984.
Тр. ИЯЛИК — Труды Института языка, литературы и истории Коми филиала АН СССР. Сыктывкар, 1958-.
ТРУБАЧЕВ *Дом. жив.* — ТРУБАЧЕВ, ОЛЕГ Н. *Происхождение названий животных в славянских языках.* Москва: Изда-тельство АН СССР, 1960 [=ТРУБАЧЕВ *Жив.*].
ТРУБАЧЕВ *Род.* — ТРУБАЧЕВ, ОЛЕГ Н. *История славянских терминов родства.* Москва: Издательство АН СССР, 1959.
ТРУБАЧЕВ *ЭССЯ-Проспект* — ТРУБАЧЕВ, ОЛЕГ Н. [ред.] *Этимологический словарь славянских языков. Проспект. Проб-*
ные статьи. Москва: Наука, 1963.
ТРУБАЧЕВ *Этногенез* — ТРУБАЧЕВ, ОЛЕГ Н. *Этногенез и куль-тура древнейших славян.* Москва: Наука, 1991.
ТСМС - НИКИТИНА, ТАТЬЯНА Г. *Толковый словарь молодежного сленга.* Москва: АСТ / Астрель / Транзиткнига, 2006
ТСРРЯ - КУРИЛОВА, АННА Д. *Толковый словарь разговорного русского языка.* Москва: АСТ Астрель, 2007.
ТСРС - ЕЛИСТРАТОВ, ВЛАДИМИР С. *Толковый словарь русского сленга.* Москва: АСТ-ПРЕСС, 2007.
ТСРЯ - ШВЕДОВА. Н. Ю. *Толковый словарь русского языка.* Москва: Азбуковник, 2007.

ТСУЖ - ДУБЯГИН, Ю. П., БРОННИКОВА, А. Г. (ред.). *Толковый словарь уголовных жаргонов.* Москва: Интер-ОМНИС / РОМОС, 1991.

УА — *Урало-алтаистика: Археология, этнография, язык.* Новосибирск: Наука, 1985.

УЗОд — *Ученые записки Высшей школы Одессы. Отдел гуманитарно-общественных наук.* II. Одесса, 1922.

УНТЕРБЕРГЕР — УНТЕРБЕРГЕР, ФРИДРИХ С. *Известия из внут-ренних губерний России, преимущественно для любите-лей лошадей.* Дерпт, 1854.

Уч. зап. ИС — *Ученые записки Института славяноведения АН СССР.* Москва, 1946-.

Уч. зап. КПИ — *Ученые записки Казанского педагогического института.* Казань.

Уч. зап. Кирг. ун-та — *Ученые записки Киргизского Государственного Университета.* Фрунзе, 1955-.

Уч. зап. МГПДИ — *Ученые записки Московского Государ-ственного Педагогического Дефектологического Инсти-тута.* Москва, 1941-.

Уч. зап. РПИ — *Ученые записки Рязанского педагогического института.* Рязань.

УШАКОВ — УШАКОВ, ДМИТРИЙ Н. *Толковый словарь русского языка.* Москва: Альтапринт, 2005 [reprint].

ФАСМЕР *Гр.-сл.* — ФАСМЕР, МАКСИМ Р. *Греко-славянские этюды.* Санкт-Петербург, 1909 [= *Сб. ОРЯС* LXXXVI].

ФЗ — *Филологические записки.* Воронеж, 1876-.

ФТ — ФАСМЕР, МАКС. *Этимологический словарь русского языка.* I-IV. Ред. и пер. О.Н. ТРУБАЧЕВ. Москва: Прогресс, 1986-1988.

ЦЕЙТЛИН — ЦЕЙТЛИН, РАЛЯ М. *Лексика старославянского языка.* Москва: Наука, 1977.

ЧЕРНЫХ *Лекс.* — ЧЕРНЫХ, ПАВЕЛ Я. *Очерк русской историче-ской лексикологии.* Москва: Издательство Московского университета, 1956.

ЧЕРНЫХ *ИЭСРЯ* — ЧЕРНЫХ, ПАВЕЛ Я. *Историко-этимо-логический словарь современного русского литературного языка.* I-II. Москва: Русский язык, 1994.

ШИПОВА *Тюрк.* — ШИПОВА, ЕЛЕНА Н. *Словарь тюркизмов в русском языке.* Алма-Ата: Наука, 1976.

ЭИ — *Этимологические исследования. Этимология русских диалектных слов.* Свердловск: Уральский университет, 1981-.

ЭИРЯ — *Этимологические исследования по русскому языку.* I-X. Москва: Изд-во МГУ, 1960-1993.

ЭНДЗЕЛИН *СБЭ* — ЭНДЗЕЛИН, ИВАН М. *Славяно-балтийские этюды.* Харьков: Типография и литография М.Зильберберг и сыновья, 1911.

ЭНДЗЕЛИН *Лат. пред.* — ЭНДЗЕЛИН, ИВАН М. *Латышские пред-логи.* I-II. Юрьев, 1905-1906.
ЭО — Этнографическое обозрение.
ЭРДС — Этимология русских диалектных слов. Свердловск: Издательство Уральского университета, 1978.
ЭСБМ — Этымалагічны слоўнік беларускай мовы. Ред. ВІКТАР У. МАРТЫНАЎ. I-. Мінск: Наука и техника, 1978-.
ЭСРЯ — ШАНСКИЙ, НИКОЛАЙ М. (ред.). *Этимологический сло-варь русского языка.* I-VII. Москва: Издательство МГУ, 1963-1980.
ЭССЯ — ТРУБАЧЕВ, ОЛЕГ Н. (ред.) *Этимологический словарь славянских языков.* I-. Москва: Наука, 1974-.
Этим. — Этимология. Москва: Издательство АН СССР, 1963.
Этим. 1964- — Этимология 1964-. Москва, 1965-.
Уч. зап. ЛГПИ - Ученые записки Ленинградского педагогического института им. А.И. Герцена.
ШАХМАТОВ Очерк - ШАХМАТОВ, АЛЕКСЕЙ А. Очерк древнейшего периода истории русского языка. Петроград: Изд. ОРЯС, 1915.
ЮГАНОВ — ЮГАНОВ, ИГОРЬ, ЮГАНОВА, ФРИДА. *Словарь рус-ского сленга.* Москва: Метатекст, 1997.
ЯиЛ — Язык и литература. III. Ленинград: РАН, 1929.
ЯН СССР — Языки народов СССР. I-V. Москва: Наука, 1966-1968.
ЯРП — Язык русских писателей XVIII века. Ленинград: Наука, 1981.

ABBREVIATIONS

Grammatical terms

acc. — accusative
act. — active
adj. — adjective
adv. — adverb
aor. — aorist
coll. — collective; colloquial
comm. — common
comp. — comparative
cond. — conditional
conj. — conjunction
dat. — dative
dem. — demonstrative
denom. — denominative
der. — derived
derog. — derogatory
deverb. — deverbative
dial. — dialectal
dim. — diminutive
dur. — durative
f., fem. — feminine
gen. — genitive
imp(er). — imperative
impf. — imperfect(ive)
inch. — inchoative
indecl. — indeclinable
inf. — infinitive
instr. — instrumental
interj.- interjection
intr. — intransitive
irreg. — irregular
iter. — iterative
lit. — literary
lit. — literal(ly)
loc. — locative
m., masc. — masculine
med. — medium
med. — medical
mod. — modern
n., neut. — neuter
nom. — nominative
num. — numeral
obl — oblique
obs. — obsolete
part. — participle
pass. — passive
perf. — perfect(ive)
pl. — plural
pl.t. — plurale tantum
pln. — place name
poet. — poetic
postp. — postposition
prep. — preposition
pron. — pronoun
prop. — proper name
ptcl. — particle
refl. — reflexive
rvn. — river name
sb. — substantive
sg. — singular
sg.t. — singulare tantum
suff. — suffix
superl. — superlative
trans. — transitive
vb. — verb
voc. — vocative

Languages

Abkh — Abkhaz
Adyg — Adygian
Akk — Akkadian
Alb — Albanian
Arab — Arabic
Aram — Aramaic
Araw — Arawakan
Arm — Armenian
Att — Attic
Av — Avestan
Azeri — Azeri
Balk — Balkar
Balt — Baltic
Bashk — Bashkir
Bav — Bavarian
Blr — Byelorussian
Bret — Breton
Bulg — Bulgarian
Bur — Buriat
Chag — Chagatay
Chin — Chinese
Chuv — Chuvash
Circ — Circassian
Cr. — Crimean
CSl — Church Slavonic
Czech — Czech
Dac — Dacian
Dan — Danish
Dari — Dari
Dor — Doric
Du — Dutch
EBalt — East Baltic
EFris — East Frisian
EGmc — East Germanic
EIran - East Iranian
ELith — East Lithuanian
Eng — English
Est — Estonian
Etr — Etruscan
Farsi — Farsi
Finn — Finnish
Flem — Flemish
Fr — French
Fris — Frisian
FU — Fenno-Ugric
Gaul — Gaulish
Germ — German
Gaul — Gaulish
Gk — Greek
Gmc — Germanic
Goth — Gothic
Grg — Georgian
Hbr — Hebrew
Hindi — Hindi
Hitt — Hittite
Hom — Homeric
Hung — Hungarian
Icel — Icelandic
IE — Indo-European
Illyr — Illyrian
Indo-Iran — Indo-Iranian
Ion — Ionic
Ir — Irish
Iran — Iranian
Ital — Italian
Itel — Itelmen
Jatv — Jatvingian
Jpn — Japanese
Kab — Kabarda
Kalm — Kalmyk
Kar — Karachay
Karach — Karachaev
Karel — Karelian
Kashub — Kashubian
Kaz — Kazakh
Khn — Khanty
Kirgh — Kirghiz
Komi — Komi
Kor — Korean
Kum — Kumyk
Kypch — Kypchak
Lat — Latin
Latv — Latvian
Lez — Lezghi
LG — Low German
Lith — Lithuanian
LSorb — Low Sorbian
Luw — Luwian

Maced — Macedonian
Mansi — Mansi
Mari — Mari
MDu — Middle Dutch
ME — Middle English
MFr — Middle French
MGk — Middle Greek
MHG — Middle High German
MIr — Middle Irish
MIran - Middle Iranian
MLG — Middle Low German
Mong — Mongolian
Mord — Mordovian
MPers — Middle Persian
MW — Middle Welsh
Myc — Mycenaean
NCauc — North Caucasian
Nen — Nenets
NGk — New (Modern) Greek
NGmc — North Germanic
NItal — North Italian
Nivkh — Nivkh
Nog — Nogai
Norw — Norwegian
Novg — Novgorodian
NPers — New (Modern) Persian
NRus — North Russian
OChuv — Old Chuvash
OCSl — Old Church Slavonic
ODu — Old Dutch
OE — Old English
OFris — Olf Frisian
OHG — Old High German
OHung — Old Hungarian
OIr — Old Irish
ON — Old Norse
OPers — Old Persian
OPrus — Old Prussian
OS — Old Saxon
Osc — Oscan
OSwed — Old Swedish
OTurk — Old Turkic
OW — Old Welsh
Pashto — Pashto
PAlb — Proto-Albanian
Pers — Persian
Phryg — Phrygian
PIE — Proto-Indo-European
Pkt — Prakrit
Pol — Polish
Polab — Polabian
Port — Portuguese
Proto-Bulg — Proto-Bulgarian
Prov — Provençal
Rom — Romance
Rum — Rumanian
Russ — Russian
Saam — Saami
Sab — Sabinian
SCr — Serbo-Croatian
Sib — Siberian
Skt — Sanskrit
Sem — Semitic
Sib — Siberian
Slav — Slav(on)ic
Slov — Slovinian
Slvk — Slovak
Slvn — Slovene
Slovin — Slovinian
Sp — Spanish
Sum — Sumerian
Swed — Swedish
Syr — Syrjan
Tadj — Tadjik
Tat — Tatar
Thrac — Thracian
Tkc — Turkic
Toch — Tocharian
Tung - Tungus
Turk — Turkish
Turkm — Turkmen
Udm — Udmurt
Ukr — Ukrainian
Umb — Umbrian
Ural — Uralic
USorb — Upper Sorbian
Uygh — Uyghur
Uzb — Uzbek
Ved — Vedic
Venet — Venetian
Veps — Vepsian

Vod — Vod'
W — Welsh
Waz — Waziri
WGmc — West Germanic
Wolof — Wolof
Yiddish — Yiddish
Yuk — Yuk

Т

таба́к I sb.m. 'tobacco' (dial. also **таба́ка**). Cf. SCr **tábák**, Slvn **tobak**, Czech **tabák**, Slvk **tabak**, Ukr **таба́к(а)**, Blr **таба́ка** id. Borrowed in 1630s via Fr **tabac** (since 1600) / **tabaco** id. (since 1555) from Sp **tabaco** id. To Arawakan **tobako** (Haiti) 'wrapped tobacco leaves'.
◇ DAUZAT 696; АБАЕВ III 227–228; KOCHMAN **PRK** 87; ФТ IV 5 (via Germ **Tabac** or Fr **tabac;** ultimately to Arawakan); ЧЕРНЫХ **ИЭСРЯ** II 223 (via Fr **tabaque** or Du **tabák,** not Germ **Tábak**, from **tobako**, Haiti); **AHD** sub **tobacco** (from Arab **tabáq** 'euphoria-causing herb').

таба́к II sb.m. Only in **де́ло - таба́к** 'things are in a bad way'. Calque of Fr **avoir du tabac** 'to be in a difficult situation' (БОГОРОДСКИЙ **РР** XXIX/4 102–106). Thus, **таба́к II** is identical with **таба́к I.**
◇ ДАЛЬ IV 706; МИХЕЛЬСОН **РМР** II 356–357 (based on Rus dial. **таба́к** 'pole used while wading or measuring the water depth' used in sailors' argot); ВИНОГРАДОВ **ИС** 138–140 (cf. also dial. **под таба́к** '(the pole has reached the bottom').

табака́ sb. indecl. Only in **цыплёнок табака́** 'chicken flattened and grilled on charcoal'. From Arm **t,apak,** 'flat' or Osset **tæbækk** 'flat, flattened'.
◇ АБАЕВ III 243–244.

табаке́рка sb.f. 'snuffbox' (~ obs. **табате́рка**). Borrowed in 1720s via Pol **tabakierka** id. < Fr **tabatière** id., with **-k-** influenced by **таба́к I** (ГОРЯЕВ 359). The form in **-т-** is directly from Fr.
◇ CHRISTIANI 51; СМИРНОВ 286; ФТ IV 5; ЧЕРНЫХ **ИЭСРЯ** II 223 (sub **таба́к**).

таба́нить vb. 'to row backwards'. Der. of ***таба́н** borrowed from Tkc: Turk **taban** 'sole', Cr.-Tat **taban** id. (ПОПОВ **Этим. 1967** 124).

◇ KALIMA **MSFOu** LII 96 (from Mansi **touam** 'to row'); ФТ IV 6 (contra KALIMA); АНИКИН **Сиб.** 538.

та́бель sb.m. 'table, chart; time-sheet; report card'. Borrowed at the beginning of the XVIIIth century in its 1st meaning from Du **tabel** 'table'. To OFr **table** 'board, table, tablette'(since the XIIth century) < Lat **tabula** 'board, chart, list'.
◇ DAUZAT 696; CHRISTIANI 50; СМИРНОВ 286-287; ФТ IV 6.

табле́тка sb.f. 'tablette, pill'. Borrowed from Germ **Tablette** id. To OFr **tablet(t)e** (since the XIIIth century), dim. of **table** (see **та́бель**).
◇ DAUZAT 696; **AHD** sub **tablet**.

табли́ца sb.f. 'table, chart'. Borrowed at the beginning of the XVIIIth century from Pol **tablica** id. See **та́бель**.
◇ ФТ IV 6; РОМАНОВА **СЯС** 89.

та́бор sb.m. '(Gypsies') camp'. Borrowed in 1600s from Pol **tabor** 'camp' going back to Czech **tábor** id., Hung **tábor** id. originating in the XVth century from the name of the Bohemian city **Tábor** resp. biblical **Thabor** (ITKONEN **FUF** XXXII 82; HAVRANEK **NŘ** XXXVIII 2-6).
◇ MIKLOSICH **Türk.** II 167-168 (Pol **tabor** < Tkc: Turk **tabur** 'encampment of waggons', Cr.-Tat. **tabur** id.); KORSCH **AfslPh** IX 672 (same as MIKLOSICH); NEMETH **ALH** III 431-433, V 224; SŁAWSKI **JP** XXXVIII 230; ФТ IV 6-7; KOCHMAN **PRK** 47.

табу́н sb.m. 'herd of horses' (coll. also 'crowd'). Attested in Russian since the 1st half of the XVIIth century. Cf. Ukr, Blr **табу́н** id.; Bulg **табу́н,** Pol **tabun** id. is from Rus. Absent in other Slav languages. Borrowed from Tkc: Kaz **tabyn** id., Tat **tabun** id., Chag **tabun** id. (MIKLOSICH **Türk.** II 168, **EW** 346) adopted from Mong **tabun** 'five' (according to five major elements of a Mongolian herd - horses, cattle, camels, sheep and goats).
◇ ГОРЯЕВ 359; ФТ IV 7; ЧЕРНЫХ **ИЭСРЯ** II 223; АНИКИН **Сиб.** 539; **ТСРРЯ** 538 (here also vb. **табуни́ться** 'to crowd, to throng', coll.).

табуре́т sb.m. 'stool' (also **табуре́тка** f.). Cf. Bulg **табуре́тка** (possibly from Rus), Czech **taburet**, Pol **taboret**, Ukr **табуре́т(ка)**, Blr **табурэ́т(ка)** id. Borrowed in the 2nd

half of the XVIIIth century from Germ **Taburett** id. < Fr **tabouret** id. (since 1552) < 'round needle cushion' (since 1442), dim. of **tabour** 'small drum' (possibly from Pers).
◇ DAUZAT 697; ФТ IV 7; ЧЕРНЫХ **ИЭСРЯ** II 223-224 (directly from French); **AHD** sub **taboret, tabor**.

таве́рна sb.f. 'tavern'. Borrowed from Fr **taverne** id. (attested since the XIIIth century) or from Ital **taverna** id. < Lat **taberna** 'cabin, inn' (possibly from Etr.).
◇ DAUZAT 702; **AHD** sub **tavern**.

тавли́нка sb.f. 'birch-bark snuffbox'. Der. from dial. **та́вель, та́вла** 'plank, table' continuing ORus **тавла** id. < MGk τάβλα id.
◇ ФАСМЕР **Гр.-сл.** 196; ФТ IV 7-8 ("hardly from Ital **tavolino** 'small plank'"; der. from **таволи́новый**, adj. of **таволга́**).

таволга́ sb.f. 'meadow-sweet, Spiraea'; cf. Pol **tawula** id. Borrowed from Tkc: Tat **tubylγy** id., Bashk **tubylγy** id., Chag **tabylγy** id. (ГОРЯЕВ 444; ФТ IV 8).
◇ ШАХМАТОВ **ИОРЯС** VII/1 304 (from Slav ***tavъlga**).

тавро́ sb.n. 'brand, branding-iron'. With akanie, from ***товро́**. Possibly from Turk **tuğra** 'sultan's monogram, royal sign' (KORSCH **AfslPh** IX 675).
◇ ФТ IV 8; АНИКИН **Сиб.** 541.

тавро́вый adj. 'T-shaped'. Literally, in the shape of Gk letter **tau**. The origin of the inlaut **-р-** is unclear (influence of words ending in **-ро** ?).
◇ ТРУБАЧЕВ ФТ 8-9.

тага́н sb.m. 'tripod on which a cauldron is hanged'. Borrowed from Tat **(qazan) taγany** id., cf. Turk **tğan**, Cr.-Tat **tyğan** 'brazier'. In Tkc from NGk τηγάνι(ον) 'frying pan'.
◇ ФАСМЕР **Гр.-сл.** 197; ФТ IV 9; АНИКИН **Сиб.** 542.

таджи́к sb.m. 'Tadjik'. Borrowed from Turk **Tacik** id. < MPers **tāčik** 'Persian Muslim'.
◇ ФТ IV 10.

таз I sb.m. 'basin, wash-basin'. Continues MRus **тазъ** id. (since 1533) borrowed from Turk **tas** 'basin, bowl' (> Bulg **тас**, etc.), cf. Cr.-Tat **tas** id. (MIKLOSICH **Türk.** II 171, **EW** 347). To Arab **tast** 'bowl' (from Pers).

◇ KORSCH **AfslPh** IX 672; ШАХМАТОВ **Очерк** 284 (reconstructs ***пьтазъ** on the basis of MRus hap. leg. **птазъ** id.); ФТ IV 10; ЧЕРНЫХ **ИЭСРЯ** II 224.

таз II sb.m. 'pelvis'. Attested in dictionaries since 1834 Cf. Ukr, Blr **таз** id. (Bulg **таз** is from Russian). Calque of Germ **Becken** 'basin; pelvis', itself a calque of Lat **pēlvis** id.
◇ ЧЕРНЫХ **ИЭСРЯ** II 224.

таи́ть vb. 'to conceal' (obs.; usually perf. **утаи́ть**). From Slav ***tajiti**: OCSl **таити** κρύπτω, Bulg **тая́** 'to conceal', Maced **таи** 'to keep back, to hide', SCr **tàjiti** 'to conceal', Slvn **tajiti** 'to deny', Czech **tajiti** 'to conceal', Slvk **tajit'** id., USorb **tajić** id., LSorb **tawiś** id., Pol **taić** id., Ukr **таї́ти** id., Blr **таíць** id. Der. from ***tajь** 'secret(ly)' > OCSl **таи** λάθρα. See **та́йна** 'secret'.
◇ ФТ IV 31; ЧЕРНЫХ **ИЭСРЯ** II 224.

тайга́ sb.f. 'taiga, Northern or Siberian forest' (adj. **таёжный**). Attested in dictionaries since 1847. Borrowed into European languages, including Slav, from Rus. Itself borrowed from Tat dial. **taiga** 'forest' (< Tkc *'rocky mountains' as in Alt dial. **taiɣa**).
◇ RÄSÄNEN **Festschr. Toivonen** 131 (from Alt); ФТ IV 11; ЧЕРНЫХ **ИЭСРЯ** II 224-225; ХЕЛИМСКИЙ **ИИГЛ** 32; АНИКИН **Сиб.** 545.

тайко́м adv. 'secretely, on the sly' < ORus **таи** 'secret' (attested since the XIth century). Der. from Slav ***tajь** 'secret(ly)'. See **та́йна** 'secret', **таи́ть** 'to conceal'.

тайм-а́ут sb.m. 'time out'. Borrowed from (Amer) Eng **time out**.

та́йме́нь sb.m. 'a kind of salmon, Salmo taimen'. Borrowed in the middle of the XVIth century from Finn **taimen** id. (KALIMA 223).
◇ ФТ IV 11; ЧЕРНЫХ **ИЭСРЯ** II 225.

та́йна sb.f. 'secret, mystery'. Continues ORus **таина** id., adj. **таинъ** 'secret', a substantivized Slav adj. ***tajьnъ(jь)**, fem. ***tajьna**: OCSl **таинъ** ἀπόκρυφος, κρυπτόμενος, **таина** μυστήριον, Bulg **та́йна** 'secret, mystery', Maced **тајна** id., SCr **tâjna** id., Slvn adj. **tajen** 'secret', Czech **tajný** id., Slvk **tajný** id., USorb **tajny** id., Pol **tajny** id., Ukr **та́йна** 'secret, mystery', adj. **та́йний** 'secret'. Der. from ***tajь** 'secret(ly)' (>

ORus **таи** id. since the XIth century): OCSl **таи** λάθρα, Slvn **taj** 'denial' related to Skt **tāyu-** 'thief', Av **tāyu-** id., **tāya-** 'theft; (adj.) secret'; Hitt **taya-** 'to steal', **taya-zzil-** 'theft'. Further related to **тáять** (ТРУБАЧЕВ **ПИЕЯ** 100-106) [This is not evident. - V.S.].
◇ BARTHOLOMAE 647; TRAUTMANN **BSW** 313; ФТ IV 11; ЧЕРНЫХ **ИЭСРЯ** II 224 (sub **тайть** 'to conceal').

тайфу́н sb.m. 'typhoon'. Cf. Bulg **тайфу́н**, SCr **tàjfūn**, Czech, Pol **tajfun**, Ukr, Blr **тайфу́н** id. Borrowed in the middle of the XIXth century via Germ **Taifun** id. or directly from Eng **typhoon**. The latter appears to be a XVIth century contamination of Gk τυφών 'whirlwind' and Chin (Cantonese) **tai fung** 'great wind'.
◇ ГОРЯЕВ 368; ФТ IV 12; ЧЕРНЫХ **ИЭСРЯ** II 225; **AHD** sub **typhoon**.

так adv. 'so'. Continues ORus **тако, такъ** id. (since the XIth century) from Slav ***tako**: OCSl **тако** οὕτως, Bulg **тáко** 'so', Maced **така** id., SCr **tȁko, tâk** id., Slvn **tako** id., Czech **tak** id., Slvk **tak** id., USorb **tak** id., LSorb **tak** id., Pol **tak** id., Ukr **так, тáко** id., Blr **так** id. Adverbialized ***takъ(jь)**, see **такóй** 'such'.
◇ TRAUTMANN **BSW** 312; ФТ IV 12; ЧЕРНЫХ **ИЭСРЯ** II 225.

тáкать vb. 'to say "yes", to assent'. Together with Ukr **тáкати** id., continues ORus **такати** 'to agree'. Der. from ***tako**, see **так** 'so'.
◇ ФТ IV 12.

такелáж sb.m. 'rigging' (~ obs. **такалáж**). Borrowed in 1710s from Du **takelage** id. (MEULEN 208).
◇ СМИРНОВ 287; ФТ IV 12.

тáкже adv. 'also, too'. Univerbation of **так** and **же**. Continues ORus **тако же, такъ же** (cf. Pol **takze,** Ukr **такóж** 'also').
◇ ЧЕРНЫХ **ИЭСРЯ** II 225.

таковóй pron. 'such'. Often used as indef. **такóв**. From Slav ***takovъ(jь)**: OCSl **таковыи** τοιοῦτος, τοσοῦτος, Bulg **такъ́в** 'such', Maced **таков** id., SCr **tàkav** id., Slvn **takov** id., Czech **takový** id., LSorb **takowy** id., Pol **takowy** id., Ukr **такóвий** id. Der. from **такóй** 'such'.
◇ ФТ IV 13.

таковский pron. 'such', coll. Borrowed from Ukr **таківський** id., Blr **такоўскі** id. Further see **такой**.

такой pron. 'such'. Continues ORus **такъ** id. from Slav ***takъ(jь)**: OCSl **такъ** τοιοῦτος, ὅμοιος, SCr **tàkī** 'such', Czech **taký** id., Slvk **taký** id., USorb **tajki**, **taki** id., LSorb **taki** id., Pol **taki** id., Ukr **такий** id., Blr **такí** id. Related to Lith **tóks** id. Further see **как** 'how', **какой** 'what, which'.
◇ TRAUTMANN **BSW** 312; STANG **NTS** XIII 286; ФТ IV 13; ЧЕРНЫХ **ИЭСРЯ** II 225 (sub **так** 'so').

такса I sb.f. 'dachshund'. Borrowed from Germ **Dachshund** 'badger-dog, dachshund', **Dachs** 'badger'. To Gmc ***thahsu-** 'badger' (lit. 'animal who weaves' < IE ***teks-** 'to weave') and ***hundaz** 'dog' (< IE ***k̂un-to-** <***k̂u̯on-** 'dog').
◇ ФТ IV 13; **AHD** sub **dachshund**; **IE roots** sub **kwon-** [***k̂u̯on-**] 'dog'.

такса II sb.f. 'fixed rate, tariff'. Borrowed at the beginning of the XVIIIth century via Pol **taksa** id. from Germ **Taxe** id. To OFr **taxer** < MLat **taxāre** 'to evaluate, to appraise' (in Lat 'to feel (with one's fingers)', to **tangere** 'to touch' < IE ***tag-** 'to touch, to handle').
◇ ГОРЯЕВ 360; СМИРНОВ 287; ФТ IV 13; ЧЕРНЫХ **ИЭСРЯ** II 225-226; **AHD** sub **tax**.

такси sb.n. 'taxicab'. Borrowed in early 1920s from Fr **taxi** id., abbreviated **taximètre** id. (since 1904). Cf. Bulg **такси**, SCr **tȁksi**, Czech **taxi**, Ukr, Blr **таксі̂** id.
◇ DAUZAT 702; COMRIE-STONE 135; АРАПОВА **PP** XXXIII/2 109-111; ЧЕРНЫХ **ИЭСРЯ** II 226; **AHD** sub **taxi**, **taxicab**, **taximeter**.

такт sb.m. 'tact; measure, bar (in music)'. Borrowed via Germ **Takt** id. or directly from Fr **tact** (since the XIVth century) < Lat **tāctus** 'touch'. Ultimately to IE ***tag-** 'to touch, to handle'.
◇ DAUZAT 697; ФТ IV 13; AHD sub **tact**.

тактика sb.f. 'tactics'. Borrowed via Germ **Taktik** id. or directly from Fr **tactique** id. (adj. since 1690; from Gk). Related to **такт** 'tact'. To IE ***tag-** 'to touch, to handle'.
◇ DAUZAT 697; ФТ IV 13.

тал sb.m. 'purple willow'. Borrowed from Tkc: Tat **tal** id., Bashk **tal** id., Kaz **tal** id., Tuv **tal** id. (MIKLOSICH **EW** 346, **Türk.** II 169).
◇ ФТ IV 13–14; ШИПОВА **Тюрк.** 303; АНИКИН **Сиб.** 548.

тала́н sb.m. 'luck, success'. Borrowed from Tkc: Turk **talan** 'loot, robbery', Chag **talan** id. (MIKLOSICH **Türk.** II 169).
◇ ГОРЯЕВ 360; ФТ IV 14; АНИКИН **Сиб.** 549–550; **ТСРРЯ** 538.

тала́нт I sb.m. 'talent, gift'. Continues ORus **таланътъ** id. since the XIth – XIIth century. Cf. Bulg **тала́нт**, SCr **та̀ленат**, Slvn **talent**, Czech, Slvk, Pol **talent**, Ukr, Blr **тала́нт** id. Borrowed from OFr **talent** 'inclination, aptitude' < MLat 'mental aptitude; (originally) unit of weight or money'. See **тала́нт II**.
◇ ГОРЯЕВ 360; ФТ IV 15 (final **-т** explained by the influence of **тала́нт II**); ЧЕРНЫХ **ИЭСРЯ** II 226 (related to both **тала́нт II** and **тала́н**); **AHD** sub **talent**.

тала́нт II sb.m. 'talent, New Testament measure of weight'. Borrowed from OCSl **таланътъ** id. < Gk τάλαντον id. (ФАСМЕР **Гр.-сл.** 199). Ultimately to IE ***tel-** 'to lift, to support, to weigh'.
◇ ФТ IV 14–15; **AHD** sub **talent**.

талды́чить vb. 'to speak repetitively' (~ **толды́чить**). Der. from dial. **талды́ка**, nom. agentis of **талды́кать** 'to pronounce **талды́** instead of **тогда́**'.
◇ **ТСРРЯ** 538 ('to repeat in a boring manner', coll.).

та́ли pl.t. 'block and tackle' (~ rare sg. **та́ль**). Borrowed in 1710s from Du **talie** id. (MEULEN 207).
◇ MATZENAUER 342; СМИРНОВ 287; ФТ IV 15.

талисма́н sb.m. 'charm, talisman' (in dictionaries as **тализман** since 1806). Borrowed in the 2nd half of the XVIIIth century from Fr **talisman** (since 1637) < Ital **talismano** 'magic character' < Arab **tilsām** id., pl. **tilsamān** < Late Gk τέλεσμα 'completion; consecrated object'.
◇ MATZENAUER 342; DAUZAT 698; ФТ IV 15; ЧЕРНЫХ **ИЭСРЯ** II 226; **AHD** sub **talisman**.

та́лия I sb.f. 'waist' (~ **та́лья**). Cf. Bulg **та́лия**, Czech **taille**, **tajle**, Pol **talia**, Ukr, Blr **та́лія** id. Borrowed in the middle of

the XVIIIth century from Fr **taille** 'height; waist', possibly via Germ **Taille** 'waist(line)'. To Fr **tailler** < Vulgar Lat **taliāre** 'to cut, to cut out the material for a dress'.
◇ ГОРЯЕВ 360; ФТ IV 15; ЧЕРНЫХ **ИЭСРЯ** II 226-227.

та́лия II sb.f. 'two packs of playing cards used by a banker' (~ **та́лья**). Borrowed from Fr **taille** id.

тало́н sb.m. 'coupon'. Attested with this meaning since the late XIXth century. Borrowed from Fr **talon** id. (since the XIIth century) Vulgar Lat ***talo** / acc. ***talonem**, to Lat **tālus** 'ankle, heel, dice' (possibly itself a borrowing from Celt).
◇ DAUZAT 698; ФТ IV 16; ЧЕРНЫХ **ИЭСРЯ** II 227; **AHD** sub **talon, talus**[1].

та́льник sb.m. 'purple willow'. Der. from **тал** id.
◇ ФТ IV 13-14 (sub **тал**).

тальк sb.m. 'talc, talcum powder'. Borrowed from Fr **talc** (attested since the XVIth century) < Arab **talq** id.
◇ DAUZAT 698; ФТ IV 16 (from Arab via Germ **Talk** < Ital / Sp **talco**).

та́льма́ sb.f. 'talma'. Borrowed in the middle of the XIXth century from Fr **talma, manteau Talma** id. named after the actor FRANÇOIS-JOSEPH TALMA.
◇ КИПАРСКИЙ **ВЯ** 1956/5 137; ФТ IV 16.

талья́нка sb.f. 'a kind of Russian accordion with one keyboard'. Coll. form of **италья́нка**, fem. of **италья́нец** 'Italian'.
◇ БУЛИЧ **ИОРЯС** I 328-329.

там adv. 'there'. Continues ORus **тамо** id. from Slav ***tamo**: OCSl **тамо** ἐκεῖ, Bulg **там, та́мо** 'there', Maced **таму** id., **SCr tȁmo** id., Slvn **tam, tamo** id., Czech **tam, tamo** id., Slvk **tam** id., USorb **tam** id., LSorb **tam** id., Pol **tam** id., Ukr **там, та́ма** id., Blr **там** id. Close to Latv **(no) tām** '(from) there'. Connection with Gk τῆμος 'then, thereupon' is questionable. Der. from IE ***to-**, see **тот** 'that'.
◇ STANG **NTS** XIII 286; ФТ IV 17; ЧЕРНЫХ **ИЭСРЯ** II 227.

тамада́ sb.m. 'toastmaster'. Borrowed from Grg **tamada** id. (further from Pers **dāmād** 'son-in-law, bridegroom' > Turk **damat** id. > Adyg **t͟hämadä** 'elder, bridegroom').
◇ АБАЕВ III 227.

та́мбур I sb.m. 'tambour, lobby, platform of a railway carriage'. Borrowed from Fr **tambour** id.

тамбу́р II sb.m. 'chain stitch'. Borrowed from Fr **tambour** id.
◇ ФТ IV 17–18.

тамбу́р III sb.m. 'drum'. Borrowed from Fr **tambour** id.
◇ DAUZAT 698; ФТ IV 17–18; **AHD** sub **tambour**.

тамбури́н sb.m. 'tambourin'. Borrowed via Germ **Tamburin** id. from Fr **tambourin** (dim. of **tambour** 'drum'). Cf. **тамбу́р III**.
◇ DAUZAT 698; ФТ IV 18; **AHD** sub **tambourin**.

тамга́ sb.f. 'brand, stamp' (obs.). Continues ORus **тамъга** ('brand; tax' since the XIVth century). Borrowed from Tkc: OTurk **tamγa** 'seal, stamp' (Turk **damga**), Tat **tamγa** 'seal, stamp, sign of ownership', Chag **tamγa** id. (MIKLOSICH **Türk.** I 281). See **тамо́жня** 'customs'.
◇ ГОРЯЕВ 360; BERNEKER I 178; MENGES **ZfslPh** XXXI 22–42; ФТ IV 18; ЧЕРНЫХ **ИЭСРЯ** II 227 (sub **тамо́жня**); АНИКИН **Сиб.** 551–552.

тамизда́т sb.m. (coll., obs.) 'foreign edition of books (usually in Russian), forbidden in the USSR'. Emulates **самизда́т** and its model, Soviet abbreviation **Госизда́т = Госуда́рственное изда́тельство** 'State publishing house'; for the 1st component see **там** 'there'**.** Cf. **самизда́т.**
◇ **ТСРРЯ** 539.

тамо́жня sb.f. 'customs'. Attested since the 1st half of the XVIIth century. Der. from **тамга́** 'brand, stamp' (etc.). Cf. ORus **тамо́жьникъ** 'Tatar tax collector; customs officer' (> Rus **тамо́женник** 'customs official'); adj. **таможьныи** (> Rus **тамо́женный**). Cf. Ukr, Blr **тамо́жня** 'customs'.
◇ BERNEKER I 178; ФТ IV 18; ЧЕРНЫХ **ИЭСРЯ** II 227; АНИКИН **Сиб.** 552.

та́мошний adj. 'of that place, local', coll. Cf. Serb-CSl **тамошьнъ** ὁ ἐκεῖ. Der. from **там** (old **тамо**) 'there', cf. **вчера́шний** 'yesterday's, of yesterday' ~ **вчера́** 'yesterday', **дома́шний** 'domestic' ~ **до́ма** 'at home'.
◇ ФТ IV 18; ЧЕРНЫХ **ИЭСРЯ** II 227 (sub **там**).

тамтáм sb.m. 'tomtom'. Borrowed from Fr **tamtam** id. (since 1773) < Hindi **tam-tam** id.
◇ DAUZAT 698; ФТ IV 18 (from Malay); **AHD** sub **tam-tam, tomtom**.

тáнгенс sb.m. 'tangent'. Borrowed from Germ **Tangens** id. < Lat part. **tangēns** 'touching' in **linea tangēns** 'touching line' < **tangere** 'to touch' (to IE ***tag-** id.).
◇ **AHD** sub **tangent**.

тáнец sb.m. 'dance' (vb. **танцевáть** 'to dance', sb. m. **танцóр** 'dancer'). Borrowed in the middle of the XVIIth century via Pol **taniec** id. (since the XVIth century) from MHG **tanz** id. Cf. Bulg **танц**, Czech **tanec**, Ukr **тáнець**, Blr **тáнец** id.
◇ ФТ IV 18-19; ЧЕРНЫХ **ИЭСРЯ** II 227-228.

танúн sb.m. 'tannin'. Borrowed via Germ **Tannin** id. or directly from Fr **tannin** (<**tanner** 'to tan').
◇ ФТ IV 19; **AHD** sub **tannin**.

танк I sb.m. 'tank' (adj. **тáнковый**). Cf. Bulg **тáнк**, SCr **тȁнк, тȅнк**, Czech, Pol **tank**, Ukr, Blr **танк** id. Borrowed in 1916 from Eng **tank.** Ultimately to **танк II**.
◇ ФТ IV 19; ЧЕРНЫХ **ИЭСРЯ** II 228.

танк II sb.m. 'cistern, tank'. Borrowed via Germ **Tank** id. or directly from Eng **tank** < Gujarati **tānkh** 'pond, cistern' (probably from Drav).
◇ ФТ IV 19; ЧЕРНЫХ **ИЭСРЯ** II 228; **AHD** sub **tank**.

танóк sb.m. 'round dance', dial. Der. of ***тан**, back-formation of **тáнец**. Cf. Pol dial. **tan, tanek** id.

танцклáсс sb.m. 'school of dancing, dancing class'. Borrowed from Germ **Tanzklasse** id.
◇ ФТ IV 19.

танцмéйстер sb.m. 'dancing master'. Borrowed at the beginning of the XVIIIth century from Germ **Tanzmeister** id.
◇ СМИРНОВ 287; ФТ IV 19.

танцóр sb.m. 'dancer'. A compromise between Ital **danzatore** id. and Germ **Tänzer** id. or Fr **danseur** id.
◇ ФТ IV 19 (from Fr **danseur**); ЧЕРНЫХ **ИЭСРЯ** II 228 (sub **тáнец** 'dance').

тапи́р sb.m. 'tapir'. Borrowed from Fr **tapir** < **tapihire** (1558) < Tupi Guarani (Brazil) **tapiira** (originally 'mammal').
◇ DAUZAT 700; LOEWE **KZ** LX 173–174; ФТ IV 19; **AHD** sub **tapir**.

та́пок sb.m. 'slipper' (~ **та́пка**, pl. **та́пки**); frequently dim. pl. **та́почки**. Der. from ***tapati**, dur. of **то́пать** 'to stamp; to go, to walk'.

та́ра sb.f. 'package, packing; tare'. Borrowed at the end of the XVIIIth century via Pol **tara** id. or Germ **Tara** 'tare' or directly from Ital **tara** id. To MLat **tara** 'waste, deficiency' < Arab **tarhah** 'thing thrown away'.
◇ MIKLOSICH **Türk.** II 170 (from Turk **dara** id.); ФТ IV 20; ЧЕРНЫХ **ИЭСРЯ** II 228; **AHD** sub **tare**[2].

тараба́нить vb. 'to clatter; 'to rap loudly, to rumble', coll. Der. from dial. **тараба́н** 'drum' borrowed from Tkc: Tat **daraban** id. Cf. **бараба́н**.
◇ MIKLOSICH **EW** 347; ФТ IV 20; **ТСРРЯ** 539.

тараба́рщина sb.f. 'gibberish'. Der. from dial. **тараба́рить** 'to prattle'. Further see **та́ры-ба́ры**.
◇ ГОРЯЕВ 380 (to **тарато́рить**); ФТ IV 20 (**тараба́р** 'chatterbox'); **ТСРРЯ** 539 (**тараба́рить** 'to babble', coll.).

тарака́н sb.m. 'cockroach' (adj. **тарака́ний**). Continues MRus **тороканъ**, **тараканъ** id. Cf. also LUDOLF's transliterated **torcan** (1696) close to Ukr **тарка́н**, **тарга́н** id. Probably borrowed from Tkc honorary title **tarqan** (JAKOBSON **IJSLP** I–II 272), cf. **прусса́к**. Cf. Ukr **тарга́н**, Blr **тарака́н** id. (Pol **tarakan** is from Russian).
◇ MIKLOSICH **EW** 347 (to Pol **karaczan** 'cockroach', **karakan** id.); MIKKOLA **Berühr.** 168 (follows MIKLOSICH; der. from Tkc ***Kara** 'black'); RÄSÄNEN **ZfslPh** XX 448 (from Chuv **tar-aqan** 'runner'); ДОБРОДОМОВ **РР** IV/6 96–100; ФТ IV 20–21; ЧЕРНЫХ **ИЭСРЯ** II 228 (from Tkc languages).

тара́н sb.m. 'battering-ram'. Together with Ukr **тара́н** id. and Blr **тара́н** id. continues ORus **таранъ** id. borrowed via Pol **taran** id. from MHG **tarant** id. < Ital **taranto** = **tarantola** 'tarantuala'. Cf. Czech **taran** (possibly from ORus); Bulg **тара́н** (from Rus).

◇ MATZENAUER 343; ГОРЯЕВ 360 (to **тере́ть** 'to rub'); BRÜCKNER **SEJP** 565 (same as ГОРЯЕВ); ФТ IV 21; ЧЕРНЫХ **ИЭСРЯ** II 228–229 (Pol **taran** is from Russian).

таранта́ sb.comm. 'talker, windbag, chatterbox', dial./coll. (vb. **таранти́ть** 'to chatter', coll.). Of imitative origin. Cf. also **та́ры-ба́ры**.
◇ ЛЕСКОВ **ЖСт.** 1892/4 102 (from Karel **täristä** 'to roll, to roar'); ФТ IV 21; **ТСРРЯ** 539–540.

таранта́с sb.m. 'a kind of springless carriage'. Unclear.
◇ ГОРЯЕВ 360 (to **таранта́**), 444 (from Tat **taryntas** id.), **Доп.** I 48 (to Skt **tarā́ṇi-** 'moving forwards, quick'); ФТ IV 21–22 (to syn. **тарата́йка** / **таранта́йка**).

тара́нтул sb.m. 'tarantula' (~ **тара́нтула** f.). Borrowed from scientific Lat **tarantula** < Ital **tarantola** id. (to city name **Taranto** where tarantulas abound).
◇ DAUZAT 700; ФТ IV 22 (via Germ **Tarantel** id. or directly from Ital **tarantola**); **AHD** sub **tarantula**.

тара́нь sb.f. 'roach, fish Rutilus rutilus Heckeli'. Possibly an Oriental loanword.
◇ СОБОЛЕВСКИЙ **ИОРЯС** II 346; ФТ IV 22.

тара́м sb.m. 'hullabaloo, racket; brawl; total chaos', coll. Probably, from ***трарарам**, cf. Pol **trararam** id., SCr interj. **trararam** and the like. Cf. also **тара́** 'chit-chat' and interj. **тара́х** (ФТ IV 22). Of imitative origin.
◇ **ТСРРЯ** 540.

тара́х interj. 'bang'. Of imitative origin.
◇ ШАХМАТОВ **ИОРЯС** VII/2 379; ФТ IV 22 (sub **тара́хать**).

тарата́йка sb.f. 'cabriolet, gig; two-wheeled carriage'. Probably, from Pol **taradajka** 'carriage', **taradejka** id., **taratatka** id. of unclear origin.
◇ MATZENAUER 344 (Oriental loanword); BRÜCKNER **SEJP** 565; ФТ IV 23; **ТСРРЯ** 540 ('old car', derog.).
тарато́рить vb. 'to chatter', coll. With akanie, cf. dial. **тороторить** id. From Slav ***tortoriti**: Czech **trátořiti** id., Slvk **trátorit'** id., Blr **тарато́рыць** id. Cf. also CSl **тръторъ** sonus. Der. from reduplicated ***tortorъ** related to Gk τορός 'loud,

stringent', Lith **tariù, tar̃ti** 'to speak' (JAGIĆ **AfslPh** II 398; TRAUTMANN **BSW** 314); cf. Hitt **tar-**'to speak, to name'.
◇ ПОГОДИН **РФВ** XXXII 272-273, XXXIX 1-3; ФТ IV 24-25, 86-87; ЧЕРНЫХ **ИЭСРЯ** II 229; ВАРБОТ **Пр.** 137 (**-торить** to **теpéть**).

тарахтéть vb. 'to rattle, to rumble'; to chatter', coll. Based on dial. **торóхнуть** 'to break, to crash, to bang'. Of imitative origin.
◇ ФТ IV 23 (sub **тарáщить**); **ТСРРЯ** 540 (here also **тарахтéлка** 'old car', coll. derog.).

тарáщить vb. 'to stare, to goggle (of eyes)'. An irregular variant of dial. **торóщить(ся)** 'to scratch, to be restless, to bristle, to pucker' influenced by the vocalism of iter. **вытарáщивать;** cf. coll. **тарáщиться** 'to stare'. Further can be connected with ***tьrxati**, see **обтёрханный** 'worn, shabby' (ВАРБОТ **Этим. 1971** 14-15).
◇ MIKLOSICH **EW** 359; ГОРЯЕВ 361 (to Germ **starren** 'to stare'); БРАНДТ **РФВ** XXV 30; JAKOBSON **IJSLP** I-II 273; ФТ IV 23 (to **тарахтéть, тpáхнуть**); **ТСРРЯ** 540.

тарбагáн sb.m. 'a kind of marmot, Marmota sibirica' (~ **табаргáн**). Borrowed from Alt dial. or Tuv **tarbaɣan** id. of Mongolian origin.
◇ ФТ IV 23; АНИКИН **Сиб.** 556-557.

тарéлка sb.f. 'plate'. Der. from MRus **тарѣль** id. borrowed via Pol **talerz** id. from MHG **talier** id. < Ital **tagliere** id. The expression **не в своéй тарéлке** 'to be not quite oneself, to be not quite at ease' is a 1750s-1760s calque of Fr **(il) n'est pas dans son assiette** id., mistaking Fr **assiette** 'seat (in horse-riding)' for the homonymic **assiette** 'plate'.
◇ MIKLOSICH **EW** 346; ŠTREKELJ **AfslPh** XXVIII 531-532; BRÜCKNER **SEJP** 564; ФТ IV 24; ЧЕРНЫХ **ИЭСРЯ** II 229; ВИНОГРАДОВ **ИС** 368-369.

тари́ф sb.m. 'tariff'. Borrowed in 1720s via Germ **Tarif** id. or Fr **tarif** id. from Ital **tariffa** or Sp **tarifa** id. (via Turk from Arab **ta'rīf** 'information, notification').
◇ DAUZAT 700-701; ГОРЯЕВ 361; СМИРНОВ 288; ФТ IV 24; **AHD** sub **tariff**.

тарлата́н sb.m. 'tarlatan, thin open muslin'. Borrowed from Fr **tarlatane** id., probably from Port **tarlatana**, var. of **tiritana** (< Fr **tiretaine** 'linsey-woolsey').
◇ DAUZAT 700; ФТ IV 24; **AHD** sub **tarlatan**.

тарпа́н sb.m. 'wild horse of European and Asian steppes, Equus ferus ferus'. Borrowed from Kaz **tarpan** id.
◇ ФТ IV 24.

тарти́нка sb.f. 'slice of bread and butter, canapé'. Borrowed in 1820s from Fr **tartine** id. (since 1642).
◇ DAUZAT 701; ФТ IV 25.

та́ры-ба́ры pl.t. 'chatter', coll. Cf. also dial. **тараба́ра** 'rags', and also **тараба́р** 'prattler' from where **тараба́рский** 'nonsensical, obs. related to coded writing', like in **тараба́рская гра́мота** 'a kind of primitive cryptography'. Cf. further **тараба́рщина, тарато́рить**.
◇ ФТ IV 25; ВАРБОТ **Этим. 1984** 37-39 (the 2nd element to ***bьrati** 'take' > 'carry' > 'talk'); МЛАДЕНОВА **ИРС** 178; **ТСРРЯ** 541 (here also **та́ры да ба́ры**).

таска́ть vb. 'to carry, to drag, to pull' (coll. also 'to wear'; cf. also **тащи́ть** 'to carry, to drag, to pull'). Attested since 1731. Der. from rare Slav ***toskati** > SCr **tȍskati** 'to force back' (ПЕТЛЕВА **ОЛА 1983** 314-316: further to **теса́ть** 'to hew, to cut').
◇ JOKL **AfslPh** XXVIII 2 (to **тяну́ть** 'to pull'); АБАЕВ III 281, **Этим. 1966** 243-244 (derived from unattested ***taska** 'bag, sack' borrowed from Gmc, cf. ON **taska** 'trunk, chest, pouch, pocket', MLG **tasche** 'bag'); ФТ IV 26 ("unclear"); ТРУБАЧЕВ **Этим. 1979** 179 (an intensive der. from ***tasati**); ЧЕРНЫХ **ИЭСРЯ** II 229 (possibly an old intensive in ***-sk-** from **таить** 'to conceal'); **ТСРРЯ** 541 (here also slang **та́ска** 'talking-to'; coll. **таска́ться** 'to make the rounds of; to wander, to amble; to chase after (women), to have an affair with').

тасова́ть vb. 'to shuffle (cards)'. Borrowed at the early XVIIth century from Pol **tasować** id. < Fr **tasser** 'to pile together' (since the XIIth century; to **tas** 'heap' < Frankish ***tass** id.).
◇ DAUZAT 701; MATZENAUER 413; ГОРЯЕВ 361; ФТ IV 26; ЧЕРНЫХ **ИЭСРЯ** II 229-230

тат sb.m. 'Tat, Iranian ethnos in the Caucasus; Tati-speaking Jew'. From Tkc: OTurk **tat** 'settled non-Turkic person, Iranian'.

◇ ФТ IV 26.

тата́рин sb.m. 'Tatar'. Continues ORus pl. **татары** id. Borrowed from Tkc: OTurk **otuz tatar** (**otuz** 'thirty'), Tat **tatar** 'Tatars (called so by Christian Tatars)', Turk **Tatar** id., Uygh **tatar** 'Mongolian'.
◇ MIKLOSICH **Türk.** I 171, **EW** 347; ФТ IV 27; АБАЕВ III 282; АНИКИН **Сиб.** 560-561; **AHD** sub **Tatar**.

тата́рник sb.m. 'a kind of thistle, Cirsium setosum'. Der. from **тата́рин** 'Tatar'.

татуи́ровать vb. 'to tattoo'. Borrowed from Fr **tatouer** id. (since 1769) < Tahitian **tatau** 'puncture, mark made on skin' / Marquesan **tatu** id.
◇ DAUZAT 701; ФТ IV 28; **AHD** sub **tattoo**[2].

тать sb.m. 'thief, robber' (obs.). Continues ORus **тать** id. borrowed from OCSl **тать** κλέπτης etymologically identical with OIr **táid** 'thief'. Further see **та́йна** 'secret' (FICK **KZ** XXII 374; SCHULZE **KZ** XLIX 252).
◇ ФТ IV 28 (related to OCSl); ЧЕРНЫХ **ИЭСРЯ** II 224 (sub **таи́ть** ;to conceal'; Slav ***tatь** < IE ***tā-ti-s** 'thief').

тафта́ sb.f. 'taffeta'. Continues MRus **тафта** id. borrowed via Pol **tafta** id. from Ital **taffettà** id. (> Fr **taffetas**) < Turk **tafta** 'silk or linen cloth' < Pers **tāftah** 'woven' (pass. part. to **tāftan** 'to weave').
◇ DAUZAT 697; CHRISTIANI 50; BRÜCKNER **SEJP** 563; ФТ IV 29; **AHD** sub **taffeta**.

тахта́ sb.f. 'couch, ottoman'. Borrowed at the end of the XIXth century from Grg **taxti** id. Cf. Ukr, Blr **тахта́** id. (Bulg **тахта́** and Czech **tachta** are from Russian).
◇ ЧЕРНЫХ **ИЭСРЯ** II 230.

тача́нка sb.f. 'machine-gun cart', obs. Based on Pol **taczana**, fem. part. of **taczać**, see **тача́ть** 'to stitch'. Cf. also **та́чка** 'wheelbarrow'.
◇ ТРУБАЧЕВ ФТ IV 29 (from Pol **najtyczanka** 'a kind of carriage' to pln. **Neutitschein**).

тача́ть vb. 'to stitch'. Related to ORus **тачати** 'to drive (on)', cf. Czech **táčeti** 'to roll', Pol **taczać** id. Cf. further **точи́ть** 'to sharpen; to wear away (of water)', **течь** 'to flow'.

◇ ФТ IV 29; ЧЕРНЫХ **ИЭСРЯ** II 230.

та́чка sb.f. 'wheelbarrow' (coll. 'car', from slang). Attested in dictionaries since 1794. Possibly borrowed from Pol **taczka** id., der. of **taczać** 'to roll', see **тача́ть**.
◇ ЖЕЛТОВ **ФЗ** 1876/1 18 (der. from **тача́ть**); MIKLOSICH **EW** 361 (same as ЖЕЛТОВ); ГОРЯЕВ 361 (same as ЖЕЛТОВ); ФТ IV 30 (follows ЖЕЛТОВ); ЧЕРНЫХ **ИЭСРЯ** II 230; **ТСМС** 214; **ТСРРЯ** 542.

тащи́ть vb. 'to carry, to drag, to pull' (attested since 1704). Cf. coll. **тащи́ться** 'to go very slowly'. See syn. **таска́ть**.
◇ ЧЕРНЫХ **ИЭСРЯ** II 230 (sub **таска́ть**); **ТСМС** 214; **ТСРРЯ** 542.

та́ять vb. 'to melt'. Continues ORus **таяти** id. from Slav ***tajati**: Serb-CSl 3 sg. pres. **таеть** τήκεται, Bulg **та́я** 'to melt', SCr **tȁjati** id., Slvn **tajati** id., Czech **táti** id., USorb **tać** id., LSorb **tajaś** id., Pol **tajać** id., Ukr **та́яти** id. Cf. also ***taviti** > Czech **taviti** 'to melt (trans.)', Slvk **tavit'** id. Closely related to Osset **tajyn ~ tajun** 'to melt' (АБАЕВ III 222-223), Alb **ftoh ~ ftof** 'to cool, to make cold' < PAlb ***awa-tāja** (OREL **FLH** VIII/1-2 45-46). Further connected with Gk τήκω 'to melt', Gmc ***þawjanan** > ON **þeyja** 'to thaw', OHG **douwen** id. To IE ***tā-** 'to melt, to dissolve'.
◇ PERSSON **Beitr.** 462-463; MEILLET **MSL** IX 154-155, XXIII 50-51; TRAUTMANN **BSW** 313; POKORNY 1053-1054; ФТ IV 30-31; ЧЕРНЫХ **ИЭСРЯ** II 230; OREL **AED** 105, **HGE** 418; **ТСРРЯ** 542.

тварь sb.f. 'creature' (obs.); coll. strong insult 'scoundrel'. Continues ORus **тварь** 'thing, creature' (since the XIth century) from Slav ***tvarь**: OCSl **тварь** κτίσις, ποίημα, φύσις, Bulg **твар** 'creature', SCr **tvâr** id., Slvn **tvar** 'matter', Czech **tvář** 'face', Slvk **tv'ar** id., USorb **twaŕ** 'timber, building', LSorb **twaŕ** id., Pol **twarz** 'face', Ukr **тварь** 'creature; face', Blr **твар** 'face'. Der. from **твори́ть** 'to create, to do' with vowel lengthening (SŁAWSKI **JP** XXXVIII 229). To IE ***tu̯er-** 'to grasp, to hold'.
◇ MEILLET **Etudes** 265; TRAUTMANN **BSW** 334; ФТ IV 32; ЧЕРНЫХ **ИЭСРЯ** II 230-231.

твердока́менный adj. 'hard as stone, steadfast', obs. Coined by Г.Р.ДЕРЖАВИН at the end of the XVIIIth century on the basis of **твёрдый как ка́мень** 'hard as stone'.

◇ ВИНОГРАДОВ **ИС** 807–808.

твёрдый adj. 'hard'. Continues ORus **твьрдъ** id. from Slav ***tvьrdъ(jь)**: OCSl **твръдъ** βέβαιος, ἀσφαλής, Bulg **твърд** 'hard', Maced **тврд id.,** SCr **tvȑd** id., Slvn **trd** id., Czech **tvrdý** id. ,Slvk **tvrdý** id., USorb **twjerdy** id., LSorb **twardy** id., Pol **twardy** id., Ukr **тверди́й** id., Blr **цвёрды** id. Related to Lith **tvìrtas** id. with a different dental (SCHMIDT **Vok.** II 31; MEILLET **Etudes** 319–321: an old consonantal stem explaining the auslaut alternation). To IE ***tu̯er-** 'hard' (etc.).
◇ TRAUTMANN **BSW** 334; ФТ IV 32; ЧЕРНЫХ **ИЭСРЯ** II 231.

твердь sb.f. 'firmament', obs. Borrowed from CSl **твръдь** id. See **твёрдый** 'hard'.

тверёзый adj. 'sober' (obs., dial.; syn. **тре́звый**). A metathesized form, cf. dial. **терёзвый** id. Despite БРАНДТ **РФВ** XXV 27, the influence of **твёрдый** is improbable. Continues MRus **тверезъ** id., ORus **терезвъ** id. from Slav ***terzvъ(jь)**: OCSl **трѣзвъ** νήφων, Slvn **trezev** 'sober', Czech **střízvý** id., Slvk **triezvy** id., USorb **strózby** id., Pol **trzeźwy** id., Ukr **твере́зий** id., dial. **тере́звий** id., Blr **цьвяро́зы** id. Cf. **тре́звый** 'sober'.
◇ PETERSSON **VSW** 51–52 (to Gk ταρχύω 'to bury solemnly'); ГОРЯЕВ 376 (to Skt **tŕ̥ṣyati** 'to be thirsty'); ИЛЬИНСКИЙ **ИОРЯС** XXIII/1 136 (to **стере́чь**); ФТ IV 32, 46; ЧЕРНЫХ **ИЭСРЯ** II 260.

твид sb.m. 'tweed'. Borrowed from Eng **tweed**, originally a trademark, a misspelling (influenced by rvn. **Tweed**) of **tweel(ed)**, Scottish var. of **twill** < OEng **twi-lic** 'two-threaded'.
◇ **AHD** sub **tweed**, **twill**.

твой pron. 'thine'. Continues ORus **твои** id. from Slav ***tvojь**: OCSl **твои** σός, Bulg **твой** 'thine', Maced **твоj** id., SCr **tvôj** id., Slvn **tvoj** id., Czech **tvůj** id., Slvk **tvoj** id., USorb **twój** id., LSorb **twój** id., Pol **twój** id., Ukr **твій** id., Blr **твой** id. Close to OPrus **twais** id. Der. from ***tu̯oi** > Skt **tve**, Gk σοί, loc. sg. of ***tu̯os**, der. from ***tū** 'thou' (BRUGMANN **Grundriß** II/1 164, II/2 404, 407). See **ты** 'thou'.
◇ TRAUTMANN **BSW** 333; ФТ IV 33.

твори́ть vb. 'to create, to do, to make'. Continues ORus **творити** id. (since the XIth century) from Slav ***tvoriti**: OCSl

творити ἐπιτελεῖν, πράττειν, ποιεῖν, Bulg **творя́** 'to create, to do, to make', Maced **твори** id., SCr **tvòriti** 'to be constituent of, to do', Slvn **tvoriti** 'to create, to do', Czech **tvořiti** 'to create, to form', Slvk **tvorit'** id., USorb **tworić** id., LSorb **tworiś** id., Pol **tworzyć** id., Ukr **твори́ти** 'to create, to do, to make', Blr **тварыць** id. Der. from ***tvorъ**: ORus **творъ** 'appearance', Slvn **tvor** 'formation', Czech **tvor** 'creation', Slvk **tvor** id., Pol **twór** id., Ukr **твір** id. Related to Lith **tveriù**, **tvérti** 'to seize', **turė́ti** 'to hold', Latv **tvef̃t** 'to seize', **turret** 'to hold'. To IE ***tu̯er-** 'to grasp, to hold, to frame').
◇ TRAUTMANN **BSW** 333; MÜHLENBACH-ENDZELIN IV 269-270; ФТ IV 33 (**твор**), 34; ЧЕРНЫХ **ИЭСРЯ** II 231.

тво́ро́г sb.m. 'curds, cottage cheese'. With a secondary **-o-** in the 1st syllable, from Slav ***tvarogъ**: Bulg **тваро́г** id., Czech **tvaroh** id., Slvk **tvaroh** id., USorb **twaroh** id., LSorb **twarog** id., Pol **twaróg** id., Ukr **тварíг** id., Blr **тво́раг** id. Calque of Rom ***formāticum** id. > Ital **formaggio** id., Fr **fromage** id. based on ***tvorъ** > CSl **творъ** forma, **твори́ть** (JAGIĆ **AfslPh** XXXI 592; JAKOBSON **IJSLP** I-II 273). Cf. **твори́ть** 'to create, to make'.
◇ MIKLOSICH **EW** 366 (from Tkc: Chag **turak** ' JANKO **WuS** I 96-98 (to Gk τυρός 'cheese', Lith **tveriù**, **tvérti** 'to seize'); MACHEK **Slavia** XVI 199 (same as JANKO); TRAUTMANN **BSW** 334; RÄSÄNEN **ZfslPh** XX 448 (follows MIKLOSICH); ФТ IV 31-32; ЧЕРНЫХ **ИЭСРЯ** II 231.

тво́рчество sb.n. 'creativity, creation'. Derived from **творе́ц** 'creator' (based on **твори́ть** 'to create, to make') at the end of the XVIIIth - beginning of the XIXth century as a calque of Fr **création** 'creation' or Germ **Schöpfung** id. See **твори́ть**.
◇ ВИНОГРАДОВ **ИС** 680-682.

те pron., ptcl. In **вот те раз**, **вот те на** 'well'. An allegro form of **тебе́**, dat. of **ты** 'thou'(ФТ IV 34).
◇ ГОРЯЕВ 362-363 (from ORus **ти**, dat. of **ты**); ДУРНОВО **Очерк** 293 (same as ГОРЯЕВ).

теа́тр sb.m. 'theatre'. Borrowed at the end of the XVIIth century from Fr **théâtre** id. (since the XIIIth century) < Lat **theātrum** (from Gk).
◇ DAUZAT 782; СМИРНОВ 288; ФТ IV 34; ЧЕРНЫХ **ИЭСРЯ** II 231-232; **AHD** sub **theater**.

тебе́ pron. 'you' sg. dat. = 'thee'. See **ты** 'thou'.

тебя́ pron. 'you' sg. acc = 'thee'. See **ты** 'thou'.

те́зис sb.m. 'thesis'. Borrowed from scientific Lat **thesis** id. < Gk θέσις 'setting; thesis'. To IE ***dhē-** 'to set, to put'.
◇ **AHD** sub **thesis**.

тёзка sb.comm. 'namesake'. Cf. also Blr **цёзка** id. Der. from dial. **тёза**, **те́зя**, **тезь** id. reflecting **тьзъ** ἐπώνυμος which appears to reflect ***тъзе**, Moravian version of OCSl **тъжде**, **тожде** ὁ αὐτός (VAILLANT **RES** XXVII 290-292).
◇ MIKLOSICH **EW** 367; PEDERSEN **KZ** XXXVIII 421 (der. from ***tь** identical with Skt **áti** 'passing, going, beyond'); ГОРЯЕВ 363 (pron. ***to-**, see **тот**, with ptcl. ***ĝhi**); БРАНДТ **РФВ** XXV 33 (to Lith **tižùs** 'slippery'); ФТ IV 35-36 (follows ГОРЯЕВ).

тезоимени́тство sb.n. 'name day, one's saint's day', obs. See **тезоимени́тый**.

тезоимени́тый adj. 'being a namesake', obs. Borrowed from CSl **тьзоименитъ** = OCSl **тождеименитъ** ὁμώνυμος. See **тёзка** 'namesake'.
◇ ФТ IV 36.

текст sb.m. 'text'. Cf. Bulg **текст**, Czech **text**, Pol **tekst**, Ukr **текст**, Blr **тэкст** id. Borrowed in the 1st half of the XVIIIth century from Germ **Text** id. or Fr **texte** id. (since the XIIth century) < Lat **textus** / **textum** 'cloth, fabric; building, connection; style' (< **texō** 'to weave / build / compose'). To IE ***teḱs-** 'to weave'.
◇ ФТ IV 36; ЧЕРНЫХ **ИЭСРЯ** II 232; **AHD** sub **text**.

тексти́льный adj. 'textile'. Adaptation of Germ **textil** id. or Fr **textile**, to Lat **textus** 'woven thing'. See **текст**.
◇ ФТ IV 37; **AHD** sub **textile**.

теку́чка sb.f. 'minor day-to-day matters / things', coll. Cf. **течь** 'to flow'.
◇ **ТСРРЯ** 542.

телеви́дение sb.n. 'television'. Semi-calque of Fr **télévision** id., a term coined in late 1900s. To Gk τῆλε 'far off' (< IE ***kᵘel-** 'far') + **ви́деть** 'to see' (< IE ***weid-** id.).
◇ **AHD** sub **tele-**, **vision**.

телеви́зор sb.m. 'television set'. Borrowed in early 1930s from Fr **téléviseur** id. To Gk τῆλε 'far off' (< IE ***kʷel-** 'far') + Lat **vīsio** 'vision' < **vidēre** 'to see' (< IE ***weid-** id.). Cf. **телеви́дение.**

теле́га 'cart, wagon, telega' (coll. 'car, motorcycle; written denunciation'). Together with Ukr **телíга** id., continues ORus **тельга** id. (Igor's Tale, XIIth century). Cf. also CSl **тельга** id. SSlav forms (such as Bulg **тали́га** 'one horse cart') are borrowed from Hung **taliga** 'cart, bier' or Turk **talika** 'cart' which themselves are SSlav loanwords. Borrowed from MMong **telege(n)** 'vehicle' (POPPE **Word** IX 97-99) or OUygh **tilgen, tilken** 'wheel' (from where the MMong form comes).
◇ MIKLOSICH **Türk.** II 169 (from Turk); ИЛЬИНСКИЙ **ИОРЯС** XXIV/1 117-118 (related to **стели́ть**); МЛАДЕНОВ 37 (same as MIKLOSICH); MENGES 50-53 (from Tkc, cf. Alt **täɣäräk** 'ring'); ТРУБАЧЕВ ФТ IV 37-38; ЧЕРНЫХ **ИЭСРЯ** II 232 (of Oriental origin); **AHD** sub **telega**; **ТСМС** 215; **ТСРРЯ** 542-543.

телегра́мма sb.f. 'telegram, wire, cable'. Cf. Bulg **телегра́ма**, SCr **telègram**, Czech, USorb, Pol **telegram**, Ukr **телегра́ма**, Blr **тэлегра́ма** id. Borrowed in 1860s from Fr **télégramme** id. To Gk τῆλε 'far off' + γράμμα 'letter' (/γραμμή 'line') < IE ***gr̥bh-mn̥** 'picture' < ***gerebh-** 'to scratch'.
◇ ЧЕРНЫХ **ИЭСРЯ** II 232-233; **AHD** sub **-gram**; **IE Roots** sub ***gerebh-**.

телегра́ф sb.m. 'telegraph' (adj. **телегра́фный**, noun **телеграфи́ст**). Borrowed at the beginning of the XIXth century, originally as a name of 'optical telegraph', from Eng **telegraph**, probably via Fr **télégraphe** id. Cf. Bulg **телегра́ф**, SCr **telègraf**, Czech, Pol **telegraf**, Ukr **телегра́ф**, Blr **тэлегра́ф** id. To Gk τῆλε 'far off' + γράφω 'to write'. See **телегра́мма.**
◇ ЧЕРНЫХ **ИЭСРЯ** II 233; **AHD** sub **telegraph**.

те́лек sb.m., also **те́лик** 'television set' (coll., from slang). From **теле[ви́зор]** / **тел[еви́зор]** + suff. **-(и)к.**
◇ **ТСРРЯ** 543.

те́лекс sb.m. 'telex'. Borrowed in 1930s from Germ **Telex** id. < Eng **tel[etypewriter]** + **ex[change]**.
◇ **AHD** sub **telex**.

телёнок sb.m. 'calf' (attested since 1585 as dim. in acc. **теленочка**). Morphological adaptation of ORus **теля** id. from Slav ***telę**, gen. sg. ***telęte**: Serb-CSl **телѧ** μόσχος, Bulg **телé** 'calf', Maced **теле** id., SCr **tèle** id., Slvn **tele** id., Czech **tele** id., Slvk **tel'a** id., USorb **ćelo** id., LSorb **śele** id., Pol **cielę** id., Ukr **теля́** id., Blr **цяля́** id. Close to ELith **tẽlias** id., Latv **teļš** id. (TRAUTMANN **BSW** 317; MÜHLENBACH-ENDZELIN IV 161). One might think of such parallels as Lat **tālea** 'rod, twig, shoot', Gk τᾶλις 'legume', τᾶλις 'marrigeable maiden', Lith **talõkas** 'adult', etc. < IE ***tāl-** 'to grow, to sprout; young shoot' (POKORNY 1055) though the root vocalism is not clear. [Alternation **a/e** in IE words may be explained by a similar alternation in related words of East Nostratic languages (Drav, Alt); underlying meaning of the Nostr. root: 'young animal; sprout, shoot', ИЛЛИЧ-СВИТЫЧ **Этим. 1966** 316. - V.S.].
◇ MIKLOSICH **EW** 348 (to Skt **táruṇa-** 'young, tender'); MIKKOLA **BB** XXII 245 (to Lith **lokỹs** 'bear'); BEZZENBERGER **BB** XXVII 176 (to Gk πτέλας 'wild boar'); ŚMIESZEK **MPKJ** IV 399-401 (to Lat **tollō** 'to lift'); ИЛЬИНСКИЙ **РФВ** LX 422-423 (to Lat **stolidus** 'unmovable; dull'); MACHEK[2] 638 (from ***u̯etel-**, cf. Lat **uitulus** 'calf'); ФТ IV 38; ЧЕРНЫХ **ИЭСРЯ** II 233.

телепа́тия sb.f. 'telepathy'. Borrowed from Germ **Telepathie** id. or Fr **télépathie** id. To Gk τῆλε 'far off' + παθός 'event, passion, suffering' (< IE ***kʷenth-** 'to suffer').
◇ DAUZAT 703; **AHD** sub **telepathy**, **pathos**.

телепа́ться vb. 'to dangle', dial./coll. Related to Lith **telpù**, **tìlpti** 'to go in, to find room for', Latv **tęlpu**, **tìlpt** id. Further connected with **толпа́** 'crowd'.
◇ ГОРЯЕВ 363 (to Gk τρέφω 'to feed'); FRAENKEL 1094; ФТ IV 38-39 (of imitative origin); **ТСРРЯ** 543.

телепе́нь sb.m. 'blockhead, clumsy person', dial. Der. from **телепа́ться** 'to dangle'.
◇ ФТ IV 38-39 (sub **телепа́ться**), 40 (**тельпе́нь**); ТОПОРОВ **КСИГИЯ** 78-81 (fantastic comparisons with Luw **taluppi-** 'stone block', Hitt theon. **ᴰTelepinuš**); **ТСРРЯ** 543.

телеско́п sb.m. 'telescope'. Borrowed from Fr **télescope** id. (since 1611) or Germ **Teleskop** id. To Gk τῆλε 'far off' +

σκοπός 'watcher' (to IE ***speḱ-** 'to observe' with a metathesis in Gk).
◇ DAUZAT 703; **AHD** sub **telescope**.

телефóн sb.m. 'telephone' (vb. **телефонúровать**, sb.m. **телефонúст**). Cf. Bulg **телефóн**, SCr **telèfon**, Czech, Pol **telefon**, Ukr **телефóн**, Blr **тэлефóн** id. Borrowed in late 1880s from Eng **telephone**, probably via Fr **téléphone** id. (since 1834). To Gk τῆλε 'far off' + φωνή 'sound, voice'.
◇ DAUZAT 703; ЧЕРНЫХ **ИЭСРЯ** II 233-234; **AHD** sub **telephone**.

телéц sb.m. 'calf' (obs.). Continues ORus **тельць** id. (since the XIth century) borrowed from OCSl **тельць** μόσχος. See **телёнок** 'calf'.
◇ ЧЕРНЫХ **ИЭСРЯ** II 233-234 (sub **телёнок**).

телешóм adv. '(stark) naked' (dial.). Instr. of dial. **телéш** 'nakedness, nudity'. Further to **тéло** 'body'. Cf. adv. **нагишóм** '(stark) naked'.
◇ ФТ IV 39; ВИНОГРАДОВ **ИС** 777.

тёлка sb.f. 'heifer' (coll. 'large, healthy woman or girl; girl', from slang). See **телёнок** 'calf'.
◇ **ТСМС** 215; **ТСРРЯ** 543

тéло sb.n. 'body'. Continues ORus **тѣло** id. from Slav ***tělo**, gen. sg. ***tělese**: OCSl **тѣло** σῶμα, Bulg **тя́ло** 'body', Maced **тело** id., SCr **tȉjelo** id., Slvn **telo** id., Czech **tělo** id., Slvk **telo** id., USorb **ćěło** id., LSorb **śěło** id., Pol **ciało** id., Ukr **тíло** id., Blr **цéла** id. A very difficult word. Unclear.
◇ MIKLOSICH **EW** 356 (to **тень**); PETERSSON **KZ** XLVII 281 (to Goth **stains** 'stone'); ZUBATÝ **BB** XVII 326 (to Latv **tęls** 'image, shadow'); MERINGER **IF** XVIII 280 (to **тесáть**); OŠTIR **WuS** III 206 (from ***tēnlo-**, to Skt **tanū-** 'body'); ИЛЬИНСКИЙ **РФВ** LXIII 334 (to Skt **sthálati** 'to stand firm'); ПРЕОБР. III 11; TRAUTMANN **BSW** 317 (same as ZUBATÝ); MÜHLENBACH-ENDZELIN IV 171 (contra ZUBATÝ: Latv < Slav); МЛАДЕНОВ 646 (follows MIKLOSICH); PISANI **Paideia** VIII 89-90 (from ***toitlo-**, to **тéсто**); MACHEK **Сб. Дечев** 52-53 (to Gk τέλος 'coming to pass, performance'); ФТ IV 39-40; ЧЕРНЫХ **ИЭСРЯ** II 234 (possibly related to Slav ***tьlo** 'soil, base' < IE ***tel-** / ***tol-** 'ground', etc.).

телодвиже́ние sb.n. 'gesture, body movement'. A 1780s calque of Germ **Körperbewegung** id. See **те́ло** 'body' and **дви́гать** 'to move'.
◇ ВИНОГРАДОВ **ИС** 774.

тельня́шка sb.f. '(sailor's) striped vest'. Cf. also **те́льник** id. Der. from obs. **те́льный** 'pertaining to underwear'. See **те́ло** 'body'.

теля́ sb.m. 'calf'. Only in dialects and proverbs such as **ла́сковое теля́ двух ма́ток сосёт**, lit. 'a tender calf sucks two dams'. See **телёнок** 'calf'.

те́ма sb.f. 'theme, topic'. Cf. Bulg **те́ма**, SCr **téma**, Czech **thema**, Ukr **те́ма**, Blr **тэ́ма** id. Borrowed in the 1st half of the XVIIIth century from Germ **Thema** id. < Lat **thema** id. < Gk θέμα 'proposition' (lit. 'thing placed'); to IE ***dhē-** 'to set, to put'.
◇ СМИРНОВ 288; ФТ IV 40; ЧЕРНЫХ **ИЭСРЯ** II 234; **AHD** sub **theme**.

тема́тика sb.f. 'subject-matter'. Borrowed from Germ **Thematik** 'theme, topic'.
◇ ЧЕРНЫХ **ИЭСРЯ** II 234 (sub **те́ма**).

темля́к sb.m. 'cross-belt, baldric', obs. Continues MRus **темлякъ** id. borrowed from Tkc, cf. Tat **tämlik** id. (MIKLOSICH **EW** 349, **Türk. Nachtr.** I 52), with the suffix analogically modified according the Slavic pattern in **-як**.
◇ ГРОТ **ФР** II 514; ФТ IV 40; АНИКИН **Сиб.** 567.

темни́ца sb.f. 'gaol' (obs.). Borrowed from OCSl **тьмьница** φυλακή (borrowed into MLG **temenitze** 'prison'). See **тёмный** 'dark'.
◇ ФТ IV 40.

темнота́ sb.f. 'darkness'; coll. 'ignoramus'. See **тёмный** 'dark', **тьма** 'darkness'.
◇ ЧЕРНЫХ **ИЭСРЯ** II 276 (sub **тьма**); **ТСРРЯ** 544.

тёмный adj. 'dark' (coll. 'backward, ignorant', vb. **темни́ть** 'to prevaricate' < 'to darken'). Continues ORus **тьмьнъ** from ***tьmьnъ(jь)**: OCSl **тьмьнъ** σκοτεινός, ζοφερός, Bulg **тъ́мен** 'dark', Maced **темен** id., SCr **tâman** id., Slvn **temen** 'dark, blind', Czech **temný** 'dark', Slvk **temný** id., USorb **ćěmny** id.,

LSorb **śamny** id., Pol **ciemny** id., Ukr **тéмний** id., Blr **цёмны** id. Der. from **тьма** 'darkness' (= **тéмень**). Structurally similar to OIr **temen** id. Cf. **тьма** 'darkness'.
◇ ФТ IV 40; ЧЕРНЫХ **ИЭСРЯ** II 276 (sub **тьма**); **ТСРРЯ** 544.

темп sb.m. 'rate, speed, tempo'. Borrowed at the beginning of the XVIIIth century from Germ **Tempo** 'tempo' < Ital **tempo** 'time' < Lat **tempus** id.
◇ СМИРНОВ 289; ФТ IV 41; **AHD** sub **tempo.**

тéмпера sb.f. 'distemper, tempera'. Borrowed from Ital **tempera**, to **temperare** 'to mingle, to temper' (< Lat **temperāre** 'to mingle in due proportion').
◇ **AHD** sub **tempera.**

темперáмент sb.m. 'temper'. Borrowed in 1720s via Pol **temperament** id. from Germ **Temperament** id. To Lat **temperāmentum** 'a mixing (of the humours)' < **temperāre** 'to mingle in due proportion'.
◇ ЧЕРНЫХ **ИЭСРЯ** II 234–235; **AHD** sub **temperament.**

температýра sb.f. 'temperature; (coll.) fever'. Borrowed via Pol **temperatura** id. from Germ **Temperatur** id. To Lat **temperātūra** 'moderate condition (of weather)' < **temperāre** 'to mix, to mingle in due proportion'.
◇ **AHD** sub **temperature.**

тéмя sb.n. 'crown, top of the head'. Continues ORus **тѣмѧ** id. from Slav ***těmę** (gen. ***těmene**): Serb-CSl **тѣмѧ** κρανίον, Bulg **тéме** 'crown, top of the head', Maced **теме** id., SCr **tjȅme** id., Slvn **teme** id., Czech **témě** id., Slvk **temä** id., LSorb **tyḿe** id., Pol **ciemię** id., Ukr **тíм'я** id., Blr **цéмя** id. Possibly der. from dial. **тептú** 'to beat, to strike' continuing ORus **тети**, 1 sg. pres. **тепу** id. from Slav ***tepti**: OCSl **тети** μαστιγοῦν, τύπτειν, Bulg **тéпам** 'to ram, to beat', Maced **тепа** id., SCr **tèpsti** 'to beat', Slvn **tepsti** 'to beat, to knock', Ukr **тептú** 'to beat, to strike'. Possibly related to Lith **tepù**, **tèpti** 'to smear' (JAGIĆ **AfslPh** II 398; TRAUTMANN **BSW** 319).
◇ PETERSSON **AfslPh** XXXVI 135–136 (to Av **taēra-**, **staēra-** 'mountain top'); ГОРЯЕВ 364 (to Slav ***tęti** 'to cut, to chop'); МЛАДЕНОВ 631 (to **стоя́ть);** ФТ IV 41, 44–45 (follows ГОРЯЕВ); ЧЕРНЫХ **ИЭСРЯ** II 235 (suff. ***-men-**).

тенде́нция sb.f. 'tendency'. Adaptation of Germ **Tendenz** id. or Fr **tendence** id. (since the XIIIth century), to Lat **tendēns** (part. of **tendēre** 'to stretch').
◇ DAUZAT 704; **AHD** sub **tendency**.

те́ндер I sb.m. 'tender, a ship or boat employed to attend a larger one'. Borrowed from Eng **tender**.
◇ ФТ IV 41; **AHD** sub **tender**^{3}.

те́ндер II sb.m. 'tender (of the railway engine)'. Borrowed in the middle of the XIXth century from Eng **tender**.
◇ ФТ IV 41; **AHD** sub **tender**^{3}.

тенёто sb.n. 'snare' (usually pl. **тенёта**). From Slav ***teneto**: Rus-CSl **тенето, тоното** id., Slvn masc. **tenet** 'back side of a seine', Czech **teneto** 'snare, net', Slvk **teneto** id., Ukr **тене́то**, pl. **тене́та** id., Blr pl. **цянёты** id. Der. of IE ***ten-** 'to stretch': Skt **tanóti** 'to expand, to extend, to spread', Gk τείνω 'to stretch', Lat **tenēre** 'to hold', Gmc ***þanjanan** > Goth **uf-þanjan** 'to stretch out, to strive for', OHG **dehnen** 'to stretch, to extend' (MEILLET **Etudes** 299). Cf. ***tn̥tlo-** > Lith **tiñklas** 'net'.
◇ TRAUTMANN **BSW** 323-324; WALDE-HOFMANN II 664-665; MAYRHOFER I 475; POKORNY 1065-1066; FRISK II 863-865; ФТ IV 42; ЧЕРНЫХ **ИЭСРЯ** II 235.

те́ннис sb.m. 'tennis'. Borrowed at the end of the XIXth century from Eng **tennis** < MEng **tennis**, probably from OFr imper. **tenez** 'hold!' (from the call of the server to his opponent in the game). Ultimately to Lat **tenēre** 'to hold, to contain'.
◇ ФТ IV 42; **AHD** sub **tennis**.

те́нор sb.m. 'tenor'. Borrowed at the beginning of the XVIIIth century via Pol **tenor** from Fr **ténor** id. < Ital **tenore** id. Obs. **тено́р** 'voice' is from Fr. To Lat **tenēre** 'to hold, to contain'.
◇ СМИРНОВ 289; ГОРЯЕВ 364; ФТ IV 42; ЧЕРНЫХ **ИЭСРЯ** II 235-236; **AHD** sub **tenor**.

тент sb.m. 'tent'. Borrowed from Eng **tent** < MEng **tente** < OFr **tente** 'pavilion' (since the XIIIth century) < Vulgar Lat ***tenta** (to Lat **tendere** 'to stretch').
◇ DAUZAT 705; ФТ IV 42; **AHD** sub **tent**.

тень sb.f. 'shade, shadow'. Continues ORus **тьня** id. (since the XVIth century). From Slav ***těnь ~ *těn'a**: CSl **тьня** id.,

Slvn **tenja** id., Pol **cień** id., Ukr **тінь** id., Blr **цень** id. Possibly to IE ***tem-ni-s** < ***tem(ə)-** 'dark' (cf. ЧЕРНЫХ **ИЭСРЯ** II 236).
◇ VONDRÁK **BB** XXIX 173-174 (from ***tĕmnь**, to **тьма**); ПРЕОБР. III 11-12; ИЛЬИНСКИЙ **РФВ** LXIII 329 (from **тайть** 'to conceal'); BRÜCKNER **AfslPh** XXIX 111 (contra VONDRÁK), **SEJP** 62 (to **сень**); ФТ IV 43 (emphasizes the absence of old attestations of the word).

теоре́ма sb.f. 'theorem'. Borrowed from Fr **théorème** id. (since 1546) < Lat **theorēma** id. < Gk θεώρημα 'spectacle, intuition, theorem'. Cf. **тео́рия**.
◇ DAUZAT 708; ФТ IV 43; **AHD** sub **theorem**.

теорети́ческий adj. 'theoretic'. Borrowed at the beginning of the XVIIIth century from Fr **théorétique** id. (since 1721). See **тео́рия.**
◇ DAUZAT 708; СМИРНОВ 289; ФТ IV 43.

тео́рия sb.f. 'theory'. Cf. Bulg **тео́рия**, SCr **tèōrija**, Czech **teorie**, Pol **teoria**, Ukr **тео́рія**, Blr **тэо́рыя** id. Borrowed in 1710s from Pol **teorja** id. < Lat **theōria** id. of Gk origin. Obs. **фео́рия** id. is directly from Gk θεωρία 'contemplation, theory'.
◇ СМИРНОВ 289; ГОРЯЕВ 364; ФТ IV 43; ЧЕРНЫХ **ИЭСРЯ** II 236 (from West European languages or Late Lat); **AHD** sub **theory**.

тепе́рича adv. 'now' (dial.). Der. from **тепе́рь** id. with ptcl. ***če** identical with IE ***k**ʷ**e** 'and'.

тепе́рь adv. 'now'. Cf. dial. **тепе́ря**, **тепе́ре**, **топе́рва**, **топе́ре**, **топе́рьво** id. continuing MRus **топере** id. < ORus **топьрво** id. Univerbation of ***to pьrvo**: OCSl **топрьво** id., Pol **dopiero** 'only, just' (with unetymological **d-**), Ukr **тепе́р**, **тепе́ра**, Blr **цяпе́р** 'now'. Cf. also Czech **teprve** 'not before, not until, only'. See **тот** 'that' and **пе́рвый** 'first' (MIKLOSICH **EW** 367; СОБОЛЕВСКИЙ **Лекции** 91, 149).
◇ ГОРЯЕВ 364; ФТ IV 43-44; ЧЕРНЫХ **ИЭСРЯ** II 236.

тёплый adj. 'warm' (cf. sb.f. **теплота́** 'warmth'). Continues ORus **теплъ** id. (since the XIth century) from Slav ***teplъ(jь)** ~ ***toplъ(jь)**: OCSl **топлъ** θερμός, Bulg **то́пъл** 'warm', Maced **топол** id., SCr **tȍpao** id., Slvn **topel** id., Czech **teplý** id., Slvk **teplý** id., USorb **ćopły** id., LSorb **śopły** id., Pol **ciepły** id., Ukr

тéплий id., Blr **цёплы** id. The variant with *-**o**- results from the influence of **топи́ть** (MEILLET **Etudes** 413). Related to Skt **tápati** 'to give out heat, to be hot', Av **tāpayeiti** 'to heat', Lat **tepeō** 'to be lukewarm', OIr **té** 'hot' < ***tepent**-. To IE ***tep**- 'to be warm'.
◇ PEDERSEN **Kelt. Gr.** I 92-93; TRAUTMANN **BSW** 319; WALDE-HOFMANN II 667; MAYRHOFER I 477, 569; POKORNY 1069-1070; ФТ IV 44; ЧЕРНЫХ **ИЭСРЯ** II 236-237; **ТСРРЯ** 544 (coll. '(slightly) drunk').

терапéвт sb.m. 'physician, general practitioner (as opposed to a surgeon)'. Cf. Bulg **терапéвт**, Czech **terapeut**, Pol **terapeuta**, Ukr **терапéвт** id. Borrowed at the beginning of the XIXth century from Germ **Therapeut** 'therap(eut)ist'. To Gk θεραπευτής 'one who administers; physician', θεραπεία 'service'.
◇ ЧЕРНЫХ **ИЭСРЯ** II 237 (from West European languages); **AHD** sub **therapeutic, therapy**.

тереби́ть vb. 'to pull (at), to pluck, to finger, to pester'. Continues ORus **теребити** 'to root out, to stub' from Slav ***terbiti**: CSl **трѣбити** id., Bulg **трéбя** id., Maced **треби** 'to pick, to clear', SCr **trijèbiti** 'to cleanse', Slvn **trebiti** 'to root out, to cleanse', Czech **tříbiti** 'to sift; to perfect', USorb **trjebić** 'to castrate', LSorb **tŕebiś** 'to root out, to cleanse, to castrate', Pol **trzebić** 'to weed, to root out', Ukr **тереби́ти** 'to peel; to pester', Blr **церабíць** 'to root out'. Based on ***terbъ** ~ ***terba** > Rus dial. **тéреб** 'land from which bush and stumps are removed', **тере́ба́** 'meadows' further related to Gk τρίβω 'to rub, to thresh, to pound' and eventually to IE ***ter**- 'to rub' (MEILLET **MSL** XIV 379; MACHEK[2] 657-658). See **терéть** 'to rub'.
◇ PERSSON **Beitr.** 776; ГОРЯЕВ 364; MERINGER **IF** XVIII 215-218 (to Gmc ***þurpan** > Goth **þaurp** 'land, field, lived-on property'); POKORNY 1071; ФТ IV 45-46; ВАРБОТ **Этим. 1973** 24-27 (develops MACHEK's etymology); ЧЕРНЫХ **ИЭСРЯ** II 237; **ТСРРЯ** 544.

тéрем sb.m. 'tower-chamber, tower, palace'. Continues ORus **теремъ** id. from Slav ***termъ**: Serb-CSl **трѣмъ** turris, Bulg **трем** 'vestibule', Maced **трем** 'gallery, porch, corridor', SCr **trȉjem** 'hall', Slvn **trem** 'awning, shed', Ukr **тéрем** 'tower-chamber, tower'. Borrowed from Gk τέρεμνον (usually, pl. τέρεμνα) 'chamber, house' (SCHMIDT **Vok.** II 66; MIKLOSICH **EW** 345).

◇. FICK **BB** I 171 (to Lat **trabs** 'beam, timber', OW **treb** 'dwelling'); PEDERSEN **KZ** XXXVIII 353; ФАСМЕР **Гр.-сл.** 200-201; СОБОЛЕВСКИЙ **ЖМНП** 1914/8 365; KRETSCHMER **Glotta** XXIV 9-10 (follows FICK); ФТ IV 47 (uncertain; indicates "curious" Mong **terme** 'wall, railing').

теремтете́ interj. Borrowed from Hung oath **teremtette**, pass. part. of **teremteni** 'to create'.
◇ ТРУБАЧЕВ ФТ IV 47.

тере́ть vb. 'to rub' (coll. refl. **тере́ться** 'to hang around'). Continues ORus ***терети** id. From Slav ***terti**, 1 sg. pres. ***tьrǫ**: Serb-CSl **трьти** τρίβειν, Bulg **три́я** 'to rub', Maced **трие** id., SCr **tȑti** id., Slvn **treti** id., Czech **tříti** id., Slvk **triet'** id., USorb **trěć** id., LSorb **trěś** id., Pol **trzeć** id., Ukr **те́рти** id., Blr **церці** id. Related to Gk τείρω 'to oppress, to weaken', Lat **terō** 'to rub, to bruise', Lith **trinù, trìnti** 'to rub'. To IE ***ter-** 'to rub'.
◇ TRAUTMANN **BSW** 242; WALDE-HOFMANN II 672-673; ФТ IV 47-48; ЧЕРНЫХ **ИЭСРЯ** II 237-238; ; **ТСРРЯ** 544-545 (here also coll. pass. part. **тёртый** 'experienced', about a person).

терза́ть vb. 'to tear to pieces; to torment, to torture'. Borrowed in the XIIth century from OCSl **трьзати** τίλλειν. To IE ***terĝh-** 'to rub, to bore', etc.
◇ ФТ IV 48 (related to OCSl); ЧЕРНЫХ **ИЭСРЯ** II 238.

терли́к sb.m. 'long jacket with a narrow waist and short sleeves', obs. Continues MRus **терликъ** id. borrowed from Tkc, cf. OTurk **tärlik** 'sleeveless jacket' (MIKLOSICH **Türk.** I 54, 175).
◇ KORSCH **AfslPh** IX 674; ФТ IV 48.

те́рмин sb.m. 'term, concept; time, deadline'. Borrowed in 1700s from Pol **termin** id. < Lat **terminus** 'boundary (line), limit' < IE ***ter-men-** 'boundary-marker' (= 'that which one gets over') < ***ter(ə)-** 'to get over, to break through'.
◇ CHRISTIANI 21; СМИРНОВ 289; ФТ IV 48; **AHD** sub **term, terminus**.

термо́метр sb.m. 'thermometre'. Cf. Bulg **термоме́тър**, SCr **tèrmometar**, USorb, Pol **termometr**, Ukr **термо́метр** sb, Blr **тэрмо́метр** id. Borrowed in the 1st half of the XVIIIth century from Fr **thermomètre** id. (since 1624) or Germ

Thermometer id. To Gk θερμός 'warm, hot' and μέτρον 'measure'. See **термос**.
◇ DAUZAT 708; ЧЕРНЫХ **ИЭСРЯ** II 238; **AHD** sub **thermometer**.

те́рмос sb.m. 'thermos (flask / bottle)'. Cf. Bulg **те́рмос**, Czech **termoska**, Pol **termos**, Ukr **те́рмос**, Blr **тэ́рмас** id. Borrowed in 1920s via Germ **Thermosflasche** id. or directly from Eng **thermos flask**. To Gk θερμός 'warm, hot' < IE ***g^{u}her-mo-** id. < ***g^{u}her-** 'warm'.
◇ ЧЕРНЫХ **ИЭСРЯ** II 238; **AHD** sub **thermos bottle**, **thermo-**.

тёрн sb.m. 'sloe(s); blackthorn'. Continues ORus **тьрнъ** 'thorn, blackthorn' (since the XIth century) from Slav ***tьrnъ** ~ ***tьrnь**: OCSl **трънъ** ἄκανθα, Bulg **трън** 'thorn, prickle', Maced **трн** id., SCr **tȓn** id., Slvn **trn** id., Czech **trn** id., Slvk **tŕň** id., USorb **ćeŕń** id., LSorb **śeŕń** id., Pol **tarn** id., **cierń** 'bramble, thorn', Ukr **те́рен** 'sloe(s); blackthorn', Blr **цёрн** id. Identical with Skt **tṛ́ṇa-** 'grass, herb, blade, straw', Gmc ***þurnuz** ~ ***þurnaz** > Goth **þaurnus** 'thorn-plant', OHG **dorn** 'thorn'. (MEILLET **Etudes** 447). To IE ***(s)ter-n-** 'a kind of thorny plant' (< root ***(s)ter-** 'to be hard / numb').
◇ ШАХМАТОВ **ИОРЯС** VII/1 305; TRAUTMANN **BSW** 324; MAYRHOFER I 522; POKORNY 1031; ФТ IV 48-49; ЧЕРНЫХ **ИЭСРЯ** II 238-239; OREL **HGE** 430; **AHD** sub **thorn**.

терпенти́н sb.m. 'turpentine'. Borrowed from Germ **Terpentin** id. To OFr **térébenthine** < **térébinthe** 'terebinth' < Lat **terebinthus** id. < Gk τερέβινθος id. (of Aegean origin).
◇ ГОРЯЕВ 444; ФТ IV 49; **AHD** sub **terebinth**, **turpentine**.

терпе́ть vb. 'to suffer, to endure, to bear'. From Slav ***tьrpěti**: OCSl **трьпѣти** φέρειν, ὑπόμενειν, Bulg **търпя́** 'to suffer, to endure', Maced **трпи** 'to bear', SCr **tŕpjeti** 'to tolerate', Slvn **trpeti** 'to suffer, to endure', Czech **trpěti** id., Slvk **trpiet'** id., USorb **ćerpjeć** id., LSorb **śeŕpeś** id., Pol **cierpieć** id., Ukr **терпі́ти** id., Blr **цярпе́ць** id. An earlier meaning is preserved in ***tьrpnǫti**: SCr **tŕnuti** 'to become numb', Slvn **trpniti** id., Czech **trnout** id., Slvk **tŕpnut'** 'to become astringent, to become numb', USorb **sćeŕpnyć** 'to become numb', LSorb **sćerpnuś** id., Pol **cierpnąć** id. Related to Lat **torpeō** 'to be stiff, to be numb', Lith **tirpstù**, **tiȓpti** 'to become numb, to stiffen' (PERSSON **Beitr.** 437-438: adduces

ON **þjarfr** 'unleavened, fresh (of water)'; TRAUTMANN **BSW** 325). To IE ***ter-p-** 'hard, numb'.
◇ MIKLOSICH **EW** 355 (separates ***tьrp-** 'to suffer' from 'to become numb'); SPECHT **KZ** LXII 33; POKORNY 1024 (sub ***(s)ter-p-**); ФТ IV 49; ЧЕРНЫХ **ИЭСРЯ** II 239; **ТСРРЯ** 544-545 (**терпи́ла/о** 'aggrieved, victim', coll. from criminal argot).

те́рпкий adj. 'astringent, tart'. Continues ORus **тьрпъкъ, тьрпъкыи** (since the XIth century; originally 'painful'). From Slav ***tьrpъkъ(jь)**: Serb-CSl **тръпъкъ** acerbus, Bulg **тръ́пък** 'astringent, tart', Slvn **trpek** id., Czech **trpký** id., Slvk **trpký** id., Pol **cierpki** id., Ukr **терпки́й** id. Related to **те́рпнуть** 'to become numb'. Der. from **терпе́ть** 'to suffer', etc.
◇ PERSSON **Beitr.** 437-438 (to ON **þjarfr** 'unleavened, fresh (of water)'); ФТ IV 49; ЧЕРНЫХ **ИЭСРЯ** II 239.

те́рпнуть vb. 'to become numb'. See **те́рпкий** 'tart', **терпе́ть** 'to suffer'.

терпу́г sb.m. 'rasp'. Borrowed from Tkc: Turk **törpü** id. < Tkc ***törpigü** (MIKLOSICH **Türk. Nachtr.** I 31). Note the preservation of the auslaut velar.
◇ MIKLOSICH **EW** 353 (der. from **тере́ть** 'to rub'); KORSCH **AfslPh** IX 499; ФТ IV 49.

терра́са sb.f. 'terrace'. Cf. Bulg **тера́са**, SCr **terása**, Czech **terasa**, Pol **terasa**, **taras**, Ukr **тера́са**, Blr **тэра́са** id. Borrowed at the beginning of the XIXth century via Germ **Terrasse** id. or directly from Fr **terrasse** id. (since the XVth century; originally 'pile of earth'). To Lat **terra** 'earth' < IE ***ters-ā** 'dry land' < ***ters-** 'dry'.
◇ DAUZAT 706; ФТ IV 50; ЧЕРНЫХ **ИЭСРЯ** II 239-240; **AHD** sub **terra**.

терро́р sb.m. 'terror'. Adaptation of Fr **terreur** id. (since the XIVth century) < Lat **terror** 'fear, horror', to **terrēre** 'to frighten' (to IE ***tres-** 'to tremble' < ***ter-** id.).
◇ DAUZAT 706; **AHD** sub **terror**.

те́рский adj. 'pertaining to the river Terek'. Der. from rvn. **Те́рек**.
◇ ФТ IV 50.

терье́р sb.m. 'terrier'. Borrowed from Fr **(chien) terrier** id. (originally bred for hunting animals that live in burrows) < **terrier** 'burrow' (to **terre** 'earth' < Lat **terra** id.).
◇ DAUZAT 706; **AHD** sub **terrier**[1].
теря́ть vb. 'to lose'. Dial. **теря́ть** 'to drive'. Continues ORus **теряти** 'to devastate, to lose' from Slav ***těr(')ati**: Serb-CSl **тѣряти** διώκειν, Bulg **те́рам** 'to follow, to drive, to urge', Maced **тера** 'to drive, to expel', SCr **t(j)èrati** 'to drive, to chase, to compel', Slvn **terjati** 'to demand, to procure', LSorb **šěraś** 'to approach quickly, to drive'. Further to **тере́ть** 'to rub' (ЛЯПУНОВ **РФВ** LXXVI/2 260-262; VAILLANT **Gr. comp.** III 323).
◇ ФТ IV 50; ВАРБОТ **Этим. 1982** 24-29 (contamination of ***ter-** 'to rub' and ***ter(ə)-** 'to reach, to overcome'); ЧЕРНЫХ **ИЭСРЯ** II 240 (same IE root as in **тере́ть** 'to rub').

теса́ть vb. 'to hew, to cut' (cf. sb.m **теса́к** 'cutlass'; **тёс** 'boards, planks'). Continues ORus **тесати** id. (since the XIth century) from Slav ***tesati**: OCSl **тесати** id., Bulg **те́сам** id., SCr **tèsati** id., Slvn **tesati** id., Czech **tesati** id., Slvk **tesat'** id., USorb **ćesać** id., Pol **ciosać** id. Related to Hitt **takš-** 'to tie, to join', Toch B **tāks-** 'to chop up, to grind up', Skt **tákṣati** 'to fashion, to create, to do carpentry', Av **taš-** 'to cut (out)', Lat **texō** 'to weave', Gmc ***þexsanan** > MHG **dehsan** 'to swingle (flax)', Lith **tašaũ, tašýti** 'to chop off, to do carpentry'. To IE ***teǩs-** 'to weave, to fabricate with an axe'.
◇ BARTHOLOMAE 644-645; TRAUTMANN **BSW** 319-320; WALDE-HOFMANN II 678-679; MAYRHOFER I 468; POKORNY 1058-1059; FRAENKEL 1065; ФТ IV 50-51; ЧЕРНЫХ **ИЭСРЯ** II 240 (sub 'boards, planks'); ADAMS **TB** 286; OREL **HGE** 419.

тесло́ sb.n. 'adze' (~ **тесла́).** From Slav ***teslo** ~ ***tesla**: Rus-CSl **тесла** σκέπαριον, Bulg **тесла́** 'adze', Maced **тесла** id., SCr **tèsla** id., Slvn **tesla** id., **téslo** id., Czech **tesla** id., USorb masc. **ćesl** id., Pol **ciosła** id., Ukr **тесло́** id. Der. from **теса́ть.** Structurally close to Lat **tēlum** 'dart, spear, javelin', OIr **tál** 'axe', Gmc ***þexs(a)lōn** > ON **þexla** 'axe', OHG **dehsala** id. To IE ***teǩs-** 'to weave; to fabricate with an axe'.
◇ WALDE-HOFMANN II 656; POKORNY 1058; ФТ IV 51; ЧЕРНЫХ **ИЭСРЯ** II 240 (sub **тёс**); OREL **AED** 459 (adds Alb **tollë** 'bald spot; drum membrane' < PAlb ***tāslā**), **HGE** 419.

те́сный adj. 'narrow, tight'. Continues ORus **тѣснъ** 'narrow, tight; difficult; heavy' (attested since the XIth century) from Slav ***těsnъ(jь)**: OCSl **тѣснъ** στενός, Bulg **те́сен** 'narrow,

tight', Maced **тесен** id., SCr **tijèsan** id., Slvn **tesen** id., Czech **těsný** id., Slvk **tesný** id., USorb **ćěsny** id., LSorb **šěsny** id., Pol **ciasny** id., Ukr **тíсний** id., Blr **цéсны** id. From an earlier ***těsknъ(jь)*** related to **тúснуть** 'to squeeze, to press'.
◇ БРАНДТ **РФВ** XXV 28 (to **тéсто** 'dough'); BRÜCKNER **SEJP** 60; ФТ IV 51; ЧЕРНЫХ **ИЭСРЯ** II 240.

тест sb.m. 'test'. Borrowed from Eng **test**. To OFr **test** 'pot' < Lat **testum** 'earthen vessel' (pots were used for tests by alchemists).
◇ DAUZAT 707; **AHD** sub **test**.

тéсто sb.n. 'dough'. Continues ORus **тѣсто** id. from Slav ***těsto***: CSl **тѣсто** id., Bulg **тестó** 'dough', Maced **тесто** id., SCr **tȉjesto** id., Slvn **testo** id., Czech **těsto** id., Slvk **cesto** id., USorb **ćěsto** id., LSorb **šěsto** id., Pol **ciasto** id., Ukr **тíсто** id. Blr **цèста** id. Related to **тúскать** 'to squeeze, to press, **тéсный** 'narrow, tight' (MIKLOSICH **EW** 356; БРАНДТ **РФВ** XXV 28).
◇ MEILLET **Etudes** 297 (to OIr **táis** 'dough'); HOLTHAUSEN **KZ** XLVII 307 (to **стенá**); ПРЕОБР. III 12; TRAUTMANN **BSW** 321 (follows MEILLET); PISANI **Paideia** VIII 89-90 (to **тéло**); ФТ IV 51; ЧЕРНЫХ **ИЭСРЯ** II 240-241 (to IE ***toi-s(k)-t-o***).

тесть sb.m. 'father-in-law, wife's father'. Continues ORus **тьсть** id. (since the XIth century) from Slav ***tьstь***: OCSl **тьсть** πενθερός, Bulg **тъст** 'father-in-law, wife's father', Maced **тест** id., SCr **tâst** id., Slvn **tast, test** id., Czech **test** id., Slvk **test'** id., USorb **ćest** id., OPol **cieść id.,** Pol **teść** id., Ukr **тесть** id., Blr **цесць** id. Close to OPrus **tisties** id. (ЭНДЗЕЛИН **СБЭ** 196) which, however, may be a Slav loanword (TRAUTMANN **Apr.** 449). A term of endearment continuing an earlier ***tit-ti-***.
◇ SCHRADER-NEHRING II 375 (to Gk τέττα 'daddy, father'); МЛАДЕНОВ 646 (to **тётя**); ТРУБАЧЕВ **Род.** 125-127 (from IE ***teǩ-*** 'to give birth'); ФТ IV 51-52; ЧЕРНЫХ **ИЭСРЯ** II 241.

тесьмá sb.f. 'braid, tape, lace'. Continues late ORus **тесма, тясма** id. Borrowed from Tkc, cf. Tat **tasma** 'band, belt', Turk **tasma** id. (MIKLOSICH **Türk.** II 171).
◇ ГОРЯЕВ 367; ФТ IV 26, 52; ЧЕРНЫХ **ИЭСРЯ** II 241; АНИКИН **Сиб.** 560.

тéтерев sb.m. 'black grouse, black-cock'. Continues ORus **тетеревь** id. (since the XVIth century) from Slav ***tetervь***:

Rus-CSl **тетрѣвь** φασιανός, Bulg **тéтрев** 'heath; black grouse, black-cock', Maced **тетреб** 'grouse', SCr **tètrijeb** 'black grouse, black-cock', Slvn **tetrev** 'pheasant', Czech **tetřev** 'grouse', Slvk **tetrov** id., Pol **cietrzew** 'black grouse'. Close to Lith **tetervà** 'grey-hen', OPrus **tatarwis** id. Further cf. Skt **tittirá-** 'partridge', Gk τέτραξ 'grouse', τέταρος 'pheasant', Gmc ***þeþuraz** > ON **þiðurr** 'partridge' (FICK I 58, 441). Of imitative origin (PERSSON **UUÅ** 1891 196). Cf. **тетéря**.
◇ MIKLOSICH **Türk.** II 172 (from Iran, cf. Farsi **teδerv** 'pheasant'); TRAUTMANN **BSW** 320-321; MAYRHOFER I 500; POKORNY 1079; FRISK II 886; ФТ IV 52; ЧЕРНЫХ **ИЭСРЯ** II 241; OREL **HGE** 422.

тетéря sb.f. Only in **глухáя тетéря** '(person) as deaf as a post', **сóнная тетéря** 'sleepyhead'. Identical with dial. **тетéря** 'black grouse', ORus **тетерь** id. (since the XIIth century); see **тéтерев**.
◇ ЧЕРНЫХ **ИЭСРЯ** II 241 (sub **тéтерев**).

тетивá sb.m. 'bow-string'. Continues ORus **тятива** id. from Slav ***tętiva**: OCSl **тѧтива** νευρά, Bulg **тетивá** 'string', Maced **тетива** 'sinew, chord', SCr **tetíva** id., Slvn **tetiva** 'string', Czech **tětiva** 'bow-string', Slvk **tetiva** id., Pol **cięciwa** 'chord', Ukr **тятивá** 'bow-string', Blr **цяцівá** id. Substantivized adj. related to Lith **tìmpa** 'sinew', **tempiù**, **tem̃pti** 'to stretch' (PEDERSEN **Kelt. Gr.** I 138; ГОРЯЕВ 367). To IE ***temp-** 'to stretch' < ***ten-** id.
◇ MEILLET **Etudes** 371; PEDERSEN **KZ** XL 206 (to IE ***ten-**, see **тенёто** 'snare'); TRAUTMAN **BSW** 323-324 (same as PEDERSEN **KZ**); ФТ IV 53; ЧЕРНЫХ **ИЭСРЯ** II 241-242.

sb.f. 'aunt'. From Slav ***tetъka**: OCSl **тетъка** θεία, Bulg **тéтка** 'aunt', Maced **тетка** id., SCr **tètka** id., Slvn **tetka** id., Pol **ciotka** id., Ukr **тíтка** id., Blr **цëтка** id. Der. from **тëтя**.
◇ ФТ IV 54.

тетрáдь sb.f. 'writing-book, copy-book'. From Rus-CSl **тетрадь** < MGk τετράδι(ον) der. from τετράς 'quarter (of a sheet)' (ФАСМЕР **Гр.-сл.** 201).
◇ СОБОЛЕВСКИЙ **Лекции** 90-91; ФТ IV 53; ЧЕРНЫХ **ИЭСРЯ** II 242.

тëтя sb.f. 'aunt'. An affected form of ***тëта** from Slav ***teta**: Bulg **тéта** id., Maced **тета** id., SCr **téta** id., Slvn **teta** id.,

Czech **teta** id., Slvk **teta** id., USorb **ćeta** id., LSorb **śota** id. A **Lallwort**, cf. Lith **tetà** id. cf. **тётка.**
◇ TRAUTMANN **BSW** 320; ФТ IV 54; ЧЕРНЫХ **ИЭСРЯ** II 242 (to IE ***tata**, ***teta**).

тéфтéли pl.t. 'meatballs'. Unclear.

тéхник sb.m. 'technician'. Borrowed from Germ **Technik** id., **Techniker** id. From Fr **technique** (adj., since 1721) < Gk τεχνικός 'skillful', to τέχνη 'skill'. See **тéхника.**
◇ DAUZAT 702; ЧЕРНЫХ **ИЭСРЯ** II 242 (sub **тéхника**); **AHD** sub **technology**; **ТСРРЯ** 545 (coll. **технарь** 'technologist; virtuoso').

тéхника sb.f. 'technique; engineering, technology; matériel'. Borrowed in the middle of the XIXth century from Germ **Technik** id. To Gk τέχνη 'skill, art, profession' < IE ***teƙs-** 'to weave; to fabricate with an axe'.
◇ ФТ IV 54; ЧЕРНЫХ **ИЭСРЯ** II 242-243.

течь I vb. 'to flow'. Continues ORus **течи** id. from Slav ***tekti**, 1 sg. pres. ***tekǫ**: OCSl **тешти** τρέχω, Bulg **текá** 'to flow', Maced **тече** id., SCr **tèći** id., Slvn **teči** 'to flow, to run away', Czech **téci** id., Slvk **tiect'** id., USorb **ćec** id., LSorb **śac** id., Pol **ciec** 'to run away'. Related to Skt **tákti** 'to rush along', Av **tačaiti** 'to run, to flow', Alb **ndjek** 'to follow, to chase, to pursue' < PAlb ***en-teka**, OIr **techim** 'to flee', Lith **tekù, tekḗti** 'to run away, to flow'. To IE ***tekᵘ̯-** 'to run, to flow'.
◇ BEZZENBERGER **BB** XVI 241; PEDERSEN **Kelt. Gr.** I 128,367; TRAUTMANN **BSW** 316; POKORNY 1059; FRAENKEL 1074-1075; VENDRYES [T] 40; ФТ IV 37; ЧЕРНЫХ **ИЭСРЯ** II 243; OREL **AED** 286.

течь II sb.f. 'leak'. See **течь I**; cf. **ток I** 'current, flow'.
◇ ЧЕРНЫХ **ИЭСРЯ** II 243 (sub **течь** 'to flow')

тёша sb.f. 'edible abdominable part of a fish'. Continues MRus **теша** id. Unclear.
◇ ГОРЯЕВ 367 (**тёшка** id. < ***тёжка** < ***тезево** 'belly'); ФТ IV 54 (contra ГОРЯЕВ).

тéшить vb. 'to amuse, to please'. Continues ORus **тѣшити** id. from Slav ***těšiti**: Bulg **тешá** 'to console, to please', Maced **теши** id., SCr **tjȅšiti** 'to console', Slvn **tešiti** id., Czech **těšiti** 'to amuse, to please', Slvk **tešit'** id., USorb **ćěšić** id., LSorb

śěšyś id., Pol **cieszyć** 'to delight', Ukr **тішити** 'to amuse, to please'. Structurally close to Lith **taisýti** 'to prepare, to arrange'. Related to **ти́хий** 'quiet'.
◇ ФТ IV 54; ЧЕРНЫХ **ИЭСРЯ** II 243 (possibly to IE ***teis-** 'quiet' or sim.).

тёща sb.f. 'mother-in-law, wife's mother'. Continues ORus **тьща** id. from Slav ***tьstja**: OCSl **тьшта** πενθερά, Bulg **тъщá** 'mother-in-law, wife's mother', Maced **тешта** id., SCr **tȁšta** id., Slvn **tašča** id., Ukr **тéща**, Blr **цéшча** id. Der. from **тесть** 'father-in-law, wife's father'.
◇ ГОРЯЕВ 366 (further to **тётя**); МЛАДЕНОВ 646; ФТ IV 54; ЧЕРНЫХ **ИЭСРЯ** II 243.
тиáра sb.f. 'tiara'. From Rus-CSl **тиара** id. < Gk τιάρα id. (ФАСМЕР **Гр.-сл.** 201-202). Originally a turban like headdress worn among the Persians. Of oriental origin.
◇ ФТ IV 55.

ти́брить vb. 'to steal', coll. Back-formation of perf. **сти́брить.** From criminal argot.
◇ ФТ IV 55; **ТСРРЯ** 545 (cf. 530).

ти́гель sb.m. 'crucible'. Borrowed from Germ **Tiegel** id. Ultimately to Gk τήγανον, τάγηνον 'frying pan'.
◇ ФТ IV 56.

тигр sb.m. 'tiger'. Continues ORus (since the XIth century) and OCSl **тигръ**, Bulg **ти́гър**, SCr **tȉgar**, Slvn **tiger**, Czech **tygr**, Slvk **tiger**, USorb **tig(e)r**, LSorb **tyger**, Pol **tygrys**, Ukr **тигр**, Blr **тыгр** id. Borrowed from Fr **tigre** id. (< Lat **tigris** < Gr τίγρις id.). To Av (Iranian) **tig-ra-** 'sharp, pointed' < IE ***tig-ro-** id. < ***(s)teig-** 'to stick; pointed'.
◇ POKORNY 1016-1017; ФТ IV 56; KOSTA **Festschr. Horbatsch** 101; ЧЕРНЫХ **ИЭСРЯ** II 244; **AHD** sub **tiger.**

тик I sb.m. 'tick, ticking (fabric)'. Borrowed in 1720s from Du **tijk** id. To WGmc ***tēka** < Lat **thēca** 'cover, case' < Gk θήκη 'depositary, case, small box for valuables' < IE ***dhē-** 'to put'.
◇ MATZENAUER 347; СМИРНОВ 289; ФТ IV 56; **AHD** sub **tick**[4].

тик II sb.m. 'teak'. Borrowed from Eng **teak** (< Port **teca** , Malayalam **tēkka** id.).
◇ ФТ IV 56; **AHD** sub **teak**.

тик III sb.m. 'tic'. Borrowed in the middle of the XIXth century from Fr **tic** (**ticq** since 1611; originally, concerning horses and other animals).
◇ DAUZAT 709; ФТ IV 56; ЧЕРНЫХ **ИЭСРЯ** II 244.

тѝк-та́к interj. 'tick-tock'. Borrowed from Fr **tic tac** id. (since 1552). Of imitative origin.
◇ DAUZAT 709; ФТ IV 56 (sub **ти́кать** I).

ти́кать I vb. 'to tick'. Cf. Germ **ticken** id. Of imitative origin.
◇ ФТ IV 56.
тика́ть II vb. 'to flee, to run away'. Borrowed into slang from Ukr **тіка́ти** id. To IE ***tek^{u}-** 'to run, to flow'.

ти́ки-та́к adv. 'precisely, OK'. Borrowed from Ukr **тільки так** 'only so'.
◇ ГРАЧЕВ **РР** XXVIII/4 68 (from **то́лько та́к** 'just so').

тили́снуть vb. 'to lash, to steal', dial. Cf. also dial. **тили́скать** 'to eat quietly, to pull, to tear, to steal'. Of imitative origin.
◇ ФТ IV 58.

тильбюри́ sb.m. 'tilbury, a kind of light carriage'. Borrowed in 1830s from Fr **tilbury** (since 1820) < Eng **tilbury** (invented by London coach maker Tilbury).
◇ DAUZAT 708; ФТ IV 58; **AHD** sub **tilbury**.

тимпа́н sb.m. 'timbrel'. Continues ORus **тимпанъ, тумпанъ** id. < Gk τύμπανον 'kettledrum' (ФАСМЕР **Гр.-сл.** 207).
◇ ФТ IV 59.

тимья́н sb.m. 'thyme'. Contamination of **тмин** id. and obs. **тимья́н** 'incense'. The latter continues ORus **темьанъ** id. borrowed from OCSl **темьянъ** id. < Gk θυμίαμα id. (ФАСМЕР **Гр.-сл.** 202).
◇ ФТ IV 41; **AHD** sub **thyme**.

ти́на sb.f. 'slime, mud, mire'. Continues ORus **тина** id. from Slav ***tina**: OCSl **тина** βόρβορος, Bulg **ти́ня** 'slime, mud, dirt', Maced **тиња** id., OCzech **tina** 'bog, quagmire, dirt', Ukr **ти́на** 'slime, mud, mire', Blr **ці̂на** id. Der. with secondary lengthening of ***тьn-** in **то́нкий** 'thin'. Comparison with ORus **тимѣно** 'marsh' < ***timy**, gen. ***timene** (MEILLET

Etudes 447) is acceptable, but the latter should be seen as a continuant of ***tīn-men-**, der. of ***tina.**
◇ ИЛЬИНСКИЙ **РФВ** LXIII 333, LXIX 22-23 (same as MEILLET, further to Skt **stīmá-** 'sluggish, slow'); TRAUTMANN **BSW** 323 (follows MEILLET); ФТ IV 59 (follows MEILLET); ЧЕРНЫХ **ИЭСРЯ** II 244 (to IE ***tī**-with variants 'soft pulp').

тинкту́ра sb.f. 'tincture'. Borrowed in 1710s via Germ **Tinktur** id. from Lat **tinctūra** 'dyeing'.
◇ СМИРНОВ 290; ФТ IV 59; **AHD** sub **tincture**.

тип sb.m. 'type' (coll. 'unpleasant person'). Borrowed at the beginning of the XVIIIth century from Fr **type**. To Lat **typus** 'figure, image' < Gk τύπος 'hit, sign, impression, form, type'.
◇ СМИРНОВ 290; ФТ IV 60; **ТСРРЯ** 545.

ти́па adv. 'as if, a sort of, like', coll. Originally gen. sg. of **тип** 'type'.
◇ **ТСРРЯ** 545.

типогра́фия sb.f. 'printing-house'. Borrowed in 1700s from Germ **Typographie** id. or Fr **typographie** id. To Gk τύπος 'impression, type' and γράφω 'to write'.
◇ СМИРНОВ 290; ФТ IV 60; ЧЕРНЫХ **ИЭСРЯ** II 244.

типу́н sb.m. 'pip (disease of birds)'. Mainly, in **типу́н тебе́ на язы́к** 'curse that tongue of yours!' Der. from dial. **ти́пать** 'to pat, to snatch, to bite, to pinch' continuing imitative Slav ***tipati**: Bulg dial. **ти́пам** 'to kick', SCr **tipati** 'to reach, to touch', Slvn **tipati** 'to touch, to feel', Czech **típati** 'to do smth. slowly' (ФТ IV 60).
◇ MIKLOSICH **EW** 247 (to Ukr **пи́поть** 'pip'); ГОРЯЕВ 367 (compares with Germ **Pips** 'pip'); ВАРБОТ **Этим. 1974** 32-36 (to **то́пать** 'to stamp').

тир sb.m. 'shooting range, shooting gallery'. Borrowed in 1840s from Fr **tir** 'shooting' (since the XIIIth century).
◇ DAUZAT 710-711; ЧЕРНЫХ **ИЭСРЯ** II 244.

тира́да sb.f. 'tirade'. Borrowed from Fr **tirade** 'long speech' < 'stretching' (since the XVIth century) < Ital **tirata** '(act of) drawing', to Vulgar Lat **tīrāre** 'to draw'.
◇ DAUZAT 710; ФТ IV 60; **AHD** sub **tirade**.

тира́ж sb.m. 'circulation (of a periodical), number of copies printed; drawing (in a lottery)'. Attested in dictionaries since 1837. Borrowed from Fr **tirage** id. (since 1479). To **tirer** 'to pull, to draw, to print'.
◇ DAUZAT 710-711; ФТ IV 60; ЧЕРНЫХ **ИЭСРЯ** II 244-245.

тира́н sb.m. 'tyrant'. Borrowed in the early XVIIIth century from Pol **tyran** id. or Germ **Tyrann** id. < OFr **tyran(t), tiran** id. (since the Xth century) < Lat **tyrannus** 'tyrant, usurper' (via Gk τύραννος 'ruler, usurper' from a source in Asia Minor).
◇ DAUZAT 734; СМИРНОВ 290; ФТ IV 60; **AHD** sub **tyrant**.

тире́ sb.n.indecl. 'dash'. Borrowed in 1820s from Fr **tiret** id. (since the XVIth century), to **tirer** 'to pull, to draw'.
◇ DAUZAT 711; ФТ IV 60; ЧЕРНЫХ **ИЭСРЯ** II 245.

тирли́ч sb.m. 'Northern Gentian, plant Gentiana amarella' (~ **тырлы́ч**). Unclear. Probably, from Tkc.
◇ ФТ IV 48.

тис sb.m. 'yew'. From Slav ***tisъ** ~ ***tisa**: Rus-CSl **тиса** 'cedar, pine', Bulg **тис** 'yew', Maced **тиса** id., SCr **ти̏s** 'yew, larch', Slvn **tis** 'yew', **tísa** id., Czech **tis** id., Slvk **tis** id., USorb **ćis** 'yew, juniper', LSorb **śis** id., Pol **cis** 'yew', Ukr **тис** id. Despite the difference in vowels, must be connected with Lat **taxus** id. Discrepancy in vocalism is strongly reminiscent of that between **лиса́** 'fox' and its IE parallels.
◇ BRÜCKNER **KZ** XLVIII 222, **SEJP** 65 (to Pol **cigiędź** 'thicket'); TRAUTMANN **BSW** 325 (reconstructs a long diphthong); WALDE-HOFMANN II 653; MOSZYŃSKI **Zasiąg** 24, 45-53 (borrowed from ***tīg-s-** < ***tēg-s-** of an unknown IE language); ФТ IV 61 (borrowed from an unknown language).

ти́снуть vb. 'to squeeze, to press' (perf. of **ти́скать**). From Slav ***tisknǫti**: CSl **тиснѫти** id., SCr **ти̏snuti** id., Czech **tisknouti** id., Slvk **tisknúť** id., Pol **cisnąć** id., Ukr **ти́снути** id. Probably, from ***tis-sk-** related to **ти́хий**, cf. in particular Lith **tiesiù, tiẽsti** 'to direct, to straighten'.
◇ БРАНДТ **РФВ** XXV 28 (to **те́сный**); BRÜCKNER **SEJP** 60 (same as БРАНДТ); ФТ IV 62 (no etymology); ЧЕРНЫХ **ИЭСРЯ** II 245 (sub **ти́скать** id.; to **те́сный**); **ТСРРЯ** 545 (**ти́скать** 'to squeeze, to embrace; to print', coll.).

тита́н I sb.m. 'titan' (adj. **титани́ческий** 'titanic'). Cf. Bulg **тита́н**, SCr **ти̏tan**, Czech **titán**, Pol **tytan**, Ukr **тита́н**, Blr

тыта́н id. Borrowed in the 1st half of the XIXth century from Fr **titan** id. / **Titan** < Lat **Titan** < Gk Τιτάν (one of a family of primordial gods, the children of Uranus and Gaea).
◇ ЧЕРНЫХ **ИЭСРЯ** II 245; **AHD** sub **titan, Titan**[1].

тита́н II sb.m. 'titanium'. Cf. Bulg **тита́н**, SCr **tȉtan**, Czech **titan**, Pol **tytan**, Ukr **тита́н**, Blr **тыта́н** id. Borrowed in the 1st half of the XIXth century from Germ **Titan** id. To New Lat **titanium** id., a term coined by Klaproth (who also introduced the term **uranium**). See **тита́н I.**
◇ ЧЕРНЫХ **ИЭСРЯ** II 245; **AHD** sub **titanium**.

тита́н III sb.m. 'boiler'. Originally a brand name, based on **тита́н I**.

ти́тло sb.n. 'Cyrillic diacritic sign'. Continues ORus **титьла**, **титьлъ** 'title, paragraph, chapter' borrowed from OCSl **титълъ, титьлъ** τίτλος < MGk τίτλος, τίτλον 'title' reflecting Lat **titulus** 'placard, inscription, label, title' (ФАСМЕР **Гр.-сл.** 202–203). To IE partial redupl. ***ti-tel-** < root ***tel-** 'ground, floor, board'.
◇ ФТ IV 62; **AHD** sub **title**.

ти́тул sb.m. 'title'. Borrowed in the XVIIth century from Pol **tytuł** id. < Lat **titulus** id. Cf **ти́тло.**
◇ СМИРНОВ 290–291; ГОРЯЕВ 367; ФТ IV 62.

титулова́ться vb. 'to be called (by title)', obs. Borrowed at the beginning of the XVIIIth century from Pol **tytułować się** id. See **ти́тул** 'title'.
◇ СМИРНОВ 290–291; ФТ IV 62.

титуля́рный adj. Only in **титуля́рный сове́тник** 'civil officer of the IXth class in pre-revolutionary Russia'. In the early XIXth century it was also used independently in the meaning 'nominal, titular'. Borrowed from Pol **titularny** id. < Germ **Titular-** id. See **титулова́ться.**
◇ КОРНИЛАЕВА **ИРС** 179–181.

ти́тька sb.f. 'tit, teat'. A nursery word, cf. Gk τίτθος id., Eng **teat** and the like.
◇ ФТ IV 62.

тиу́н sb.m. 'clerical or administrative title in ancient Russia'. Reflects ORus **тиунъ** id. borrowed from ON **þjónn** 'servant' (THOMSEN **Ursprung** 136).
◇ ФТ IV 63.

тиф sb.m. 'typhus' (old also **ти́фус;** adj. **тифо́зный**). Emerges in the 1st half of the XIXth century; attested in dictionaries since 1847. Cf. Bulg **ти́фус**, SCr **tȉfus**, Czech, Pol **tyfus**, Ukr **тиф**, Blr **тыф** id. Adaptation of Germ **Typhus** id. < med. Lat **tȳphus** 'fever' (from Gk τῦφος 'smoke, fumes').
◇ ГОРЯЕВ 368; ФТ IV 63; ЧЕРНЫХ **ИЭСРЯ** II 245-246; **AHD** sub **typhus**.

ти́хий adj. 'quiet, soft, faint'. Continues ORus **тихъ** 'quiet' (since the XIth - XIIth century) from Slav ***tixъ(jь)**: OCSl **тихъ** γαληνός, Bulg **тих** 'quiet, still, calm', Maced **тих** id., SCr **tȉh** id., Slvn **tih** id., Czech **tichý** id., Slvk **tichý** id., USorb **ćichi** id., LSorb **śichy** id., Pol **cichy** id., Ukr **ти́хий** id., Blr **ціхі** id. Related to Lith **teisùs** 'just', **tiesiù**, **tiẽsti** 'to direct, to straighten' (PEDERSEN **IF** V 41). See **те́шить** 'to please'.
◇ ZUBATÝ **BB** XVII 326 (to Skt **tūṣṇím** 'silently, quietly'); MLADENOV **AfslPh** XXXIV 400-401 (to OIr **toisc** 'need, urge'); BRÜCKNER **SEJP** 61; ФТ IV 63; ЧЕРНЫХ **ИЭСРЯ** II 246 (possibly to IE ***teis-** '(to be) quiet, calm').

ткать vb. 'to weave' (sb.m. **ткач** 'weaver', sb.f. **ткань** 'cloth, fabric'). Continues ORus **тъкати** id. (since the XIth - XIIth century) from Slav ***tъkati**: OCSl **тъкати** ὑφαίνειν, Bulg **тъка́** 'to weave', Maced **ткае** id., SCr **tkȁti** id., Slvn **tkati** id., Czech **tkát** id., Slvk **tkat'** id., USorb **tkać** id., LSorb **tkaś** id., Pol **tkać** 'to weave; to push, to shove', Ukr **тка́ти** 'to weave', Blr **ткаць** id. See **ты́кать, ткнуть** 'to poke'. To IE ***teu-k-** 'to push' (or ***(s)teu-k-** < ***(s)teu-** id.).
◇ ФТ IV 64; ЧЕРНЫХ **ИЭСРЯ** II 246.

ткнуть vb. 'to poke, to jab'. From Slav ***tъknǫti**: Slvn **təkníti** 'to touch', Czech **tknouti** 'to poke', Ukr **ткну́ти** id. Related to Gk τύκος 'mason's hammer', Latv **taucêt** 'to pound'. See **ткать** 'to weave' (< IE ***teu-k-** 'to push').
◇ MIKLOSICH **EW** 367-368 (separates **ткнуть** from **ткать**); ZUPITZA **Gutt.** 141; TRAUTMANN **BSW** 331; MÜHLENBACH-ENDZELIN IV 135; ФТ IV 64; ЧЕРНЫХ **ИЭСРЯ** II 275 (sub **ты́кать**).

тлеть vb. 'to smoulder, to rot'. Continues ORus **тьлѣти** id. (since the XIth century) from Slav ***tьlěti**: OCSl **тьлѣти**

φθείρεσθαι, Bulg **тлéя** 'to smoulder, to rot', Maced **тлее** id., Slvn **tleti** 'to smoulder', Czech **tlīt** 'to smoulder, to rot', Slvk **tliet'** id., USorb **tłać** id., LSorb **tłaś** id., Pol **tleć** 'to smoulder', Ukr **тлíти** id., Blr **тлець** id. Related to Lith **tylù**, **tìlti** 'to fall silent', **tyliù**, **tyléti** 'to be silent', Latv **tilt** 'to become soft, to become white (of flax)' (TRAUTMANN **BSW** 321; MÜHLENBACH-ENDZELIN IV 189).

◇ PERSSON **BB** XIX 263 (to Gk τελμίς 'mud, slime'); MACHEK **Recherches** 34-35 (to Lith **dùlti** 'to moulder'); ФТ IV 64; ЧЕРНЫХ **ИЭСРЯ** II 246-247.

тло sb.n. 'bottom, foundation' (obs.). Usually in **(сгорéть) до тлá** '(to burn down) totally'. Continues ORus **тьло**, **тъло** 'foundation, base' from Slav ***tьlo**: OCSl **тьло** ἔδαφος, SCr pl. **tlȅ** 'bottom, ground', Slvn **tla** 'floor, ground', Czech **tla** 'ceiling', **tlo** 'surface', Slvk **tlo** id., USorb **tło** id., LSorb **tło** id., Pol **tło** 'background', Ukr **тло**, **тла** 'foundation, basis'. Related to Skt neut. **tala-** 'plane, surface, level, palm', Lat **tellūs** 'earth', OIr **talam** id., Gmc ***þelan ~ *þelaz** > ON **þel** 'nap on woollen stuffs', OHG **dil** 'board', Lith pl. **tìlės** 'planks on the bottom of a boat', OPrus **talus** 'floor'. To IE ***tel-** 'ground, floor, board'.

◇ PEDERSEN **Kelt. Gr.** I 132, 380; TRAUTMANN **BSW** 321; WALDE-HOFMANN II 655-656; POKORNY 1061; ФТ IV 65; КОРНИЛОВ **СФУ** 1972/1 55 (borrowed from Proto-Bulg, cf. Chuv **čol**, **čul** 'of stone'); ЛЬВОВ **Этим. 1973** 61-64 (against КОРНИЛОВ).

тля sb.f. 'plant-louse, aphis'. Der. from **тлеть** 'to smoulder, to rot'.

◇ PERSSON **Beitr.** 462-463 (to Lat **tinea** 'gnawing worm, moth'); ФТ IV 65; ЧЕРНЫХ **ИЭСРЯ** II 246-247 (sub **тлеть**).

тмин sb.m. 'caraway' (cf. Ukr **тмин** id.). Continues ***кминъ** borrowed from Pol **kmin** id. (via Czech?) < OHG **kumīn** id. reflecting Lat **cumīnum** id. < Gk κύμῖνον id.

◇ BRÜCKNER **SEJP** 239; ФТ IV 65.

товáр sb.m. 'article of trade, goods, merchandise' (adj. **товáрный**). Together with Ukr **товáр** 'goods, cattle', continues ORus **товаръ** from Slav ***tovarъ**: Bulg **товáр** 'cargo, load', Maced **товар** id., SCr **tòvar** 'load, bulk, cargo', Slvn **tovor** id., Czech **tovar** 'commodity, article of trade', Slvk **tovar** id., Pol **towar** id., Blr **тавáр** id. An early borrowing (originally, into ESlav from where the word spread) from Tkc: OUygh **tabar** 'property', Turk **davar** 'cattle', Tat **tuwar**

'wares', Uygh **tavar** id., probably via WMong **tawar** 'wares, property', Kalm **tawr̥** id.
◇ MIKLOSICH **Türk.** II 179, **Nachtr.** I 57; ИЛЬИНСКИЙ **ИОРЯС** XXIII/2 192 (related to **тыл**); ДМИТРИЕВ **ЛС** III 32 (from Chuv **tăvar** 'salt'); ФТ IV 65–66; ЧЕРНЫХ **ИЭСРЯ** II 247.

товáрищ sb.m. 'comrade, friend, partner'. Continues ORus **товарищь** 'partner, friend' from Slav ***tovarišь**: Slvn **tovariš** id., Czech **tovaryš** 'journeyman', Slvk **tovariš** id., USorb **towarš** 'comrade, companion', LSorb **towariš** id., Pol **towarzysz** id., Ukr **товáрищ** 'comrade, friend, partner', Blr **тавáрыш** id. Followed the same route as **товáр** (from ESlav). Reflects univerbation of the Tkc source of the latter and Tkc word for 'friend, companion': OUygh **eš**, Turk **eş** (MIKLOSICH **Türk. Nachtr.** I 57, **EW** 359).
◇ KORSCH **AfslPh** IX 674–676; ИЛЬИНСКИЙ **ИОРЯС** XXIII/2 192 (of Slav origin); RÄSÄNEN **ZfslPh** XX 448 (separates **товáрищ** from **товáр**; the 1st component explained from Chuv **tavra** 'in a circle'); ФТ IV 68; ЧЕРНЫХ **ИЭСРЯ** II 247.

тогдá adv. 'then'. Continues ORus **тогда**, **тогды** id. from Slav ***togъda** ~ ***togъdy**: OCSl **тогда** τότε, Bulg **тогá** 'then', Maced **тога** id., SCr **tàdâ** id. (<***tъgъda**), Slvn **tada** id. (<***tъgъda**), Czech **tehda**, **tehdy** id., Slvk **tehda**, **tehdy** id., USorb **tehdy** id., LSorb **tegdy** id., Pol **tedy** id., Ukr **тогді́**, **тоді́** id., Blr **тады́** id. Transformation of an earlier ***toda** (influenced by **год**) identical with Skt **tadâ** 'then', Lith **tadà** id. See **тот**, **когдá**.
◇ BRUGMANN **Grundriß** II/2 733; ZUBATÝ **AfslPh** XV 505, **LF** XIII 366; PEDERSEN **KZ** XXXVIII 419; TRAUTMANN **BSW** 312; ФТ IV 66–67.

тóждество sb.n. 'identity'. Goes back to Rus-CSl **тождьство, тожьство** id., a calque of Lat **identitās** based on OCSl **тожде**, **тоже**, neut. of **тъжде** ὁ αὐτός.
◇ ФТ IV 67.

тóже adv. 'also, too'. Borrowed from OCSl **тоже**, neut. of **тъж(д)е** ὁ αὐτός.

тóжество sb.n. 'identity'. See **тóждество**.

той sb.m. 'Kazakh feast'. Borrowed from Kaz **toj** 'feast'. See also **туй**.

ток I sb.m. ‘current, flow’. Continues ORus **токъ** id. from Slav ***tokъ**: OCSl **токъ** id., Bulg **ток** id., Maced **ток** id., Slvn **tok** id., Czech **tok** id., Slvk **tok** id., LSorb **tok** id., Pol **tok** id., Ukr **тік** id. Der. from **течь**. Cf. similar forms in Lith **tãkas** ‘path’, Latv **taks** id. To IE ***tek**^{u}- ‘to run, to flow’.
◇ TRAUTMANN **BSW** 319–320; MÜHLENBACH-ENDZELIN IV 169; ФТ IV 69–70.

ток II sb.m. ‘electric current’. Calque of Germ **Strom** id. See **ток I**.

ток III sb.m. ‘birds’ mating place’. Identical with **ток I** (БРАНДТ **РФВ** XXV 29–30).
◇ MIKLOSICH **EW** 358 (of imitative origin); BRÜCKNER **SEJP** 573 (same as БРАНДТ); ФТ IV 70.

ток IV sb.m. ‘threshing-floor’. Continues ORus **токъ** id. from Slav ***tokъ**: OCSl **токъ** ἅλως, Bulg **ток** ‘threshing-floor’, Pol **tok** id., Ukr **тік** id. Originally, *‘area where horses are used for threshing run’. Identical with **ток I**.
◇ ГОРЯЕВ 370; ФТ IV 70.

ток V sb.m. ‘toque’. Borrowed from Fr **toque** < Sp. **toca** or Ital **tocca** ‘silk fabric’. To Longobard ***toh**, cf. Germ **Tuch** ‘kerchief, shawl’.
◇ DAUZAT 714; ФТ IV 70; **AHD** sub **toque**.

то́карь sb.m. ‘turner’. XVth century adaptation of Pol **tokarz** id. Further see **точи́ть** ‘to sharpen, to whet’.
◇ MIKLOSICH **EW** 347; BRÜCKNER **SEJP** 573; ФТ IV 70; **ИЭСРЯ** II 247–248.
то́кмо sb.m. ‘only’, obs. Borrowed from OCSl **тъкъмо** μόναν related to **ткнуть** ‘to poke, to jab’.
◇ MIKLOSICH **EW** 368; ФТ IV 70.
токова́ть vb. ‘to perform courtship rituals (of birds)’. Der. from **ток III**.

то́лика sb.f. ‘(small) amount’, obs. Usually in **ма́лая то́лика** ‘small amount’ (in the XIXth century, also in the form of original sg. neut. **ма́ло то́лико** id.). Borrowed from OCSl pl. neut. **толика** ‘such, so large’. See **то́лько** ‘only’.
◇ ВИНОГРАДОВ **ИС** 310–311.

толк sb.m. ‘sense, good, use; trend, doctrine’. Together with Ukr **толк** ‘sense’, continues ORus **тълкъ** ‘interpretation,

explanation; interpreter, dragoman' borrowed from OCSl **тлъкъ** ἑρμηνεύς. The latter is a back-formation of pres. ***tьlkǫ**, see **толóчь** 'to pestle', a calque of Lat **interpretor** 'to interpret' incorrectly connected with **interprimō** 'to press'.
◇ MATZENAUER 347 (to OIr **ad-tluch** 'to thank', Lat **loquor** 'to speak, to talk'); SCHACHMATOV **AfslPh** XXXIII 93 (from Celt); BLANKENSTEIN **IF** XXIII 134 (to ON **þulr** 'cultic speaker, sage'); ФТ IV 71; ЧЕРНЫХ **ИЭСРЯ** II 248 (to IE ***tolk**ᵘ̯- 'to talk').

толкáть vb. 'to push' (coll. 'to sell; to make (a speech)'). Innovation based on ***tьlkǫ**, pres. of **толóчь** 'to pestle'. To IE ***telek-** / ***telk-** 'to pestle, to push, to pound, to break'.
◇ ФТ IV 71; ЧЕРНЫХ **ИЭСРЯ** II 248; **ТСРРЯ** 546.

толковáть vb. 'to interpret, to explain; to talk'. Together with Ukr **толкувáти** id., borrowed from CSl **тлъковати** 'to interpret, to explain'. See **толк** 'sense'.
◇ ФТ IV 71; ЧЕРНЫХ **ИЭСРЯ** II 248 (sub **толк**).

толмáч sb.m. 'interpreter, dragoman'. Continues ORus **тълмачь** id. from Slav ***tъlmačь**: Bulg **тлъмáч** id., SCr **túmâč** id., Slvn **tolmač** id., Czech **tlumač** id., Slvk **tlmač** id., USorb **tołmač** id., Pol **tłumacz** id. An old Tkc loanword: Kypch **tylmač** id., Alt dial. **tilmäč** id., Turk **dilmaç** id. (MIKLOSICH **EW** 369, **Türk.** II 177).
◇ MENGES 52; ДОБРОДОМОВ **СТ** 1976/6 24-26; ФТ IV 72; АНИКИН **Сиб.** 574.

толокнó sb.n. 'oat flour, oatmeal'. Attested since 1623. Cf. also Pol **tłokno** 'oatmeal', Ukr **толокнó** (dial. also **толóка**) id., Blr **талакнó** id. Absent in other Slav languages. Der. from **толóчь** 'to pestle' (MIKLOSICH **EW** 349; TRAUTMANN **BSW** 321).
◇ PEDERSEN **Kelt. Gr.** I 126, 180 (to W **talch** granum contritum); MIKKOLA **WuS** III 84-85 (from Mong **talxan** 'buckwheat flour'); VASMER **ZfslPh** XV 454; BRÜCKNER **SEJP** 571-572; ФТ IV 73; ЧЕРНЫХ **ИЭСРЯ** II 248.

толóчь vb. 'to beat, to pound, to pestle'. Continues ORus **толочи** id. (since the XIth century) from Slav ***telkti**, 1 sg. pres. ***tьlkǫ**: OCSl **тлѣшти** κρούω, Bulg **тлъ̀ча** 'to beat, to pound', Maced **толчи** 'to grind', SCr **túći** id., Slvn **tleči**, **tolči** 'to beat', Czech **tlouci** 'to beat, to pound, to pestle', Slvk **tlct'** id., USorb **tołc** id., LSorb **tłuc** id., Pol **tłuc** id., Ukr **толокти́**,

товктú id., Blr **толкцí, толчы́** id. Related to Alb **ndulkem** 'to ripen' < PAlb ***en-tulka** (OREL **Orpheus** VI 69), Lith **telkiù, tel̃kti** 'to gather, to bring together'. To IE ***telek-** / ***telk-** 'to pestle, to push, to pound, to break'.
◇ TRAUTMANN **BSW** 322; FRAENKEL 1078; ФТ IV 73-74; ЧЕРНЫХ **ИЭСРЯ** II 248; OREL **AED** 289.

толпá sb.f. 'crowd, throng' (verb **толпúться**). Continues ORus **тълпа** / **толпа** id. (since the XIth century) from Slav ***tъlpa**: OCSl **тлъпа** χορός, Bulg **тълпá** 'crowd, throng', Maced **толпа** id., Czech **tlupa** 'gang, band', Slvk **tlupa** id., Blr **талпá** 'crowd, throng' (cf. Ukr **нáтовп** id., verb **товпúтися**). Related to Skt **tálpa-** 'couch, bed', Lith **talpà** 'capacity, volume', **telpù, til̃pti** 'to find room, to go in' (SCHMIDT **Vok.** II 32; MEILLET **Etudes** 256). To IE ***tel-p-** / ***tol-p-** '(to be) spacious, roomy'.
◇ FICK **BB** VII 94; БУГА **РФВ** LXVII 246; ФТ IV 74; ЧЕРНЫХ **ИЭСРЯ** II 248-249.

толстосýм sb.m. 'rich man'. From **тóлстый** 'thick' and **сумá** 'bag'.

тóлстый adj. 'thick, fat'. Continues ORus **тълстъ** id. (since the XIth century) from Slav ***tъlstъ(jь)**: OCSl **тлъстъ** παχύς, Bulg **тлъст** 'fat', SCr **tȕst** id., Slvn **tolst** id., Czech **tlustý** 'thick, fat', Slvk **tlstý** id., USorb **tołsty** 'fat', LSorb **tłusty** id., Pol **tłusty** 'thick, fat', Ukr **товстúй** id., Blr **тóўсты** id. Related to Lith **tul̃žti** 'to swell' (ФОРТУНАТОВ **Лекции** 160; БУГА **РФВ** LXVI 251). Cf. **тыл** 'rear'.
◇ TRAUTMANN **BSW** 332; ФТ IV 74; ЧЕРНЫХ **ИЭСРЯ** II 249 (to IE ***(s)telĝh-**; but cf. 275: to IE ***tul-o-** < ***teu-** 'to swell').

толчóк 'push, shove'; (coll.) 'lavatory pan, toilet'. Der. from **толкáть** 'to push'.
◇ ФТ IV 74.

тóлько adv. 'only'. Continues ORus **толико** 'so much, so many, only' from neut. of Slav ***tolikъ(jь)**: OCSl **толикъ** τοσοῦτος, Bulg adv. **тóлко** 'so much, so many', Maced **толку** id., SCr adv. **tòliko** id., Slvn **tolik** 'so big, such', adv. **toliko** 'so much, so many', Czech adv. **tolik** id., Slvk **toliký** 'such', Ukr adv. **тíлько, тíльки** 'only', Blr **тóлькі** id. Der. from ***to-** (see **тот** 'that') followed by ptcl. ***li** and ***ko**. Cf. **скóлько** 'how much / many', **стóлько** 'so much / many'.

◇ MEILLET **Etudes** 418; TRAUTMANN **BSW** 312; STANG **NTS** XIII 289; ФТ IV 74–75.

том sb.m. 'volume, tome'. Cf. Bulg **том**, SCr **tȍm**, Czech, Pol **tom**, Ukr, Blr **том** 'volume, tome'. Borrowed in the 2nd half of the XVIIIth century from Fr **tome** (attested since the XVIth century) < Lat **tomus** 'part, portion, piece' (to Gk τόμος 'piece, bit', to τέμνειν 'to cut'; from IE ***tem-** id.).
◇ DAUZAT 713; ФТ IV 75; ЧЕРНЫХ **ИЭСРЯ** II 249.

томагáвк sb.m. 'tomahawk'. Borrowed via Germ **Tomahawk** id. from Eng **tomahawk** < Virginia Alg **tamahaak** 'what is used in cutting' (< PAlg ***temah-** 'to cut off by tool').
◇ **AHD** sub **tomahawk**.

томáт sb.m. 'tomato'. Attested since 1861. Cf. Bulg **домáт**, Czech **tomata**, Pol **tomat**, Ukr, Blr **томáт** 'tomato'. Borrowed from Fr **tomate** id. (since 1598) < Sp **tomata** id. coming from Nahuatl **tomatl** id., lit. 'swelling fruit'.
◇ ФТ IV 75; ЧЕРНЫХ **ИЭСРЯ** II 249 (from West European languages).

томи́ть vb. 'to torment; to stew'. Continues ORus **томити** 'to torment'(since the XIth century) from Slav ***tomiti**: OCSl **томити** βασανίζειν, SCr **(po)tòmiti** 'to suppress', Ukr **томи́ти** 'to torment; to stew', Blr **таміць** id. Probably, related to Skt **tamayati** 'to exhaust, to suffocate', OIr **tám** 'death' (FICK I 224; PETERSSON **BSl.** 32–33). To IE ***tem-** 'stunned, deafened'.
◇ STOKES **Urkelt.** 122; TRAUTMANN **BSW** 313; POKORNY 1063; ФТ IV 75–76; ЧЕРНЫХ **ИЭСРЯ** II 249; BORYŚ **Roczn. Sław.** XLII 27–29 (derived from Slav ***tęti**, ***tьmǫ** attested in Slvn **steti se** 'to solidify').

тон sb.m. 'tone'. Borrowed at the beginning of the XVIIIth century from Fr **ton** id. (since the XIIth century) or Germ **Ton** id. From Lat **tonus** 'stretching, tone, sound' < Gk τόνος 'stretching, tone, force'. To IE ***ten-** 'to stretch'.
◇ DAUZAT 713; СМИРНОВ 291; ФТ IV 76; **AHD** sub **tone.**

тóник sb.m. 'tonic'. Borrowed from Eng **tonic** (< Lat **tonicus** to Gk τονικός 'forceful' < τόνος 'stretching, tone, force'). Cf. **тон** 'tone'.

то́нкий adj. 'thin; refined'. Continues ORus **тънъкъ** 'thin' (with assimilation of **ь** > **ъ**, see СОБОЛЕВСКИЙ **Лекции** 90) from Slav ***тьнъкъ(jь)**: OCSl **тьнъкъ** λεπτός, Bulg **тъ́нък** 'thin', Maced **танок** id., SCr **tȁnak** id., Slvn **tanek** id., Czech **tenký** id., Slvk **tenký** id., USorb **ćeńki** id., LSorb **śańki** id., Pol **cienki** id., Ukr **то́нкий** id., Blr **то́нкі** id. Identical with Skt **tánuka-** id., Iran ***tanuka-** > Farsi **tanuk** id., Osset **tænæg** id. Further related to Skt **tanú-** id., Lat **tenuis** id., OIr **tanae** id., Gmc ***þunnuz** > ON **þunnr**, **þuðr** id., OHG **dunni** id., Lith **tę̃vas** id. To IE ***ten-** 'to stretch'.
◇ STOKES **Urkelt.** 128; TRAUTMANN **BSW** 319; WALDE-HOFMANN II 666; MAYRHOFER I 474-475; POKORNY 1069; ФТ IV 76-77; ; АБАЕВ III 262-263; PEETERS **IF** XL 207; HEIDERMANNS **KZ** XCIX 282-283; ЧЕРНЫХ **ИЭСРЯ** II 250.

то́нна sb.f. 'ton'. Cf. Bulg **то́на**, **тон**, SCr **tȍna**, Slvn **tona**, Czech **tuna**, USorb, LSorb **tuna**, Pol **tona**, Ukr **то́нна**, Blr **то́на** id. Borrowed at the beginning of the XVIIIth century from Du **ton** or Eng **ton** (< MEng **tonne**, **tunne** 'a measure of wine', cf. **tun**). From Fr **tonne** < Lat **tonna**, **tunna** 'tun' borrowed from Gaelic with the original meaning 'skin' as in MIr **tunna**.
◇ MEULEN 212; СМИРНОВ 291; ФТ IV 77; ЧЕРНЫХ **ИЭСРЯ** II 250.

тонна́ж sb.m. 'tonnage'. Cf. Bulg **тона́ж**, SCr **tonáža**, Slvn **tonaža**, Czech, Pol **tonáž**, Ukr **тонна́ж**, Blr **тана́ж** id. Borrowed in 1920s from Fr **tonnage**.
◇ ЧЕРНЫХ **ИЭСРЯ** II 250 (sub **то́нна**).

тонне́ль (obs.), **туннéль** sb.m. 'tunnel'. Cf. Bulg **туне́л**, SCr **tùnēl**, Czech, Pol **tunel,** Ukr, Blr **туне́ль** id. Borrowed from Eng **tunnel** in its earlier spelling **tonnel** < MEng **tonel** 'pipelike net for catching birds' < OFr **ton(n)el** 'cask' < MLat **tonna**, **tunna** 'tun' (from Celt).
◇ ФТ IV 77 (stress explained by the French influence); ЧЕРНЫХ **ИЭСРЯ** II 271 (**тунне́ль**); **AHD** sub **tunnel**.

то́нус sb.m. 'tone, vitality'. Borrowed from Germ **Tonus** id. Related to **тон**, **тоник**.

тону́ть vb. 'to sink, to drown'. Continues ORus **тонути** id. from Slav ***topnǫti**: CSl **тонѫти** id., Bulg **тъ́на** id., Maced **тоне** id., SCr **tònuti** id., Slvn **toniti** id., Czech **tonouti** id.,

Slvk **tonúť** id., LSorb **toniś** id., Pol **tonąć** id., Ukr **тону́ти** id., Blr **тану́ць** id. See **топи́ть II** 'to sink, to drown (trans.)'.
◇ ФТ IV 77.

то́ня sb.f. 'fishery, fishing, piscary', dial. Continues ORus **тоня** id. from Slav ***topnь ~ *topn'a**: Slvn **tonja** 'deep water, pool, swamp', Czech **tůňě** id., LSorb **toń** id., Pol **toń**, **tonia** id., Ukr **то́ня** 'fishery, fishing, piscary'. Der. from **топи́ть II** 'to sink, to drown (trans.)'. Cf. **тону́ть** 'to sink, to drown'.
◇ MIKLOSICH **EW** 358; BRÜCKNER **SEJP** 573; ФТ IV 77.

топ sb.m. 'top (of a mast)'. Borrowed from Du **top** id. or Eng **top**. A Gmc word (root ***tap-**).
◇ MEULEN 213; ФТ IV 77; **AHD** sub **top**.

топа́з sb.m. 'topaz'. Borrowed from Fr **topaze** id. (since the XIIth century) < Lat **topazus** id. (from Gk τόπαζος id.).
◇ DAUZAT 714; ФТ IV 77–78; **AHD** sub **topaz**.

то́пать vb. 'to stamp'; coll. 'to go, to walk'. Of imitative origin. Cf. **то́пот** 'stamping'.
◇ ФТ IV 78; **ТСРРЯ** 547–548.

топи́ть I vb. 'to heat, to stoke, to melt, to smelt'. Continues ORus **топити** id. from Slav ***topiti**: Bulg **топя́** 'to smelt', Maced **топи** id., SCr **tòpiti** 'to melt', Slvn **topiti** id., Czech **topiti** id., Slvk **topiť** id., LSorb **topiś** 'to heat, to smoke', Pol **topić** 'to melt', Ukr **топи́ти** 'to heat, to melt, to smelt'. Structurally identical with Skt **tāpáyati** 'to make burning-hot, to burn down', Av **tāpayeiti** id. Further related to **тёплый** 'warm'. To IE ***tep-** / ***top-** 'be warm'.
◇ MEILLET **MSL** IX 144; TRAUTMANN **BSW** 319; ФТ IV 78; ЧЕРНЫХ **ИЭСРЯ** II 236–237 (sub **тёплый**).

топи́ть II vb. 'to sink / drown (trans.)' (coll. 'to ruin smb.'). Continues ORus **топити** id. from Slav ***topiti**: Serb-CSl **топити** id., Bulg **топя́** 'to sink, to moisten', Maced **топи** 'to soak up', SCr **tòpiti** 'to sink, to flood', Slvn **topiti** 'to immerse', Czech **topiti** id., Slvk **topiť** id., USorb **topić** 'to sink', LSorb **topiś** id., Pol **topić** id., Ukr **топи́ти** id. Historically identical with **топи́ть I** with a semantic development from *'melting' to 'sinking' (ФТ IV 78–79: on the basis of **топь** 'marsh, mire' < *'melting').
◇ ГОРЯЕВ 372 (to Gk θάπτω 'to bury'); МЛАДЕНОВ 636, 644 (to **то́пать** 'to stamp'); ZUBATÝ **SČ** I/1 231–232 (to Lith

tàpti 'to become'); STANG **NTS** XVI 259-260 (same as ZUBATÝ); **ТСРРЯ** 548.

то́поль sb.m. 'poplar'. Continues ORus **тополь** id. (since the XIth century) from Slav ***topolь** ~ ***topol(')a** ~ ***topolъ**: CSl **тополь** λεύκη, Bulg **топо́ла** 'poplar', Maced **топола** id., SCr **topòla** id., Slvn **topol** id., Czech **topol** id., Slvk **topol'** id., USorb **topoł** id., LSorb **topoł** id., Pol **topol**, **topola** id., Ukr **топо́ля** id., Blr **тапо́ля** id. Certainly connected with Lat **pōpulus** id. which implies a dissimilation of stops in Slav (NIEDERMANN **IF** XXVI 59). Most probably, borrowed from Balkan-Rom ***plōpulus** > Rum **plop** id. with ***pl-** dissimilated into ***t-**. Possibly to IE ***pel-** 'gray'
◇ MIKLOSICH **EW** 358; WALDE-HOFMANN II 340; BRÜCKNER **SEJP** 573 (from MLat **papulus** 'poplar'); ФТ IV 79; SCHUSTER-ŠEWC **SWS** 19 (to **то́пать**); ЧЕРНЫХ **ИЭСРЯ** II 250.

топо́р sb.m. 'axe'. Continues ORus **топоръ** id. since the XIth century. From Slav ***toporъ**: Rus-CSl **топоръ** id., Bulg **топо́р** id., Czech **topor** id., Slvk **topor** id., Pol **topór** id., Ukr **топі́р** id., Blr **тапо́р** id. Borrowed from Iran ***tapara-** > Farsi **teber** id., Bel **tapar** id., Kurd **tefer** id. (MEILLET **RS** II 67, VI 173; VASMER **RS** VI 176).
◇ MIKLOSICH **EW** 359, **Türk.** I 239, II 167 (from Iran via Tkc); MATZENAUER 84 (der. from ***tepti** 'to beat'); BRÜCKNER **SEJP** 573 (same as MIKLOSICH); MLADENOV **RES** IV 194, **Slavia** X 248 (same as MATZENAUER); ФТ IV 79-80; ЧЕРНЫХ **ИЭСРЯ** II 250-251 (a Slav word).

то́пот sb.m. 'footfall, stamping'. From Slav ***тъpътъ** ~ ***topotъ**: Rus-CSl **тъпътъ** ψόφος, SCr **tȍpôt** id., Slvn **topòt** id., Ukr **то́піт** id. Forms in **-o-** were probably influenced by **то́пать** 'to stamp'. Of imitative origin.
◇ ILJINSKIJ **AfslPh** XXVIII 457 (to Skt **tupáti**, **túmpati** 'to hurt'); ФТ IV 80 (follows ILJINSKIJ).

то́псель sb.m. '(fore-and-aft) topsail'. Borrowed in 1710s from Eng **topsail** or Du **topzejl** id.
◇ MEULEN 214-215; СМИРНОВ 292; ФТ IV 80.

топта́ть vb. 'to trample'. See **то́пот** 'footfall, stamping'.

топча́н sb.m. 'cot, sofa'. Borrowed from Tkc: OTurk **tapčan** ~ **tapčaŋ** 'tripod'.
◇ АНИКИН **Сиб.** 577.

топы́рить vb. 'to spread wide apart (esp. of limbs)'. See perf. **растопы́рить**.

тор sb.m. 'tore, torus'. Borrowed from Fr **tore**. To Lat **torus** 'protuberance, round swelling'.
◇ **AHD** sub **tore, torus**.

то́рба sb.f. 'bag' (obs.). Borrowed from Cr.-Tat or Turk **torba** id., probably via Pol **torba** id. (MIKLOSICH **EW** 359, **Türk.** II 178, **Nachtr.** I 57).
◇ ФТ IV 81; АНИКИН **Сиб.** 577.

то́рбас sb.m. 'fur boot, soft boot', dial. Borrowed from Yakut **ätärbäs** 'footwear, leather boots' (ВАХРОС 174).
◇ ФТ IV 82; АНИКИН **Сиб.** 578.

торг sb.m. 'market; trade'. Continues ORus **търгъ** id. (since the XIth century) from Slav ***tъrgъ**: OCSl **тръгъ** ἀγορά, Bulg **търг** 'auction, sale', SCr **tȓg** 'square, market', Slvn **trg** 'market', Czech **trh** id., Slvk **trh** id., Pol **targ** id., Ukr, Blr **торг** 'market; trade'. ESlav ***tъrgъ** is the source of Lith **tur̃gus** 'market' and ON **torg** id. Possible parallels in Illyr **tergitio** negotiator and Venet pln. Τεργέστε (> Trieste), strikingly close to Slav ***tъržišče**, may reflect early Slavo-Ill contacts in the South-West of Europe. Slav ***tъrgъ** itself is probably an Oriental loanword whose source could be OTurk **turku**, **turɣu** 'stop, stand' (RÄSÄNEN **Neuphilol. Mitteil.** LII 193-195).
◇ KRAHE **IF** LVIII 220; UNBEGAUN 95-96 (Gmc > Slav); RAMSTEDT **Neuphilol. Mitteil.** L 99-100 (from Mong **torga**, **torgu** 'silk'); ФТ IV 82 (related to Balt and Illyr); ЧЕРНЫХ **ИЭСРЯ** II 251.

торгова́ть vb. 'to sell, to trade, to do business' (sb.f. **торго́вля** 'trade, business'). See **торг** 'market; trade'.
◇ ЧЕРНЫХ **ИЭСРЯ** II 251 (sub **торг**).

торгова́ться vb. 'to bargain, to dicker', coll. Refl. of **торгова́ть** 'to sell, to trade'.

торе́ц sb.m. 'butt-end; (hexagon) wooden paving block' (~ obs. **торц**). Adaptation of Fr **tors**, part. **torse**, part. of **tordre** 'to twist', specifically in **(chaussée) torse**. The auslaut was rebuilt by analogy with nouns in **-ец**.

◇ ГОРЯЕВ 373 (from Ital **torso** for which, however, no close meaning is attested); ФТ IV 88 (sub **торц**; follows ГОРЯЕВ).

торжество́ sb.n. 'triumph; celebration'. Continues ORus **тържьство** 'fair; holiday' der. from **торг** 'market; trade'. Cf. Bulg **тържество́**, Ukr **торжество́** 'triumph; celebration'. Absent in other Slav languages.
◇ ФТ IV 83; ЧЕРНЫХ **ИЭСРЯ** II 251.

тори́ть vb. 'to beat a path', obs. (usually perf. **протори́ть**). Cf. also Ukr **тори́ти** id. Der. from dial. **тор** 'beaten track' < Slav ***torъ**: Bulg **тор** 'fertilizer, dung', Maced **тор** 'pen', SCr **tȏr** 'fence, enclosure', Slvn **tor** 'friction', Czech dial. **tor** 'road', Pol **tor** 'beaten track', Ukr **тор** 'rut' based on **тере́ть** 'to rub'.
◇ TRAUTMANN **BSW** 324; КУРКИНА **Этим. 1968** 94; ФТ IV 81 (sub **тор** I).

тормáшки pl.t. Only in **вверх тормáшки**, **вверх тормáшками** 'head over heels, upside down, topsy-turvy'. Cf. dial. **вверх тормáми** id. based on dial. **тóрмы** 'feet'. The latter continues ***tьrm-**, cf. **тормоши́ть** (which is semantically different).
◇ МОКИЕНКО **РР** XIX/3 149-152.

тóрмоз sb.m. 'brake' (vb. **тормози́ть** 'to brake'). In dial. also **тóрмаз** 'iron stripe on a sled runner' reflecting the earlier meaning, possibly allowing to reconstruct the source as ***торомáз** 'smearing the track', see **тори́ть** 'to beat a path' and **мáзать** 'to smear'. Cf. Ukr **тóрмоз**, Blr **тóрмаз** 'brake'. Absent in other Slav languages.
◇ MIKLOSICH **EW** 359 (from Gk τόρμος 'hole, socket, projecting peg'); ФАСМЕР **Гр.-сл.** 203 (same as MIKLOSICH); ГОРЯЕВ 372; ИЛЬИНСКИЙ **ИОРЯС** XXIII/1 138-139 (to **стреми́ть**); ДМИТРИЕВ **ЛС** III 45 (from Tkc **tur-maz** 'it does not stand; support for a wheel'); ФТ IV 84 (with reservations, same as MIKLOSICH); ЧЕРНЫХ **ИЭСРЯ** II 252 (possibly to IE ***tor-m-(o-s)** 'hole, opening'); АНИКИН **Сиб.** 579; **СРА** 470; **ТСРРЯ** 548 (coll. **тóрмоз** 'stupid person', from argot).

тормоши́ть vb. 'to pull, to bother, to pester', coll. From ***тормоси́ть** continuing Slav ***tьrmositi**: Slvk **trmosit' sa** 'to pose, to mince, to put on airs', Pol **tarmosić**, **termosić** 'to pull, to pluck', Ukr **термóсити**, dial. **тармаси́ть** 'to move', an expressive der. of ***tьrmati**: Slvn **termati** 'to weave' Czech

trmati 'to tire', Ukr **тáрмати** 'to tear, to entangle', **тéрмати** 'to pull, to pluck' related to Lith **termóti** 'to mix, to entangle, to soil' (КУРКИНА **Этим. 1974** 44–45).
◇ ГОРЯЕВ 372 (to Lat **tremō** 'to shake'); ФТ IV 84; **ТСРРЯ** 549.

торовáтый adj. 'generous, efficient', obs. Together with obs. **протóри** 'expenses', der. from dial. **(про)тóрить** 'to spend', based on **тори́ть** 'to beat a path' with a semantic derivation similar to that of **готóвый** 'ready'.
◇ ГОРЯЕВ 373; ФТ IV 84; ПЕТЛЕВА **ЭРДС** 21 (to Slvn **toriti** 'to spill, to strew, to waste', with a development: *'spilling' > 'spending' > 'generous'); МЛАДЕНОВА **ИРС** 181–182; **ТСРРЯ** 549 (here also **торовáтость** 'generosity; wastefulness').

торокá pl.t. 'straps behind the saddle' (~ rare sg. **тóрок**), obs. Continues ORus **торокъ** 'strap' from Slav ***torkъ**: Bulg **трак** id., SCr **trâk** id., Slvn **trak** id., Czech **trak** id., Slvk **trak** id., USorb **trok** id., LSorb **trok** id., Pol pl. **troki** id., Ukr **тóрок** id. An early loanword from Tkc ***terkü** > MTkc **terki** 'saddle straps', Oyrat **terki** id., Turk **terki** 'rear saddlebow'.
◇ БРАНДТ **РФВ** XVIII 9 (to Skt **tarkú-** 'spindle'); TRAUTMANN **BSW** 314 (same as БРАНДТ); ФТ IV 85 (follows БРАНДТ).

торопéть vb. 'to be dumbfounded', obs. (usually perf. **оторопéть**). From Slav ***torpěti**, cf. also ***torpiti**: Slvn **trapiti** 'to torment', Czech **trápiti** id., OPol **tropić** id., cf. **stropić się** 'to be dumbfounded'. Those verbs appear to be der. directly from **терпéть** (MIKLOSICH **EW** 355) or, at least partly, to be based on ***torpъ** ~ ***torpa** > Rus dial. **тóроп** 'haste', also der. from **терпéть** 'to endure, to tolerate'. To IE ***ter-p-** / ***tor-p-** 'become numb, rigid'.
◇ ŠTREKELJ **AfslPh** XXVIII 502; MLADENOV **AfslPh** XXXVI 130–131; ФТ IV 85–86; ЧЕРНЫХ **ИЭСРЯ** II 252 (to **торопи́ть**).

торопи́ть vb. 'to hurry, to hasten (trans.)'. The only continuant of Slav ***torpiti**. Goes back to IE ***terp-** 'to rub', cf. Ital **fretta** 'hurry' < Rom ***frictia** (АНИКИН **ОЛА 1984** 287).
◇ ПОТЕБНЯ **РФВ** IV 211 (to); PERSSON **Beitr.** 438 (to ON **starf** 'labour', Lith **stropùs** 'diligent'); ŠTREKELJ **AfslPh** XXVIII 503 (to Gk τρέπω 'to turn'); TRAUTMANN **BSW** 325 (same as ПОТЕБНЯ); ФТ IV 85–86 (to Lith **tarpà** 'prosperity, growth', Skt **tŕ̥pyati** 'to satisfy oneself'); ЧЕРНЫХ **ИЭСРЯ** II 252 (to IE

*ter-p- / *tor-p- along with **терпéть** 'to edure', **торопéть** 'to be dumbfounded').

тóрóс sb.m. 'ice hummock, ice rock, mass of ice'. Borrowed from Saami **tōras** id.
◇ ГОРЯЕВ 373 (from Ital **torso**); ФТ IV 86; АНИКИН **Сиб.** 579.

торпéда sb.f. 'torpedo'. Borrowed in 1860s via Germ **Torpedo** id. or directly from Eng **torpedo** < Lat **torpēdō** 'stiffness, numbness; the torpedo fish' < **torpēre** 'be stiff'. (To IE ***(s)ter-p-** < ***(s)ter-** 'stiff').
◇ ЧЕРНЫХ **ИЭСРЯ** II 252; **AHD** sub **torpedo**.

торс sb.m. 'torso'. Borrowed from Fr **torse** id. (since 1676) < Ital **torso** 'stalk, trunk of a statue' < Lat **thyrsus** 'stalk, stinger, sharp point'.
◇ DAUZAT 715; ФТ IV 87; **AHD** sub **torso**.

торт sb.m. 'cake, torte'. Borrowed at the beginning of the XVIIIth century from Germ **Torte** id. < Ital **torta** id. (< Late Lat **tōrta** 'a kind of bread').
◇ JAKOBSON **IJSLP** I-II 273 (indicates ORus **търтъ** which, however, is hardly the source of modern **торт**); ФТ IV 87; ЧЕРНЫХ **ИЭСРЯ** II 252-253 (possibly from Du **taart**); **AHD** sub **torte**.

торф sb.m. 'peat' (old also **турф**). Cf. Bulg **торф**, Pol **torf**, Ukr, Blr **торф** id. Absent in other Slav languages. Borrowed in 1690s from Germ **Torf** id. (related to Eng **turf** < OEng **turf** 'slab of sod or peat' < Gmc ***turb-** id.). Ultimately to IE ***derbh-** 'to wind, to compress'.
◇ CHRISTIANI 50; СМИРНОВ 292; ФТ IV 87; ЧЕРНЫХ **ИЭСРЯ** II 253; **AHD** sub **turf**.

торчáть vb. 'to stick out' (coll. 'to hang around'). Continues Slav ***tъrčati** ~ ***stъrčati**: Bulg **стърчá** id., Maced **стрчи** id., Slvn **strčati** id., Czech **trčeti** id., Slvk **trčat'** id., Pol **sterczeć** id., Ukr **сторчáти** id. Der. from dial. **тóркать** 'to push' < Slav ***tъrkati** ~ ***stъrkati**: Bulg **тъ́ркам** 'to rub, to stir', Maced **трка** 'to hurry, to haste', SCr **tȓkati** 'to run back and forth', Czech **trkati**, **strkati** 'to push', Slvk **strkat'** id., USorb **storkać** id., LSorb **starkaś** id., Ukr **торкáти** 'to push, to touch', Blr **торкáць** 'to push, to shove'. Probably, from IE

*terk^{u}- 'to turn, to twist' > Lat **toquēre** 'to turn, to twist, to direct'.
◇ ЛЕСКОВ **ЖСт.** 1892/4 102 (from Karel **turkaita** 'to push'); БУГА **РФВ** LXXV 151 (to ***turiti** 'to drive'); WALDE-HOFMANN II 692-693; KIPARSKY 162; POKORNY 1077; ФТ IV 83, 88 (of imitative origin); **ТСРРЯ** 549-550.

торшéр sb.m. 'floor lamp'. Borrowed from Fr **torchère** 'candelabrum, floor lamp' (since 1690) < **torche** 'torch (originally made of twisted straw)' (since the XIIIth century) < Vulgar Lat **torca** < Lat **torquēs** 'a twisted necklace, wreath' < **torquēre** 'to turn, to twist' (< IE ***ter-k^{u}-** id.).
◇ DAUZAT 714; **AHD** sub **torch**.

тоскá sb.f. 'depression, anguish, ennui'. Continues ORus **тъска** 'woe, grief' (since the XIth century). Cf. der. ***тъskъn(jь)**: Czech **teskný** 'timorous', OPol **teskny** > Pol **tęskny** 'wistful', Ukr adv. **тóскно** 'drearily, sadly'. Related to **тóщий** 'emaciated, empty' (BRÜCKNER **SEJP** 570). To IE ***tus-sk-** < ***teus-** 'to empty, to dry' (ЧЕРНЫХ **ИЭСРЯ** II 253).
◇ MIKKOLA **BB** XXII 254 (from ***tęskъn(jь)** on the basis of Pol); PEDERSEN **KZ** XXXVIII 395 (same as MIKKOLA); ФТ IV 88.

тост I sb.m. 'toast' (as in **предлагáть тост** 'to propose a toast'). Attested since the early XIXth century. See **тост II**.
◇ ЧЕРНЫХ **ИЭСРЯ** II 253.

тост II sb.m. 'toast (bread)'. Borrowed in 1810s-1820s via Fr **toste, toast** id. from Eng **toast** < MEng **tosten** 'to toast, to grill' < OFr **toster** id. < Vulgar Lat ***tostāre** id. < Lat past part. **tostus** of **torrēre** 'to dry, to parch'. To IE ***ters-** 'to dry'.
◇ MATZENAUER 349; ФТ IV 88; ЧЕРНЫХ **ИЭСРЯ** II 253; **AHD** sub **toast**[1].

тóстер sb.m. 'toaster'. Borrowed from Eng **toaster**. See **тост II**.

тот pron. 'that'. Continues ORus **тътъ** id., redupl. of **тъ** id., fem. **та**, neut. **то** from Slav ***тъ(jь)**: OCSl **тъ** ἐκεῖνος, αὐτός, οὗτος, Bulg **тъй** 'so, that', Maced **тој** 'that, this', SCr **tâj** id., Slvn **to** 'this', Ukr **тот** 'that'. In WSlav a different transformation of ***тъ(jь)** emerges: Czech **ten** 'this', Slvk **ten** id., USorb **tón** id., LSorb **ten** id., Pol **ten** id. Related to Toch A

täm 'that', Skt **tá-** 'this', Av **ta-** id., Gk acc. τόν id., Gmc ***þat** > Goth **þata** 'that', OHG **daz** id., Lith **tàs** id.

◇ BARTHOLOMAE 613-623; BRUGMANN **Grundriß** II/2 313-314; TRAUTMANN **BSW** 311-312; WALDE-HOFMANN I 721; MAYRHOFER I 465; POKORNY 1086-1087; FRISK II 907; ФТ IV 88-89; ЧЕРНЫХ **ИЭСРЯ** II 253-254; OREL **HGE** 417-418.

тотализáтор sb.m. 'totalizator, tote, pari-mutuel machine'. Borrowed from Germ **Totalisator** id.

тоталитáрный adj. 'totalitarian'. Adaptation of Germ **totalitär** id. or Fr **totalitaire** id. Emerged in early 1930s. To Late Lat **totalitas** 'wholeness, fullness, completeness'. See **тотáльный** 'total'.

◇ ЧЕРНЫХ **ИЭСРЯ** II 254.

тотáльный adj. 'total'. Attested since 1837. Borrowed, possibly via German **total**, from Fr **total** < Lat **tōtālis** 'all, complete' < **tōtus** 'all, whole, full, complete'. (To IE ***teutā** 'tribe' < ***teu(ə)-** 'to swell').

◇ ЧЕРНЫХ **ИЭСРЯ** II 254; **AHD** sub **total.**

точи́ть vb. 'to sharpen, to whet; to secrete, to shed (tears)' (cf. sb.n. **точи́ло** 'whetstone' since 1551). From Slav ***točiti**: OCSl **точити** ἐλαύνειν, Bulg **тóча** 'to sharpen, to whet', Maced **точи** 'to grind, to sharpen', SCr **tòčiti** 'to pour', Slvn **točiti** 'to pour, to roll, to turn', Czech **točiti** 'to spin, to rotate, to turn', Slvk **točit'** id., USorb **točić** 'to roll, to pour', LSorb **tocyś** id., Pol **toczyć** id., Ukr **точи́ти** 'to sharpen, to whet', Blr **тачы́ць** id. Caus. of **течь** 'to run, to flow' (TRAUTMANN **BSW** 316).

◇ ФТ IV 90; ЧЕРНЫХ **ИЭСРЯ** II 254.

тóчка sb.f. 'point'. From Slav ***tъčьka**: Serb-CSl **тъчька,** SCr **tȍčka**, Slvn **točka**, Czech **tečka**, Ukr **тóчка** id. Bulg **тóчка** id. is from Russian. Der. from ***tъčь**, see **точь.**

◇ MIKLOSICH **EW** 368 (directly from **ткну́ть** 'to poke'); ГОРЯЕВ 373; ФТ IV 90; ЧЕРНЫХ **ИЭСРЯ** II 254; **ТСРРЯ** 550 (coll. 'end; enough; small beer shop').

тóчный adj. 'precise, exact'. Borrowed from OCSl **тъчьнъ** ὅμοιος, ἴσος, der. from ***tъčь**, see **точь.**

◇ MIKLOSICH **EW** 368 (from OCSl **тъчити** putare separated from **ткну́ть** 'to poke'); МЛАДЕНОВ 636 (from **тóчка** 'point'); ФТ IV 90 (same as МЛАДЕНОВ).

точь sb.f. Only in **точь в точь, точь-в-точь** 'precisely, to a tag'. The original meaning of **точь** < ***тъčь** was 'point' (cf. Pol **tecz** id.). It is der. from **ткну́ть** 'to poke' < Slav ***tъknǫti** id.

◇ ФТ IV 90; ЧЕРНЫХ **ИЭСРЯ** II 254 (sub **то́чка**).

тошни́ть impers.vb. 'to feel sick, to vomit'. Der. from **то́шный** 'tiresome, nauseous' < Slav ***tъščьnъ(jь)**: USorb **tešny** 'timorous', LSorb **tešny** id., OPol adv. **teszno** 'drearily, sadly', Ukr **то́шно** id. Based on **тоска́** 'depression', etc. (MIKLOSICH **EW** 369; СОБОЛЕВСКИЙ **Лекции** 137).

◇ ГОРЯЕВ 373; ФТ IV 90.

то́щий adj. 'emaciated, lean; empty' (vb. **тоща́ть**, perf. **отоща́ть** 'become very thin'). Continues ORus **тъщь** 'empty, plain' from Slav ***tъščь(jь)**: OCSl **тъшть** κενός, SCr **tȁšt** 'empty', Slvn **tešč** id., OCzech **tští** id., Pol **czczy** (< OPol **tszczy**) 'empty, lean', Ukr **то́щий** 'empty', Blr **тшчы** id. Related to Skt **tucchá-** 'empty, vain, small', Lith **tùščias** 'empty' (MEILLET **Etudes** 380, **MSL** IX 375). To IE ***teus-** / ***tus-** '(to) empty'.

◇ PETERSSON **IF** XX 367 (to OHG **thwesben** 'to extinguish, to destroy'); ШАХМАТОВ **ИОРЯС** XVII/1 287; TRAUTMANN **BSW** 333; ФТ IV 90; ЧЕРНЫХ **ИЭСРЯ** II 254-255.

тпру interj. 'whoa!' Of imitative origin.

◇ ФТ IV 91 (with other interjections in **тпр-**).

трава́ sb.f. 'grass'. Continues ORus **трава** id. (since the XIth century) from Slav ***trava** ~ ***trěva**: OCSl **трава, трѣва** χόρτος, χλόη, Bulg **трева́, трава́** 'grass', Maced **трева** id., SCr **tráva** id., Slvn **trava** id., Czedch **tráva** id., Slvk **tráva** id., USorb **trawa** id., LSorb **tšawa** id., Pol **trawa** id., Ukr **трава́** id., Blr **трава́** id. Der. from ***truti** (MEILLET **MSL** IX 144: der. pattern similar to **сла́ва**), see **трави́ть I**.

◇ JAGIĆ **AfslPh** XXXVII 203; TRAUTMANN **BSW** 327; ФТ IV 91-92; ЧЕРНЫХ **ИЭСРЯ** II 255.

тра́верс sb.m. 'traverse'. Borrowed in the XVIIIth century from Fr **traverse** (since the XIIth century) < Late Lat ***trā(ns)versāre**, to Lat **trāns-** 'across, over, through' + **versāre** 'to roll, to turn', etc.

◇ DAUZAT 722-723; ФТ IV 92.

трави́ть I vb. 'to poison; to hunt, to bait' (perf. **отрави́ть** 'to poison'). From Slav ***traviti**: OCSl **травити** σιτεῖσθαι, SCr **tráviti** 'to feed (with grass)', Czech **tráviti** 'to metabolize, to consume, to poison', Slvk **travit'** id., Pol **trawić** 'to destroy, to metabolize, to spend', Ukr **трави́ти** 'to metabolize, to consume, to poison'. Caus. of ***truti**, 1 sg. pres. ***trovǫ** (SŁAWSKI **JP** XXXVIII 228): SCr **tròvati** 'to poison', Slvn **trovati** id., LSorb **tšuś** 'to lose', Pol **truć** 'to consume, to destroy, to poison', ORus **трути** 'to consume'. Related to Gk τρύω 'to wear down', τρώω 'to wound', Gmc ***þrawaz** > ON **þrár** 'stubborn, obstinate' (SCHMIDT **KZ** XXVI 7, **Vok.** II 267).
◇ MATZENAUER 415 (to Goth **dreiban** 'to drive'); TRAUTMANN **BSW** 330; POKORNY 1072-1073; FRISK II 938; ФТ IV 92 (further to **тере́ть**); ЧЕРНЫХ **ИЭСРЯ** II 255 (to Gk τρύω 'I torment'; IE root ***trōu̯-**); HEIDERMANNS 625-626; OREL **HGE** 425; **ТСРРЯ** 550 (perf. **травану́ться** 'to suffer poisoning', coll.).

трави́ть II vb. 'to pay out, to slacken out (a rope), to veer; to tell tall tales; to vomit'. Identical with **трави́ть I**: 'to feed' > 'to slacken out, to veer'. Probably, a calque of Eng **to feed down**. To Gk τρύω 'to torment' (same IE root as in **тра́вма**).
◇ ЧЕРНЫХ **ИЭСРЯ** II 255.

тра́вма sb.f. 'trauma'. Cf. Bulg **тра́вма**, SCr **trauma**, Czech, Pol **trauma**, Ukr **тра́вма**, Blr **тра́ўма** id. Borrowed in the 2nd half of the XIXth century from Germ **Trauma** id. Ultimately to Gk τραῦμα 'wound' (same IE root as in **трави́ть I**).
◇ ЧЕРНЫХ **ИЭСРЯ** II 255 (IE root ***trōu-** 'to injure'); **AHD** sub **trauma**.

траге́дия sb.f. 'tragedy'. Borrowed at the beginning of the XVIIIth century via Germ **Tragödie** id. from Lat **tragoedia** id. < Gk τραγῳδία id. (originally, 'goat-song', τράγος + ωιδή [cf. Rus **ода**]).
◇ ФТ IV 92; ЧЕРНЫХ **ИЭСРЯ** II 255-256; **AHD** sub **tragedy**.

тра́гик sb.m. 'tragic actor, tragedian'. Borrowed from Pol **tragik** id. < Germ **Tragiker** id.
◇ ФТ IV 92 (directly from Germ); ЧЕРНЫХ **ИЭСРЯ** II 255-256 (sub **траге́дия**).

трак sb.m. 'track (of a tank or a tractor)'. Borrowed from Eng **track** (< Fr **trac** 'animal tracks' since the XIVth century).
◇ DAUZAT 722 (sub **traquer**); **AHD** sub **track**.

тракт sb.m. 'highway'. Borrowed in 1700s from Pol **trakt** id. or Germ **Trakt** id. < Lat **tractus** 'pulling; course; stripe' (to vb. **trahere** 'to pull, to draw' < IE ***tragh-** 'to draw, to drag, to move').
◇ CHRISTIANI 43; СМИРНОВ 294; ГОРЯЕВ 374; ФТ IV 93; ЧЕРНЫХ **ИЭСРЯ** II 255-256; **IE Roots** sub **tragh-**.

трактáт sb.m. 'treatise, treaty'. Borrowed in 1660s from Germ **Traktat** id. To Lat **tractātus** 'discussion, treatise'. Cf. **тракт, трактовáть.**
◇ CHRISTIANI 24; СМИРНОВ 293; ФТ IV 93; KOCHMAN **PRK** 86; **AHD** sub **tract**[2].

трактúр sb.m. 'tavern, inn'. Adapted at the beginning of the XVIIIth century from Pol **traktjer** 'inn-keeper' (KIPARSKY **Fr.** 185). Ultimately to Lat **tractāre** 'to attract, to touch, to prepare, to deal (with)'.
◇ СМИРНОВ 293; ФТ IV 93; ЧЕРНЫХ **ИЭСРЯ** II 256.

трактовáть vb. 'to treat, to discuss, to interpret'. Borrowed at the beginning of the XVIIIth century from Pol **traktować** 'to treat, to discuss'. To Lat **tractāre** 'to attract, to touch, to prepare, to deal (with)'; cf. **тракт, трактáт.**
◇ CHRISTIANI 20; СМИРНОВ 293; ФТ IV 93.

трáктор sb.m. 'tractor'. Cf. Bulg **трáктор**, SCr **tr̀aktor**, Czech, Pol **taktor**, Ukr **трáктор**, Blr **трáктар** id. Borrowed in 1920s via Germ **Traktor** id. from Eng **tractor** (to Lat **tractus** 'pulling, traction'). Cf. **тракт.**
◇ ЧЕРНЫХ **ИЭСРЯ** II 256-257; **AHD** sub **tractor**

трал sb.m. 'dragnet, trawl, trammel'. Borrowed from Eng **trawl** (< Du **tragel** 'dragnet' < Lat **trāgula** id. to **trahere** 'to pull, to draw' < IE ***tragh-**). For the development of **-aw-** see **ял.**
◇ WHITTALL 87-88; **AHD** sub **trawl.**

трáлер sb.m. (also **трáулер, трáльщик**) 'trawler'. Borrowed from Eng **trawler**. See **трал.**
◇ ФТ IV 93.

трáли-вáли pl.t. 'long-drawn-out conversations; love affair', coll. Originally may be an interj. of imitative origin. On the other hand, attention should be paid to Pol **tralka** 'baluster, banister', especially in view of **toczyć tralki** 'to do smth. insignificant', lit. 'to grind balusters smooth', cf. **баля́сы** 'prattles, jokes.

трамбова́ть vb. 'to ram, to pack down'. Unclear. Emerges in the 1st half of the XIXth century.
◇ БУЛИЧ **ИОРЯС** IX/3 426 (from Germ **trampeln** 'to stamp'); ГОРЯЕВ 374; ФТ IV 93; ЧЕРНЫХ **ИЭСРЯ** II 257 (compares Eng **to tramp**).

трамва́й sb.m. 'tramway, streetcar'. Cf. Bulg **трамва́й**, SCr **tràmvāj**, Czech **tramvaj**, Pol **tramwaj**, Ukr, Blr **трамва́й** id. Borrowed at the end of the XIXth century via Fr **tramway** from Eng **tramway**.
◇ ФТ IV 93; ЧЕРНЫХ **ИЭСРЯ** II 257.

трампли́н sb.m. 'spring-board, trampoline'. Cf. Bulg **трампли́н**, SCr **tràmpolīn**, Czech **trambulina**, Pol **trampolina**, Ukr, Blr **трамплі̂н** 'spring-board, trampoline'. Borrowed in the middle of the XIXth century from Fr **tremplin** id. (< Ital **trampoline**, originally, 'performance on stilts' < **trampoli** 'stilts').
◇ ФТ IV 93; ЧЕРНЫХ **ИЭСРЯ** II 257.

транжи́р sb.m. 'spend-thrift' (also **транжи́ра**; vb. **транжи́рить** 'to squander'). A difficult word. Probably borrowed at the end of the XVIIIth century from Fr ***trancheur** based on **trancher (du grand seigneur)** 'to squander', a metaphoric usage of **trancher** 'to cut' (ЖЕЛТОВ **ФЗ** 1874/4 22). For the phonetic development of Fr **-ch-** > Rus **-ж-**, cf. **транжеме́нт** 'military укрепление' < Fr **retranchement**.
◇ КАЗАНСКИЙ apud ВИНОГРАДОВ (via Germ **transchieren** 'to cut' < Fr **trancher**); ГРОТ **ФР** II 370-371; БУЛИЧ **ИОРЯС** IX/3 426; ФТ IV 94; ВИНОГРАДОВ **ИС** 686-688 (from Fr **étranger** 'foreign'); ДОБРОДОМОВ **Этим. 1986-1987** 194-200 (supports ВИНОГРАДОВ); ЧЕРНЫХ **ИЭСРЯ** II 257 (from Germ **transchieren**).

транзи́т sb.m. 'transit'. Borrowed from Fr **transit** (since 1663) or Germ **Transit** id. To Ital **transito** 'passage' (< Lat part. **transitus** < **trāns-īre** 'to go across').
◇ DAUZAT 721; **AHD** sub **transit**.

транспара́нт sb.m. 'transparency; underlines'. Borrowed from Fr **transparent** id. (since the XIVth century) < Lat **trāns-** 'through' and **pārēre** 'to appear, to show'.
◇ DAUZAT 721; **AHD** sub **transparent**.

тра́нспорт sb.m. 'transport, transportation' (adj. **тра́нспортный**, vb. **транспорти́ровать**). Cf. Bulg **тра́нспорт**, SCr **trànsport**, Czech, Pol **transport**, Ukr, Blr **тра́нспарт** id. Borrowed in 1710s via Pol **transport** from Fr **transport** (since the XIIIth century) or Du **transport**. To Lat **trāns-portāre** 'through' + 'carry'.
◇ DAUZAT 722; СМИРНОВ 294; ФТ IV 94; ЧЕРНЫХ **ИЭСРЯ** II 257-258; **AHD** sub **transport**.

транше́я sb.f. 'trench'. Cf. Bulg, Ukr **транше́я**, Blr **траншэ́я** id. Absent in other Slav languages. Borrowed at the beginning of the XVIIIth century from Fr **tranchée** id. (< OFr 'path cleared in a forest; ditch', to **trenchier** 'to cut (off)').
◇ DAUZAT 720; СМИРНОВ 294; ФТ IV 94; ЧЕРНЫХ **ИЭСРЯ** II 258.

трап sb.m. 'ship's ladder'. Borrowed at the end of the XVIIth century from Du **trap** 'ladder'.
◇ MEULEN 216; MATZENAUER 350; СМИРНОВ 294; ГОРЯЕВ 374; ФТ IV 94; ЧЕРНЫХ **ИЭСРЯ** II 258.

тра́пеза sb.f. 'meal'. Continues ORus **трапеза** 'meal, table, altar' < OCSl **трапеза** borrowed from Gk τράπεζα 'table on four legs' (to τρα- < τετρα- 'four' and πεζα 'foot' < IE ***ped-** id.).
◇ MIKLOSICH **EW** 360; ФАСМЕР **Гр.-сл.** 203-204; ФТ IV 94; **AHD** sub **trapezium**.

трапе́ция I sb.f. 'trapezium'. Borrowed in 1700s - originally, in the form of masc. **трапеций** - from Germ **Trapezium**, **Trapez** id. To Gk τραπέζιον 'small table' < τράπεζα 'table on four legs'. See **тра́пеза**.
◇ ФТ IV 94; ЧЕРНЫХ **ИЭСРЯ** II 258; **AHD** sub **trapezium**.

трапе́ция II sb.f. 'trapeze'. Adaptation of Fr **trapèze** id. (since 1542) or Germ **Trapez** id. Emerges in 1880s. See **трапе́ция I**.
◇ ЧЕРНЫХ **ИЭСРЯ** II 258.

тра́сса sb.f. 'line, direction, route'. Cf. Bulg **трасе́**, SCr **trȁsa**, Czech, Pol **trasa**, Ukr, Blr **тра́са** id. Borrowed in 1930s from Germ **Trasse** id. < Fr **tracé** id. (since 1798; to **tracer** 'to draw' < OFr **tracier** id. < Vulgar Lat ***tractiare**).
◇ ЧЕРНЫХ **ИЭСРЯ** II 258.

тра́тить vb. 'to spend, to waste' (in dictionaries since 1704). From Slav ***tratiti**: SCr **trȁtiti** 'to spend, to lose', Slvn **tratiti** 'to squander', Czech **tratiti** 'to lose, to perish', Slvk **tratit'** id., Pol **tracić** 'to waste, to lose', Ukr **тра́тити** id., Blr **тра́ціць** id. Identical with Alb **tres** 'to melt, to loosen, to dissolve' < PAlb ***trōtja** (OREL **FLH** VIII/1-2 37), Gmc ***þrōþjanan** > Goth **þroþjan** 'to train, to practice', Lith **trõtyti** 'to lack, to lose, to spoil', **trótinti** 'to irritate, to tease'. Ultimately to IE ***ter-** 'to rub'.
◇ TRAUTMANN **BSW** 326; POKORNY 1072; FRAENKEL 1129; ФТ IV 94-95; ЧЕРНЫХ **ИЭСРЯ** II 258-259; OREL **AED** 464, **HGE** 427.

тра́ур sb.m. 'mourning' (adj. **тра́урный**). Attested since the early XVIIIth century. Cf. Bulg, Ukr **тра́ур** id. Absent in other Slav languages. Borrowed in 1710s from Germ **Trauer** id. (ГОРЯЕВ 374).
◇ ФТ IV 95; ЧЕРНЫХ **ИЭСРЯ** II 259.

трафаре́т sb.m. 'stencil; stereotype'. Borrowed from Ital **traforetto** id. (to **traforo** 'perforation').
◇ ФТ IV 95.

тра́фить vb. 'to please, to oblige', coll. Borrowed from Pol **trafić** 'to hit (the target)' < MHG **treffen** id.
◇ ФТ IV 95; **ТСРРЯ** 550-551.

тра́хнуть vb. 'to crash, to bang' (coll.), cf. interj. **трах!** 'bang!'. Note dial. **торо́хнуть** 'to break, to crash, to bang'. Of imitative origin.
◇ БРАНДТ **РФВ** XXV 30; ГОРЯЕВ 374; ФТ IV 23, 95.

тре́ба sb.f. 'religious rite (on the parishioner's demand)'. Borrowed from OCSl **трѣба** θυσία.
◇ ФТ IV 95; EICHLER **Anz. SPh** XXII/2 3-5.

тре́бник sb.m. 'prayer-book'. Borrowed from OCSl **трѣбьникъ** id. Cf. **тре́ба**, **тре́бовать**.
◇ ФТ IV 96.

тре́бовать vb. 'to demand'. Continues ORus **трѣбовати** 'to be needed' borrowed from OCSl **трѣбовати** δεῖσθαι, χρήζειν. Further see **тереби́ть** 'to pull (at), to pester'.
◇ ФТ IV 96; ЧЕРНЫХ **ИЭСРЯ** II 259.

требуха́ sb.f. 'offal, tripe'. Cf. also **требу́х** 'glutton'. Continues ORus **требухъ, трибухъ** 'offal, tripe' from Slav ***trьbuxъ ~ *trьbuxa**: Rus-CSl **требухъ** id., Bulg **търбу́х** 'stomach', SCr **tȑbuh** 'belly', Slvn **trebuh** id., Czech **třebucha** id., **terbuch** id., Pol **trybuch, telbuch** id., Ukr **трибу́х** 'offal, tripe', **тере́бух** 'glutton'. Dissimilated from ***trьbr'uxъ**, a compound of pref. ***trь-** 'three-' related to **тре-** and **брю́хо** 'belly' (HAMP **Зб. ФЛ** XXV/1 171-172). Alternative: root ***trьb-** + suff. ***-ux-**, to SCr **tȑb-onja** 'fat man', etc. (cf. ФТ IV 96).
◇ MATZENAUER 352 (to Ital **trippa** 'belly'); BRÜCKNER **SEJP** 567 (to **то́рба** 'bag'); GROŠELJ **SRev** V-VII 122 (suff. **-ux-**); ФТ IV 96; КУРКИНА **ОЛА 1984** 273-277 (from **тереби́ть** 'to pull (at), to pester').

трево́га sb.f. 'alarm, anxiety'. Borrowed via Ukr **триво́га** id. and Blr **трыво́га** id. from Pol **trwoga** id. Etymologically unclear.
◇ ГОРЯЕВ 375 (to Skt **tárjati** 'to threaten'); BRÜCKNER **SEJP** 578 (Pol **trwoga** der. from **trwać** 'to last'); МЛАДЕНОВ 637 (to **тере́ть** 'to rub'); ФТ IV 97 (related to **отва́га** 'courage'); ЧЕРНЫХ **ИЭСРЯ** II 259-260.

треволне́ние sb.n. 'trouble, agitation, disquiet'. Borrowed from CSl **трьвлънение** τρικυμία, a calque of Gk τρικυμία 'group of three waves', metaphorically - 'calamity' (ГОРЯЕВ **Доп.** I 49). Cf. **волна́** 'wave'
◇ ГОРЯЕВ 375 (to Lat **tremō** 'to shake'); ФТ IV 97.

трезво́н sb.m. 'peal, ringing' (coll. 'gossip, rumours'). Der. from **звон** 'ringing' with pref. ***trь-** 'three' (cf. **тре-кля́тый**).
◇ ФТ IV 97; **ТСРРЯ** 551.

тре́звый adj. 'sober'. Borrowed from OCSl **трѣзвъ** νήφων. See **тверёзый**.
◇ ФТ IV 97; ЧЕРНЫХ **ИЭСРЯ** II 260.

трёкать vb. 'to chatter idly, to talk nonsense', coll. Semantic development of dial. **трёкать** 'to moan; to beat, to knock'

from Slav ***trekati**: Bulg **тре́ква (ми)** 'to come to mind'. Cf. **трёхнуться** 'to go nuts'.
◇ ФТ IV 97; КУРКИНА **Этим. 1983** 26–27; **СРА** 473 (**трёк/хать** 'to understand (well)').

трекля́тый adj.'damned'(cf. syn. **про-кля́тый**). A form with pref. ***trь-** 'three' of CSl origin. See **клясть** 'to curse'.
◇ ФТ IV 97.

трелева́ть vb. 'to skid (logs)'. Der. from **трель** 'rope' borrowed from Eng **trail** or Germ **Treil** (obs.) 'rope'. Probably from ONFr **trailer** 'to tow a boat' (< Vulgar Lat ***tragulāre** 'to drag', to Lat **trāgula** 'dragnet').
◇ ФТ IV 97 (sub **трель**); **AHD** sub **trail.**

трель sb.f. 'trill, warble'. Cf. Bulg **тре́ли** (pl.), SCr **tȑila**, Pol **trel**, Ukr **трель**, Blr **трэль** id. Borrowed at the beginning of the XIXth century from Fr **trille, tril** id. (since 1753).
◇ DAUZAT 726; MATZENAUER 351; ГОРЯЕВ 375; ФТ IV 97–98; ЧЕРНЫХ **ИЭСРЯ** II 260.

трелья́ж sb.m. 'three-leaf mirror; trellis'. Cf. Ukr **трелья́ж**, Blr **трэлья́ж** id. Absent in other Slav languages. Borrowed at the beginning of the XIXth century from Fr **treillage** 'trellis' (since 1600), to Vulgar Lat ***trilicium** (< **tres** + **licium**) 'of three threads'.
◇ DAUZAT 723; ФТ IV 98; ЧЕРНЫХ **ИЭСРЯ** II 260–261; **AHD** sub **trellis.**

трен sb.m. 'train (of a dress)', obs. Borrowed from Fr **traîne** id. (since the XIIth century). Cf. **тре́нер** 'trainer'.
◇ DAUZAT 719; **AHD** sub **train.**

тренажёр sb.m. 'training apparatus'. Der. from **трена́ж** 'drill' borrowed from Fr **traînage** id. (since 1531). Cf. **тре́нер.**
◇ DAUZAT 719.

тре́нер sb.m. 'trainer'. Cf. Bulg **треньо́р**, SCr **trȅnēr**, Czech **trenér**, Pol **trener**, Ukr **тре́нер**, Blr **трэ́нер** id. Borrowed in 1910s from Eng **trainer** < OFr **traîneur**, to **tra(h)iner** 'to drag' < Vulgar Lat ***tragināre** id. To IE ***tragh-** id.
◇ ЧЕРНЫХ **ИЭСРЯ** II 261 (sub **тренирова́ть** 'to train, to coach'); **AHD** sub **train.**

тре́нзель sb.m. 'snaffle'. Borrowed from Pol **tręzla** id. < Germ **Trense** id., ***Trensel**.
◇ MATZENAUER 352; ГОРЯЕВ 375; ФТ IV 98.

трено́га sb.f. 'tripod; hobble' Continues ORus **трь-но́гъ** 'hobble'. Compound of pref. ***trь**- 'three' and **нога́** 'leg, foot'.
◇ ФТ IV 95 (sub **тре**-), 98 (sub **трено́жить** 'to hobble').

трень-брень interj. Imitates clinking or jingling. Cf. **тре́нькать** 'to strum' and **бренча́ть** 'to jingle', coll.
◇ ФТ IV 98.

тре́нькать vb. 'to strum', coll. Of imitative origin.
◇ ГОРЯЕВ 375 (to Germ **dröhnen** 'to buzz, to drone'); ФТ IV 98; **ТСРРЯ** 551.

трепа́к I sb.m. 'traditional Russian dance'. Der. from **трепа́ть** in its older unattested meaning *'to tramp'.
◇ ФТ IV 98 (directly from **трепа́ть**); МЛАДЕНОВА **ИРС** 182-185.

трепа́к II sb.m. 'gonorrhea' (~ **трипа́к**), coll. Contamination of **трепа́к I** and **три́ппер**.
◇ **СРА** 474 (**трипа́к, трипперба́х**, argot).

трепа́н sb.m. 'trepan'. Borrowed at the beginning of the XVIIIth century from Germ **Trepan** id. or from Fr **trépan** id. (since the XVIth century) < MLat **trepanum** (< Gk τρύπανον 'auger, borer' < τρύπη 'opening, hole').
◇ DAUZAT 724; СМИРНОВ 295; ФТ IV 98; **AHD** sub **trepan**[1].

трепа́нг sb.m. 'trepang'. Borrowed from Fr **trépang** id. From Malay **tĕripang** id.
◇ **AHD** sub **trepang**.

трепа́ть vb. 'to scutch, to swingle; to flutter; to pull about, to wear out, to fray' (coll. **трепа́ть (языко́м), трепа́ться** 'to babble, to chatter'). Continues ORus **трепати** 'to scotch, to pull about' from Slav ***trepati**: Bulg **тре́пам** 'to kill', Slvn **trepati** 'to knock', Czech **třepati** 'to shake, to flutter, to agitate', Slvk **trepat'** id., USorb **třepać** 'to knock, to wave', LSorb **tśepaś** id., Pol **trzepać** 'to cuff', Ukr **трепа́ти** 'to flutter, to pull about', Blr **трепа́ць** id. Related to Gk τρέπω 'to turn, to direct', Lat **trepit** vertit. Further see **тропа́** 'path'.

◊ MIKLOSICH **EW** 361; TRAUTMANN **BSW** 329; ФТ IV 98-99; ЧЕРНЫХ **ИЭСРЯ** II 261 (to IE ***trep-** 'to trip (along)' as in **трéпет**); **ТСРРЯ** 551-552 (here also nouns **трёп, трепотня́** 'chatter'; **трепáч, трепло́** 'chatterbox', coll.).

трéпет sb.m. 'trembling, quivering, trepidation'. From Slav ***trepetъ**: OCSl **трепетъ** τρόμος, φρίκη, Bulg **трéпет** 'trembling, quivering, tremor', Maced **трепет** id., SCr **trȅpêt** id., Slvn **trepet** id., USorb **třepjet** id., Ukr **трéпет** id. Der. from **трепáть**. To Slav ***trep-** < IE ***trep-** 'to tremble'(> Lat **trepidus** 'trembling, quivering').
◊ TRAUTMANN **BSW** 329; ФТ IV 99; ЧЕРНЫХ **ИЭСРЯ** II 261.

треск sb.m. 'crack, crash, crackle'. Continues ORus **трѣскъ** id. from Slav ***trěskъ**: OCSl **трѣскъ** βροντή, tonitrus, SCr **trȉjesak** 'thunder', Slvn **tresk** 'crack, crash', Czech **třesk** id., Slvk **tresk** id., Pol **trzask** id., Ukr **тріск** id. Related to Toch AB **trāsk-** 'to chew', Gk τιτρώσκω 'to wound, to kill', Gmc ***þreskanan** > Goth **þriskan** 'to thresh', OHG **dreskan** 'to strike, to beat, to flog', Lith **treškù, trešḱėti** 'to crack, to crackle, to crash', **traškà** 'fragility' (FICK **BB** II 209; SCHMIDT **Vok.** II 73). To IE ***ter-** 'to rub'.
◊ PERSSON **Beiträge** 662, 776; ZUPITZA **Gutt.** 91; SCHEFTELOWITZ **KZ** LVI 171; БУГА **РФВ** LXXV 150; TRAUTMANN **BSW** 329; POKORNY 1090; FRAENKEL 1120; FRISK II 905; ФТ IV 99-100; OREL **HGE** 426; **ТСРРЯ** 551-552 (**с трéском** 'disgracefully' [lit. 'with a crackle']; **трескотня́** 'chatter', coll.).

трескá sb.f. 'cod'. As in the case of Germ **Stockfisch** id. ~ **Stock** 'cane', identical with dial. **трескá** 'splinter' < Slav ***trěska**: Rus-CSl **трѣска** σκόλοψ, SCr **trȅska** 'splinter', Slvn **treska** id., Czech **tříska** id., Slvk **trieska** id., USorb **třěska** id., LSorb **tśěska** id., Pol **trzaska** id., Ukr **тріскá** id., Blr **траскá** id. (UHLENBECK **KZ** XL 560). Further to **треск** 'crack(le)', vb. **трещáть** 'to crack(le)'.
◊ PERSSON **Beitr.** 473-474; PEDERSEN **IF** V 72 (to Germ **Dorsch** 'cod'); MATZENAUER 352 (from Gmc); ФТ IV 100; ЧЕРНЫХ **ИЭСРЯ** II 261-262.

трéскать vb. 'to crack, to crackle'(coll. 'eat much avidly'). From Slav ***trěskati**: CSl **трѣскати** strepitum edere, Bulg **тря́скам** 'to crack, to thunder', Maced **треска** 'to shiver', Slvn **treskati** 'to crack, to throw', Czech **třeskati** 'to crack, to crackle', USorb **třěskać** 'to stay, to bite (of bitter cold)', Pol

trzaskać 'to clap', Ukr **тріскати** 'to crack, to crackle', Blr **трéскаць** id. Der. from **треск** 'crack(le)'; cf. also vb. **трещáть** 'to crack(le)'.
◇ ФТ IV 99-100.

трест sb.m. 'trust (organization)'. Cf. Bulg **тръст**, SCr **trȕst**, Czech, Pol **trust**, Ukr **трест**, Blr **трэст** id. Borrowed in 1900s from Eng **trust** id. (< 'confidence' < Old Norse **traust** id.), probably via Fr **trust** (since 1888). To IE ***deru-** 'to be firm, solid'.
◇ ЧЕРНЫХ **ИЭСРЯ** II 262; **AHD** sub **trust**.

трéтий num. 'third'. Continues ORus **третии** id. from Slav ***tretьjь**: OCSl **третии** τρίτος, Bulg **трéти** 'third', Maced **трети** id., SCr **trȅćī** id., Slvn **tretji** id., Czech **třetí** id., Slvk **tretí** id., USorb **třeći** id., LSorb **tśeśi** id., Pol **trzeci** id., Ukr **трéтій** id., Blr **трэ́ці** id. Related to Toch A **trit**, B **trite** id., Skt **tṛtī́ya-** id., Av **θrityō** id., Lat **tertius** id., W **trydydd** id., Gmc ***þridjōn** > Goth **þridja** id., OHG **dritto** id., Lith **trẽčias** id. From IE ***tr̥tii̯o-** id. See **три** 'three'.
◇ BARTHOLOMAE 807-808; BRUGMANN **Grundriß** II/2 53-54; PEDERSEN **Kelt. Gr.** I 67, II 135; MEILLET **BSL** XXIX 34-35; TRAUTMANN **BSW** 328; WALDE-HOFMANN II 703; PORZIG **Gliederung** 203; MAYRHOFER I 522; POKORNY 1090-1091; FRAENKEL 1114-1115; SZEMERÉNYI **Num.** 81-96; ФТ IV 101; ЧЕРНЫХ **ИЭСРЯ** II 262 (sub **три**); PEETERS **IF** LXXXVIII 202-203; ROSS-BERNS **Numerals** 626; ADAMS **TB** 316; OREL **HGE** 427.

третúровать vb. 'to maltreat'. Borrowed via Germ **traitieren** id. from Fr **traiter** 'to treat' attested as **traitier** since the XIIth century (< Lat **tractāre** 'to pull, to discuss', frequentative to **trahere** 'to pull' < IE ***tragh-** id.).
◇ DAUZAT 719; ФТ IV 101.

треýх sb.m. 'fur cap with ear-flaps and back flap'. Der. from **ýхо** 'ear' with pref. **тре-** < ***trь-** 'three' retaining its original meaning 'threefold'.
◇ ФТ IV 101.

треф I sb.m. 'clubs (in cards)' (~ **трéфа**). Borrowed in the middle of the XVIIIth century from Germ **Treff** id. < Fr **trèfle** 'clover, trefoil (since the XIIIth century); clubs (in cards)' < Vulgar Lat **trī-folum** 'clover, trefoil' < Lat **trī-folium** id. < Gk τρί-φυλλον id. ('three' + 'leaf').

◇ DAUZAT 723; ФТ IV 101; ЧЕРНЫХ **ИЭСРЯ** II 262.

треф II sb.m. 'tref, unclean for consumption in Jewish religious practices' (~ **тре́фа**). Borrowed from Yiddish **trejf** id. < Hbr **tᵉrēpā**.
◇ ВИНЕР **ЖСт.** 1895/1 67; ФТ IV 101.

трёхнуться vb. 'to go nuts' (~ obs. **трёкнуться**), coll. Derived from **трёкать** 'to talk nonsense'.
◇ КУРКИНА **Этим. 1983** 27; **СРА** 473.

треща́ть vb. 'to crack, to crackle' (coll. 'to jabber, to chatter'). From Slav ***trěščati**: Bulg **трещя́** 'to crack, to thunder', Maced **трешти** 'to blast, to pulsate', Slvn **treščati** 'to get cracked', Czech **třeštěti** 'to crack', Slvk **trešťať** id., Pol **trzeszczeć** 'to clap', Ukr **трiща́ти** 'to crack, to crackle'. See **треск, тре́скать.**
◇ ФТ IV 99-100; **ТСРРЯ** 553.

три num. 'three'. Continues ORus **трие**, fem./neut. **три** id. from Slav ***trьje**, fem./neut. ***tri**: OCSl **трие**, fem./neut. **три** τρεῖς, Bulg **три** 'three', Maced **три** id., SCr **trî** id., Slvn **trije**, fem./neut. **tri** id., Czech **tři** id., Slvk **tri** id., USorb **třo**, fem./neut. **tři** id., LSorb **tśo**, fem./neut. **tśi**, Pol **trzy** id., Ukr **три** id., Blr **тры** id. Related to Lyc **tri-** id., Toch A **tre**, B **trey** id., Skt **tráyas** id., Av **θrāyō** id., Arm **erekʿ** id., Gk τρεῖς id., Alb **tre** id. < PAlb ***treje**, Lat **trēs** id., OIr **tri** id., Gmc ***þrejez** > Goth **þreis** id., OHG **drī** id., Lith **trỹs** id. To IE ***trei** id.
◇ BARTHOLOMAE 801-802; BRUGMANN **Grundriß** II/2 11-12; PEDERSEN **Kelt. Gr.** I 132; TRAUTMANN **BSW** 327-328; WALDE-HOFMANN II 702-703; MAYRHOFER I 531; POKORNY 1090-1092; FRAENKEL 1125; FRISK II 921-922; ФТ IV 101-102; ЧЕРНЫХ **ИЭСРЯ** II 262; SZEMERÉNYI **Num.** 81; ROSS-BERNS **Numerals** 575-579; HAMP **Numerals** 906-907; OREL **FLH** VIII/1-2 47, **AED** 463, **HGE** 425; ADAMS **TB** 319-320; БУРЛАК **ИФТЯ** 246.

трибу́на sb.f. 'platform, tribune'. Borrowed in the 1st half of the XIXth century from Germ **Tribüne** id. or Fr **tribune** id. (< Ital **tribuna** 'church rostrum' < MLat **tribūna** id., to Lat **tribūnal** 'elevated platform').
◇ ЧЕРНЫХ **ИЭСРЯ** II 262; **AHD** sub **tribune**[2].

трибуна́л sb.m. 'tribunal'. Borrowed at the beginning of the XVIIIth century from Germ **Tribunal** id. Related to **трибу́на**.

◇ CHRISTIANI 25; ФТ IV 102; **AHD** sub **tribune**[2].

тривиа́льный adj. 'trivial'. Borrowed via Germ **trivial** or directly from Fr **trivial** (since 1550) < Lat **trivialis** 'ordinary' (to **tri-vium** 'place where three rodas meet, public square').
◇ DAUZAT 728; ФТ IV 102; **AHD** sub **trivial**.

три́жды adv. 'thrice'. From Slav ***tri šьdi**: OCSl **тришьди** id., Bulg **триш** id., SCr **trȋž** id., Ukr **три́чі** id., Blr **тро́жды** id. For the structure see **два́жды** 'twice'.
◇ ФТ IV 102.

три́зна sb.f. 'funeral feast'. Continues ORus **тризна** 'competition, feat, exploit, funeral feast' borrowed from OCSl **тризна** ἔπαθλον, CSl **тризна** στάδιον, παλαίστρα, ἆθλον der. from ***trizь** > Rus-CSl **тризь** 'three year old (of animal)', see **три** 'three' (ТРУБАЧЕВ **SRev** XI 219-220, **ВСЯ** IV 130-131).
◇ MIKLOSICH **EW** 362 (reconstructs ***tryzna**, to **трави́ть**); СОБОЛЕВСКИЙ **Лекции** 139-140 (same as MIKLOSICH); MEILLET **Etudes** 448; ФТ IV 102; ТОПОРОВ **Этим. 1977** 3-20 (< *'three-part ritual'); МУРЬЯНОВ **Этим. 1985** 54-56.

трико́ sb.n.indecl. 'tricot; tights, knickers'. Cf. Bulg **трико́**, SCr **trȉkō**, Czech **triko**, Pol **trykot**, Ukr **трико́**, Blr **трыко́** id. Borrowed in the mid-XIXth century from Fr **tricot** (since 1666; originally, 'short stick'; cf. **tricoter** 'to knit'). See **трикота́ж**.
◇ DAUZAT 725-726 (sub **tricoter**); ФТ IV 103; ЧЕРНЫХ **ИЭСРЯ** II 263; **AHD** sub **tricot**.

трикота́ж sb.m. 'stockinet, jercey; knitted wear'. Borrowed at the beginning of the XXth century from Fr **tricotage** 'tricot, jercey' (since 1689). See **трико́**.
◇ DAUZAT 725-726 (sub **tricoter**); ФТ IV 103; ЧЕРНЫХ **ИЭСРЯ** II 263.

три́ллер sb.m. 'thriller'. Borrowed in 1990s from Eng **thriller**.

три́о sb.n. 'trio'. Borrowed via Germ **Trio** id. or directly from Ital **trio** id., a portmanteau formation of **duo** 'two' and **tre** 'three'.
◇ ФТ IV 103.

трио́дь sb.f. 'book of canons consisting of three motets and used during the fast (before and after Easter)'. Continues ORus **триодь** id. borrowed from Gk τριῴδιον '(canon of) three songs'.
◇ ФТ IV 103.

триоле́т sb.m. 'triolet'. Borrowed from Fr **triolet** (since 1510).
◇ DAUZAT 727; ФТ IV 103; **AHD** sub **triolet**.

трип I sb.m. 'a kind of woolen fabric'. Borrowed from Fr **tripe** id. (since 1317).
◇ DAUZAT 727; ФТ IV 103.

трип II sb.m. 'trip, a period of being under the influence of a hallucinogenic drug', coll. from slang. Borrowed in 1980s from Eng **trip** (slang). Ultimately to MDu **trippen** 'to hop'.
◇ **AHD** sub **trip** (slang); **СРА** 474.

три́ппер sb.m. 'gonorrhoea'. Borrowed from LG **Tripper** id., der. of **trippen** 'to drip'.
◇ ФТ IV 103.

три́птих sb.m. 'triptych' (~ obs. **три́птик**). Borrowed from Germ **Triptych** id. The form in **-к** is from Fr **triptyque** id. (since 1846), from Gk τρίπτυχος 'consisting of three layers, threefold'.
◇ DAUZAT 727; ТРУБАЧЕВ ФТ IV 103 (directly from Gk τρίπτυχος); **AHD** sub **triptych**.

трито́н I sb.m. 'merman, triton'. Borrowed from Fr **triton** id. (since 1512) < Gk Τρίτων (god of the sea, portrayed as having the head and trunk of a man and the tail of a fish). Cf. **трито́н II**.
◇ DAUZAT 727; ФТ IV 103; **AHD** sub **Triton**.

трито́н II sb.m. 'triton, mollusk Charonia tritonis'. Borrowed from Fr **triton** id. named so after Gk Τρίτων (god of the sea whose trumpet is a shell), see **трито́н I**.
◇ **AHD** sub **triton**[1].

триу́мф sb.m. 'triumph'. Borrowed in the XVIIth century from Germ **Triumph** id. < Lat **triumphus** id. (var. of OLat **triumpus**, possibly from Gk θρίαμβος 'three-iamb(ic)', hymn

to Bacchus). Cf. Bulg **триу́мф**, SCr **trȉumf**, Czech **triumf**, Pol **triumf**, **tryumf**, Ukr **тріу́мф**, Blr **трыу́мф** id.
◊ ФТ IV 103; ЧЕРНЫХ **ИЭСРЯ** II 263 (from West European languages); **AHD** sub **triumph**.

тро́гательный adj. 'touching'. Emerges at the end of the XVIIIth century as a calque of Fr **touchant** id. (since the XIVth century). See **тро́гать**.
◊ DAUZAT 716; UNBEGAUN **RES** XII 39; ФТ IV 104; ЧЕРНЫХ **ИЭСРЯ** II 263; ВИНОГРАДОВ **ИС** 810–811.

тро́гать vb. 'to touch'. Probably, borrowed from (or related to) Ukr **трога́ти** 'to pull, to tug, to tear', a secondary variant of **то́ргати** id. continuing ORus **търгати** from Slav ***tъrgati** ~ ***tъrgnǫti**: CSl **тръгнѧти** σπᾶν, Bulg **тъ́ргам** 'to tear', Maced **трга** 'to drag, to pluck', SCr **tȑgati** 'to tear', Slvn **trgati** id., Czech **trhati** id., Slvk **trhat'** id., USorb **torhać** id., LSorb **tergaś** id., Pol **targać** id. Further see **терза́ть** 'to tear apart'. In its metaphoric meaning, **тро́гать** 'to touch emotionally' is a calque of Fr **toucher** id.
To IE ***treg-** 'to strain oneself'.
◊ SCHMIDT **Vok.** II 352; ШАХМАТОВ **Очерк** 241 (from **трево́га**); PETR **BB** XVIII 285 (to Lat **tergeō** 'to rub off'); ГОРЯЕВ 376 (to Lat **trahō** 'to draw' or to **терза́ть**); MIKKOLA **Ursl.** III 92 (from CSl ***тръгати**, cf. OCSl **въстръгати**, see **восто́рг** 'rapture'); MÜHLENBACH-ENDZELIN IV 230 (to Latv **treksne** 'strike, push'); VAILLANT **Gr. comp.** I 93 (back-formation from **тро́нуть** 'to touch' < dial. **тро́пнуть** 'to stamp'); ФТ IV 83, 104; ВИНОГРАДОВ **ИС** 810–811 (from Pol **trwoga** 'alarm, anxiety'); ЧЕРНЫХ **ИЭСРЯ** II 263–264.

тро́е num. 'three, group of three'. Continues ORus **трои**, neut. **трое** id. from Slav ***trojь**: OCSl **трои**, neut. **трое** id., SCr **trȍje** id., Slvn **troje** id., Czech **trojí** 'threefold', USorb **troji** id., LSorb **tšoji** id., OPol **trój** id., Ukr **тро́ї**, **тро́є** 'three, group of three'. See **три**, **дво́е**. Similar to Skt **trayá-** 'triple', Lith **trejì** 'three, group of three'.
◊ MEILLET **Etudes** 231; ENDZELIN **RS** XIII 63; TRAUTMANN **BSW** 238; ФТ IV 104; ЧЕРНЫХ **ИЭСРЯ** II 262 (sub **три**).

тро́ица sb.f. 'Trinity; trio, triplet'. Continues ORus **троица** id. borrowed from OCSl **троица** Τριάς. See **три**, **тро́е**.
◊ ФТ IV 104–105; ЧЕРНЫХ **ИЭСРЯ** II 262 (sub **три**).

тро́ичен sb.m. 'hymn to the Trinity'. Continues ORus **троичьнъ** id. borrowed from OCSl **троичьнъ** id. (cf. Rus adj. **тро́йчный**). Der. from **тро́ица**.
◇ ФТ IV 104.

тролле́йбус sb.m. 'trolley bus'. Borrowed in 1931 from Eng **trolley bus.** Probably to **troll** 'to move about'.
◇ ШУСТОВ **РР** XVI/5 123–125; ЧЕРНЫХ **ИЭСРЯ** II 264 (from West European languages); **AHD** sub **trolley**.

тромб sb.m. 'thrombus, clot of blood'. 1860s adaptation of Germ **Thrombus** id. < Gk θρόμβος id. Cf. Bulg **тромб**, Czech **trombus**, Ukr, Blr **тромб** id.
◇ ЧЕРНЫХ **ИЭСРЯ** II 264; **AHD** sub **thrombo-**, **thrombus**.

тромбо́н sb.m. 'trombone'. Borrowed from Fr **trombone** id. (since 1721) < **trombon** (since the XVIth century) < Ital **trombone** 'large trumpet' (to **tromba** 'trumpet' < OHG **trumb/pa** 'trump').
◇ DAUZAT 729; ФТ IV 105 (directly from Ital); **AHD** sub **trombone**.

трон sb.m. 'throne'. Cf. Bulg **трон**, Czech **trůn**, Slvk **trón**, USorb **trón**, LSorb **tron**, Ukr, Blr **трон** id. Borrowed in 1730s from Germ **Thron** id. or Fr **trône** id. (since the XIIth century) < Lat **thronus** id. < Gk θρόνος 'tall chair, throne'. To IE ***dher-** 'to hold firmly'.
◇ DAUZAT 729; ФТ IV 105; ЧЕРНЫХ **ИЭСРЯ** II 264.

троп sb.m. 'trope'. Borrowed from Fr **trope** (since 1554) < Lat **tropus** < Gk τρόπος 'turn'. To IE ***trep-** 'to turn'. Cf. **тро́пик**.
◇ DAUZAT 729; ФТ IV 105; **AHD** sub **trope**.

тропа́ sb.f. 'path'. Continues ORus **тропа** from Slav ***tropъ** ~ ***tropa**: Pol **trop** 'track, rut', Ukr **тропа́**, **тріп** 'track', Blr **троп** id. Identical with Alb **trap** 'ferry' < PAlb ***trapa** (VASMER **Alb. Wortforsch.** 60), Latv **trapa** 'crowd, pile'. To IE ***trep-** 'to tread'. See **трепа́ть** 'to scutch', etc.
◇ БУГА **РФВ** LXXV 150; TRAUTMANN **BSW** 329; MÜHLENBACH-ENDZELIN IV 222; ФТ IV 105; ЧЕРНЫХ **ИЭСРЯ** II 264; OREL **AED** 462.

тропа́рь sb.m. 'short hymn honouring a saint or a holiday'. Continues ORus **тропарь** id. borrowed from CSl **тропарь** id. < Gk τροπάριον 'church verse' (ФАСМЕР **Гр.-сл.** 206).
◇ ФТ IV 105.

тро́пик sb.m. 'tropic'. Borrowed at the beginning of the XVIIIth century from Eng **tropic** < Fr **tropique** (since 1546) < Late Lat. **tropicus** 'of turning', from Gk (to τρόπος 'turn'). Cf. Bulg, Ukr, Blr **тро́пик** id.
◇ DAUZAT 729; ФТ IV 105; ЧЕРНЫХ **ИЭСРЯ** II 264-265; **AHD** sub **tropic**.

трос sb.m. 'rope'. Borrowed in the XVIIth century from Du **tros** id. < Fr **trousse** id. < **trousser** 'to turn up, to tuck up' (to Lat **tortiare** id.).
◇ MEULEN 217; ФТ IV 106; THOMAS 197.

трость sb.f. 'cane'. Continues ORus **тръсть, трьсть** id. (since the XIth century) from Slav ***trъstь**: OCSl **тръсть, трьсть** κάλαμος, Bulg **тръст** 'cane, rush', SCr **tȓst** id., Slvn **trst** id., Czech **trest'** 'cane', Slvk **trst'** id., Pol **treść** 'cane, rush', Ukr **трость** 'cane'. Related to Gk θρύον 'rush', Lith **tr(i)ušis** 'cane, rush', Latv **trusis** id.
◇ SCHMIDT **Vok.** II 37; PERSSON **Beitr.** 444-445; ИЛЬИНСКИЙ **ИОРЯС** XXII/1 193; СОБОЛЕВСКИЙ **РФВ** LXIV 116; БУГА **РФВ** LXXV 151; TRAUTMANN **BSW** 330; MÜHLENBACH-ENDZELIN IV 248; ФТ IV 106; ЧЕРНЫХ **ИЭСРЯ** II 265 (here also **тростни́к** 'reed, rush, cane').

тротуа́р sb.m. 'pavement, sidewalk'. Borrowed in the late XVIIIth century from Fr **trottoir** id. (since 1680; to **trotter** 'to trot', since the XIIth century; itself borrowed from Germ, cf. **treten** 'to tread, to walk, to step'). Cf. Bulg **тротоа́р**, SCr **trotòār**, Czech **trotoár**, Pol **trotuar**, Ukr **тротуа́р**, Blr **тратуа́р** id.
◇ DAUZAT 729; ФТ IV 106; ЧЕРНЫХ **ИЭСРЯ** II 265.

трофе́й sb.m. 'trophy'. Borrowed at the beginning of the XVIIIth century from Fr **trophée** id. (since 1488, from Lat) to Gk τρόπαιον 'monument of enemy's defeat consisting of captured arms' < τρόπαιος 'of turning, of defeat'. To IE ***trep-** 'to turn'.
◇ DAUZAT 729; СМИРНОВ 296; ФТ IV 107; **AHD** sub **trophy**.

тро́шки adv. 'a bit, somewhat', dial. Borrowed from Ukr **тро́шки** id. der. from **тро́ха** id. The latter is related to Rus dial. **тро́ха** id. < Slav ***troxa**, see **по́трох** 'pluck'.
◇ MIKLOSICH **EW** 362; ФТ IV 107.

троюро́дный adj. In phrases **троюро́дный брат**, **троюро́дная сестра́** 'second cousin'. Built by analogy with **двою́родный** (FRAENKEL **ZfslPh** XIII 207). See **тро́е** 'three', **род** 'family, kin'.
◇ ФТ IV 107.

труба́ sb.f. 'pipe, tube, funnel, trumpet'. Continues ORus **труба** 'pipe, trumpet'(since the Xth - XIth century) from Slav ***trǫba**: OCSl **тржба** σάλπιγξ, Bulg **тръба́** 'pipe, tube, trumpet', Maced **труба** 'pipe', SCr **trúba** 'trumpet, bugler', Czech **trouba** 'trumpet, oven', Slvk **trúba** 'trumpet', USorb **truba** id., LSorb **tšuba** id., Pol **trąba** 'whirlwind', Ukr **труба́** 'pipe, trumpet', Blr **труба́** id. Borrowed from MLat **trumba** 'trumpet', maybe via OHG **trumba / trumpa** 'trump'.
◇ MATZENAUER 85 (of imitative origin); BRÜCKNER **SEJP** 575; KIPARSKY 267; ФТ IV 107-108; ЧЕРНЫХ **ИЭСРЯ** II 265-266; **ТСРРЯ** 554 ('end, disaster, death', coll.).

труд sb.m. 'labour, work' (adj. **тру́дн**ый 'difficult'). Continues ORus **трудъ** 'labour, work, suffering, grief' (attested since the XIth century) from Slav ***trudъ**: OCSl **троудъ** πόνος, ἀγών, Bulg **труд** 'labour, work', Maced **труд** id., SCr **trȗd** id., Slvn **trud** id., Czech **trud** id., Slvk **trud** id., Pol **trud** id., Ukr **труд** id. Related to Alb **tredh** 'to castrate' < PAlb ***treuda**, Lat **trūdō** 'to push', Gmc ***þreutanan** > Goth **us-þriutan** 'to bother, to persecute'. To IE ***tr-eu-d-** 'to squeeze, to press' (<***ter-** to rub').
◇ SCHMIDT **Vok.** I 160; UHLENBECK **PBB** XXX 321; TRAUTMANN **BSW** 326; WALDE-HOFMANN II 710; POKORNY 1095; ФТ IV 108; ЧЕРНЫХ **ИЭСРЯ** II 266; OREL **AED** 463, **HGE** 426.

труни́ть vb. 'to make fun, to mock, to ridicule' (usually **подтру́нивать**). From denom. Slav ***truniti**: SCr **trúniti** 'to soil, to make dirty' derived from ***trunъ ~ *truna**: Bulg dial. **трунъ** 'hay-dust', SCr **trȕn** 'speck of dust', Rus dial. **трун** 'rags', **труна́** 'dish of bread pieces in kvass'. The latter is related to **трави́ть** (ВАРБОТ **РР** X/6 71-75) or **тере́ть** (МЕРКУЛОВА **Этим. 1979** 14).
◇ ФТ IV 109 (to **труд**); ПЕТЛЕВА **ЭССЯ** XXIII 175.

труп sb.m. 'corpse, carcass'. Continues ORus **трупъ** 'tree trunk, corpse' from Slav ***trupъ**: OCSl **троупъ** πτῶμα, Bulg **труп** 'corpse, body', Maced **труп** id., SCr **trûp** 'body, torso', Slvn **trup** id., Czech **trup** id., Slvk **trup** id., Pol **trup** 'corpse, body', Ukr **труп** id., Blr **труп** id. Related to Lith **trupùs** 'fragile', **trupù**, **trupė́ti** 'to crumble', Latv **trupêt** 'to rot, to crumble', OPrus **trupis** 'block, log'. To IE ***trou-p(o)-** 'block, stump'.
◇ PERSSON **Beitr.** 858; HOLTHAUSEN **IF** XX 330; БУГА **РФВ** LXXV 151; TRAUTMANN **BSW** 326-327; MÜHLENBACH-ENDZELIN IV 247; ФТ IV 109 (to **струп** 'scab'); ЧЕРНЫХ **ИЭСРЯ** II 266-267.

тру́ппа sb.f. 'troupe, company'. Borrowed in 1770s from Germ **Truppe** id. An earlier masc. **труп** id. was borrowed at the beginning of the XVIIIth century from Fr **troupe** (from Gmc). Cf. Bulg **тру́па**, SCr **trûpa**, Pol, LSorb **trupa**, Ukr, Blr **тру́па** 'troupe'.
◇ СМИРНОВ 297; ФТ IV 109; ЧЕРНЫХ **ИЭСРЯ** II 267.

трус sb.m. 'coward'. Historically identical with ORus **трусъ** 'earthquake', see **труси́ть I.**
◇ БРАНДТ **РФВ** XXV 31 (to Pol **truchliwy** 'fearful, shy'); MÜHLENBACH-ENDZELIN IV 227 (to Latv **traušâtiês** 'to be afraid'); ФТ IV 109-110; ЧЕРНЫХ **ИЭСРЯ** II 267.

труси́ть I vb. 'to shake, to scatter' (dial.). From Slav ***trǫsiti**: Bulg **тръ́ся** 'to scatter', Maced **труси** 'to shake, to rock', Slvn **trositi** 'to scatter', Czech **trousiti** id., Slvk **trúsit'** id., USorb **trusyć** id., Ukr **труси́ти** id. Based on Slav ***trǫsъ**: OCSl **тржсъ** σεισμός, Bulg **тръс** id., SCr **trûs** id., Slvn **trus** id., ORus **трусъ** id., Ukr **трус** id. der. from **трясти́** 'to shake'.
◇ TRAUTMANN **BSW** 330; ФТ IV 110.

труси́ть II vb. 'to trot'. Historically identical with **труси́ть I.**
◇ ФТ IV 110; ЧЕРНЫХ **ИЭСРЯ** II 267.

тру́сить III vb. 'to be afraid, to get cold feet'. Der. from **трус** 'coward'.
трусы́ pl.t. 'shorts, underpants'. Borrowed from Fr **trousses** '(short) pants'. Cf. Ukr **труси́**, Blr **трусы́** id. Absent in other Slav languages.
◇ ТРУБАЧЕВ ФТ IV 110 (from Eng **trousers**); ЧЕРНЫХ **ИЭСРЯ** II 267 (from Fr).

трут sb.m. 'tinder'. Continues ORus **трудъ** id. from Slav ***trǫdъ**: CSl **тръдъ** id., Bulg **трът** id., Maced **трат** id., SCr **trûd** id., Slvn **trud** id., Czech **troud** id., Slvk **trúd** id. Related to Lith **trandìs** 'woodworm', **tréndu**, **trendė́ti** 'to be perforated by worms (of wood)'.
◇ BULAT **AfslPh** XXXVII 470 (to OCSl **тръдъ** δυσεντερία); BŪGA **KZ** LII 285; TRAUTMANN **BSW** 328; ФТ IV 110.

тру́тень sb.m. 'drone'. Together with Blr **тру́цень** id., der. from Slav ***trǫtъ**: CSl **троутъ** σφήξ, SCr **trût** id., Slvn **trut** id., Czech **trout** id., Slvk **trúd** id., USorb **truta** id., LSorb **tšut** id., Pol **trąd** id., Ukr **трут** id. Related to Lith **trãnas** id., Latv **trans** id. (SPECHT 222). At the same time, cf. IE ***dhrēn-**: Gk ἀνθρήνη 'wild bee', Gmc ***drēnō** ~ ***drēnaz** > OE **drán** 'drone', OS **drān** id.
◇ MÜHLENBACH-ENDZELIN IV 222; POKORNY 255; FRISK I 681-682; ФТ IV 111; OREL **HGE** 76.

труха́ sb.f. 'dust (of rotten wood), hay-dust'; trash, rubbish'. Substantivized fem. of ORus **трухъ** 'mouldering, rotten' from Slav ***truxъ**: Czech **trouch** 'woodland soil', Ukr **труха́** 'hay, straw'. Related to Lith **traušùs** 'fragile', **traũšti** 'to crumble', Latv **trusêt** 'to moulder, to rot' (ZUBATÝ **AfslPh** XVI 416; БУГА **РФВ** LXXV 151).
◇ JAGIĆ **AfslPh** II 398 (to Lith **trèšti** 'to get spoiled, to become soft'); MLADENOV **AfslPh** XXXVI 132-133 (to **труп** 'corpse'); MÜHLENBACH-ENDZELIN IV 248; ФТ IV 111; **ТСРРЯ** 555.

труха́ть vb. 'to be afraid', coll./slang. Secondary development of **трус** 'coward' (ФТ IV 112), probably influenced by **труха́** 'dust, trash'.
◇ MIKLOSICH **EW** 363 (to Pol **truchliwy** 'fearful, shy' which, however, seems to be related to **труха́**); MÜHLENBACH-ENDZELIN IV 227 (to Latv **traušâtiês** 'to be afraid'); **СРА** 476.

трущо́ба sb.f. 'slum; dial. impenetrable forest'. The current meaning developed in the middle of the XIXth century. Der. from dial. **труск** 'crackle, brushwood' < ORus **трускъ** 'crackle'. Of imitative origin.
◇ ФТ IV 110, 112; ВИНОГРАДОВ **ИС** 811-812.

трынде́ть vb. 'to babble on, to talk nonsense' (~ **транде́ть**, **тренде́ть**, **трынди́ть**), coll. Cf. dial. **транды** 'nonsense', **трандыкать** 'to strum'. Of imitative origin.

◇ **ТСРРЯ** 551 (**трендéть**).

трын-травá adv. 'of no relevance, all the same; dial. weed' (~ **трынь-травá**). The 1st component reflects an archaic ***trynь** close to Lith **trūnys** 'rot, mildew', further etymologically connected with **травá** 'grass'.
◇ ГОРЯЕВ 374 (to **тёрн**); BRÜCKNER **Fr.** 147 (**трын-** from **тын**); FRAENKEL 1132; ФТ IV 112.

трюк sb.m. 'trick'. Borrowed in 1900s from Fr **truc** id. Cf. Bulg **трук**, **трик**, SCr **trik**, Czech **trik**, Pol **trick**, **tryk**, Ukr **трюк**, Blr **трук** id.
◇ ФТ IV 112 (from Eng **trick**); ЧЕРНЫХ **ИЭСРЯ** II 267 (from Fr **truc** < Ital **trucco**).

трюм sb.m. 'hold (of a ship)' (old **рюим**). Cf. Bulg **трум**, Ukr **трюм**, Blr **трум** id. Absent in other Slav languages. Borrowed at the beginning of the XVIIIth century from Du **'t ruim** 'the room'.
◇ MEULEN 172; MATZENAUER 352-353; СМИРНОВ 268; ГОРЯЕВ 378; ФТ IV 112; ЧЕРНЫХ **ИЭСРЯ** II 267.

трюмó sb.n. 'cheval-glass, pier-glass'. Borrowed from Fr **trumeau** id.
◇ ФТ IV 112.

трю́фель sb.m. 'truffle'. Borrowed from Germ **Trüffel** id. based on Fr **truffe** id. (since 1370), to Vulgar Lat ***tūfera** < Lat **tūber** 'tuber truffle'.
◇ DAUZAT 731; ФТ IV 112; **AHD** sub **truffle**.

тря́пка sb.f. 'cloth, rag' (coll. 'weak-willed person; pl. **тря́пки** 'dresses, clothes'). Cf. Ukr **тря́пка** sb.f. 'cloth, rag'. Absent in other Slav languages. Continues late ORus **тряпъка** id. with a secondary **-я-**, der. from **трепáть** 'to scotch, to swindle', etc. (MIKLOSICH **EW** 361; ГОРЯЕВ 375).
◇ MIKLOSICH **EW** 325; СОБОЛЕВСКИЙ **ЖМНП** 1886/9 153 (to Czech **(s)třapec** 'tassel', Pol **strzępka** 'horse-tail (plant)'); БРАНДТ **РФВ** XVIII 7 (follows СОБОЛЕВСКИЙ); ФТ IV 112-113; ЧЕРНЫХ **ИЭСРЯ** II 267-268; **ТСРРЯ** 555.

трясогу́зка sb.f. 'wagtail'. Compound of **трясти́** 'to shake' and **гуз** 'buttock'.
◇ ФТ IV 113; ЧЕРНЫХ **ИЭСРЯ** II 268.

трясти́ vb. 'to shake'. Continues ORus **трясти** id. from Slav ***trę̨sti**: OCSl **трѧсти** σείειν, Bulg **тре́са** 'to shake', Maced **тресе** id., SCr **trésti** id., Slvn **tresti** id., Czech **třásti** id., Slvk **triasť** id., USorb **třasć** id. ,LSorb **tśěsć** id., Pol **trząść** id., Ukr **трясти́** id., Blr **трэсць** id. Reflects a nasal present of IE ***tres-**: Skt **trásati** 'to tremble', Av **tərəsaiti** id., Gk τρέω 'to flee from fear'.
◇ TRAUTMANN **BSW** 329-330; ФТ IV 113 (contamination of ***tres-** and ***trem-** > Lith **trimù**, **trìmti** 'to shiver'); ЧЕРНЫХ **ИЭСРЯ** II 268.

тряхну́ть vb. 'to shake'. Secondary der. of **трясти́** similar to Pol **trząchnąć** id. Cf. the same development in **труха́ть**.
◇ BRÜCKNER **KZ** XLIII 304; СОБОЛЕВСКИЙ **РФВ** LXIV 104; ФТ IV 113.

туале́т sb.m. 'dress, toilet; dressing-table; lavatory'. Borrowed in the middle of the XVIIIth century - at first, in the meaning of 'dressing-table' - from Fr **toilette** id. (dim. of **toile** 'cloth, net'). Cf. Bulg **тоале́т**, SCr **toàleta**, Czech, Pol **toaleta**, Ukr, Blr **туале́т** id.
◇ ФТ IV 113; ЧЕРНЫХ **ИЭСРЯ** II 268.

ту́ба I sb.f. 'tuba'. Borrowed from Germ **Tuba** id. To Lat **tuba** 'trumpet'. Related to **ту́ба II**.
◇ **AHD** sub **tuba**.

ту́ба II sb.f. 'tube (e.g., of tooth-paste)' (usually **тю́бик**). Cf. Bulg **ту́ба**, SCr **tȕba**, Czech **tuba** 'tube'. Adaptation of Fr **tube** 'pipe, tube' (since 1453) < Lat **tubus** id. See **тю́бик**.
◇ DAUZAT 731; ЧЕРНЫХ **ИЭСРЯ** II 276 (sub **тю́бик**).

туберкулёз sb.m. 'tuberculosis' (**туберкулоз** since 1900; cf. **туберкул(а)** 'tubercle' since mid-XIXth century). Borrowed from Fr **tuberculose** id. to Lat **tūberculum**, dim. of **tūber** 'lump'.
◇ DAUZAT 731; ЧЕРНЫХ **ИЭСРЯ** II 268-269; **AHD** sub **tuberculosis**.

туго́й adj. 'tight, taut'. From Slav ***tǫgъ(jь)**: CSl **тѫгъ** δυσκάθεκτος, Slvn **tug** 'tight, hard', Czech **tuhý** 'hard, rigid, stiff', Slvk **tuhý** id., Pol **tęgi** 'tight, hard', Ukr **туги́й** 'tight', Blr **тугі́** id. Related to Toch AB **täṅk-** 'to check, to stop', Av **θang-** 'to pull', Arm **t'anjr** 'thick' (< ***tn̥gh(j)u-**), Gmc

***þunguz** > ON **þungr** 'heavy', Lith **tingùs** 'sluggish, lazy'. To IE ***ten-gh-** < ***ten-** 'to pull, to stretch'.
◇ ZUPITZA **BB** XXV 89, **Gutt.** 181; BARTHOLOMAE 784–785; LEWY **IF** XXXII 161; ПРЕОБР. III 12–13; TRAUTMANN **BSW** 318; POKORNY 1067; FRAENKEL 1098; STANG **LS** 58; ФТ IV 114; ЧЕРНЫХ **ИЭСРЯ** II 269; HAMP **LP** XXVIII 77; HEIDERMANNS 629–630; ADAMS **TB** 290; OREL **HGE** 428–429.

тýгрик sb.m. 'tugrik, Mongolian currency' (cf. coll.pl. **тýгрики** 'money', from argot). Borrowed from Mong **tөgrөg** id.
◇ АНИКИН **Сиб.** 582; **СРА** 477.

тудá adv. 'there, thither'. Cf. also dial. **туды́** id. Continues ORus **туда, туду, туды** id. from Slav ***tǫda** ~ ***tǫdu** ~ ***tǫdy**: OCSl **тѫдоу** ἐκεῖθεν, SCr **tùdâ** 'this way', Slvn **tudaj**, **tud** id., Czech **tudy** id., USorb **tudy** 'here', LSorb **tudy**, **tud** id., Pol **tędy** id., Ukr **туди́** 'there, thither', Blr **туды́** id. Formation similar to that of **кудá** 'where'. As shown by OPrus **(i)stwendau** 'from here' (HIRT **IF** I 16; MEILLET **MSL** XX 90), **тудá** represents the pron. stem ***to-** (see **тот**) and a particle.
◇ ПРЕОБР. III 13; ФТ IV 114.

тýес sb.m. 'box or vessel made of birch bark'. Borrowed from Proto-Komi ***to̯jis** id. > Komi **tujes**, **tujis** id. der. from Uralic ***tojз** 'birch bark' (KALIMA **FUF** XVIII 39).
◇ ФТ IV 115; АНИКИН **Сиб.** 583.

тужи́ть vb. 'to grieve, to be sad'. Continues ORus **тужити** id. from Slav ***tǫžiti**: OCSl **тѫжити** ἀνιᾶσθαι, λυπεῖσθαι, Bulg **тъжá** 'to grieve, to be sad', Maced **тажи** id., SCr **túžiti** id., Slvn **tožiti** id., Czech **toužiti** id., Slvk **túžiť** id., USorb **tužić** id., LSorb **tužyś** id., Pol **tężyć** id., Ukr **тужи́ти** id. Der. from obs. **тугá** 'grief' continuing ORus **туга** 'grief, misfortune, torment' < Slav ***tǫga**: OCSl **тѫга** στενοχωρία, περίστασις, Bulg **тъгá** 'sadness, grief', Maced **тага** id., SCr **túga** 'grief, misfortune', Slvn **toga** 'laziness, depression', Czech **touha** 'sadness', Slvk **túha** id., USorb **tuha** 'depression', Pol **tęga** 'sadness', Ukr **тýга** id., Blr **тýга** id. To IE ***ten-gh-** 'to stretch'. See **тугóй** 'tight'.
◇ ФТ IV 113–115; ЧЕРНЫХ **ИЭСРЯ** II 269.

тýжиться vb. 'to exert oneself, to make an effort'. Refl. of **тýжить** 'to stretch', caus. of ***tęgti**, see **тянýть** 'to pull'. Cf. WSlav ***tǫžiti**: Czech **tužiti** 'to make hard, to make stiff', Slvk

tužit' id., USorb **tužić** id., Pol **tężyć** id., denom. of **тугóй** 'tight'.
◇ ФТ IV 115 (**тýжить**; reconstructs one source for ESlav and WSlav).

тужýрка sb.f. 'man's double-breasted jacket; dial. lady's everyday dress'. Based on Fr **toujours** 'always', **robe de toujours** 'everyday dress'. Emerges in the middle of the XIXth century. Cf. Pol **tużurek**; Bulg **тужýрка** is from Rus; absent in other Slav languages.
◇ ФТ IV 115; ЧЕРНЫХ **ИЭСРЯ** II 269.

туз sb.m. 'ace'. Attested since the early XVIIth century. Cf. Ukr, Blr **туз** id. Borrowed from Pol **tuz** id. < MHG **tūs, dūs** id. (Germ **Daus** id.) < OFr **dous** 'two' (> Eng **deuce**): originally, a 2-pip card.
◇ KORSCH **AfslPh** IX 512; MATZENAUER 358 (from Gk δύας 'group of two'); ПРЕОБР. III 13; BRÜCKNER **SEJP** 585; ФТ IV 115; ЧЕРНЫХ **ИЭСРЯ** II 269–270; **AHD** sub **deuce**.

тузéмец sb.m. 'native'. Borrowed from CSl **тоуземьць** id., compound of **ту-** (see **тут** 'here') and ***земьць**, see **земля́** 'earth, land'.
◇ ПРЕОБР. III 14; ФТ IV 115.

тузи́ть vb. 'to pommel, to punch', coll. Cf. similar forms in Pol **tuzać, tuzować** 'to beat, to scold', Ukr **тýзати, тузувáти** 'to beat', Blr **тузáць** id. Of imitative origin.
◇ MALINOWSKI **PF** V 124–125 (to Lith **tūzgénti** 'to knock'); ГОРЯЕВ 379 (to Skt **tuñjáti** 'to strike'); ПРЕОБР. III 14 (der. from **туз**); BRÜCKNER **SEJP** 585 (same as ПРЕОБР.); ФТ IV 115.

тузлýк sb.m. '(concentrated) brine'. Borrowed from Turk **tuzluk** 'salt'.
◇ MIKLOSICH **Türk.** II 180, **Nachtr.** I 60; ФТ IV 116.

туй sb.m. 'Bashkir or Tatar feast'. Borrowed from Tat **tuj** 'feast', Bashk **tuj** id., Chuv **tuj** id. See also **той**.
◇ MIKLOSICH **Türk. Nachtr.** I 56; ФТ IV 116.

тук sb.m. 'fat; pomace'. Continues ORus **тукъ** 'fat, suet, lard' from Slav ***tukъ**: CSl **тукъ** στέαρ, Bulg **тук** 'fat, suet, lard', SCr **tȕk**, **tûk** 'fat', Czech **tuk** 'fat, grease, suet', Slvk **tuk** id., USorb **tuk** 'fat, suet', LSorb **tuk** id., Pol **tuk** id., Ukr **тук** id.

Related to Gmc *__þeuxan__ > ON __þjó__ 'thigh', OHG **dioh** id., Lith pl. **taukaĩ** 'fat', **tunkù**, **tùkti** 'to fatten', Latv adj. **tàuks** 'fat' < IE ***teu-k-os** id. < ***teu-** 'to swell'. See **ту́чный** 'fat, obese'.
◊ WEINHOLD **KZ** I 247; ZUPITZA **Gutt.** 140; PERSSON **Beiträge** 554; MEILLET **Etudes** 223; ПРЕОБР. III 14; TRAUTMANN **BSW** 314; MÜHLENBACH-ENDZELIN IV 137; POKORNY 1080-1081; FRAENKEL 1066; ФТ IV 116; ЧЕРНЫХ **ИЭСРЯ** II 273-274 (sub **ту́чный**); OREL **HGE** 423.

ту́кать vb. 'to knock, to tap', coll. Cf. Czech **ťukat**, Slvk **ťukat'** id. Of imitative origin (cf. interj. **тук-ту́к** 'rat-tat', Czech **ťuk** id.).
◊ ПРЕОБР. II 407-408; ФТ IV 116.

ту́ловище sb.n. 'body, trunk, torso'. Cf. dial. **ту́ло** id. Der. from ORus **тулово** id. from ***tulovo** ~ ***tulovъ**: Pol **tułów** id.,(obs.) **tułub** id., Ukr **ту́луб** 'body', Blr **ту́луп** 'body, hide'. Influence of **тулу́п** cannot be ruled out. Further to ORus **тулъ** 'quiver' (ДАЛЬ[2] IV 441) from Slav ***tulъ**: OCSl **тоулъ** φαρέτρα, Bulg **тул** 'quiver', Slvn **tul** id., Czech **toul** id. Further related to **тыл** 'rear'(REIFF 989; ГОРЯЕВ 379).
◊ MIKLOSICH **EW** 365 (from Tkc, see **тулу́п**); MEILLET **Etudes** 420 (to Skt **tūṇa-** 'quiver' which, however, is clearly from ***tūlṇa-**, to **tolayati** 'to lift up'); ИЛЬИНСКИЙ **РФВ** LXVI 278; ПРЕОБР. III 15-16; ФТ IV 117-118; ОДИНЦОВ **Этим. 1973** 100; КУРКИНА **Этим. 1982** 22; ЧЕРНЫХ **ИЭСРЯ** II 270 (possibly to IE ***tū-l-** 'pipe').

тулумба́с sb. 'big Turkish drum'. Continues MRus **тулунбазъ** id. Borrowed from Turk **tulumbaz** id. (REIFF 984; MIKLOSICH **Türk.** II 180, **Nachtr.** I 58, **EW** 346).
◊ ПРЕОБР. III 16; TIETZE **Oriens** X/2 378-379; ФТ IV 118; АНИКИН **Сиб.** 586.

тулу́п sb.m. 'fur coat'. Attested since the XVIth - XVIIth century. Borrowed from Tkc: Tat **tolyp** 'calf skin', Kirgh **tulup** id., Cr.-Tat **tulup** 'bag made of a hide' (REIFF 984; MIKLOSICH **Türk. Nachtr.** I 58; ПРЕОБР. III 16).
◊ СОБОЛЕВСКИЙ **Лекции** 120; ФТ IV 118-119 (to Ukr **ту́луб**, see **ту́ловище** 'body, trunk, torso'); ЧЕРНЫХ **ИЭСРЯ** II 270; АНИКИН **Сиб.** 586.

тулья́ sb.f. 'crown of a hat'. Possibly derived from **тулъ** 'quiver', etc. (since the XIth century): to ***tuliti** (ПРЕОБР. III

15) > dial. **тули́ть** 'to hide', Ukr **тули́ти** 'to put onto, to press', Blr **туліць** 'to cover'. Cf. **притули́ться** 'to find room for oneself'.
◇ MATZENAUER 356 (from MHG **tülle** 'pipe'); ФТ IV 119; ЧЕРНЫХ **ИЭСРЯ** II 270; ТРУБАЧЕВ **Этим. 1991–1993** 10.

тума́к sb.m. 'blow, punch', coll. In view of dial. meaning 'cap with ear-flaps' (syn. **ша́пка**), is borrowed from Tat **tumaq** 'hat, cap'. Cf. **дать по ша́пке** 'to deal a blow'.
◇ ПОТЕБНЯ **РФВ** IV 213 (to Lith **stùmti** 'to push'); ГОРЯЕВ 380 (same as ПОТЕБНЯ); МАРКОВ **РФВ** LXXIII 102 (from Mari **tumak** 'cudgel'); ФТ IV 119 (contra ПОТЕБНЯ).

тума́н I sb.m. 'fog' (adj. **тума́нный** 'foggy, misty'). Attested since the early XVIIth century. Cf. Ukr, Blr **тума́н** 'fog, haze'. Pol **tuman** id. is from Rus. Borrowed from Tkc: Chag **tuman** 'fog, darkness', Kaz **tuman** id., Cr.-Tat **duman** id., Turk **duman** 'smoke, fog' (MIKLOSICH **EW** 365, **Türk.** I 287).
◇ ПРЕОБР. III 17; ФТ IV 119 (identical with **туман II**); ЧЕРНЫХ **ИЭСРЯ** II 270–271.

тума́н II sb.m. 'Persian golden coin; ten thousand' (obs.). Borrowed from Pers **tūmān** 'ten thousand' of Tkc origin (see **тьма II**).
◇ MIKLOSICH **EW** 365, **Türk.** II 180, **Nachtr.** I 59 (from Tkc); ФТ IV 75, 119 (same as MIKLOSICH).

ту́мба sb.f. 'curbside stone or post; pedestal' (dim. **ту́мбочка** 'bedside table'). Cf. Ukr, Blr **ту́мба** 'curbside stone or post; pedestal'. Absent in other Slav languages. Borrowed at the end of the XVIIIth century from Germ **Tumba**, **Tumben** 'gravestone' < Lat **tumba** 'tomb' (from Gk τύμβος 'burial hill, tomb').
◇ MATZENAUER 356 (from ON **þǫmb** 'bowstring'); ПРЕОБР. III 17; ФТ IV 120 (against ПРЕОБР., erroneously claiming that Germ **Tumben** has no such meaning); ЧЕРНЫХ **ИЭСРЯ** II 271; **AHD** sub **tomb**.

ту́мкать vb. 'to think', coll./slang. An emphatic nasalized variant of **ту́кать** 'to knock, to tap'.
◇ **ТСРРЯ** 556.

тунгу́с sb.m. 'Tungus, Evenk' (also **тунгу́з**). Borrowed at the beginning of the XVIIth century from Nenets dial. pl. **tuŋgus** ~ **tuŋgos** id. (ХЕЛИМСКИЙ **УА** 211; JANHUNEN **AS** 74–75).

◇ ФТ IV 120 (from Tkc **toŋguz** 'pig'); АНИКИН **ИРС** 186-187, **Сиб.** 589-590; **AHD** sub **tungus** (from Tkc ***tungus** 'pig' because many Tungusic tribes were pig breeders).

ту́ндра sb..f. 'tundra' (coll. 'backward, stupid person'). Attested since 1631. Probably borrowed from Saami **tundar** 'mountain' or, less likely, from Finn **tunturi** 'mountain without a forest' (KALIMA 227-228). Cf. Ukr, Blr **ту́ндра** 'tundra'. From Rus: Bulg **ту́ндра**, Czech, Pol **tundra** id. (also in non-Slav languages).
◇ ПРЕОБР. III 17; RÄSÄNEN **Festschr. Toivonen** 130 (from Evenk dial. **dundre** 'ground'); ФТ IV 120-121; ЧЕРНЫХ **ИЭСРЯ** II 271 (a Rus word); АНИКИН **Сиб.** 590-591 (from Lapp **tundar**); **ТСРРЯ** 556 (from Finn **tunturi**).

туне́ц sb.m. 'tuna, tunny'. Der. of dial. **тун** id. borrowed from Germ **Thun(fisch)** id. To Vulgar Lat **thunnus** id. < Gk θύννος id.
◇ MIKLOSICH **EW** 365; MATZENAUER 356, 415; ГОРЯЕВ 380; ПРЕОБР. III 17-18 (from Turk **tun** id.); ФТ IV 121; **AHD** sub **tunny**.

тунне́ль sb.m. 'tunnel' (obs. **тонне́ль**). Cf. Bulg **туне́л**, SCr **tùnēl**, Czech, Pol **tunel**, Ukr, Blr **туне́ль** id. Borrowed in the 1st half of the XIXth century from Eng **tunnel,** maybe via Fr **tunnel**. To OFr **ton(n)el** 'cask' (from MLat).
◇ ГОРЯЕВ 380; ФТ IV 77 (stress explained by the French influence), 121 (**туне́ль**); ЧЕРНЫХ **ИЭСРЯ** II 271; **AHD** sub **tunnel**.

тупе́й sb.m. 'forelock, toupee'. Borrowed from Fr **toupet** id. (ПРЕОБР. III 18). To Frankish ***topp-** 'summit' (relared to Eng **top** as well as Germ **Zopf** 'braid').
◇ DAUZAT 716; ФТ IV 121-122; **AHD** sub **toupee**.

тупо́й adj. 'blunt' (coll. 'dull, obtuse', of a person; noun **тупи́ца** 'dimwit'). Continues ORus **тупъ** id. (attested since the XVth - XVIth century) from Slav ***tǫpъ(jь)**: Serb-CSl **тѫпъ** παχύς, Bulg **тъп** 'blunt', Maced **тап** 'id., SCr **tûp** id., Slvn **top** id., Czech **tupý** id., Slvk **tupý** id., USorb **tupy** id., LSorb **tupy** id., Pol **tępy** id., Ukr **тупи́й** id., Blr **тупы́** id. Related to Toch A **tampe** 'force, ability', Gmc ***þambaz** > ON **á þamba** 'with full belly, swollen', Lith **tempiù**, **tem̃pti** 'to pull', **tampýti** id. (FICK I 443; LIDÉN **IF** XIX 362-365). Old meaning in Slav and

Gmc might have been 'swollen, thickened'. To IE ***tem-p-** < ***ten-** 'to stretch, to pull' < ***ten-** id.
◊ BRUGMANN **Grundriß** I 386 (to OHG **stumpf** 'mutilated, blunt'); MEILLET **Etudes** 239 (follows BRUGMANN); ПРЕОБР. III 18 (same as BRUGMANN); POKORNY 1065; ФТ IV 122; ЧЕРНЫХ **ИЭСРЯ** II 271-272; HEIDERMANNS 611-612; ADAMS **TB** 254; OREL **HGE** 415; **ТСРРЯ** 556-557 (here also slang **тупáк** 'dimwit', **тупáрь** id.).

тур I sb.m. 'aurochs; Caucasian goat'. Continues ORus **туръ** 'aurochs' from Slav ***turъ**: OCSl **тоуръ** ταῦρος, Slvn **tur** 'aurochs', Czech **tur** id., Slvk **tur** id., USorb **tur** id., LSorb **tur** id., Pol **tur** id., Ukr **тур** id. Related to Gk ταῦρος 'bull', Alb **ter** id. < PAlb ***taura**, Lat **taurus** id., OIr **tarb** id., Gmc ***þeuraz** > ON **þjórr** id., Lith **taũras** 'aurochs'. An IE loanword from Sem ***ṯawru-** (SCHMIDT **Urheimat** 6; ИЛЛИЧ-СВИТЫЧ **ПИЕЯ** 3).
◊ CAMARDA I 53; BRUGMANN **IF** VI 98, **Grundriß** II/1 353; PEDERSEN **Kelt. Gr.** I 63; БУГА **ИОРЯС** XVII/1 40-41; ПРЕОБР. III 18-19; TRAUTMANN **BSW** 315; WALDE-HOFMANN II 650-652; PORZIG **Gliederung** 199; POKORNY 1083; FRAENKEL 1067-1068; FRISK II 860-861; ФТ IV 122; OREL **ZfBalk** XXIII 143, **AED** 452, **HGE** 423.

тур II sb.m. 'turn (of a dance; in a game), round'. Borrowed from Fr **tour** id. See **тур III**.
◊ DAUZAT 716; ФТ IV 122.

тур III sb.m. 'tour, journey, trip'. Borrowed from Eng **tour** (to OFr **tour**, **torn** 'turn, circuit' < Lat **tornus** 'tool for drawing a circle'). Cf. **турнé** 'tour'. See also **тур II**.
◊ **AHD** sub **tour**.

турá sb.f. 'rook, castle (in chess)' (obs.; cf. **ладья́** id.). Borrowed from Fr fem. **tour** id. (**tur** since the XIIth century) < Lat **turris** 'tower' (ПРЕОБР. III 19).
◊ DAUZAT 716; ФТ IV 122.

турби́на sb.f. 'turbine'. Cf. Bulg **турби́на**, SCr **turbîna**, Czech, Pol **turbina**, Ukr, Blr **турбі̂на** id. Borrowed in the middle of the XIXth century from Germ **Turbine** id. (< Fr **tourbine** to Lat **turbō** 'a spinning thing, whirlwind'). To IE ***tu̯er-**, ***tur-** 'to turn, to whirl').
◊ ЧЕРНЫХ **ИЭСРЯ** II 272 (from West European languages); **AHD** sub **turbine**, **turbo-**.

тури́ст sb.m. 'tourist'. Cf. Bulg **тури́ст**, SCr **tùrist(a)**, Czech **turista**, Pol **turysta**, Ukr **тури́ст**, Blr **туры́ст** id. Borrowed in the 1st half of the XIXth century from Fr **touriste** id. (since 1816) < Eng **tourist**; ultimately to Fr **tourner** 'to turn'. See **тур III**, **турне́**.
◇ DAUZAT 717; ЧЕРНЫХ **ИЭСРЯ** II 272.

туре́цкий adj. 'Turkish'. Borrowed in the XVIth century from Pol **turecki** id. Cf. **ту́рок** 'Turk'.
◇ ФТ IV 123.

ту́рка sb.f. 'cezve, copper coffee-pot' (syn. **джазве́**, **дже́зва** id. < Turk **cezve** id.). Derived from **ту́рок** 'Turk'.

ту́ркать vb. 'to pester, to harass', coll. A variant of dial. **то́ркать** continuing Slav ***tъrkati**: Bulg **тъ́ркам** 'to rub, to stir', Maced **трча** 'to run, to race', SCr **tŕkati** 'to run back and forth', Slvn **trkati** 'to knock, tov push', Czech **(s)trkati** 'to push', Slvk **strkati** id., USorb **storkać** id., LSorb **starkaś** id., Ukr **торка́ти** 'to push, to touch', Blr **тарка́ць** 'to push, to shove'. Related to Lith **tur̃kti** 'to dig, to root, to nip' (БУГА **РФВ** LXXV 151; further to **турну́ть** 'to chuck out'). Cf. **ты́ркать** 'to pester, to push'
.
◇ FRAENKEL 1144; ФТ IV 83 (of imitative origin); ВАРБОТ **ОЛА 1988–1990** 167–169 (similarly to БУГА, to **турну́ть**).

туркме́н sb.m. 'Turkmen'. Continues ORus pl. **торкмени** 'a Turkic ethnos'. Borrowed from Tkc: Turk **Türkmen** 'Turkmen' (MIKLOSICH **Türk.** II 181, **Nachtr.** I 60).
◇ ФТ IV 124; **AHD** sub **Turkoman**.

ту́рма́н sb.m. 'tumbler-pigeon'. With dissimilation of nasals, borrowed from Fr **tournant** 'turning' (ГОРЯЕВ 380: from Fr **tourner** 'to turn').
◇ ПРЕОБР. III 20; ФТ IV 124 (to dial. **турлы́кать** 'to coo').

турне́ sb.n. 'tour'. Borrowed from Fr **tournée** id. (to **tourner** 'to turn' < Lat **tornāre** 'to whet'). See **тур III**, **турби́на**.

турне́пс sb.m. 'turnip, Brassica rapa'. Borrowed from Germ **Turneps** id. To Eng **tur-nepe** (1st stem unclear), MEng **nepe** < Lat **nāpus** 'rutabaga, swede'.
◇ **AHD** sub **turnip**.

турни́к sb.m. 'horizontal bar (in gymnastics)'. Back-formation of **турнике́т** 'turnstile' created in 1900s. Cf. Ukr, Blr **турні́к** id. Absent in other Slav languages.
◇ ЧЕРНЫХ **ИЭСРЯ** II 272-273.

турнике́т sb.m. 'turnstile'. Borrowed from Fr **tourniquet** 'a turning instrument' (probably to **tourner** 'to turn').
◇ ЧЕРНЫХ **ИЭСРЯ** II 272-273 (sub **турни́к**); **AHD** sub **tourniquet**.

турни́р sb.m. 'tournament'. Cf. Bulg **турни́р**, SCr **tùrnīr**, Slvn **turnir**, Ukr, Blr **турні́р** id. Borrowed in the 2nd half of the XVIIIth century from Germ **Turnier** id. To Fr **tourneier** 'to turn around (about combatants in a tournament)' < Vulgar Lat ***tornidiāre** 'to wheel, ro turn'. See **турне́**, **турни́к, турнике́т.**
◇ ПРЕОБР. III 20; ФТ IV 124; ЧЕРНЫХ **ИЭСРЯ** II 273; **AHD** sub **tourney**.

турну́ть vb. 'to chuck out', coll. From Slav ***turati ~ *turnǫti**: Bulg **туря́м** 'to put, to place', Maced **тура** id., SCr **túrati** 'to thrust', Slvn **turati** 'to push, to pull', Czech dial. **turnúť** 'to pay attention ,to look', Pol **turnąć** 'to push out', Ukr **турну́ти** id. Possibly to IE ***steu-** 'to push'.
◇ MIKLOSICH **EW** 365; ПРЕОБР. III 19-20 (from **тур I**); МЛАДЕНОВ 643 (to Lith **turě́ti** 'to have'); ФТ IV 123-124 (**тури́ть**); ОРАНСКИЙ **Этим. 1974** 168 (to Skt **turáti** 'to hurry, to press forwards'); ВАРБОТ **ОЛА 1988-1990** 167-169 (from IE ***steu-** 'to push'); **ТСРРЯ** 557.

ту́рок sb.m. 'Turk'. Continues ORus **турокъ** id. borrowed from Turk **Türk** id. (MIKLOSICH **Türk. Nachtr.** I 60).
◇ ПРЕОБР. III 20-21; ФТ IV 125.

туру́сы pl.t. 'prattle, nonsense'. Usually in **туру́сы на колёсах** id. (to **колесо́** 'wheel'). Adapted - at an unknown period - from Lat **turris** 'tower' (ТРУБАЧЕВ ФТ IV 123), in particular, 'military tower used for siege', cf., e.g., **Liv. XXXII: 17, 17.**
◇ ГОРЯЕВ 380 (to ORus **тарасъ** 'mobile siege mechanism'); ПРЕОБР. III 21 (same as ГОРЯЕВ); КИПАРСКИЙ **ВЯ** 1956/5 138 (supports ГОРЯЕВ).

турухта́н sb.m. ‘ruff, Tringa pugnax’. Borrowed from Khn **tŭlăx xăjp** id., a compound of **tŭlăx** ‘beard’ and **xăjp** ‘sandpiper’.
◇ ГОРЯЕВ 380 (from Germ **Truthahn** ‘turkey (cock)’); ПРЕОБР. III 21 (of imitative origin); ФТ IV 125 (follows ПРЕОБР.); СОЛОВАР-РАНДЫМОВА **Lur** XXXVI/4 283.

ту́склый adj. ‘dim, dull, wan’. Part. of **ту́скнуть** ‘to dim’. Based on dial. **туск** ‘fog, darkness’ < Slav ***tǫskъ**, from which SCr **nàtuštiti** ‘to be overcast’. Slav ***tǫskъ** < ***tǫk-skъ** is related to **ту́ча** ‘cloud’.
◇ MIKLOSICH **EW** 365 (to Lith **tamsùs** ‘dark’); LOEWENTHAL **WuS** IX 191 (to ON **þoka** ‘fog’); UHLENBECK **PBB** XXII 536, XXVI 294 (to OS **thiustri** ‘gloomy’); МЛАДЕНОВ **РФВ** LXVIII 387-388 (same as UHLENBECK; adduces Arm **t‘ux** ‘dark, black’); ПРЕОБР. III 21; ФТ IV 126 (agrees with UHLENBECK).

тусова́ться vb. ‘to get together’ (sb.f. **тусо́вка** ‘gathering, party, group’), coll. from slang. See **тасова́ть** ‘to shuffle (cards)’.
◇ **СРА** 479 (also **тасова́ться, тасо́вка**); **ТСМС** 221-222; **ТСРРЯ** 557-558.

тут I adv. ‘here’. Cf. also dial. **ту́та, ту́то** id. Together with Ukr **тут, ту́та** id. and Blr **ту́та** id., continues ORus **туто, туть** id. A compound with **-то** (cf. **кто** ‘who’, **что** ‘what’), cf. also Czech **tuto** ‘here’, Pol **tuta, tutaj** id. Based on ORus **ту** id. from Slav ***tu**: OCSl **тоу** ἐκεῖ, Bulg **ту-ка** id., Maced **тука** id., SCr **tû** ‘there, here’, Slvn **tu** ‘here’, Czech **tu** id., Slvk **tu** id., USorb **tu** id., LSorb **tu** id., Pol **tu** id. Further believed to be related to IE ***to-**, see **тот** (ФТ IV 126). However, a connection with Skt **tú** ‘now, but’, PAlb ***tu** > Alb **këtu** ‘here’ (BOPP **Alb.** 496-497) cannot be altogether discarded.
◇ ПРЕОБР. III 21-22.

тут II sb.m. ‘mulberry’ (also **ту́товник**; adj. **ту́товый**). Borrowed from Tkc: Turk **tut** id., Tat **tut** id. (REIFF 986; MIKLOSICH **Türk.** I 287).
◇ PETERSSON **KZ** XLVI 139; MATZENAUER 358; ПРЕОБР. III 22; ФТ IV 126-127.

туф sb.m. ‘tufa, tuff’. Borrowed from Germ **Tuff** id. < obs. Ital **tufo** id. < Lat **tōphus, tōfus** id.
◇ ПРЕОБР. III 22; ФТ IV 127; **AHD** sub **tufa, tuff**.

ту́фля sb.f. 'shoe' (~ masc. **ту́фель**). Cf. Ukr, Blr **ту́фля** id. Absent in other Slav languages. Borrowed in 1710s from LGerm **tuffel** id. (cf. Du **toffel** 'slipper'), decomposition of **pantuffel** id. < Ital **pantófola** 'slipper'. Further unclear.
◇ CHRISTIANI 49; MATZENAUER 355; VASMER **RS** III 255; ПРЕОБР. II 13; ФТ IV 127; ЧЕРНЫХ **ИЭСРЯ** II 273.

туфта́ sb.f. 'falsified evidence of work, falsehood; chatter' (~ **тухта́**), coll. Identical with dial. **тохта́** 'tree with a rotten core; dust caused by grinding'. The latter is borrowed from Finn **tohka** 'paraphernalia, rubbish, garbage', cf. also **tohko** 'rotten wood' (ВОСТРИКОВ **ЭИ 1981** 37).
◇ ГОРЯЧЕВА **Этимология 1982** 168; АНИКИН **Сиб.** 596; **ТСРРЯ** 557-558 (here also **туфто́вый** 'forged', **туфти́ть** 'to talk nonsense, to deceive', coll.).

ту́хнуть I vb. 'to go bad (of food)' (usually perf. **проту́хнуть**). From Slav ***tǫxnǫti**: Slvn **otohniti** id., Czech **tuchnouti** id., USorb **tuchnyć** id., Pol **tęchnąć** id. A secondary variant of **ту́скнуть** 'to dim', see **ту́склый** 'dim'.
◇ ПРЕОБР. III 23-24 (identical with **ту́хнуть II**); JAKOBSON **IJSLP** I-II 273 (to **ту́ша**); ФТ IV 128 (reconstructs ***tǫxnǫti** < ***tuxnǫti**, further to **за́тхлый** 'stale'); **ТСРРЯ** 557 (adj. **ту́хлый** 'having no prospects, hopeless'; noun **тухля́к** 'something boring').

ту́хнуть II vb. 'to go out, to die out (of fire)'. From Slav ***tuxnǫti**: CSl **потухнѫти** 'to stop, to put out, to extinguish (fire)', Slvn **tuhniti** 'to go out, to die out (of fire)', Czech **utuchnouti** id., Ukr **ту́хнути** 'to go out (of a swelling)'. Related to Skt **túṣyati** 'to become calm', Av **tušna-** 'calm', MIr **tó** 'quiet, silent' < ***tauso-**, OPrus **tusnan** 'quiet, calm' (FICK I 222; ZUBATÝ **BB** XXV 101). See **туши́ть I**.
◇ PEDERSEN **Kelt. Gr.** I 55; БРАНДТ **РФВ** XXV 30 (to Lith **tamsà** 'darkness'); ENDZELIN **KZ** XLIV 68; TRAUTMANN **BSW** 332-333; ФТ IV 128; ЧЕРНЫХ **ИЭСРЯ** II 273.

ту́ча sb.f. 'cloud'. Continues ORus **туча** 'cloud, thunderstorm, rain' (since the XIth century) from Slav ***tǫča**: OCSl **тѫча** νιφετός, SCr **tȕča** 'hail', Slvn **toča** id., LSorb **tuca** 'rainbow', Pol **tęcza** id., Ukr **ту́ча** 'thunderstorm'. Related to Skt **tanákti** 'to cause coagulation', Av **taxma-** 'strong, firm', OIr **co-técim** 'to coagulate', Gmc ***þenxtaz** > ON **þéttr** 'tight, heavy', MHG **dīchte** 'thick', ***þenxanan** > Goth **þeihan** 'to succeed, to make progress, to thrive', OHG **dīhan** 'to

become powerful, to grow', Lith **tánkus** 'thick', Lith **tenkù**, **tèkti** 'to hold out, to suffice, to reach'. To IE ***tenk-** 'to become firm, to curdle, to thicken'.
◇ BARTHOLOMAE 626-627; ZUPITZA **Gutt.** 140; MEILLET **Etudes** 399; ПРЕОБР. III 24; TRIER **Lehm** 16-23; BENVENISTE **Word** XIX 253-254; MAYRHOFER I 473; POKORNY 1068; FRAENKEL 1056, 1077; ФТ IV 129; ЧЕРНЫХ **ИЭСРЯ** II 273; OREL **HGE** 421.

ту́чный adj. 'fat, obese (of man); fertile (of land)'. Der. from **тук** 'fat' (noun), to IE ***teu-k-** 'fat; to swell'. See **тук**.
◇ ФТ IV 129; ЧЕРНЫХ **ИЭСРЯ** II 273-274.

туш sb.m. 'flourish (in music)'. Borrowed in the 1st half of the XIXth century from Germ **Tusch** id.
◇ ФТ IV 129; ЧЕРНЫХ **ИЭСРЯ** II 274.

ту́ша sb.f. 'carcass'. Cf. also Ukr **ту́ша** id. and Blr **ту́ша** id. Der. from Slav ***tyti** 'to grow stout' (see **тыл** 'rear'), cf. **кры́ша** 'roof' < **крыть** 'to cover' (ГОРЯЕВ 381; ПРЕОБР. III 24).
◇ JAKOBSON **IJSLP** I-II 273 (to **ту́хнуть II**); ФТ IV 129; ЧЕРНЫХ **ИЭСРЯ** II 274 (possibly borrowed from Tkc languages).

туше́ sb.n. 'touch; touché'. Borrowed from Fr **touché**, part. of **toucher** 'to touch'.

тушева́ться vb. 'to become flustered' (coll.; usually perf. **стушева́ться**). See **тушь**.
◇ **ТСРРЯ** 558.

туши́ть I vb. 'to put out, to extinguish (fire)'. From Slav ***tušiti**: Slvn **potušiti** id., Pol **potuszyć** 'to encourage', Ukr **туши́ти** 'to put out, to extinguish (fire)', Blr **тушыць** id. Related to Lith **tausýtis** 'to subside', OPrus **tusnan** 'quiet, calm'. To IE ***taus-** 'quiet, satisfied'. See **ту́хнуть II**.
◇ ЧЕРНЫХ **ИЭСРЯ** II 273 (sub **ту́хнуть II**).

туши́ть II vb. 'to stew, to braise'. Historically identical with **туши́ть I**.

тушка́нчик sb.m. 'jerboa'. Dim. of dial. **тушка́н** 'hare' borrowed from Tkc: Uygh **tošqan**, **tušqan** 'hare', Uzb **tošqan** id. (REIFF 986; ПРЕОБР. III 24).

◇ ФТ IV 129; АНИКИН **Сиб.** 596.

тушь sb.f. 'Indian ink, mascara' (vb. **тушевáть** 'to shade'). Borrowed from Fr **touche** id. (ПРЕОБР. III 24). Cf. Germ **Tusche** id.
◇ ФТ IV 129.

тýя sb.f. 'thuja, a coniferous tree'. Borrowed from Germ **Thuja** id.

тщáтельный adj. 'thorough, painstaking'. Der. from ***тъштáтель**, nom. auctoris of OCSl **тъштати сѧ** σπεύδειν. Slav root ***tъsk-** 'tight' (< IE ***teus-** '(to) empty' + suff. *-**sk-**). Further see **тщетá** 'vanity, futility', **тоскá** 'depression'.
◇ ФТ IV 129-130; ЧЕРНЫХ **ИЭСРЯ** II 274.

тщетá sb.f. 'vanity, futility'. Borrowed from OCSl **тъштета** ζημία. See **тоскá** 'depression', etc.
◇ ФТ IV 130; ЛЬВОВ **Этим. 1974** 79-80; ЧЕРНЫХ **ИЭСРЯ** II 274.

ты pron. 'thou'. Continues ORus **ты** id. from Slav ***ty**: OCSl **ты** σύ, Bulg **ти** 'thou', Maced **ти** id., SCr **tî** id., Slvn **ti** id., Czech **ty** id., Slvk **ty** id., USorb **ty** id., LSorb **ty** id., Pol **ty** id., Ukr **ти** id., Blr **ты** id. Related to Toch A **tu**, B **tuwe** id., Skt **tvám** id., Av **tvə̄m** id., Arm **du** id., Alb **ti** id., Gk σύ id., Lat **tū** id., OIr **tú** id., Goth **þu** id., Lith **tù** id.. Gen.-acc. **тебя́** continues ORus **тебе** from Slav ***tebe**: OCSl **тебе**, SCr **tèbe**, Slvn **tebe**, Czech **tebe**, USorb **tebje**, Pol **ciebie**, Ukr **тебé**, Blr **цябé**. This form is a transformation of gen. ***teu̯e**: Skt **tava**, Av **tava**, Lith **tavę̃s**. The old form of acc. was **тя** < ***tę** identical with OPrus **tien** id. Dat.-loc. **тебé** continues ORus **тобѣ** from Slav ***tebě**: OCSl **тебѣ**, Bulg **тéбе**, Maced **тебе**, SCr **tèbi**, Slvn **tebi**, Czech **tobě**, Slvk **tebe**, USorb **tebi**, LSorb **teb'e**, Pol **tobie**, Ukr **тобí**, Blr **табé** related to Skt dat. **túbhyam**, Av dat. **taibyā**, Lat **tibī**, OPrus **tebbei**.
◇ BARTHOLOMAE 660-662; BRUGMANN **Grundriß** II/2 383, 388, 415; ПРЕОБР. III 25-26; TRAUTMANN **BSW** 315; WALDE-HOFMANN II 712; MAYRHOFER I 538-539; POKORNY 1097; FRAENKEL 1133-1134; VENDRYES T-155-157; FRISK II 817; ФТ IV 34-35, 130; ЧЕРНЫХ **ИЭСРЯ** II 274-275; OREL **AED** 455-456, **HGE** 428; ADAMS **TB** 302; БУРЛАК **ИФТЯ** 245.

ты́кать I vb. 'to poke'. From Slav ***tykati**: CSl **тыкати** 'to prick', Bulg **ти́кам** 'to shove', Slvn **tikati** 'to touch', Czech

týkati se 'to apply to, to bear on', Slvk **týkat' se** id., USorb **tykać** 'to poke, to shove', LSorb **tykaś** id., Pol **tykać się** 'to touch', Ukr **ти́кати** 'to poke'. Iter. of **ткнуть.** Cf. a close formation in Latv **tũkât** 'to knead'. To IE ***(s)teu-k-** 'to push, to hit'.
◇ TRAUTMANN **BSW** 331; MÜHLENBACH-ENDZELIN III 278; ФТ IV 130; ЧЕРНЫХ **ИЭСРЯ** II 275.

ты́кать II vb. 'to use 2 sg. forms in addressing a person'. From Slav ***tykati**: Czech **tykati** id., Slvk **tykat'** id., Pol **tykać** id., Ukr **ти́кати** id., Blr **ты́каць** id. Der. from **ты** 'you (sg.) / thou'.
◇ ФТ IV 130.

ты́ква sb.f. 'gourd, pumpkin' (coll./slang 'head'). Continues ORus **тыкы** id. (since the XIth century) from Slav ***tyky**, gen. sg. ***tykъve**: Bulg **ти́ква** id., Maced **тиква** id., SCr **tȉkva** id. ,Slvn **tikva** id., Czech **tykev** id., Pol **tykwa** id., Ukr **ти́ква** id. Most probably, borrowed from one of the languages of the ancient Balkans for which ***þūkū-** can be reconstructed; from here also Gk σίκυος 'cucumber, gourd', σίκυα 'melon' (KRETSCHMER **Glotta** XXVI 57, **KZ** XXXI 335; ГИНДИН **ЭИРЯ II** 82-89, **Этим. 1964** 136-137).
◇ BRUGMANN **IF** XXXIX 141-142 (to ***tyti** 'to grow stout', see **тыл** 'rear', **тук** 'fat'); СОБОЛЕВСКИЙ **РФВ** XIII 144 (same as BRUGMANN); ПРЕОБР. III 26; ИЛЛИЧ-СВИТЫЧ **ЭИРЯ I** 21-24 (der. from **ты́кать I**); ФТ IV 131-132; ЧЕРНЫХ **ИЭСРЯ** II 275; **ТСРРЯ** 559-560.

тыл sb.m. 'rear'. Continues ORus **тылъ** 'back of the head, nape; rear' (since the XIth century) from Slav ***tylъ**: Serb-CSl **тылъ** αὐχήν, Bulg **тил** 'back of the head, nape', Maced **тил** id., Slvn **til** id., Czech **týl** id., Slvk **tylo** id., USorb **tył** id., LSorb **tył** id., Pol **tył** 'back', Ukr **тил** 'rear'. Related to **ту́ловище** (КУРКИНА **Этим. 1982** 23). Further connected with Gk τύλος 'knot, callus', Alb **tul** 'meat, flesh, pulp' < PAlb ***tula** (CAMARDA I 131; OREL **ZfBalk** XXIII 147). To IE stem ***tu-el-** 'swelling'. Those forms are usually believed to be connected with Slav ORus **тыти** 'to grow stout' < Slav ***tyti**: Rus-CSl **тыти** πιαίνεσθαι, SCr **tȉti** 'to grow stout', Czech **týti** id., Slvk **tyt'** id., USorb **tyć** id., LSorb **tyś** id., Pol **tyć** id., Ukr **ти́ти** id., Blr **тыць** id. To IE root ***teu(ə)-** 'to swell'.
◇ PEDERSEN **KZ** XXXIII 535, 543; ZUBATÝ **AfslPh** XVI 417; MEILLET **Etudes** 420; ПРЕОБР. III 26-27; TRAUTMANN **BSW**

331; POKORNY 1081; FRISK II 942; ФТ IV 131, 133; ЧЕРНЫХ **ИЭСРЯ** II 275; OREL **AED** 468.

тын sb.m. 'paling'. Continues ORus **тынъ** 'fence, wall' from Slav ***tynъ**: Serb-CSl **тынъ** τοῖχος, SCr **tȉn** 'partition', Slvn **tin** 'wall', Czech **týn** 'fence', Pol **tyn** id., Ukr **тин** 'paling, fence', fem. **тынь** id. Borrowed from Gmc ***tūnan** ~ ***tūnaz** > ON **tún** 'hedged plot, enclosure', OE **tún** 'enclosure, court, yard', OHG **zūn** 'fence' (< ***tūniz**) (MIKLOSICH **EW** 370; UHLENBECK **AfslPh** XLII 275-276), itself from Celtic, cf. OIr **dún** 'castle'.
◇ ПРЕОБР. III 27; STENDER-PETERSEN 253-254; KIPARSKY 189-190; ФТ IV 132; МАРТЫНОВ **ЯПВ** 31-34 (Gmc < Slav); OREL **HGE** 413.

ты́рить vb. 'to steal; to hide', coll./slang. Possibly related to **ты́р(к)нуть** 'to stick, to slip', Ukr **ти́рити** 'to thrust, to drag', etc.
◇ КИПАРСКИЙ **Сб. Бернштейн** 418 (to **твори́ть**); ВАРБОТ **ОЛА 1988-1990** 167-169; **ТСРРЯ** 559.

ты́ркать vb. 'to pester, to push', coll. See **ту́ркать** 'to pester, to harass'.
◇ ФТ IV 132; **ТСРРЯ** 559.

ты́сяча num., sb.f. 'thousand'. Continues ORus **тысяча** id. (attested since the XIth century) from Slav ***tysętja** ~ ***tysętjь** ~ ***tysǫtja**: OCSl **тысѫшти** χίλιοι, Rus-CSl **тысѧща** 'thousand', Bulg **ти́сеща** id., SCr dial. **tȉsuća** id., Slvn **tisoča** id., Czech **tisíc** id., Slvk **tisíc** id., USorb **tysac** id., Pol **tysiąc** id., Ukr **ти́сяча** id. Related to Gmc ***þūsundī** > Goth **þusundi** id., ON **þúsund** 'host, large number, thousand', OHG **dūsunt** 'thousand', Lith **túkštantis** id., Latv **tũkstuotis** id., OPrus **tūsimonts** id. Believed to continue IE ***tūs-ḱm̥ti-**, cf. Slav ***tyti** (see **тыл**) and **сто**; the resulting meaning is 'strong hundred' vel sim. (BRUGMANN **Grundriß** II/2 48; MEILLET **MSL** XIV 372).
◇ HIRT **IF** VI 344-346 (Slav < Gmc); BUGGE **PBB** XIII 327; СОБОЛЕВСКИЙ **РФВ** XIII 144 (Gmc < Slav); ПРЕОБР. III 27-29; TRAUTMANN **BSW** 332; MÜHLENBACH-ENDZELIN III 279; VAILLANT **RES** XXIV 184 (from Gmc); PORZIG **Gliederung** 142; POKORNY 1083; FRAENKEL 1135-1136; ФТ IV 133; ЧЕРНЫХ **ИЭСРЯ** II 275-276; STANG **LS** 59; PIJNENBURG **KZ** CII 99-105 (reconstructs ***tūt-sn̥t-ī**); BAMMESBERGER **Nom.** 215 (from IE ***tū-s-n̥t-**); ROSS-BERNS **Numerals** 621; OREL **HGE** 431.

тьмá I sb.f. 'darkness' (cf. adj. **тёмный** 'dark', adv. **впотьмáх** 'in the dark'). Continues ORus **тьма** id. (since the XIth century) from Slav ***tьma**: OCSl **тьма** σκότος, Bulg **тма** 'darkness', SCr **táma** 'darkness, fog', Slvn **tema** 'darkness', Czech **tma** id., Slvk **tma** id., USorb **ćma** id., LSorb **śma** id., Pol **ćma** id., Ukr **тьма** id., Blr **цьма** id. Related to Skt **táma-** 'darkness', neut. **támas-** id., Av **təmah-** id., Lat **tenebrae** id. (< ***temesr-**), OIr **temel** id., Gmc ***þemstraz** (from ***teməsro-**) > MDu **demster** 'dark, gloomy', OHG **dinstar** id. Lith **témsta, témti** 'to become dark', Latv **tima** 'darkness', **timt** 'to become dark'. To IE ***tem(ə)-** 'dark'.
◇ BARTHOLOMAE 650; WEIHE **PBB** XXX 56; SCHULZE **Kl. Schr.** 126-127; TRAUTMANN **BSW** 322-323; WALDE-HOFMANN II 664; MAYRHOFER I 479; POKORNY 1063-1064; FRAENKEL 1080; ФТ IV 133-134; ЧЕРНЫХ **ИЭСРЯ** II 276; SZEMERÉNYI **IBK** XV 200; OREL **HGE** 420.

тьмá II sb.f. 'thousands, multitude, ten thousand'. Continues ORus **тьма** 'ten thousand' from Slav ***tьma**: OCSl **тьма** μυριάς, OPol **ćma** 'ten thousand', Ukr **тьма** 'multitude, ten thousand', Blr **цьма** id. Calque of Tkc ***tümen** 'ten thousand' ~ 'darkness' (MIKLOSICH **EW** 349; MEILLET **BSL** XXIII/2 114) strengthened by the phonetic similarity of the latter and Slav ***tьma**.
◇ BRÜCKNER **SEJP** 66; ФТ IV 134.

тьмутаракáнь sb.f. 'god-forsaken place'. Metaphoric usage of ORus pln. **Тъмуторокань**, modern **Тамáнь**, poss. based on Tkc **taman tarqan** 'a kind of Turkic dignitary'. The modern usage is supported by folk-etymological associations with **тьма** 'darkness' and **таракáн** 'cockroach'.
◇ MENGES **ZfslPh** XXIX 128-130; VERNADSKY **Festschr. Jakobson** 589-591; ФТ IV 65-66, 134.

тьфу interj. 'fie, pah, pshaw'. Possibly borrowed from Germ **pfui** id.
◇ ФТ IV 134 (of imitative origin).

тюбетéйка sb.f. 'Central Asian and Tatar skull-cap' (old **чибитейка**). Borrowed in the middle of the XIXth century from Tat **tybətəj** 'skull-cap' (**tybə** 'top'). Cf. Ukr **тюбетéйка**, Blr **цюбецéйка** id. Czech **t'ubetějka** id. is from Rus.
◇ ФТ IV 134; ТРУБАЧЕВ ФТ IV 55; ЧЕРНЫХ **ИЭСРЯ** II 276.

тю́бик sb.m. '(small) tube (of paint or toothpaste)'. Cf. Ukr **тю́бик**, Blr **цю́бик** id. Dim. of **ту́ба** based on Fr **tube** (since 1453; to Lat **tubus** 'pipe'). Created in 1920s. See **ту́ба** 'tube'.
◇ DAUZAT 731; ЧЕРНЫХ **ИЭСРЯ** II 276.

тюк sb.m. 'package, bale'. Cf. Ukr **тюк**, Blr **цюк** id. Absent in other Slav languages. An early XVIth-century borrowing from Du **tuig** 'gear, tackle, rig' (ГОРЯЕВ 382; ПРЕОБР. III 29).
◇ ФТ IV 134; MENGES **Festschr. Čyževśkyj** 183–183 (from Tkc ***tük** 'pile'); THOMAS 197; ЧЕРНЫХ **ИЭСРЯ** II 276.

тю́кать vb. 'to knock', coll. Of imitative origin (ГОРЯЕВ 382; ПРЕОБР. III 29–30). Cf. **ту́кать.**
◇ ФТ IV 135; ЧЕРНЫХ **ИЭСРЯ** II 276 (sub **тюк** 'package, bale').

тюле́нь sb.m. 'seal'. Cf. Ukr **тюле́нь**, Blr **цюле́нь** id. (in other Slav languages from Rus). Borrowed at the beginning of the XVIIIth century from Saami dial. **tul'l'a** 'a kind of seal' (МИККОЛА **РФВ** XLVIII 279; MIKKOLA **FUFAnz.** V 45; KALIMA **FUFAnz.** XXIII 252).
◇ ГОРЯЕВ 382 (to **телёнок** 'calf'); ИЛЬИНСКИЙ **РФВ** LXVI 278 (to **ту́ловище** 'trunk, torso'); ПРЕОБР. III 30 (influenced by **оле́нь** 'deer'); ФТ IV 135; ЧЕРНЫХ **ИЭСРЯ** II 276–277 (not a borrowing).

тюль sb.m. 'tulle, curtain lace' (adj **тю́левый**). Cf. Bulg **тюл**, SCr **til**, **tûl** [semicircle], Czech **tyl**, Pol **tiul**, Ukr **тюль**, Blr **цюль** id. Borrowed at the beginning of the XIXth century via Germ **Tüll** id. or directly from Fr **tulle** (since the end of the XVIIIth century, to pln. **Tulle**).
◇ DAUZAT 732; ПРЕОБР. III 30; ФТ IV 135; ЧЕРНЫХ **ИЭСРЯ** II 277.

тю́лька sb.f. 'sardelle'. Cf. dial. **тю́лька** 'wooden block, stump'. Unclear.
◇ ТРУБАЧЕВ ФТ IV 135 (a phonetic variant of **ки́лька**).

тюльпа́н sb.m. 'tulip'. Cf. Slvn **tulipan**, Czech **tulipán**, **tulip(a)**, Slvk **tulipán**, Pol **tulipa** id. Borrowed in 1730s – originally, as **тулипан** – from Fr obs. **tulipan** id. (since 1600) < Turk **tülbent** 'cheesecloth, muslin, turban'.
◇ DAUZAT 732 (sub **tulipe**); MIKLOSICH **Türk.** I 287, II 181, **EW** 365; ФТ IV 136; ЧЕРНЫХ **ИЭСРЯ** II 277.

тюрба́н sb.m. 'turban'. Borrowed from Fr **turban** (since 1538) < **tolliban** (1490) < Turk **tülbent** 'cheesecloth, muslin, turban'.
◇ DAUZAT 732; MIKLOSICH **Türk.** I 287, **EW** 364–365; ПРЕОБР. III 30; ФТ IV 136.

тюрбо́ sb.n. 'turbot'. Borrowed from Fr **turbot** (since the XIVth century, to **tourbout** since the XIIth century), possibly to OSwed **törn-but** ('thorn' + 'flat-fish').
◇ DAUZAT 732; **AHD** sub **turbot**.

тюрк sb.m. 'Turk, one of Turkic ethnoses'. Borrowed from Fr **turc** 'Turk' (attested in Fr since the late XIIIth century) < MLat **turcus** id. < Tkc ***türk**.
◇ DAUZAT 732; ПРЕОБР. III 21; ФТ IV 137; **AHD** sub **Turk**.

тюрлюрлю́ sb.m. 'a kind of woman's attire'. Adaptation of Eng **tirlie-whirlie** 'whirled figure, ornament, or pattern; whirligig'.
◇ ФТ IV 137 ("unclear").

тюрьма́ sb.f. 'gaol, prison' (adj. **тюре́мный**). Continues ORus **тюрма** id. (old also **турма**; attested since the late XVIth – early XVIIth century). If Ukr **тюрма́** id., Blr **турма́** id. and Pol **turma** id. come from Rus, the source is OTkc ***türmä** id., cf. Tat **törmä** id., Alt **türmö** id., Kirgh **türmö** id. (RÄSÄNEN **ZfslPh** XX 447).
◇ MIKLOSICH **EW** 585 (via Pol **turma** from MHG **turm** 'tower'); CHRISTIANI 50 (same as MIKLOSICH); BRÜCKNER **KZ** XLV 39 (follows MIKLOSICH); ПРЕОР. III 30–31; UNBEGAUN 260; MENGES **Language** XX 69; ФТ IV 137; ЧЕРНЫХ **ИЭСРЯ** II 277–278.

тю́ря sb.f. 'small pieces of bread moistened with kvas, vodka or other liquid'. DOBRODOMOV explains this word as a borrowing from Tkc ***tür** < ***tüjür** 'crumb', cf. Nog **tüjir**, Bashk **təjər** (ДОБРОДОМОВ **Этим. 1982** 115–118). Others regard **тю́ря** as a borrowing from Baltic: to Lith **tỹrė** 'porridge' (cf. ТРУБАЧЕВ ФТ IV 137).
◇ ГОРЯЕВ 383 (to **тере́ть**); ПРЕОБР. III 31 (from Lith **týras**, **tỹrė** 'porridge, gruel'); ТРУБАЧЕВ **Slavia** XXIX/1 28 (same as ПРЕОБР.); ЛАУЧЮТЕ **Балт.** 57 (follows ПРЕОБР. and adduces also Latv **ķura** 'soup with bread crusts' which, however, is from Blr **цю́ра** < Rus **тю́ря**); АБАЕВ III 319 (from EIran, cf.

Osset **turæ** ~ **tura** 'fat meat soup'); ФТ IV 137 (ascribes to ПРЕОБР. a comparison with Gk τυρός 'cheese').

тю́телька sb.f. Mainly in **тю́телька в тю́тельку** 'precisely'. Cf. also dial. **тю́тинка в тю́тинку** id., **тю́тя в тю́тю** id. Derived from dial. **тю́тя** 'strike'.
◇ МОКИЕНКО **РР** XVI/6 109–112.

тютю́ interj. 'it's gone!', coll. Of imitative origin.
◇ ФТ IV 138; **ТСРРЯ** 557–558.

тютю́н sb.m. 'shag (tobacco)'. Borrowed – via Ukr **тютю́н** 'tobacco' – from Tkc: Turk **tütün** id., Cr.-Tat **tütün** id.
◇ MIKLOSICH **Türk.** II 181; ПРЕОБР. III 31; ФТ IV 138.

тюфя́к sb.m. 'mattress' (coll. also 'milksop'). Borrowed from Tkc: Tat **tüšäk** 'feather-bed', Cr.-Tat **töšäk** id. (MIKLOSICH **Türk.** I 288, **Nachtr.** I 56).
◇ KORSCH **AfslPh** IX 499, 674; VASMER **RS** III 266; ДМИТРИЕВ **ЛС** III 33; ФТ IV 138; АНИКИН **Сиб.** 601; **ТСРРЯ** 560.

тя́вкать vb. 'to yap, to yelp'. Based on interj. **тяв(-тя́в)** ~ **тяф(-тя́ф)** imitating dog's barking.
◇ ПРЕОБР. III 31–32; ФТ IV 139.

тя́га vb. 'pulling (power), draft'. Cf. Ukr **тя́га**, Blr **цяга** id. Continues Slav ***tęg-** < IE ***ten-gh-** 'to stretch, to pull'. See **тяга́ть, тяну́ть** 'to pull'.
◇ ФТ IV 139–140; ЧЕРНЫХ **ИЭСРЯ** II 278.

тяга́ть vb. 'to pull; (coll.) to take to court'. Continues ORus **тягати** 'to pull' from Slav ***tęgati**: Czech **tahati** id., USorb **ćahać** id., LSorb **sěgaś** id., Ukr **тяга́ти** id., Blr **цяга́ць** id. To IE ***ten-gh-** 'to stretch, to pull'. See **тя́га** 'pulling (power)', **тяну́ть** 'to pull'.
◇ ФТ IV 139–140.

тяготе́ние sb.n. 'gravitation; leaning'. Originally a learned calque of the early XIXth century based on Lat **gravitatio** 'gravitation', Fr **gravitation** id. Formed from **тяготе́ть** 'to gravitate', see **тяжёлый, тя́жкий** 'heavy'.
◇ ВИНОГРАДОВ **ИС** 689.

тя́жкий adj. 'grave; heavy'. From Slav ***tęžьkъ(jь)**: OCSl **тѧжькъ** βαρύς, Bulg **те́жък** 'heavy', Maced **тежок** id., SCr **téžak** id., Slvn **težek** id., Czech **těžký** id., Slvk **t'ažký** id., USorb **ćežki** id., Pol **ciężki** id., Ukr **тяжки́й** id., Blr **ця́жкі** id. Taking into account the model of **сла́дкий** 'sweet', one might expect an earlier ***tęgъkъ(jь)** (TRAUTMANN **BSW** 318: influenced by comp.). To IE ***ten-gh-** 'to stretch, to pull'. Related to **туго́й** 'tight', **тяну́ть** 'to pull'.
◇ ZUPITZA **Gutt.** 181; MEILLET **Etudes** 327; БУГА **РФВ** LXXV 151; ФТ IV 140; ЧЕРНЫХ **ИЭСРЯ** II 278 (sub **тяжёлый**).

тяжёлый adj. 'heavy, difficult' < ORus **тяжелъ, тяжелый** 'heavy' (since 1330). A Rus innovation replacing **тя́жкий** id.
◇ ФТ IV 140; ЧЕРНЫХ **ИЭСРЯ** II 278.

тяну́ть vb. 'to pull'. From Slav ***tęgnǫti** (root ***tęg-**): Bulg **те́гна** 'to weigh', Maced **тегне** 'to draw', SCr **natégnuti** 'to stretch', Slvn **tegniti se** 'to stretch (intrans.)', Czech **táhnouti** 'to pull', Slvk **tiahnut'** id., USorb **ćahnyć** id., LSorb **sěgnuś** id., Pol **ciągnąć** id., Blr **цягну́ць** id. Based on ***tęgti** > CSl **растѧшти** distrahere, Ukr **тягти́** 'to pull'. Further see **туго́й** 'tight, taut'. To IE ***ten-gh-** 'to stretch, to pull' < ***ten-** id. Cf. **тяга́ть** 'to pull', **тяжёлый** 'heavy'.
◇ ПРЕОБР. III 32-34; ФТ IV 139-140; ЧЕРНЫХ **ИЭСРЯ** II 278; **ТСРРЯ** 561 (coll. 'to drink slowly, to smoke; to understand well, to fit; to imitate').

тя́пать vb. 'to hit, to chop, to bite', coll. Based on interj. **тяп** of imitative origin (ПРЕОБР. III 34), cf. coll. adv. **тяп-ляп** 'negligently, in a slipshod way'.
◇ ГОРЯЕВ 384 (to dial., obs. **тепти́** 'to beat'); ФТ IV 141; **ТСРРЯ** 561 (here also **тя́пать, тя́пнуть** 'drink alcohol', coll.).

тя́тя sb.m. 'daddy, father'. An affected palatalization (Rus only) of dial. **тата** id. < Slav ***tata**: Bulg **та́то** id. (voc.), Maced **тато** id., SCr **tàta** id., Slvn **tata** id., Czech **táta** id., Slvk **tata** id., USorb **tata** id., LSorb **tata** id., Pol **tata** id., Ukr **та́то**, Blr **та́та** id. Of imitative origin. Cf. also **тётя** 'aunt'.
◇ ПРЕОБР. III 35; ФТ IV 26, 141; ЧЕРНЫХ **ИЭСРЯ** II 278-279.

У

убеди́ть vb. 'to persuade'. Borrowed from CSl **оубѣдити** ἀναγκάζειν also meaning 'to persuade' in South Slavic texts. Further see **беда́**.
◇ ЛЯПУНОВ **ИОРЯС** XXXI 37-38; ФТ IV 143; ВИНОГРАДОВ **ИС** 691-696.

ублю́док sb.m. 'bastard'. Instead of the expected ***ублудок** < ***u-blǫd-ъkъ** with the contamination of the ablaut grades attested in **блуд** and **блядь** (ТРУБАЧЕВ **Этим. 1964** 9).

убо́гий adj. 'very poor, miserable, meagre, disabled, maimed'. Cf. also Rus dial. **небо́г** 'orphan, invalid' < ORus **небогъ** 'poor, miserable'.
◇ ТРУБАЧЕВ **ЭССЯ** XXIV 104-105; ЧЕРНЫХ **ИЭСРЯ** II 280

уве́чье sb.n. 'mutilation, maiming'. To **век** (ФТ I 286).

у́гол sb.m. 'corner, angle'. Structurally similar to Lat **angulus** 'angle' and Gmc ***ankalaz** ~ ***ank(u)lō(n)** > ON **ǫkkla** 'ankle', OHG **ankala** id.
◇ WALDE-HOFMANN I 48-49; POKORNY I 47; ФТ IV 145; OREL **HGE** FIND.

у́голь sb.m. 'coal'. Related to Lith **anglìs** id., OPrus **anglis** id. as well as to prefixed Alb **thëngjill** 'hot ashes' < PAlb ***ts-angila**.
◇ TRAUTMANN **BSW** 8; MAYRHOFER I 21; POKORNY I 779; FRAENKEL 10; ТОПОРОВ **ПЯ** I 87; OREL **AED** FIND.

у́горь sb.m. 'eel'. Related to Gk ἴμβηρις· ἔγχελυς, Μεθυμναῖοι (Hes.) < ***eng^u̯(h)ēri-**, Gmc ***angaraz** > OHG **angar** 'corn worm', Lith **ungurỹs** 'eel' < ***angurỹs**, OPrus **angurgis** id. (TRAUTMANN **BB** XXIX 307).
◇ BEZZENBERGER **BB** II 154; ZUPITZA **Gutt.** 128; POKORNY I 44; OTRĘBSKI **LP** V 26 (on the Lith anlaut); FRAENKEL 1163; FRISK I 725; STANG **LS** 40; ФТ IV 146–147; ТОПОРОВ **ПЯ** I 88–89; OREL **HGE** FIND.

ф

фа sb.n. 'note F, fa'. Attested in dictionaries since 1776. Borrowed from MLat **fa** id. (where it presents the first syllable of the fourth line in a hymn to John the Baptist) via Italian.
◇ КОРНИЛАЕВА **ИРС** 157–159; ЧЕРНых **ИЭСРЯ** II 298; **AHD** sub **fa**.

фа́брика sb.f. 'factory' (adj. **фабри́чный**; sb.m. **фабрика́нт** 'factory owner, manufacturer'). Attested since the early XVIIIth century. Borrowed either from Pol **fabryka** or directly from Ital **fabbrica**; ultimately to Lat **fabrica** 'workshop, a trade' (< **faber** 'forger, smith, workman, artisan' < IE ***dhabh-ro-** 'he who fits together' < ***dhabh-** 'to fit together'; cf. **добрый** 'kind, good').
◇ POKORNY 233–234; ФТ IV 181; ЧЕРНых **ИЭСРЯ** II 298–299; **AHD** sub **fabric**.

фаво́р sb.m. 'favour'. Bulg **фа́вор,** Ukr, Blr **фаво́р** id. Borrowed from West European languages (cf. Fr **faveur** id.) < Lat **favor** 'favour' to **favēre** 'to favour, to be favourable'(< IE ***ghou̯-ē-** 'to honour, to revere, to worship').
◇ ФТ IV 182; ЧЕРНых **ИЭСРЯ** II 299; **AHD** sub **favor**.

фавори́т sb.m. 'favourite, minion'. Attested since the early XVIIIth century. Cf. Bulg **фавори́т**, SCr **favòrit**, Czech **favorit**, Pol **faworyt**, Ukr **фавори́т**, Blr **фавары́т** id. Borrowed from Germ **Favorit** or directly from Ital **favorito** id. See **фаво́р** 'favour'.

◇ ФТ IV 182; ЧЕРНых **ИЭСРЯ** II 299 (sub **фавóр**); **AHD** sub **favorite**.

фáза sb.f. (old **фáзис**) 'phase'. Attested since 1728 (as **фазесы**, pl.). Cf. Bulg **фáза**, SCr **fáza**, Czech **fáze**, Pol **faza**, Ukr, Blr **фáза** id. Possibly borrowed from Germ **Phase**, **Phasis** id. < Lat **phasis** < Gk φάσις 'appearance, phase of the moon' (to IE ***bhā-** 'to shine').
◇ ФТ IV 182; ЧЕРНых **ИЭСРЯ** II 300; **AHD** sub **phase**.

фазéнда sb.f. 'manor (in Brazil); dacha'. Borrowed in late XXth century from Port **fazenda** through popular TV serial. (B.Podolsky).
◇ **ТСРРЯ** 577.

фак sb.m. 'intercourse', coll./slang. Borrowed in 1960s from Eng **fuck**. Related to MDu **fokken** 'to strike, to copulate with'. Ultimately to IE ***peiĝ-** 'hostile', etc.
◇ **AHD** sub **fuck**; **IE Roots** sub ***peig-**[2] [***peiĝ-**].

фáкел sb.m. 'torch'. Bulg **фáкел,** Maced **факел**, SCr **fàklja**, Slvk **fakl'a**, Ukr, Blr **фáкел** id. Absent in other Slav languages. Borrowed in the early XVIIIth century either from Germ **Fackel** or from Du **fakkel** id. Ultimately to Lat **facula** 'small torch' (< **fax** [fak-s] 'torch, light').
◇ ФТ IV 182; ЧЕРНых **ИЭСРЯ** II 300.

факсúмиле sb.n.indecl. 'facsimile'. From Fr **fac-similé**, coined in 1821 from Lat 'make' (= imp. of **facere**) + 'similar' (= 'a similar thing'). To IE ***dhē-** 'to set, to put' and ***sem-** 'one'.
◇ DAUZAT 313; **AHD** sub **facsimile**.

факт 'fact'. Borrowed in 1820s from Pol **fakt** id. or directly from Lat **factum** 'a deed'. To Lat **facere** 'to make, to do' < IE ***dhē-** 'to set, to put'.
◇ СМИРНОВ 182 (borrowed in the early XVIIIth century); ВЕСЕЛИТСКИЙ **Этим. 1965** 177-183 (contra СМИРНОВ); ВИНОГРАДОВ **ИС** 710-713 (from Germ **Faktum** id. in 1820s); ФТ IV 182; ЧЕРНых **ИЭСРЯ** II 300-301 (possibly from Eng); **AHD** sub **fact**.

фáктор sb.m. 'factor'. Originally a mathematical term borrowed in the beginning of the XIXth century from Fr **facteur** id. Obs. **фáктор** 'attorney, agent' is borrowed in the

early XVIIIth century from Pol **faktor** id. < MLat **factor** 'maker, doer'. See **факт** 'fact'.
◇ СМИРНОВ 301; ФТ IV 183; ЧЕРНых **ИЭСРЯ** II 301; ВИНОГРАДОВ **ИС** 713-715; **AHD** sub **factor**.

фал sb.m. 'halyard'. From Du **val** or LG **fall** id.
◇ ФТ IV 183.

фалбала́ sb.f. (~ **фальбала́**) 'pleats, gathers on the skirt or curtains', obs. Borrowed in the middle of the XVIIIth century from Fr **falbala** id. (since 1692) or, less likely, Ital **falbalà** id. The same source explains an earlier **фалборы** (XVIIth century).
◇ DAUZAT 313; ФТ IV 183; КОРНИЛАЕВА **ИРС** 188-192.

фа́лда sb.f. 'coattail' (usually pl. **фа́лды**). Borrowed in the XVIIth century from Pol **fałd** 'fold, pleat' < MHG **valde** < OHG **fald** id.
◇ KOCHMAN **PRK** 49; ФТ IV 183.

фалова́ть vb. 'to pick up (a woman)' (also **фолова́ть**), coll. Derived from **фал** 'halyard' in sailors' argot.
◇ **ТСУЖ** 186 (**фолова́ть** 'to try to persuade' in criminal argot); **СРА** 495 (**фа/олова́ть**); ОТИН 254-257 (verb **фалова́ть** penetrated from criminal argot into youth's slang in 1860s - 1870s).

фальши́вка sb.f. 'forged document, forgery'. Cf. Ukr **фальши́вка**, Blr **фальшы́ўка** id. See **фальши́вый** 'false'.
◇ ЧЕРНых **ИЭСРЯ** II 301-302 (sub **фальши́вый**).

фальши́вый adj. 'false, forged, insincere, off key' (vb. **фальши́вить** 'to be insincere; to play / sing off key'). Attested since 1351 as **фал(ь)шивыи**. Cf. Pol **fałszywy**, Ukr **фальши́вий**, Blr **фальшы́вы** id. Borrowed (possibly via Blr) from Germ **falsch** 'false' < OFr **fals** (since 1100) < Lat **falsus** id. See **фальшь** 'falseness'.
◇ DAUZAT 317; ФТ IV 183 (via Pol); ЧЕРНых **ИЭСРЯ** II 301-302; **ТСРЯ** 1045 (from MHG **valsch**).

фальшь sb.f. 'dishonesty, falseness, hypocrisy'. Attested since 1488 as **фалшь**. Cf. Czech **faleš**, Slvk **faloš**, USorb **falš**, Pol **fałsz**, Ukr **фальш** id.; Bulg **фалш** is from Rus. Based on adj. **фальши́вый** 'false'.

◊ ФТ IV 183; ЧЕРНых **ИЭСРЯ** II 301–302 (sub **фальши́вый**).

фами́лия sb.f. 'last name; (obs.) family, kin'. Attested since 1704. Cf. Bulg **фами́лия** id., SCr **fámīlija** 'family', Czech **familie** id., Pol **familia** 'family, kin', Ukr **фамі̂лія** 'last name', Blr **фамі̂лія** 'family, kin'. Borrowed either via Pol **familia** 'kin, family' or Germ **Familie** 'family' from Lat **familia** 'family, household, servants of a household' (to **famulus** 'servant').
◊ ФТ IV 184; ЧЕРНых **ИЭСРЯ** II 301–302; **AHD** sub **family**.

фами́льный adj. 'family (attr.)' (in **фами́льное схо́дство** 'family likeness', **фами́льные драгоце́нности** 'family jewels', etc.). Cf. Bulg **фами́лен**, Pol **familijny**, Ukr **фами́льний** id. See **фами́лия.**
◊ ЧЕРНых **ИЭСРЯ** II 301–302 (sub **фами́лия**).

фамилья́рный adj. 'unceremonious, familiar' (vb. **фамилья́рничать** 'to take liberties (with))'. Attested since 1718. Borrowed from Pol **familiarny** 'family (attr.)', to OFr **familier** (since the XIIth century) < Lat **familiāris**, adj. of **familia** 'household'. Cf. **фами́лия.**
◊ DAUZAT 313; ФТ IV 184; **AHD** sub **familiar**.

фана́тик sb.m. 'fanatic' (cf. sb.m. **фанати́зм** 'fanaticism'). Attested since the XVIIIth century. Cf. Bulg **фана́тик**, SCr **fanàtik**, Czech **fanatik**, Pol **fanatyk**, Ukr **фана́тик**, Blr **фана́тык** id. Borrowed from Fr **fanatique** (noun and adj., since the XVIth century) < Lat **fānāticus** 'of a temple; inspired by a god; mad' < **fānum** 'temple' (to IE ***dhēs-**, root of words in religious concepts).
◊ ФТ IV 185 (via Pol or Germ < Lat); ЧЕРНых **ИЭСРЯ** II 302; **AHD** sub **fanatic**; **ТСРРЯ** 577–578 (coll./slang **фана́т**, **фан** 'fanatic, fan'; vb. **фанате́ть** 'to be in a frenzy, to go into ecstasies').

фане́ра sb.f. 'veneer, plywood' (adj. **фане́рный**). Borrowed from Du **finéer** (not from Germ **Furnier** id.).
◊ ФТ IV 185 (from Germ); ЧЕРНых **ИЭСРЯ** II 302.

фа́нза sb.m. 'Chinese village hut'. Borrowed from Chinese **fángzi** 'house'.
◊ АНИКИН **Сиб.** 622.

фант sb.m. 'forfeit, action to be carried out by the participants of the salon game **фáнты**'. Together with obs. **фант** 'guarantee, security, valuable object that can be pawned' (since the XVIIth-XVIIIth century), borrowed from Germ **Pfand** id., probably via Pol **fant** id. The phrase **игрáть в фáнты** is an XVIIIth century calque of Germ **um Pfänder spielen** or Pol **grać w fanty**.
◇ SŁAWSKI I 218-219; ФТ IV 185; КОРНИЛАЕВА **ИРС** 192-196.

фантáзия sb.f. 'fantasy, fancy, imagination' (vb. **фантази́ровать** 'to indulge in fantasy, to make (things) up, to improvise', sb.f. **фантáстика** 'fantasy; science fiction'). Attested since 1704 (as **фантасиа**). Cf. Bulg **фантáзия**, SCr **fàntāzija**, Czech **fantazîe**, Pol **fantazja**, Ukr, Blr **фантáзiя** id. From West European languages < Lat **phantasia** 'perception, idea, illusion' < Gk φαντασία 'appearance, perception, faculty of imagination' (< IE ***bhā-** 'to shine').
◇ ФТ IV 185 (via Pol **fantazja** or directly from Ital **fantasia**); ЧЕРНых **ИЭСРЯ** II 303.

фáнтик sb.m. 'forfeit'. Derived by dim. suff. from **фант**.

фáра 'headlight' (usually in pl. **фáры**). A relatively new word (wide-spread since early 1920s; attested in dictionaries since 1933). Cf. Bulg **фар**, SCr **fâr**, Ukr, Blr **фáра** id. Borrowed from Fr **phare** 'lighthouse (since 1553); headlight' (< Lat **Pharus** < Gk island name **Φάρος** which was famous through its lighthouse, hence NGk **φάρος** 'lighthouse, headlight').
◇ DAUZAT 553; ЧЕРНых **ИЭСРЯ** II 302-303; **AHD** sub **pharos, Pharos**.

фараóн sb.m. 'pharaoh' (also used as a curse word). Continues ORus **фараонъ** (since 1096), CSl **фарао** Φαραώ. To Gr Φαραώ(ν) which is a transcription of Hebr **Par'ōh** from Eg **per^e^o** 'great house'.
◇ ФТ IV 185; **AHD** sub **Pharaoh**.

фарвáтер 'waterway'. Cf. Ukr **фарвáтер** , Blr **фарвáтэр** id. Bulg **фарвáтер** and Pol **farwater** are from Rus. Borrowed in the early XVIIIth century from Du **vaarwater** id. (to **vaaren** 'to move, to go' + **water** 'water').
◇ ФТ IV 185; ЧЕРНых **ИЭСРЯ** II 303.

фарт sb.m. 'good luck', coll. (cf. adj. **фартóвый** 'lucky', impers. verb **фартúть** 'to bring luck to'). Borrowed from Pol **fart** id.; ultimately do Germ **Fahrt** 'ride, trip'.
◇ ФТ IV 186 (directly from Germ **Fahrt**); **ТСМС** 231 (**фа/ортóвый**); **ТСРРЯ** 579.

фáртук sb.m. 'apron'. Borrowed at the end of XVIIth century from Pol **fartuch** < Germ **Vortuch** id. (lit. 'fore-cloth'). Cf. Ukr, Blr **фартýх** id. Absent in other Slav languages.
◇ ФТ IV 186; ЧЕРНых **ИЭСРЯ** II 303–304.

фарфóр 'china, porcelain'. Attested since the early XVIIIth century. Cf. Bulg obs. **фáрфор**, Ukr, Blr **фарфóр** id. Borrowed from Turk **farfur** < ***faɣfur** id. < Pers **faɣfûr** id. (< OPers **baɣa-puθra** 'the son of God', originally the title of Chinese emperor, calque from Chin **tiānzi** 'son of the sky').
◇ ФТ IV 186–187; ЧЕРНых **ИЭСРЯ** II 304.

фарцевáть vb. 'to trade, to buy and sell illegally from and to foreigners' (cf. sb.m. **фарцóвщик** 'black marketeer who is reselling merchandise and currency acquired from foreigners'), coll. From criminal argot where **фарцá** is syn. to **фарцóвщик** sg. and pl., denoting also the process itself. Further unclear.
◇ **СРА** 496; **ТСРЯ** 1046 (**фарцóвщик**).

фарш sb.m. 'minced meat, stuffing' (vb. **фаршировáть** 'to stuff'). Cf. Pol **farsz**, Ukr, Blr **фарш** id. Borrowed in the XVIIIth century from Fr **farce** 'stuffing' < **farcir** 'to fill, to stuff' (since the XIIIth century) < Lat **farcīre** 'to stuff'.
◇ DAUZAT 315; ФТ IV 187; ЧЕРНых **ИЭСРЯ** II 304.

фас sb.m. 'front of one's face / of an object, building'. Attested since Peter I. Borrowed from Fr **face** 'face, side' (since the XIIth century) < Vulgar Lat ***facia** 'face' < Lat **faciēs** 'form, shape, face'. Cf. **фасáд** 'façade'.
◇ DAUZAT 310; ФТ IV 187.

фасáд sb.m. 'front (of a building), façade'. Cf. Bulg **фасáда**, SCr **fasáda**, Czech **fasáda**, Pol **fasada**, Ukr, Blr **фасáд** id. Borrowed in the mid-XVIIIth century from Germ **Fassade** or Fr **façade** (attested since the XVIth century). To Ital **facciata** 'front, façade' < **faccia** 'face' < Lat **faciēs** 'form, shape, face'.

◇ DAUZAT 310; ФТ IV 187; ЧЕРНых **ИЭСРЯ** II 304; **AHD** sub **façade**.

фасóль sb.f. 'kidney beans'. Borrowed from Pol **fasola** < MHG **fasôl**; ultimately to NGk φασόλι < OGk φάσηλος 'long bean' (> Lat **phasēlus** 'long bean, kidney beans').
◇ ФТ IV 187; ЧЕРНых **ИЭСРЯ** II 304-305

фасóн sb.m. 'fashion, style; cut (of a garment)' (coll. 'show, swank'); old **фасун**. Borrowed in the mid-XVIIIth century from Fr **façon** id. (since the XIIth century), to Lat **factiō** 'making' < **facere** 'to make, to do' < IE ***dhē-** 'to set, to put'.
◇ DAUZAT 310; ФТ IV 187; ЧЕРНых **ИЭСРЯ** II 305; **AHD** sub **fashion**; **ТСРРЯ** 579.

фат sb.m. 'fop'. Borrowed in the end of 1830s from Fr **fat** id. ('sot' since the XVIth century < Lat **fatuus** 'tasteless, flat; sot', to **fatuor** 'to talk nonsense').
◇ DAUZAT 316; ВИНОГРАДОВ **ИС** 814.

фатá sb.f. '(bridal) veil', obs. Continues ORus **фота** 'shawl', Borrowed in the XVth c. from Turk **fota, futa** 'apron, napkin, Indian cloth' (< Arab **fūṭa** id., of unknown, possibly Indian, origin).
◇ ФТ IV 187-188; ЧЕРНых **ИЭСРЯ** II 305.

фатéра sb.f. 'apartment' (incorrect speech). Continues MRus **кватера**, **хватера**, an oral borrowing of 1660s from Pol **kwatera.** See **квартúра**.
◇ KOCHMAN **PRK** 40.

фаянс sb.m. 'glazed pottery, delftware'. Attested in dictionaries since 1847. Cf. Bulg **фаянс**, SCr **fajànsa**, Czech **fajáns**, Pol **fajans**, Ukr, Blr **фаянс** id. Borrowed from Fr **faïence** < **(vaisselle de) Faïence** 'vessel of Faenza' (Italian city of provenance).
◇ DAUZAT 320; ФТ IV 188; ЧЕРНых **ИЭСРЯ** II 305-306; **AHD** sub **faience**.

фейервéрк sb.m. 'fireworks' (old accent in **фéйерверк**). Attested since the XVIIth-XVIIIth century. Cf. Bulg **фóйерверк**, Pol **fajerwerk**, Ukr **фейєрвéрк**, Blr **феервéрк** id. Borrowed from Germ **Feuer-werk** ('fire' + 'work').
◇ ЧЕРНых **ИЭСРЯ** II 306.

фейс sb.m. 'face'. A 1960s–1970s slang borrowing from Eng **face**.
◇ **СРА** 497; **ТСМС** 236 (also **фэйс**).

фейхо́а sb.f. (~ **фейхоа́**, **фейхуя́**) 'Feijoa, an exotic South American fruit'. Borrowed in the beginning of the XXth century from Port **Feijoa** id. via French with a mistaken hypercorrect transliteration of Port **-j-** as Spanish **[x]**.
◇ КОРНИЛАЕВА **ИРС** 196–199.

фельдма́ршал sb.m. 'field marshal' (old **фелтма́ршалок**, **фелть маршал**). From Pol **feldmarszałek** id. or directly from Germ **Feldmarschal(k)** (cf. Du **veldmaarschalk**). To OHG **marah-scalc** 'keeper of the horses, marshal' (lit. 'horse-servant, to Gmc ***marhaz** < IE ***marko-**'horse' + Gmc ***skalkaz** 'slave' of unknown origin).
◇ ФТ IV 189; **AHD** sub **marshal**; **IE Roots** sub **marko-** 'horse'; **ТСРЯ** 1047directly from Germ **Feldmarschall**).

фе́льдшер sb.m. 'medical assistant' (old also **фершел**). Attested since 1716. Cf. Bulg **фе́лдшер**, SCr **félčer**, Czech (obs.) **felčar**, Ukr **фе́льдшер**, Blr **фе́льчар** id. Absent or unusual in other Slav languages. Borrowed from Germ **Feldscher** / **Feldscherer**, originally 'military barber and surgeon (without special qualification)', to **Feld** 'field' + **scheren** 'to cut'.
◇ ФТ IV 189; ЧЕРНых **ИЭСРЯ** II 307.

фельдъе́герь sb.m. '(military or governmental) messenger'. Borrowed from Germ **Feldjäger** id. in 1790s. The palatalized auslaut is explained by the influence of **е́герь** 'hunter' (< Germ **Jäger** id.).
◇ ФТ IV 189; КОРНИЛАЕВА **ИРС** 199–202.

фельето́н sb.m. 'humourous or satirical article'. Attested since the 1st half of the XIXth century. Cf. Bulg **фейлето́н**, SCr **fèljtōn**, Czech **fej(e)ton**, Pol **felieton**, Ukr **фейлето́н**, Blr **фельето́н** id. Borrowed from Fr **feuilleton** 'newspaper serial (printed at bottom of page)' < **feuillet** dim. of **feuille** 'leaf, sheet' (to Lat **folia**, pl. of **folium** 'leaf' < IE ***bhel-** 'to bloom').
◇ ФТ IV 190; ЧЕРНых **ИЭСРЯ** II 308; **AHD** sub **feuilleton**.

фéндрик sb.m. 'ensign', obs. Borrowed from Germ **Fähn(d)rich** 'cadet, ensign'(< **Fahne** 'flag, banner, colors; (archaic) company, squadron'), probably via Pol **fendrych**.

фéнечка sb.f. 'bijou; entertaining story', coll. Derived from **фéня** 'criminal cant'.
◇ **ТСМС** 231-232 (slang also **фéнька**); **ТСРРЯ** 579.

фéня sb.f. 'criminal cant', coll. Derived from **офéнский язык** < **офéня** 'peddler, hawker' which is evidently derived from **офест** 'cross', **Офестос** 'Christ' (АРАПОВ *К этимологии слова офеня* **Etim 1964** 120-126). АРАПОВ's conclusion that this is a corruption of **Yahwe** is improbable. It is evidently a corruption of Gk 'ο θεος 'God' pronounced by students of Orthodox (Ukrainian and Belorussian) theological seminaries as [axvéjos] ([f] substituted by [xv]). (B.PODOLSKY).
◇ **СРА** 498 (argot syn. to **фéнечка**; also 'buttocks; criminal cant'); **ТСМС** 232 (slang syn. to **фéнечка**; also 'youth's slang; joke'); **ТСРРЯ** 579.

ферзь sb.m. 'queen (in chess)'. Borrowed from Turk **ferz** id. < Pers **ferz** 'military leader'.
◇ ФТ IV 190.

фéрма sb.f. 'farm'. Attested since the mid-XVIIIth century. Borrowed from Fr **ferme** 'farm, rent' (original meaning 'rent agreement'). Noun **фéрмер** 'farmer' is derived from Eng **farmer** (or Germ **Farmer**) and later phonetically influenced by the older noun **фéрма**. To MLat **firma** 'fixed payment' < 'firm'. Related to **фи́рма**.
◇ ФТ IV 190; ЧЕРНых **ИЭСРЯ** II 308; **AHD** sub **farm**.

фермуáр sb.m. 'necklace, clasp on a necklace', obs. Borrowed in the first half of the XIXth century from Fr **fermoir** 'clasp' (since the XIIIth century; to **fermer** 'to close' < 'to make firm').
◇ DAUZAT 320; ФТ IV 190; КОРНИЛАЕВА **ИРС** 203-204.

ферроньéрка sb.f. 'piece of jewelry worn on the forehead'. Borrowed from Fr **ferronière** id. (since 1842; to prop. **Belle Ferronière** who wears this decoration on a portrait by LEONARDO da VINCI). For the suffix cf. **этажéрка** 'etagere, bookcase'.
◇ DAUZAT 320; КОРНИЛАЕВА **ИРС** 204-207.

ферт I sb.m. Old name of the letter **Ф** (OCsl **фъртъ**); etymologically unclear. Cf. **ферт II**.
◇ ФТ IV 190.

ферт II sb.m. 'dandy, fop'. Secondary derivative of obs. **фéртик** id. borrowed from Germ **fertig** 'ready' in the end of the XVIIIth century and later associated with **ферт I** (cf. **стоя́ть фéртом** 'stand foppishly').
◇ ВИНОГРАДОВ **Bez.** 278-279; ФТ IV 190-191; **ТСРРЯ** 580.

фетю́к, фитю́к, фатю́й sb.m. 'gawk, idler; fop', coll. Etymologically difficult. Cf. **фитá.**
◇ KORSCH apud ВИНОГРАДОВ **ИС** 501 (oral borrowing from Gk prop. Θεότυχος); ФТ IV 197 (**фитю́к** from the name of the old letter **Θ** (**фитá**), replaced by **Φ** in modern writing); **ТСРРЯ** 580.

фешенéбельный adj. 'luxurious'. Mid-XIXth century derivative from obs. **фешенéбль** 'dandy' borrowed from Eng **fashionable** in 1830s. To MEng **facioun** < OFr **facon** 'fashion'. See **фасóн**.
◇ ИВАНОВ **РР** XXXVII/3 102-109; ФТ IV 192.

фи interj. From Fr **fi** (since XIIIth century). Attested in Russian since mid-XVIIIth century. Cf. Czech, Pol **fi**. Of imitative origin.
◇ DAUZAT 322; ВИНОГРАДОВ **РЯ** 750; ЧЕРНых **ИЭСРЯ** II 309.

фиáлка sb.f. 'violet'. Cf. Czech **fialka**, USorb **fijałka**, LSorb **fijołka**, Ukr **фiáлка**, Blr **фiя́лка** id. Borrowed in the early XVIIth century from Pol **fiałek** id.; ultimately to Lat **viola** id. (> OFr **viole** id.; Fr dim. **violette** id.; cf. adj. **фиолéтовый** 'violet').
◇ KOCHMAN **PRK** 50; ФТ IV 192; ЧЕРНых **ИЭСРЯ** II 309.

фи́г sb.m. 'penis', coll. (to Germ **Fick** = Eng **fuck**, according to A.LEHRMAN). Used precisely as as **хер II** and partly as **хрен** (note also appropriate derivative pattern of the type **фигóвый** = **херóвый** = **хренóвый** 'bad', etc. [all euphemisms for **хуёвый**], **фигня́** = **херня́** [for **хуйня́**] though the formations with **фиг-** are much more acceptable in conversation than those with **хер-**). Also used as

expression of refusal/ negation in contamination with **фиг** 'fig (insulting gesture)' = **фи́га II** (see material in **СРА** 498).
◇ ОТИН 41, 193–199; **ТСРРЯ** 580–581; **ТСМС** 232–233.

фи́га I sb.f. Cf. Slvn, Slvk **figa**, Ukr, Blr **фîга** 'fig'. Borrowed in 1650s from Pol **figa** which stems from Lat **fīcus;** ultimately to Phoenician or Hebrew ***pigga** 'unripe fruit' (Hebrew **pag**, Arab. **fijja**). In Levant, figs were sold unripe since ripe fruit should be eaten immediately, it can't stay long.
◇ KOCHMAN **PRK** 50; ФТ IV 192; ЧЕРНых **ИЭСРЯ** II 309.

фи́га II sb.f. (~ **фиг**) 'fig (insulting gesture)', coll.; to **фи́га I.** Cf. Ital **far la fica,** Fr **faire la figue** (matches Rus **показа́ть фи́гу**, lit. 'to show a fig').
◇ ФТ IV 192; ЧЕРНых **ИЭСРЯ** II 309–310.

фи́гли-ми́гли sb.pl.t. 'sweet nothings, chatter; ruse', coll. Borrowed in the XVIIIth century from Pol pl. **figle-migle** 'pranks, tricks', a rhymed derivative of **figiel** 'prank', pl. **figle**. Czech **figl** also might be the source of the Russian word. Pol **figiel** is a back-formation based on **figlarz** 'prankster' (SPITZER **Festschr. Jakobson** 503; see **фигля́р**).
◇ ФТ IV 192; КОРНИЛАЕВА **ИРС** 207–211; **ТСРРЯ** 580.

фигля́р sb.m. 'prankster', obs. Borrowed in the early XVIIIth century from Czech **figlář** id. or Pol **figlarz** id. continuing Germ **Vögler** 'cheater'. The Czech source is more probable as that puts **фигля́р** in a row of borrowings from Czech into the criminal argot.
◇ JAKOBSON **SW** II 645; ФТ IV 192; ЧЕРНых **ИЭСРЯ** II 310; КОРНИЛАЕВА **ИРС** 209.

фигу́ра sb.f. 'figure; piece (chess)'. Attested since 1647. Cf. Bulg **фи́гура**, SCr **figúra**, Czech, Pol **figura**, Ukr, Blr **фігу́ра** 'figure'. Borrowed from Pol **figura** id. < Lat **figūra** 'form, shape, figure' (< IE ***dheiĝh-** 'to knead clay').
◇ KOCHMAN **PRK** 63; ТРУБАЧЕВ ФТ IV 193; ЧЕРНых **ИЭСРЯ** II 310 (from Ital **figura** or Germ **Figur**;); **AHD** sub **figure**; **ТСРРЯ** 581 (coll./slang **фигуря́ть** 'to wear fancy clothes; to boast / brag about').

фигури́ровать vb. 'to figure, to appear'. Borrowed in 1820s from Fr **figurer** id. (since the XIIth century) directly or via Germ **figurieren** id. Further see **фигу́ра** 'figure'.

◇ ВИНОГРАДОВ **ИС** 814.

фи́зика sb.f. 'physics' (old also **фисика**). Attested since the XVIth century. Cf. Bulg **фи́зика**, SCr **fȉzika**, Czech **fysika**, Pol **fizyka**, Ukr **фі̑зика**, Blr **фі̑зіка** id. Borrowed from West European languages, possibly via Pol **fizyka**. To Lat **physica** (pl.) 'natural science' (to Gk φυσική id.).
◇ ФТ IV 193; ЧЕРНых **ИЭСРЯ** II 310; **AHD** sub **physics**.

физио́номия sb.f. 'face, facial expression, physiognomy'. Attested since 1705 as **физиномия;** later **физиономия**. From Fr **physionomie** (**phisionomie** since the XIIIth century) adapted from MLat **physiognōmonia** (from Gk where it is a compound of φύσιο- 'of nature / appearance' and -γνωμονία 'knowledge'). Var. **физиогномия** exists since the early XIXth century; it may be borrowed from NHG **Physiognomia** 'physiognomy'.
◇ ФТ IV 193 (via Germ); ЧЕРНых **ИЭСРЯ** II 310-311 (from Fr **physionomie**).

фи́зия sb.f. 'face', coll./slang. Shortened from **физио́номия.**
◇ **СРА** 499; **ТСМС** 233.

фи́кса sb.f. 'false tooth, crown made of metal'. Possibly to Ukr dial. **фикс** 'gold', **фиксовый** 'golden' (from criminal argot) < Ukr dial. **фикс** 'fox' < Yiddish **fuks** id. (in Ukr argot **рижі** means both 'red (as fox)' and 'gold', Олекса Горбач **Арго в Україні**, Львів 2006 350 with lit.)
◇ **СРА** 499.

филе́ sb.n. 'fillet, sirloin' (old sb.m. **филе́й**; adj. **филе́йный**). Attested since mid-XVIIIth century. Cf. Bulg **филе́**, SCr **filē**, Czech., Pol **filet**, Ukr, Blr **філе́(й)** id. From Fr **filé**, **filet** id. (in this meaning since the XIVth and XVIth century, accordingly). Der. from **fil** 'thread' < Lat **filum** id.
◇ DAUZAT 325; ФТ IV 194; ЧЕРНых **ИЭСРЯ** II 311-312 **AHD** sub **filet**.

филёнка sb.f. 'panel'. Borrowed from Germ **Füllung** 'filling' (to MHG **vullinge** id.).
◇ ФТ IV 194; THOMAS 199.

фило́н sb.m. 'idler; (obs.) beggar' (vb. **фило́нить** 'to loaf'). From argot **фило́н** 'shirker', **фило́нить** 'to shirk, to goof off'. Etymologically unclear.
◇ **SPCS** I 196; ОТИН 274; **ТСРРЯ** 581.

фильм sb.m. 'movie, motion picture' (old **фи́льма**). In common use after 1917 (attested in dictionaries since 1926). Cf. Bulg **филм**, SCr **film**, Czech, Pol **film**, Ukr, Blr **фільм** id. From Eng **film** < OEng **filmen** 'film', to IE ***pel-** 'skin'.
◇ ФТ IV 194; ЧЕРНыХ **ИЭСРЯ** II 313; **AHD** sub **film**.

фина́л sb.m. 'finale, finals' (adj. **фина́льный**). Attested since the 1st half of the XIXth century. Cf. Bulg **фина́л**, SCr **фина́ле**, Czech **finale**, Pol **finał**, Ukr, Blr **фіна́л** id. Borrowed from Fr **final(e)** 'finale' < Ital **finale**, to Lat **finis** 'limit, end' (cf. **фи́ниш**).
◇ ФТ IV 195 (from Germ **Final** or Fr **finale**); ЧЕРНыХ **ИЭСРЯ** II 315.

финга́л sb.m. 'black eye', coll. Possibly from criminal argot.
◇ **СРА** 500 (syn. **фи́ник**); **ТСРРЯ** 581.

фини́фть sb.f. 'enamel'. Continues ORus **финиптъ** id. (XVIth century) < **хинип(е)тъ** id. (XVth century) < **химипетъ** 'alloy, enamel' (XIIth century). The latter was borrowed from Gk χυμευτός 'made of an alloy' (НЕВОСТРУЕВ **ИОРЯС** IX/2 75-78). Gender and declension type were changed in the XVIIth century.
◇ ФТ IV 195; ПИЧХАДЗЕ **ИРС** 212-214.

фи́ниш sb.m. 'finish, finish line'. Attested since the early XXth century. Cf. Bulg **фи́ниш**, Czech **finiš**, Pol **finisz**, Ukr, Blr **фі̂ниш** id. Borrowed from Eng **finish** < MEng **finishen** 'to end', etc. < OFr **fe/inir** (stem **fe/iniss-**), to Lat **finis** 'limit, end', **fīnīre** 'to limit, to complete'.
◇ ЧЕРНых **ИЭСРЯ** II 314-315; **AHD** sub **finish**.

финт sb.m. 'trick, ruse; (obs.) trick in fencing' (old **финты** pl. 'tricks, pranks, (love) affairs'). Borrowed in mid-XVIIIth century from Germ **Finte** 'ruse' < Ital **finta** id.
◇ ЖЕЛТОВ **ФЗ** 1876/1 16; MATZENAUER 157; ГОРЯЕВ 392; ФТ IV 196 (sub **финти́ть**); ЧЕРНых **ИЭСРЯ** II 315 (**финти́ть** < **финт** from Fr **feinte** 'trick, ruse' or Germ **Finte** 'ruse'); ВИНОГРАДОВ **ИС** 716-717; **ТСРРЯ** 581.

финти́ть vb. 'resort to deception / trickery'. Attested since the early XIXth century. Cf. Blr **финци́ць** id. Absent in other Slav languages. To **финт** 'trick, ruse'.
◇ ФТ IV 196; ЧЕРНых **ИЭСРЯ** II 315; **ТСРРЯ** 581.

финтифлю́шка sb.f. 'knickknack, bijou' (slang also 'trifle; frivolous / flighty girl'), pl. **финтифлю́шки** 'trinkets'. Possibly to **финтиля́** (pl.), **финтифа́нты** (pl.) 'tricks, trifles', etc. To **финт** 'trick, ruse'.
◇ ФТ IV 196; ВИНОГРАДОВ **ИС** 716; **ТСРРЯ** 582.

фиоле́тово adv. 'totally indifferent, immaterial', coll. From slang/argot. See adj. **фиоле́товый** 'violet'.
◇ **СРА** 500; **ТСМС** 233; **ТСРРЯ** 582.

фиоле́товый adj. 'violet'. Attested since 1762. Cf. Bulg **виоле́тов**, Pol **fioletowy**, Ukr **фіоле́товий**, Blr **фіяле́тавы** id. Borrowed via Germ **violett** id. from Fr **violet** (since 1328) to **violette** 'violet (flower)' (since the XIIth century; dim. of OFr **viole** id.). Cf. **фиа́лка** 'violet (flower)'.
◇ DAUZAT 752; ФТ IV 196; ЧЕРНых **ИЭ** II 315; **AHD** sub **violet**.

фи́рма sb.f. 'business firm' (adj. **фи́рменный**). Attested since 1806. Cf. Bulg **фи́рма**, SCr **firma**, Czech, Pol **firma**, Ukr, Blr **фі̂рма** id. From West European languages (Ital, Sp **firma**, Germ **Firma**, etc.). To Ital **firma** 'signature' < **firmare** 'to sign' (= 'confirm by signature') < Lat adj. **firmus** 'firm'. Related to **фе́рма** 'farm'.
◇ ФТ IV 196 (via Germ or directly from Ital); ЧЕРНых **ИЭСРЯ** II 315.

фиста́шка sb.f. 'pistachio' (usually pl. **фиста́шки**). Attested since 1782. Cf. SCr **pistácija**, Czech **pistácie**, Pol **pistacja**, Ukr, Blr **фіста́шка** id. Borrowed from Fr **pistaches** (pl.) but phonetically influenced by oriental forms in **f-** (Turk **fystyk** [> Rum **fistic**], Arab **fustaq**). West European words originate from Lat **pistācium** < Gk πιστάκιον id. Of oriental origin (possibly, Pers).
◇ ФТ IV 197 (via Turk **fystyk**); ЧЕРНых **ИЭСРЯ** II 315; **AHD** sub **pistachio**.

фита́ sb.f. name of the old letter **Θ**. Continues ORus **θита** <Gk θῆτα. Replaced by **Ф** in modern writing (both letters represent sound [f]).

◇ ФТ IV 197.

фити́ль sb.m. 'wick' (coll. 'tall and thin man'); old also **фетиль.** Attested since the early XVIIth century. Cf. Bulg **фити́л**, SCr **fitīlj**, Ukr obs. **фити́ль** id. Absent in other Slav languages. Borrowed, possibly via Turk **fitil** 'wick', from Arab **fatīla** id.
◇ ФТ IV 196 (via Turk **fitil**); ЧЕРНых **ИЭСРЯ** II 315–316 (via Turk **fitil** or directly from NGk φιτίλι id.); **СРА** 501; **ТСРРЯ** 582.

фитю́лька sb.f. 'little thing, midget, miserable person', coll. Diminutive of dial. **фитю́ля** 'pap, sop'. Of unknown origin. Perhaps, from *__финтю́лька__ to **финт**.
◇ ФТ IV 197 (dial. **фитю́ля**); ВИНОГРАДОВ **ИС** 717–718 (from Fr **futilité** 'futility'); **СРА** 501 (**фитю́лька** 'girl'); **ТСРРЯ** 583 (here also adj. **фитю́льный** 'homely').

фи́фа sb.f. 'fashion-crazy girl', coll. Borrowed from MHG **pfīfe** > Germ **Pfeife** 'pipe, blowpipe, whistle'.
◇ ТРУБАЧЕВ **Этим. 1964** 133–134; **СРА** 501 (**фи́фочка**); **ТСРРЯ** 583.

флаг sb.m. 'flag' (note **под фла́гом** 'flying the flag of'). Attested since 1699. Cf. Ukr, Blr **флаг** id. Bulg **флаг** is from Rus. Borrowed from Germanic languages (Du **vlag**, Eng, Norw, Dan **flag**; Swed, Icel **flagg**; Germ **Flagge** > Pol **flaga**). Cf. der. **фла́гман** 'flag officer'.
◇ ФТ IV 197 (from Du **vlag**); ЧЕРНых **ИЭСРЯ** II 316 (from Scand languages).

фла́гман sb.m. 'flag officer; flagship'. Attested since 1820. Borrowed from Du **vlagman** 'flag officer'. See **флаг** 'flag'.
◇ ФТ IV 197.

фланг sb.m. 'flank (milit.)' (old also **фланк, флянк**). Attested since the early XVIIIth century. Cf. Bulg **фланг**, Czech **flank(a)**, Pol **flank(a)**, Ukr, Blr **фланг** id. Borrowed from Germ **Flanke** or Du **flank** id. To Fr **flanc** 'side' < Frankish ***hlanka** 'hip, side'.
◇ ФТ IV 198; ЧЕРНых **ИЭСРЯ** II 316; **AHD** sub **flank**.

фле́йта sb.f. 'flute' (old **флейт**, **флета**). Attested since 1694. Cf. Bulg **фле́йта**, SCr **flàuta**, Slvn **flavta**, Slvk **flauta**,

Ukr, Blr **флéйта** id. Possibly borrowed from Du **fluit** id. To OFr **flehute** (since the XIIth century), cf. Fr **flûte** id.
◇ DAUZAT 331; ФТ IV 199; ЧЕРНых **ИЭСРЯ** II 316; **AHD** sub **flute**.

фойé sb.n. indecl. 'foyer, lobby (of a theatre)'; old also **фоé**. Attested since 1830s. Cf. Bulg **фоайé**, Czech, Pol **foyer**, Ukr **фойє́**, Blr **файэ́** id. Borrowed from Fr **foyer** 'lobby; hearth' < OFr **fuier** 'hearth' (since the XIIth century) < Vulgar Lat ***focārium** id., to Lat **focus** 'fire(place), hearth'. Cf. **фóкус I**.
◇ DAUZAT 338; ФТ IV 200; ЧЕРНых **ИЭСРЯ** II 318; **AHD** sub **foyer**.

фóкус I sb.m. 'focus, focal point'. Attested in the early XVIIIth century as a bookish term. Cf. Bulg **фóкус**, SCr **fókus**, Czech **fokus**, Ukr, Blr **фóкус** id. Borrowed from Germ **Fokus** id. < Lat **focus** 'fire(place), hearth'.
◇ ФТ IV 201; ЧЕРНых **ИЭСРЯ** II 319; **AHD** sub **focus**.

фóкус II sb.m. 'trick, hocus-pocus' (sb.m. **фóкусник** 'magician'). An abbreviated form of **фóкус-пóкус** appearing in 1770s. Cf. Bulg, Ukr, Blr **фóкус** id. Absent in other Slav languages. See **фóкус-пóкус**.
◇ ФТ IV 201 (from Germ); ЧЕРНых **ИЭСРЯ** II 319; КОРНИЛАЕВА **ИРС** 216; **ТСРРЯ** 583; **AHD** sub **hocus**, **hocus-pocus**.

фóкус-пóкус sb.m. 'trick'. Originally borrowed from Germ **Hocus Pocus**, later **Hokuspokus** (probably going back to a corrupted Latin expression **Hoc est corpus meum** 'this is my body'), in a form **гокусъ-покусъ** in the middle of the XVIIIth century and influenced by **фóкус I**.
◇ КОРНИЛАЕВА **ИРС** 214-217; ФТ IV 201; ЧЕРНых **ИЭСРЯ** II 319 (sub **фóкус II**); **AHD** sub **hocus-pocus**; **ТСРРЯ** 583.

фóмка, also **хóмка** sb.f./m. 'small crowbar, jimmy' (from criminal argot). Possibly identical with **фóмка / хóмка** 'thief' (from criminal argot) <prop. **Фомкá / Хомкá**, dim. of **Фомá / Хомá** (which itself could mean 'thief'). Prop. **Фомá** is from Gk Θωμᾶς.
◇ **SPCS** I 197, II 88 (here also **фоми́ч** id. < **Фоми́ч**, a patronymic of **Фомá**); cf. ФТ IV 201 (**Фомá**).

фона́рь sb.m. 'lantern, flashlight, street light; bay window' (coll. 'black eye'). Continues ORus **фонарь** 'lamp, lantern' attested since the XIVth century. Cf. Bulg **фене́р**, SCr **фѐњер** 'lantern', etc. Absent in other Slav languages. Borrowed from Middle Gk φανάρι(ο)ν 'lamp' (related to Gk φᾱνός 'torch'; bright', to φαίνω 'to shine' < IE ***bhā-** id.).
◇ ФТ IV 202; ЧЕРНых **ИЭСРЯ** II 320; **СРА** 502; **ТСРРЯ** 583-584.

фонта́н sb.m. 'fountain' (coll. 'chatter, babble', etc.). Attested since the early XVIIIth century; as sb.f. **фонта́на** (obs.) since the end of the XVIIth century. Cf. Bulg **фонта́н**, SCr **fontána**, Czech **fontána**, Pol **fontanna**, Ukr, Blr **фонта́н** id. To Ital **fontana** < Lat (originally adj.) **fontāna** 'spring (of water)', to **fons** (stem **font-**) 'spring, source'. Ultimately to IE ***dhen-**/***dhon-** 'to run, to flow'.
◇ ФТ IV 202; ЧЕРНых **ИЭСРЯ** II 321; **СРА** 502-503; **ТСРРЯ** 584 (**не фонта́н** 'not good', coll.); **AHD** sub **fountain**.

фо́ра adv. 'encore' (sb.f. 'advantage, head start'). Borrowed from Ital **fora** id.
◇ ВИНОГРАДОВ **ИС** 234.

фордыба́чить vb. (dial. **гордыба́чить**) 'to brag, to boast; to balk, to make difficulties', **гардыба́чить** 'to speak rudely', **фордыба́ка, гордыба́ка** 'braggart, insolent person'.
◇ ФТ I 440 (**гордыба́чить** < **гордый** 'proud' and **ба́чить** 'talk'), IV 202 (**фордыба́чить**); **ТСРРЯ** 584 (also syn. refl. **фордыба́читься**, coll.); **ТСРЯ** 1054.

форе́йтор sb.m. (old **форрейтер**) 'postilion, outrider'. Attested since the 1st quarter of the XVIIIth century. Borrowed from Germ **Vorreiter** id. (to **vorreiten** 'to ride in front').
◇ ФТ IV 202.

форе́ль sb.f. 'trout, Salmo trutta'. Attested since the mid-XVIIIth century. Cf. Ukr **форе́ль**, Blr **фарэ́ль** id. Absent in other Slav languages. Borrowed from Germ **Forelle** id. < MHG **Forhel** < **forhe(n)-le** (with dim. suff. **-le**) < OHG **forhana** id. < IE ***perḱ-nā** 'a kind of fish' (to ***perḱ-** 'spotted, variegated').
◇ ФТ IV 203; ЧЕРНых **ИЭСРЯ** II 321.

фо́рма sb.f. 'shape, form, uniform' (adj. **фо́рменный** 'pertaining to uniform; (coll.) real', **форма́льный** 'formal').

Attested since 1704. Borrowed from Pol **forma** 'shape, form' < Lat **fōrma** 'form, contour, shape, beauty' (metath. from **morph-** as in Gk μορφή 'form, figure, shape'; possibly not from IE ***mer-bh-** / ***mor-bh-** 'to gleam, to sparkle' < ***mer-** id.).
◇ KOCHMAN **PRK** 50; Pokorny 733–734; **AHD** sub **form**; **IE Roots** sub ***merph-**; ФТ IV 203; ЧЕРНых **ИЭСРЯ** II 321–322; **ТСРРЯ** 585 (**фóрменный**).

формáт sb.m. 'format'. From Germ **Format** (or from Fr **format**) < Lat part. **fōrmātum** 'smth. formed' to **fōrmāre** 'to form, to shape'. See **фóрма** 'shape, form'.
◇ ФТ IV 203; **AHD** sub **format**.

фóрмула sb.f. 'formula'. Attested since 1806. Cf. Bulg **фóрмула**, SCr **fȍrmula**, Czech **formule**, Pol **formuła**, Ukr, Blr **фóрмула** id. From Lat **formula** 'rule, norm, formula' (possibly via Fr **formule** id.), a dim. of **fōrma** 'form, image'. See **фóрма** 'shape, form'.
◇ ФТ IV 203; ЧЕРНых **ИЭСРЯ** II 322.

форпóст sb.m. 'outpost'. Attested since Peter I. Borrowed from Du **voorpost** id. (cf. Germ **Vorposten** 'outpost, advanced post').
◇ ФТ IV 203.

форс sb.m. 'show(ing off), swank' (verb **форсúть** 'to show off'), coll. Cf. also obs. **фóрса** 'force, arrogance' (1850s). Borrowed from Fr **force** 'force, strength' (since 1100) < Vulgar Lat **fortia** id. < Lat **fortis** 'strong' (to IE ***bherĝh-** 'high').
◇ DAUZAT 334; АРАПОВА **РР** XXIX/6 112–113; ФТ IV 203; ЧЕРНых **ИЭСРЯ** II 322; **AHD** sub **force**; **ТСРРЯ** 585.

фóртель sb.m. 'trick, prank, surprising act', coll. Attested since 1806 in the meaning 'win, gain, ruse'. Borrowed from Pol **fortel** 'profit, trick, ruse', itself from MHG **vorteil** 'advantage, advance' (cf. Germ **Vorteil** 'advantage, benefit, profit, gain').
◇ ФТ IV 204; ЧЕРНых **ИЭСРЯ** II 322; ВИНОГРАДОВ **ИС** 718–720; **ТСРРЯ** 585.

фортепья́но sb.n. 'piano'. Borrowed via Germ **Fortepiano** or directly from Ital **fortepiano** (syn. **piano** < **pianoforte**, lit.

'softly [and] strongly'). Old var. **фортепьян** possibly from Pol **fortepian.**
◇ ФТ IV 204; **AHD** sub **forte**[2] and **piano**.

фóрточка sb.f. 'small hinged window pane' (also **фóртка**). Attested in dictionaries since 1802. Cf. Blr **фóртачка, фóртка** id. Note Pol obs. **forta, fortka** 'gate in a fence; small hinged window pane', Ukr **хвîртка** 'gate in a fence'. Borrowed from Germ **Pforte** 'gate' (dim. **Pförtchen**) < Lat **porta** id. (to IE ***per-** 'to lead, to pass over').
◇ ФТ IV 205; ЧЕРНых **ИЭСРЯ** II 322.

фотогрáфия sb.f. (old **фотограф**) 'photograph (nouns **фотóграф** 'photographer'; **фотоаппарáт** 'camera'). Attested in dictionaries since 1847. Cf. Bulg **фотогрáфия** 'photograph', **фотóграф** 'photographer', SCr **fotogràfija, fotògraf**, Czech **fotografie, fotograf**, Pol **fotografia, fotograf**, Ukr **фотогрáфия, фотóграф**, Blr **фатагрáфiя, фатóграф** id. Borrowed from Engl **photograph** (since 1839). To Gk φῶς (root φωτ-) 'light' and γράφω 'to write' (< IE ***bhā-** 'light; to shine'). Cf. **фотокáрточка** 'snapshot'.
◇ ЧЕРНых **ИЭСРЯ** II 323; **AHD** sub **photo-**, **phot-**.

фотокáрточка sb.f. 'snapshot, photograph' (< **фотографи́ческая кáрточка** lit. 'photographic card'), also frequently **кáрточка** (coll. **фóтка** id.; **фотокáрточка** 'face'). See **фотогрáфия**.
◇ **СРА** 503; **ТСРРЯ** 585.

фрáер sb.m. 'non-criminal' (also **фрáйер**), coll. Borrowed into the criminal argot from Germ **Freier** 'wooer, suitor' (to **freien** 'to woo, to court').
◇ **SPCS** I 197; **СРА** 503.

фрáза sb.f. 'sentence, phrase'. Attested since the 2nd half of the XVIIIth century. Cf. Bulg **фрáза**, SCr **fráza**, Czech **fráze**, Ukr, Blr **фрáза** id. Possibly from Fr **phrase** id. (since 1546) < Lat **phrasis** 'style of speech' (to Gk φράζω 'to show, to say'). Related: **фразёр** 'phrasemonger' (cf. Fr **fraseur**, since 1788), **фразёрство** 'phrasemongering'.
◇ DAUZAT 555; ФТ IV 205; ЧЕРНых **ИЭСРЯ** II 323; **AHD** sub **phrase**.

фрак sb.m. 'tail coat, tails'. Attested since the mid-XVIIIth century (initially in the meaning 'frock coat'). Cf. Bulg **фрак**,

SCr **fràk**, Czech, Pol **frak**, Ukr, Blr **фрак** id. From Germ **Frack** id. or Engl **frock** (< OFr **froc** < Gmc ***hrok-**).
◇ ФТ IV 205 (from Germ); ЧЕРНых **ИЭСРЯ** II 323–324 (from Engl).

фраму́га sb.f. 'upper part of a window or door frame'. Borrowed in 1640s from Pol **framuga** 'niche, false window'(< OPol **frambuga**). From Gmc languages (cf. OHG ***hrama** 'frame').
◇ KOCHMAN **PRK** 50; ФТ IV 205.

франт sb.m. 'dandy; fop'. Attested since 1704 in the meaning 'jester, buffon'. Cf. Ukr, Blr **франт** 'dandy, fop'; Bulg **франт** id. is from Russian. Borrowed from (now obs.) Czech **frant(a),** possibly via Pol **frant** 'cheat, swindler; jester, comedian'.
◇ ТРУБАЧЕВ **Этим. 1964** 134; ФТ IV 206; ЧЕРНых **ИЭСРЯ** II 324.

френч sb.m. 'service jacket, field jacket'. Attested since 1915–1916. Cf. Ukr **френч**, Blr **фрэнч** id.; Bulg **френч**, Czech **frenč**, Pol **frencz** id. are from Russian. Named after British field marshal French (who commanded British troops in France in 1914–1915).
◇ ТРУБАЧЕВ ФТ IV 207 (correcting ФАСМЕР); ЧЕРНых **ИЭСРЯ** II 324.

фрикаде́лька sb.f. 'ball of minced meat cooked in soup, quenélle' (usually pl. **фрикаде́льки**). Attested since 1806 (in the form **фрикаде́ли**, pl.). Cf. Pol **frykadelki** (pl.), SCr **frikadélā**, Ukr **фрикаде́лька**, Blr **фрикадэ́лька** id. Absent in other Slav languages. Borrowed from West European languages (possibly from Germ **Frikadelle** or directly from Fr **fricadelle**).
◇ ФТ IV 207 (**фрикаде́ль**; ultimately < Ital **frittadella** 'pan-fried'); ЧЕРНых **ИЭСРЯ** II 324.

фронт sb.m. 'front'. Attested since the mid-XVIIth century (first as **фро́н(ь)те**, later **фрунт**), to Germ **Fronte** (old), **Front** id. < Fr **front** 'forehead, front' (since 1100) < Lat **frons** (stem **front-**) 'front, forehead'. Cf. Bulg **фронт**, SCr **frȍnt**, Czech **fronta**, Pol **front**, Ukr, Blr **фронт** 'front'.
◇ DAUZAT 345; ФТ IV 208; ЧЕРНых **ИЭСРЯ** II 325; **AHD** sub **front**.

фрукт sb.m. '(piece of) fruit'; (coll.) 'unpleasant person'. Attested (in pl. **фру́кты**) since the late XVIIth century. Cf. Ukr, Blr **фрукт** 'fruit'. Absent in other Slav languages. From German or Dutch (cf. Germ **Frucht**, Du **vrucht** 'fruit') < Lat **frūctus** 'enjoyment, produce, fruit' (to **frūg-** < IE ***bhrūg-** 'agricultural produce; to enjoy').

◇ ФТ IV 208; ЧЕРНых **ИЭСРЯ** II 325; **AHD** sub **fruit**; **ТСРРЯ** 586 (here also adv. **фрукто́во** 'excellent, profitable', coll. from argot).

фря sb.f. 'pretentious or proud woman / person', coll. Borrowed in the 2nd half of the XVIIIth century from Germ **Frau** 'woman, Mrs.' or, less likely, Swed **fru** id.

◇ ВИНОГРАДОВ **РЯ** 815; JAKOBSON **IJSLP** I–II 274; ТРУБАЧЕВ ФТ IV 208; **ТСРРЯ** 586.

фу, **фуй** interj. 'ugh!' 'whew!'. Attested since the XVIIIth century. Cf. Bulg **фу**, SCr **fȕj**, Czech **fuj**, Pol **(p)fuj**, Blr **фу** id. Of imitative origin.

◇ ВИНОГРАДОВ **РЯ** 750; ФТ IV 208; ЧЕРНых **ИЭСРЯ** II 325.

фунт sb.m. 'pound'. Continues ORus **фунтъ** id. attested since 1388. Cf. Bulg **фунт**, SCr **fûnta**, Czech, Pol **funt**, Ukr, Blr **фунт** id. Borrowed from MHG **pfunt** (< OHG **phunt** < Lat **pondō** 'by weight, weighing' [to noun **pondus** 'weight'] > Eng **pound**).

◇ ФТ IV 210; ЧЕРНых **ИЭСРЯ** II 326–327; **AHD** sub **pound**.

фура́ж sb.m. 'fodder, forage' (sb.m. **фуражи́р** 'forager'). Attested since the early XVIIIth century. Cf. Bulg **фура́ж**, SCr **fȕrāž**, Czech **furáž**, Pol **furaz**, Ukr,Blr **фура́ж** id. From Fr **fourrage** id. (attested since the XIIth century) to OFr **feurre, fuerre** 'straw' < Frankish ***fōdr-** > OEng **fōder** 'fodder'.

◇ DAUZAT 338; ФТ IV 210 (**фура́ж** from Fr; **фуражи́ровать** from
Germ); ЧЕРНых **ИЭСРЯ** II 327; **AHD** sub **fodder**.

фура́жка sb.f. 'service cap, peak-cap' (old also **фура́шка**). Attested since the 1st quarter of the XIXth century (in dictionaries since 1828). Bulg **фура́жка** id. is from Rus. Possibly continues ***фуражи́рка**, to Fr **fourragère** 'service cap' (since 1815); cf. **фуражи́р** 'forager' = Fr **fourrageur** id. See **фура́ж** 'fodder, forage'.

◇ DAUZAT 338 (**fourrage**); ФТ IV 210; ЧЕРНых **ИЭСРЯ** II 327.

фургóн sb.m. 'wagon, van, fourgon'. Attested since the 1st half of the XIXth century. Cf. Bulg **фургóн**, SCr **fùrgōn**, Czech, Pol **furgon**, Ukr, Blr **фургóн** id. Borrowed from Fr **fourgon** id. (attested since the XVIIth century).
◇ DAUZAT 337; ФТ IV 211; ЧЕРНых **ИЭСРЯ** II 325.

фýрия sb.f. 'virago, shrew' (old 'fury'). Attested since the XVIIIth century. Cf. Bulg **фýрия**, SCr **fûrija**, Ukr **фýрiя**, Blr **фýрыя** id. To Lat f.pl. **Furiae** 'the three daughters of Earth and Night, winged goddesses of revenge (Alecto, Megaera, and Tisiphone)' < **furia** 'fury' (to **furere** 'to rage'). See **фурóр**.
◇ ФТ IV 211 (translates as 'fury'); ЧЕРНых **ИЭСРЯ** II 327-328; **AHD** sub **Furies, fury**.

фурóр sb.m. 'furore, sensation'. Attested since the mid-XIXth century. Cf. Bulg **фурóр**, Czech **furore**, Pol **furora**, Ukr, Blr **фурóр** id. Borrowed from Ital **furore** 'frenzy, ecstasy' (possibly via Germ **Furor(e)** 'sensation, noise, splash') < Lat **furor** 'rage'. Cf. **фýрия**.
◇ ЧЕРНых **ИЭСРЯ** II 328; **AHD** sub **furor**.

фурьíчить vb. 'to function, to be operating (orig., of engines); to have an understanding of', coll. Probably of imitative origin.
◇ **СРА** 505 (compares **фырчáть**); **ТСРРЯ** 587.

фут sb.m. 'foot (measure)'. Attested since Peter I (originally as **аглинский фут** 'English foot'). From Eng **foot** < OEng **fōt** < IE ***pe/od-** 'foot'.
◇ ФТ IV 212; **AHD** sub **foot**.

футбóл sb.m. 'soccer, football' (old also **футболь**, **футбоол; фýтбол**). Borrowed from Eng **football** in 1880s; adj. **футбóльный** and noun **футболи́ст** appeared in the 1920's. Cf. Bulg **фýтбол**, SCr **fûtbal**, Czech **football**, Pol **futbal**, Ukr, Blr **футбóл** id. Cf. **фут**.
◇ ТРУБАЧЕВ ФТ IV 212; ЧЕРНых **ИЭСРЯ** II 328; **AHD** sub **football**; **ТСРРЯ** 586 (**футбóлить** 'to try to get rid of smb.' [usually perf. **отфутбóлить**], coll.).

футля́р sb.m. 'case' (as in 'eyeglass case'). Attested since the early XVIIIth century. Cf. SCr **futróla**, Pol **futerał**, Ukr **футля́р**, Blr **футарáл** id. Borrowed from Germ **Futteral** id.

or from Du **foedraal** id. For metathesis, cf. **тарéлка** < Germ **Teller** 'plate, dish'.
◇ ФТ IV 212 (from Germ); ЧЕРНых **ИЭСРЯ** II 328.

футури́ст sb.m. 'futurist' (cf. **футури́зм** 'futurism'). Cf. Bulg **футури́ст**, SCr **futùrist(a)**, Czech **futurista**, Pol **futurysta**, Ukr **футури́ст**, Blr **футуры́ст** id. Borrowed in 1910 directly, or via Fr **futuriste** id., from Ital **futurista** id. (since 1908-1909). To Lat **futūrus** 'future' (< IE ***bheu-** 'to be, to grow').
◇ GINZBURG **Chel.** 35-36; ЧЕРНых **ИЭСРЯ** II 328-329; **AHD** sub **futurism, future**.

фуфло́ sb.n. 'junk, trash, lies' (also **фу́фель**; adj. **фуфло́вый** 'fake, phony'), coll./slang. From criminal argot. Of imitative origin.
◇ **SPCS II** 88-89; **СРА** 506; **ТСМС** 235; **ТСРРЯ** 587-588.

фы́ркать vb. 'to sniff, to chuckle, to grumble; to puff (about engine)' (sb.n. **фы́рканье** 'snorting', etc.). Similar in several other Slav languages. Of imitative origin.
◇ ФТ IV 213; **ТСРРЯ** 588 (**фы́ркать, фы́ркнуть**).

фырча́ть vb. 'to noisily exhale through nose; to emit exhaust gases (about engine)', coll. Of imitative origin.
Possibly to **фы́ркать**.
◇ **ТСРРЯ** 588.

фюзеля́ж sb.m. 'fuselage'. Attested since 1920s. Cf. Bulg **фюзела́ж**, SCr **fizeláža**, Ukr **фюзеля́ж**, Blr **фюзеля́ж** id. Absent in other Slav languages. Borrowed from Fr **fuselage** id. to OFr **fusel** 'spindle' (since the XIIth century; dim. of **fus**) < Lat **fūsus** id.
◇ DAUZAT 348; ЧЕРНых **ИЭСРЯ** II 329; **AHD** sub **fuselage**.

фюить interj.; refers to disappearing of smb. or smth (also **фюйть, фьють**). From Fr **fuite** 'flight, leak' (attested since the XIIth century) < Vulgar Lat ***fūgitus;** cf. Fr **fuir** 'to flee, to run away, to leak'.
◇ ВИНОГРАДОВ **РЯ** 750.

X

хабáл sb.m. 'lout, boor, trouble-maker' (dial.; also **хабáлда, хáбила**). To **хабáлить** 'to quarrel, to brawl'. Probably related to **хáбить** 'to spoil'; cf. п**охáбный** 'obscene'.
◇ ФТ IV 213, 214 (**хáбить** 'to spoil').

хабáлка sb.f. 'loud, pushy woman' (from argot). See **хабáл**.
◇ **СРА** 507.

хабáр sb.m. 'loot, bribe'. Borrowed from Turkic: Cr.-Tat **xabär** 'news', Turk **xaber** id. coming from Arab **ḫabar** id.
◇ АБАЕВ IV 130; ФТ IV 213-214; АНИКИН **Сиб.** 623.

хáбить vb. 'to spoil, to damage' (obs.). Probably the same as **хáбить** 'to grab'. From Slav ***xabiti** 'to spoil'; cf. Lith **skõbti** 'to scratch, to carve', **скобá** 'clamp' (BRÜCKNER 181, **KZ** LI 238). See **хабáл** 'lout, boor', **хóбот** 'trunk'.

◇ ФТ IV 214, 215; МЕЛЬНИЧУК **Этим. 1966** 219 (possibly to IE ***ks-ā-i-** < ***kes-** 'to touch, to hit, to rub').

хáвать vb. 'to eat; to have an understanding of' (from slang). Borrowed from Romani (Gypsy) **xav** 'to eat'. (B.Podolsky).
◇ МЕЛЬНИЧУК **Этим. 1966** 219 (possibly to IE ***ks-ā-i-** < ***kes-** 'to touch, to hit, to rub'); **СРА** 507; **ТСМС** 236; **ТСРРЯ** 588-589; **ССМЖ** 592.

хáза sb.f. 'criminal's den, dive' (possibly from argot); **хáзина** sb.f. 'building' (dial.). To Hung **ház** 'house'.
◇ ФТ IV 215 (**хáзина**); **СРА** 508; **ССМЖ** 592.

хай sb.m. 'quarrel, noise', coll. See **хáять** 'to scold', etc.
◇ **ТСРРЯ** 589; **СРА** 508.

хайлó sb.n. 'mouth, throat', coll. Derived from Slav ***xajiti** > Rus dial. **хáить** 'to find fault with, to scold'. See **хáять** id.
◇ ФТ IV 216; ЧЕРНЫХ **ИЭСРЯ** II 334-335 (sub **хáять**); ТРУБАЧЕВ
ЭССЯ VIII 12 (to ***xajati** < IE ***ks-ā-i-**); **СРА** 508.

хáкер sb.m. 'hacker' (lately, also 'member of a computer club'). Borrowed from Eng.
◇ **СРА** 508; **ТСРРЯ** 589; **ССМЖ** 594-595.

халабýда sb.f. 'shanty, hovel' (coll., derog.; also **холобýда**). Possibly to syn. **халýга** , **халýпа** (< ***xal-** / ***xol-** 'twigs, brushwood' or **хал** 'cheep thing' ?) + **бýд(к)а** 'booth'. Cf. **халýпа**.
◇ ТРУБАЧЕВ ФТ IV 256 (**холобýда**); **ТСРРЯ** 589-590 (**халабýда**).

халабýрда sb.f. 'shock-head, sloven'. Borrowed from Ukr **галабýрда** 'brawl' somehow related to OCzech **haraburda** 'restless person', Slvk dial. **halaburda** id.
◇ ИЛЬИНСКИЙ **ИОРЯС** XX/4 154-155 (of imitative orgin); ФТ IV 216 (from dial. **хал** 'worthless stuff, cheep thing' and **бурдá** [cf. **хáла-бáла** 'nonsense', **ТСРРЯ** 589]); **ЕСУМ** I 455.

халáт sb.m. 'dressing-gown, bath-robe'. Attested since the XVIIth century. Cf. Bulg, Ukr, Blr **халáт** id. From Turk **xilat** [**hilat**] 'caftan' < Arab **ḫil'a** 'honorary dress'.

◇ ФТ IV 217; ЧЕРНЫХ **ИЭСРЯ** II 329-330.

халáтный adj. 'careless, negligent'. A metaphoric derivative of **халáт** 'dressing-gown, bath-robe' created in the end of 1840s.
◇ ВИНОГРАДОВ **ИС** 720-722; ЧЕРНЫХ **ИЭСРЯ** II 330-331.

халвá sb.f. 'halvah (paste of nuts, sugar, and oil)'. Attested since the 2nd half of the XVIIth century (old also **галва**). Cf. Bulg **халвá**, SCr **hâlva**, Czech **chalva**, Pol **chałwa**, Ukr, Blr **халвá** id. Borrowed from Arab **ḥalwā**' 'candy, sweets' via Tkc (Turk **xelva** 'halvah', etc.).
◇ ФТ IV 217; ЧЕРНЫХ **ИЭСРЯ** II 330; **AHD** sub **halvah** (from Yidd **halva** id. < Rum < Turk < Arab).

халтýра sb.f. 'hack work, hack job; sideline' (verb **халтýрить**), coll. Cf. Pol **chałtura**, Ukr, Blr **халтýра** id. Absent in other Slav languages. Ultimately to Lat **chartula** 'note', dim. of **charta** 'paper (covered with writing)'; cf. ORus **халтуларь** 'archivist'.
◇ ФТ IV 218; ЧЕРНЫХ **ИЭСРЯ** II 330-331; **СРА** 509; **ТСРРЯ** 590.

халýпа sb.f. 'hut'. From Slav ***xalupa**: SCr dial. **halupa** 'thatched hut', Slvn **halupa** 'hut', Czech **halupa** 'barn, hut', Slvk **chalupa** 'farm house', USorb **khalupa** 'hut', LSorb **chałupa** 'farm house, hut', Pol **chałupa** id., Ukr **халýпа** 'hut', Blr **халýпа** id. In ESlav might be borrowed from or influenced by Pol. Derived with suffix **-упа** from Slav ***xalъ** > Rus dial. **хал** 'cheap thing', Blr **халь** 'rubbish' and the like (ČOP **Lab.** 99). Cf. **халабýда** 'shanty'.
◇ MIKLOSICH **EW** 125 (connected with ***kolyba**, see **колыбéль** 'cradle'); BERNEKER I 383; BRÜCKNER 175-176; SŁAWSKI I 59; POLÁK **Slavia** XLII 273-274 (from NItal **calopa** 'wooden hut'); ТРУБАЧЕВ ФТ IV 219; ТРУБАЧЕВ **ЭССЯ** VIII 15-17 (via unattested Gmc ***xalupa** < Illyr ***kalūbā**, see **колыбéль**); **ТСРРЯ** 590.

халя́ва sb.f. (coll.) 'something free, gratis' (cf. **на халяву** 'at someone else's expense'); (obs.) 'boot-top'. In dialects attested with *okanie*: **холя́ва** 'boot-top; sloven, taleteller, gossip'. From Slav ***xol'eva**: CSl **холева** calceus, SCr dial. **hȍljeva** 'a kind of stocking', OCzech **cholava** 'puttee', USorb **kholowa** 'trouser leg', LSorb **chólowa** 'pants', Pol **cholewa**

'boot-top'. Possibly derived from **хóлить** 'to tend' (BRÜCKNER **KZ** LI 235).
◇ BRÜCKNER 182; SŁAWSKI I 74; ОТРЕМБСКИЙ **ВЯ** 1954/5 37 (to **гóлень**); МАРТЫНОВ apud ТРУБАЧЕВ (from Gmc, cf. OE **hulu** 'cover, case'); ФТ IV 259 (contra BRÜCKNER); ТРУБАЧЕВ **ЭССЯ** VIII 59-60; СУСЛОВА **РР** XXXVI/6 112; **СРА** 509; **ТСРРЯ** 590-591 (translates 'дармовщина', to **дáром** 'gratis, free of charge').

хам sb.m. 'cad, boor', syn. **хамлó** (also used as swearword; cf. vb. **хами́ть** 'to be rude, to outrage'). Enters the literary language in 1840s. Usually compared with Hbr name **Chām** (Bible).
◇ ВИНОГРАДОВ **ИС** 816; ФТ IV 220; ЧЕРНЫХ **ИЭСРЯ** II 331; **СРА** 510; **ТСРРЯ** 591.

хамсá sb.f. 'a kind of fish, Engraulis encrasicholus'. Borrowed from NGk χαμψ(ι)ά, χαμσί id. (GEORGAKAS **Icht.** 272-273) < Turk **xamsy** [**hamsı**] id.
◇ ФАСМЕР **Гр.-сл.** 233-234; ФТ II 175 (sub **камсá**).

хан sb.m. 'khan'. Continues ORus **ханъ**, **хаганъ** id. (in parallel with **канъ**, **каганъ** id.) borrowed from Lit. Mong **xaγan** 'great khan, emperor' rendering Turkic ***qaγan** > Kypch **qan** 'king, khan', Alt **qān** id. Cf. also Proto-Bulg ***χån** > Chuv **χun** 'khan'.
◇ DOERFER III 141-179; МЕНГЕС 110; ФТ IV 221; АНИКИН **Сиб.** 263.

ханá sb.f. (indecl.) 'end, curtains, disaster', also interj. 'all over, done for', coll. Cf. dial. **хáнуть** 'to perish'.
◇ АНИКИН **Сиб.** 633; **СРА** 510; **ТСРРЯ** 591.

ханжá I sb.m.,f. 'hypocryte' (dial. 'tramp'). Attested since the early XVIIIth century. Cf. Ukr, Blr **ханжá** id. Absent in other Slav languages. Possibly from Turk **xadžy** [= **hacı**] 'pilgrim' borrowed from Arab **ḥājj(ī)** id.
◇ ФТ IV 222; ЧЕРНЫХ **ИЭСРЯ** II 332.

ханжá II sb.f. 'vodka'. Modification of dial. **ханши́н** 'Chinese vodka' borrowed from Manch **xānšin** id. of Chinese origin. Cf. **хáнка**.
◇ АНИКИН **Сиб.** 634-635.

xáнка sb.f. 'vodka'; also **хань**, **xáня**. Probably an abbreviation of **ханжá II**.
◇ АНИКИН **Сиб.** 634; **СРА** 510 (here also **ха/онячить** 'drink alcohol', argot).

ханы́га sb.m. 'bum, drunkard, beggar'. Cf. also dial. **ханю́ка** 'miser'. Possibly related: **хану́рик** id. Unclear.
◇ ПЕТЛЕВА **Этим. 1970** 214 (to imitative dial. **xáнькать** 'to whine, to whimper'); ФТ IV 222 (dial. **xáнькать**, **xáны́к**); **СРА** 510; **ТСРРЯ** 591–592 (**хану́рик**, **ханы́га**).

xáпать vb. 'to grab, to snatch, to steal' (noun **хапу́га** 'thief, bribe taker'), coll. Continues ORus **хапати** 'to grab, to snatch, to bite' (attested since the XIth century) from Slav ***xapati**: OCSl **хапати** δάκνειν, mordere, Maced dial. **апам** 'to bite', SCr dial. **apati** id., Slvn **hapati** 'to gulp', Czech **chápati** 'to grab, to snatch', Slvk **chápat'** id., Pol **chapać** id., Ukr **хапáти** id., Blr **хапáць** id. Of imitative origin.
◇ BERNEKER I 384; UHLENBECK **AfslPh** XV 485 (from Gmc); JOKL **LKUBA** 19 n. 1 (to Alb **kafshoj** 'to bite'); MEILLET **BSL** XXXI 53; JAKOBSON **IJSLP** I/2 274; ФТ IV 222; ЧЕРНЫХ **ИЭСРЯ** II 333; ТРУБАЧЕВ **ЭССЯ** VIII 18–19; **СРА** 510; **ТСРРЯ** 592.

харакúри sb.n. 'hara-kiri'. Borrowed via Eng **hara-kiri** id. from Japanese **harakiri** 'belly cutting'.
◇ **AHD** sub **harakiri**; **СРА** 510 ('punishment, scolding', argot).

харáктер sb.m. 'character'. Note the irregular stress in adj. **характéрный** 'typical' as opposed to **харáктерный (актёр)** 'character (actor)'. Attested since Peter I (also as **характúр**). Cf. Bulg **харáктер**, SCr **karàktēr**, Czech **charakter**, Ukr **харáктер**, Blr **харáктэр** id. Possibly via Pol **character** id. from West European languages to Lat **charactēr** 'character, mark, instrument for branding' < Gk χαρακτήρ 'engraved mark, brand, form, character' (< χάραξ 'pointed stake' < IE ***ĝher-** 'to scrape, to scratch').
◇ ВИНОГРАДОВ **ИС** 722–723; ФТ IV 223; ЧЕРНЫХ **ИЭСРЯ** II 333; **AHD** sub **character**.

xáриус sb.m. 'a kind of river fish'. Borrowed from Baltic Finnish: Veps **harjus**. **hard'uz** id., Karel **harjuš** id., Finn **harju(s)** id. of Germanic origin (***xarzus**).

◇ Добродомов **Этим. 1970** 383 (comparison with dial. **сóриус** 'a kind of trout'); ФТ IV 224; ЧЕРНЫХ **ИЭСРЯ** II 333-334; АНИКИН **Сиб.** 639.

хáркать vb. 'to hawk, to clear one's throat, to expectorate'. Borrowed from Pol **charkać** id. replacing dial. **хóркать** 'to snore' < Slav ***xъrkati** (cf. Bulg **хъ́ркам** 'to snore, to hawk', and the like) of imitative origin.
◇ BERNEKER I 412; ФТ IV 224 (from **хóркать**); ТРУБАЧЕВ **ЭССЯ** VIII 147 (related to ***xъrkati**).

харч sb.m. 'food'; usually in pl. **харчи́**, coll. Continues MRus **харчь** id. Attested since the XVth century. Borrowed from Turk **xardž** [**harç**] 'expenses' < Arab **ḫarğ** id.
◇ АБАЕВ IV 142; ФТ IV 225 (sub **харчи́**); ЧЕРНЫХ **ИЭСРЯ** II 334 (sub **харчи́**); АНИКИН **Сиб.** 639; **ТСРРЯ** 593 (sub **харчи́**).

харчó sb.n.indecl. 'thick mutton soup'. Attested in dictionaries since 1940. Borrowed from Grg **charšo** id.; Bulg **харчó** id. and Czech **charčo** id. are from Rusian.
◇ ЧЕРНЫХ **ИЭСРЯ** II 334.

хáря sb.f. 'ugly face' (old 'mask'). Attested since the XVIIth century. Cf. Blr **хáра** id.; absent in other Slav languages. Possibly to **ухаря** 'mask with big ears' < **ýхо** 'ear' (ТРУБАЧЕВ ФТ IV 225-226).
◇ ШУСТОВ **РР** XXVIII/5 114-118 (from Turkic ***qara** 'black'); ЧЕРНЫХ **ИЭСРЯ** II 334; **ТСРРЯ** 593.

хáта sb.f. '(Ukrainian) country house' (coll. 'apartment; prison, prison cell'). Borrowed from Ukr **хáта** '(country) house', probably from Iran ***kata-** 'room, cellar' (СОБОЛЕВСКИЙ **ИОРЯС** XXXII 30; ТРУБАЧЕВ **Этим. 1965** 41).
◇ BERNEKER I 386 (via Hung **ház** 'house'); BRÜCKNER 386; MEILLET **BSL** XXVIII 193 (doubts the Iranian source); ФТ IV 226; ТРУБАЧЕВ **ЭССЯ** VIII 21-22; **СРА** 511 (criminal argot 'den'); **ТСРРЯ** 593; **ССМЖ** 597.

ха-хá interj. 'imitation of laughter'. From SLav ***xa(-xa)**: Bulg **ха** interj. of joy, Maced **ха** id., SCr **hȁ** interj. of surprise, Slvn **ha** id., Czech **cha** interj. of laughter, Slvk **cha** id., LSorb **cha** id., Pol **cha** id., Ukr, Blr **ха-ха** id. Of imitative origin.
◇ ТРУБАЧЕВ **ЭССЯ** VIII 7.

хáхаль sb.m. 'suitor, boy-friend, lover (coll.); mocker, rogue (dial.)'. Derived from dial. **хáхать** 'to laugh' based on **ха-ха** (ТРУБАЧЕВ **ЭССЯ** VIII 10).
◇ ФТ IV 226-227; ВАРБОТ **ZfSl** XXIV 152; **ТСРЯ** 593.

хáять vb. 'to find fault with, to scold; to bother, to touch', coll. From SLav ***xajati**: Bulg **хáя** 'to ignore, to neglect', SCr **hȁjati** 'to take care of, to care about', Czech dial. **chajat'** 'to caress', Pol **chajać** 'to look for, to stroke', Ukr **хáяти** 'to leave, to leave alone'. Possibly from IE ***ks-ā-i-** < ***kes-** 'to touch, to hit, to rub'. Cf. **хай, хайлó**.
◇ BERNEKER I 382; МЕЛЬНИЧУК **Этим. 1966** 218 (from IE ***ksāi-**); АБАЕВ **Сб. Борковский** 13 (from Goth **fajan** 'to abuse, to scold, to revile'); ФТ IV 227-228 (two verbs); ЧЕРНЫХ **ИЭСРЯ** II 334-335; ТРУБАЧЕВ **ЭССЯ** VIII 11-12 (same as МЕЛЬНИЧУК); **ТСРЯ** 593-594.

хвалá sb.f. 'praise'. Continues ORus **хвала** id. (attested since the XIth century) from Slav ***xvala**: OCSl **хвала** αἶνος, αἴνεσις, laus, Bulg **хвалá** 'praise, glory', SCr **hvála** 'glory', Slvn **hvala** 'praise', Czech **chvála** id., Slvk **chvála** id., USorb **khwała** id., LSorb **chwała** 'praise, courage', Pol **chwała** 'praise, honour, glory', Ukr **хвалá** 'praise', Blr **хвалá** id. Related to **хулá** 'blame', etc. Possibly to ***svōla** (ШАПОШНИКОВ **Этим. 2003-2005** 378) < IE ***su̯e-l-**, '(to) sound, to sing', or sim. (ТРУБАЧЕВ **ЭССЯ** VIII 115).
◇ BERNEKER I 406-407; BRÜCKNER **KZ** LI 232 (to ON **skvala** 'to swell'); SŁAWSKI I 90-91; ИЛЛИЧ-СВИТЫЧ **ВЯ** 1961/4 94 (same as BRÜCKNER); VAILLANT **Gr. comp.** III 429 (der. of **хвалúть** 'to praise'); ФТ IV 228; ЧЕРНЫХ **ИЭСРЯ** II 334-335; ТРУБАЧЕВ **ЭССЯ** VIII 118-119; GOŁĄB **Origins** 315-316 (from unattested Iran ***xvāryā**).

хвáстать vb. 'to brag'. Cf. dial. **хвастáть** 'to whip, to lash'. Attested in dictionaries since 1704. From Slav ***xvastati**: CSl **хвастати** gloriari, SCr **hvȁstati** 'to brag', Slvn **hvastati** id., Czech **chvástati** 'to prattle, to brag', Slvk **chvastat' sa** 'to brag', Ukr **хвáстати** id., Blr **хвáстацца** id. Derived from ***xvostati** > **хвостáть** 'to lash, to whip' based on 'tail' (cf. Germ **prahlen** 'to brag' ~ **prallen** 'to strike'). Further see **хвост** 'tail'.
◇ BERNEKER I 407 (of imitative origin); ФТ IV 229; ЧЕРНЫХ **ИЭСРЯ** II 335; ТРУБАЧЕВ **ЭССЯ** VIII 121-122.

хват sb.m. 'dashing fellow'. Borrowed from Pol **chwat** id. (this latter is related to **хватáть** 'to grab', etc.).
◇ ФТ IV 229-230.

хватáть vb. 'to seize, to snatch, to grab; to get smth. unpleasant; to suffice'. Continues ORus **хватати** 'to seize'(since the XIIIth century) from Slav ***xvatati**: OCSl **хватати** δράσσεσθαι, συλλαμβάνειν, prehendere, Bulg **хвáтам** 'to seize', SCr **hvàtati** 'to seize, to catch', Slvn **hvatati** id., Czech **chvátati** 'to hurry', Slvk **chvátat'** 'to seize, to hurry', USorb **khwatać** 'to hurry', LSorb **chwataś** id., Pol old **chwatać** 'to seize, to catch', Ukr **хватáти** 'to seize, to snatch', Blr **хватáць** id. Related to **хотéть** 'to want' (BERNEKER I 407) und further to ORus **хытати** 'to grab, to bite', dial. **хи́тить** 'to steal, to kidnap' (see **похи́тить** id.) < Slav ***xyt-** < ***xŭt-** / ***xvat-**. The latter pattern may originate from ***sut-** < ***sūt-** / ***svōt-**, cf. ***xotěti** 'to wish' < ***svot-**, etc. (ШАПОШНИКОВ **Этим. 2003-2005** 378).
◇ VAILLANT (to **свой**); SŁAWSKI I 93-94 (contra VAILLANT); ФТ IV 230; ЧЕРНЫХ **ИЭСРЯ** II 335-336; ТРУБАЧЕВ **ЭССЯ** VIII 123-124, 160-161 (***xytati** and ***xytiti**); **ТСРРЯ** 594.

хворáть vb. 'to be sick'. See **хвóрый** 'sick' < proto-Slav ***svor-** (ШАПОШНИКОВ **Этим. 2003-2005** 378).
◇ BRÜCKNER 183 (to **сквéрна**); МЕРКУЛОВА **Этим. 1967** 162 (on **хворóба** 'sickness'); ГОРЯЧЕВА **Этим. 1982** 44 (follows BRÜCKNER and reconstructs ***xvorъ** < ***skvorъ**); ЧЕРНЫХ **ИЭСРЯ** II 336 (possibly to IE ***su̯e/or-** 'to cut, to prick, to become [infected and] swollen').

хвóрост sb.m. 'brushwood'. Continues ORus **хворостъ** 'purple / rose willow; its dry branches'(attested since the XIth century) from Slav ***xvorstъ**: CSL **хврастъ** sarmentum, **храстъ** quercus, Bulg **храст** 'bush', SCr **hrâst** 'oak', old **hvrast** 'bush, brushwood', Slvn **hrast** 'oak', **hrâst** 'brushwood', Czech **chrast** 'rustling (in a forest); brushwood', Slvk fem. **chrast'** 'bush', Pol **chrust** 'brushwood', Ukr **хворóст** 'brushwood', Blr **хвóраст** id. Possibly of imitative origin (cf. Czech): *'noise (of the forest)' > 'forest, bush' similar to Slav ***šumъ** ~ ***šuma** 'noise; forest', see **шум** 'noise' (MIKLOSICH **EW** 92). (Phonetically similar to Gmc ***xurstiz** 'grove' which is different etymologically).
◇ БРАНДТ **РФВ** XXII 127 (tentatively, to Gmc ***xurstiz** > Norw dial. **rust** 'grove, wood', OE **hyrst** 'copse, wood', MLG

horst, **hurst** 'bush', OHG **hurst** id.); ПОТЕБНЯ **РФВ** IV 201; UHLENBECK **AfslPh** XV 486 (borrowed from OHG **hurst**); МЛАДЕНОВ **СбНУ** XXV/II 122 (same as БРАНДТ); BERNEKER I 408–409; PETERSSEN **KZ** XLVI 145–146 (from IE ***ksu̯orsto-**); BRÜCKNER 184–185; SŁAWSKI I 83 (separates 'bush' and 'oak'); МЕЛЬНИЧУК **Этим. 1966** 216 (to **хвóя**); ФТ IV 231; ЧЕРНЫХ **ИЭСРЯ** II 336; ТРУБАЧЕВ **ЭССЯ** VIII 130–131 (follows MIKLOSICH); OREL **HGE** 195 (same as БРАНДТ).

хвóрый adj. 'sick, ill, ailing'. Attested as ORus prop. **Хворой**. From Slav ***xvorъ(jь)**: CSl **хворъ** aegrotus, Czech **chorý** 'sick, ill, ailing', Slvk **chorý** id., USorb **khory** 'sick', LSorb **chóry** id., Pol **chory** id., Ukr **хвóрий** id., Blr **хвóры** id. Believed to be related to Av **x^{v}ara-** 'wound', OHG **swero** 'pain, ulcer' (BERNEKER I 409). To proto-Slav ***svor-** (ШАПОШНИКОВ **Этим. 2003–2005** 378) < IE ***su̯er-** 'to become [infected and] swollen', etc. (ТРУБАЧЕВ **ЭССЯ** VIII 131–132). Cf. **хворáть** 'to be sick'.

◊ VONDRÁK **VSG** I 360 (adds Lith **svarùs** 'heavy'); ROZWADOWSKI **RO** I 105; BRÜCKNER 183 (to **сквéрна**); KONECZNY **RS** XVII/1 130 (same as BERNEKER); SŁAWSKI I 76–77; ФТ IV 231–232; ЧЕРНЫХ **ИЭСРЯ** II 336 (sub); GOŁĄB **Origins** 317 (from Iran, cf. Av **x^{v}ara-** 'wound').

хвост I sb.m. 'tail'. Continues ORus **хвостъ** id. (since the Xth - XIth century) from Slav ***xvostъ**: CSl **хвостъ** κέρκος, cauda, SCr old **hvost** 'tail', Slvn **hvost** id., Czech **chvost** id., Slvk **chvost** id., Pol dial. **chwost** id., Ukr **хвіст** id., Blr **хвост** id. Probably related to **хватáть** 'to grab', etc. (JAKOBSON **IJSLP** I/II 274). Slav ***xvostъ** < proto-Slav ***svot-t-** (ШАПОШНИКОВ **Этим. 2003–2005** 378)

◊ MIKLOSICH **EW** 92 (to Gmc ***kwastuz** ~ ***kwastaz** > ON **kvɪstr** 'bathing scrub', MLG **quest**, **quast** id., MHG **quast** id.); KOZLOVSKIJ **AfslPh** XI 385 (to Skt **hásta-** 'arm, elephant's trunk'); UHLENBECK **AfslPh** XV 486 (borrowed from MHG **quast**); МЛАДЕНОВ **СбНУ** XXV/II (to Lat **cauda** 'tail'); BERNEKER I 410 (contra UHLENBECK); VASMER **RS** VI 174 (borrowed from Av **x^{v}asta-** 'threshed'); PETERSSON **AdslPh** XXXV 370 (to Gk πόσθη 'membrum virile' < ***ku̯ostho-**), **KZ** XLVII 278 (to Arm **xot** 'grass, leaves'); SŁAWSKI I 92–93 (follows MIKLOSICH); ФТ IV 232–233; ЧЕРНЫХ **ИЭСРЯ** II 336–337; ТРУБАЧЕВ **ЭССЯ** VIII 133–134.

хвост II sb.m. 'queue, line' (coll.). Calque of Fr **queue** 'tail, queue'. Cf. also **хвост** 'surveillance; watcher', etc. (coll.).
◇ **СРА** 512; **ТСРРЯ** 595.

хвощ sb.m. 'horsetail (plant)'. Attested since the 1st half of the XVIIIth century. From Slav ***xvoščь**: Bulg **хвощ** 'horsetail Equisetum arvense', Slvn **hvošč** 'horsetail', Czech dial. fem. **chvošť** id., USorb **chošć** id., LSorb **chóšć** 'horsetail Equisetum silvaticum L.', Pol dial. **chwoszcz** 'horsetail Equisetum palustre', Ukr **хвіщ** 'horsetail', Blr **хвошч** id. Derived from **хвост** 'tail'.
◇ ЧЕРНЫХ **ИЭСРЯ** II 337; ТРУБАЧЕВ **ЭССЯ** VIII 134–135.

хвóя sb.f. 'pine-needles'. From Slav ***xvoja**: SCr dial. **hvója** 'branch', Slvn **hoja** 'pine-tree', Czech **chvoje** 'pine-needles, pine-branches', Slvk **chvoja** 'pine-branches', USorb old **khója** 'pine-tree', Pol **choja**, old **chwoja** id., Ukr **хвóя** id., Blr **хвóя** id. Related to Lith **skujà** 'pine-needles' and further to OIr **scé** 'hawthorn' < ***skvijat-** (MIKLOSICH **EW** 92; LEHMANN **KZ** XLI 394). See also **хуй** 'penis'.
◇ МИКУЦКИЙ **ИОРЯС** IV 404 (to ***xvějati** > CSl **хвѣяти сѧ** movere); BERNEKER I 408; BRÜCKNER **KZ** LI 238 (same as МИКУЦКИЙ); TRAUTMANN **BSW** 268; SŁAWSKI I 74; FRAENKEL 821; ИЛЛИЧ-СВИТЫЧ **ВЯ** 1961/4 93; ФТ IV 233; ЧЕРНЫХ **ИЭСРЯ** II 337;
ТРУБАЧЕВ **ЭССЯ** VIII 125-126 (to Slav ***xu-** < IE ***ksu-** < ***kes-** 'to cut, to prick'); GOŁĄB **Origins** 316 (same as МИКУЦКИЙ; the latter is from Iran ***xvāy-**, cf. Sogd **γw'y** 'to break').

хéвра sb.f. 'group of friends', coll. From Yiddish **xevre** 'a gang, bunch, group; society' (to Hbr **ḥevrā**). (B.Podolsky).

хéзать vb. 'to defecate'. Borrowed in argot from NGk χέζω id.
◇ БОНДАЛЕТОВ **Этим. 1980** 71; **СРА** 512.

хер I sb.m. 'letter **Х**' (obs.), CSl **хѣръ.** Probably abbrev. of **херувим** 'cherub' < Hbr. **Kerūbīm** (pl.) < **Kerūb** 'cherub'.
◇ ФТ IV 233; ЧЕРНЫХ **ИЭСРЯ** II 337-338.

хер II sb.m. 'penis'. Identical with **хер I**, the first character of **хуй** 'penis' used to replace it for taboo reasons. Formed not later than early 1900s.

хи́жина sb.f. 'hut'. From Slav ***xyžina**: OCSl **хыжина** οἰκία, domus, Bulg dial. **хи́жина** 'barn', SCr **hȉžina** large house', Czech **chyžina** 'hut', USorb **khežina** 'row of houses'. Derived from ***xyža** > dial. **хи́жа** 'hut', a **j**-derivative of **хи́за** 'barn (where hay is kept)' < ***xyza** ~ ***xyzъ**: OCSl **хызъ** καλύβη, domus, tugurium, SCr old **hiza** 'hut', Slvn **hiz** 'barn', LSorb **chyz** 'house, barn', Pol old **chyz** 'hut'. Borrowed from Gmc ***xūzan**, an unattested variant of ***xūsan** > Goth **gud-hus** 'temple' [lit. 'god's house'], Crim. Goth **hus** 'house', ON **hús** id., OE **hús** id., OFris **hūs** id., OS **hūs** id., OHG **hūs** id. (UHLENBECK **AfslPh** XV 486). The voiced variant may be archaic since Gmc itself reflects a borrowing from a phonetically advanced East Iranian ***xuz** ~ ***xud** < Iran ***kata-**, cf. Av **kata-** 'room, cellar'. **Star.?**

◇ BERNEKER I 414-415; MEILLET **BSL** XXIX 210-211 (voicing carried out in Slavic); ФТ IV 235-236; ЧЕРНЫХ **ИЭСРЯ** II 338; ТРУБАЧЕВ **ЭССЯ** VIII 164-166; OREL **HGE** 196.

хи́лый adj. 'weak, ailing', coll. From Slav ***xylъ(jь)**: Bulg **хил** 'with horns bent backwards (of an ox)', Slvn **hil** 'crooked', Czech **chylý** 'bent', Pol **chyły** 'unstable', Blr **хілы** 'bent'. Slav ***xylъ** is akin to ***xyl'ati** and ***xyliti**, all showing underlying meaning '(to) bend' (cf. ТРУБАЧЕВ **ЭССЯ** VIII 155-157); cf. further ***xula** 'shoulder joint, breast' < ***skula**, originally 'bend, curve, bulge' (ibid. 115-116), ***xuliti** 'bend' (ibid. 116). See also **хиля́ть** 'to walk, to go'.

◇ BERNEKER I 413 (to Alb **unj** 'to lower' which is, however, from an earlier ***ul-nj**); BARIC **ARSt.** I 32 (same as BERNEKER); SŁAWSKI I 95; МЕЛЬНИЧУК **Этим. 1966** 214 (to **худо́й**); ФТ IV 237; ЧЕРНЫХ **ИЭСРЯ** II 338; OREL **AED** 484; **ТСРРЯ** 596 (coll. **не хи́лый** 'important'; noun **хиля́к** 'weakling').

хиля́ть (perf. **хильну́ть**) vb. 'to walk, to go', coll./slang; cf. also slang **хлять** id. Possibly related to **хи́лый** 'weak'. Cf. Czech **chy´liti se** 'to bend; to lean, to tend', Pol **chylic'**, Ukr **хили́ти(ся) / хильну́ти(ся)** id., etc.; cf. the root in **хилый**, orig. 'bent'. Note the semantics of English **went** (past tense of **wend** 'to turn, to bend') and Spanish **llegar** 'come', Portuguese **chegar** id., from Latin **plicāre** 'bend'. (A.LEHRMAN).

◇ **СРА** 514; **ТСРРЯ** 596 (**хиля́ть** 'to leave; to pose for').

хими́чить vb. 'swindle', coll. Developed in the first third of the XIXth century. Frequently explained as der. from **хи́мик** 'chemist' in its metaphoric meaning 'scoundrel, machinator'.
◊ ВИНОГРАДОВ **ИС** 816; **СРА** 514; **ТСРРЯ** 596.

хи́ппи sb.m. 'hippie' (member of a youth movement begun in San Francisco in the mid 1960s, characterized by pacifism, free love, a passion for rock music, an interest in Eastern religions, experimentation with narcotics; the movement's opposition to mainstream values was symbolized by a preference for long hair and colorful clothing with a penchant for tie-dyed fabrics and bead jewelry). From Eng **hippie.** (A.LEHRMAN).
◊ **ТСМЖ** 600-602 (slang/argot **хиппа́рь** id., **хиппо́во** 'excellent', etc.).

хире́ть vb. 'to droop, to languish'. From Slav ***xyrěti**: Bulg **хире́я** id., SCr dial. **hirȅt** id., Slvn **hireti** id., Pol dial. **chyrzeć** 'to ail, to be sick', Ukr **хирі́ти** id., Blr **хірэ́ць** 'to droop, to languish'. Derived from ***хугъ(jь)** > dial. **хи́рый** 'ailing, sick' related, with a different ablaut grade, to **хво́рый** 'sick'(MEILLET **MSL** XIV 382). Slav ***хугъ** may originate from proto-Slav ***sūr-** (ШАПОШНИКОВ **Этим. 2003-2005** 378) See **хво́рый, хвора́ть** < ***svor-**.
◊ BERNEKER I 413-414; ФТ IV 239; ЧЕРНЫХ **ИЭСРЯ** II 340; ТРУБАЧЕВ **ЭССЯ** VIII 158-159.

хит sb.m. 'best-selling rock (or pop) song'. From Eng **hit**.

хи́трый adj. 'cunning, sly, crafty'. Continues ORus **хытрыи** 'crafty, knowledgeable' (since the XIth century) from Slav ***xytrъ(jь)**: OCSl **хытръ** τεχνικός, artifricialis, Bulg **хи́тър** 'cunning, crafty', Maced **итер** 'clever, crafty', SCr **hȉtar** 'fast', Slvn **hiter** id., Czech **chytrý** 'cunning, clever', Slvk **chytrý** 'fast, cunning, clever', USorb **khitry** 'quick, fast, excellent', LSorb old **chytry** 'cunning, crafty, good', Pol **chytry** 'cunning, greedy', Ukr **хи́трий** 'cunning, sly, fast', Blr **хі́тры** 'cunning, sly'. Related to ***xytiti** (probably from ***sūt-**), cf. **похи́тить** 'to steal, to abduct'. Slav ***xytrъ** may originate directly from proto-Slav ***sūt-r-** (ШАПОШНИКОВ **Этим. 2003-2005** 378). Related to **хвата́ть** 'to grab', **хоте́ть** 'to want'.
◊ BERNEKER I 414; MACHEK **Slavia** XXVI 133, **ZfS** I 35-36 (to Lith **gùdras** 'cunning, clever'); SŁAWSKI I 95-96; ФТ IV 240; ЧЕРНЫХ **ИЭСРЯ** II 340-341; МАРТЫНОВ **Сб.**

Бернштейн 428–430 (follows MACHEK); ТРУБАЧЕВ **ЭССЯ** VIII 163–164; ВИНОГРАДОВ **ИС** 723–725.

хлад sb.m. 'cold' (obs.). Borrowed from OCSl **хладъ** δρόσος, αὔρα, ros, aura. See **хóлод** 'cold'.
◇ СМИРНОВА **ВИЛ** 184–189.

хладнокрóвие sb.n. 'sang-froid'. Emerges in the beginning of the XIXth century as a calque of Fr **sang froid** id., itself a mistaken spelling of the original BOILEAU's **sens froid.**
◇ ВИНОГРАДОВ **ЯП** 275.

хлам sb.m. 'rubbish, old and worthless belongings', coll. Continues ORus **хламъ** 'belongings' < Slav ***xlamъ** id.. Cf. also Rus dial. **хлом** 'rubbish, garbage', Blr dial. **хлом** id. Cf. also Rus dial. **хлáмки** 'chips', **хлáмкóй** 'ramshackle, fragile, breakable'. Possibly to ***slōm-**, as ***xmurъ** 'gloomy' < ***smur-**, etc. (ШАПОШНИКОВ **Этим. 2003–2005** 378).
◇ ИЛЬИНСКИЙ **ИОРЯС** XVI/4 5 (to Rus dial. **хлáмать** 'to knock, to eat greedily'); ЧЕРНЫХ **ИЭСРЯ** II 341; ВИНОГРАДОВ **ИС** 816–817; ТРУБАЧЕВ **ЭССЯ** VIII 23–26 (***xlamъ** / ***xlomъ** with an expressive ***x-** + ***lomъ** 'breaking'; ***xlema** 'illness' with ***x-** + ***lem-** /***lom-** 'to break').

хлап sb.m. 'knave in cards' (obs.). Borrowed from Czech or Slvk **chlap** id. See **холóп** 'servant, serf'.

хлеб sb.m. 'bread'. Continues ORus **хлѣбъ** 'wheat, bread' (since the XIth century) from Slav ***xlěbъ**: OCSl **хлѣбъ** ἄρτος, ψωμος, panis, frustum, Bulg **хляб** 'bread', Maced **леб** id., SCr **hleb** id., Slvn **hleb** 'loaf of bread; bread', Czech **chléb** 'bread', Slvk **chlieb** id., USorb **khlěb** id., LSorb **klěb** id., Pol **chleb** id., Ukr **хліб** id., Blr **хлеб** id. Borrowed from Gmc ***xlaibaz** > Goth **hlaifs** 'bread', ON **hleifr** 'loaf', OE **hláf** id., OHG **leib, hleib** id. (LOTTNER **KZ** XI 173; MIKLOSICH **EW** 87).
◇ UHLENBECK **AfslPh** XV 485; PEDERSEN **IF** V 50, **KZ** XXXVIII 393–394 (related to Gmc ***xlaibaz**); KOZLOVSKIJ **AfslPh** XI 386 (same as PEDERSEN); BERNEKER I 389; STENDER-PEDERSEN **Slav.-germ.** 297–299; SŁAWSKI I 66; ФТ IV 241–242; ЧЕРНЫХ **ИЭСРЯ** II 341–342; ТРУБАЧЕВ **ЭССЯ** VIII 27–28; OREL **HGE** 173.

хлебáть vb. 'to sup'. Continues ORus **хлѣбати** id. from Slav ***xlebati** id. (var. ***xlepati**): Slvn **hlebati** id., Blr dial. **хлябáць** 'to eat'. Of imitative origin.

◇ ФТ IV 242; ТРУБАЧЕВ **ЭССЯ** VIII 25, 26; **СРА** 515-516 (argot **хлеба́лка** 'mouth', **хлёбово** 'food', etc.).

хлев sb.m. 'cattle-shed'. Continues ORus **хлѣвъ** id. from Slav ***xlěvъ**: OCSl **хлѣвъ** stabulum, Bulg dial. **хлев** 'cattle-shed, enclosure', SCr **hlȉjev** 'cattle-shed, pigsty', Slvn **hlev** 'cattle-shed', Czech **chlév** id., Slvk **chliev** id., USorb **khlěw** 'cattle-shed, pigsty', LSorb **chlěw** 'cattle-shed', Pol **chlew** id., Ukr **хлів** id., Blr **хлеў** id. Borrowed from Gmc ***xlaiwan** ~ ***xlaiwaz** > Goth **hlaiw** 'tomb, grave', Run **hlaiwa** id., OE **hláw, hlǽw** 'rising ground, a funeral mound' (< ***xlaiwiz**), OS masc. **hlēo** 'grave, burial mound', OHG masc. **(h)lēo** id. (MIKLOSICH **EW** 87; UHLENBECK **AfslPh** XV 485). To IE ***k̂lei-u̯o-** 'hill', etc.
◇ BERNEKER I 389; МЛАДЕНОВ 669 (related to Gmc); BRÜCKNER 179 (to **клеть**); POKORNY 600-602; KIPARSKY **Gem.** 176-177; SŁAWSKI I 66; МАРТЫНОВ **Слав.-герм.** 88-89; ШУСТЕР-ШЕВЦ **Этим. 1967** (to **кол**); ФТ IV 243; ТРУБАЧЕВ **ЭССЯ** VIII 30-31; ЧЕРНЫХ **ИЭСРЯ** II 342; OREL **HGE** 174.

хлеста́ть vb. 'to lash, to whip' (coll. 'to drink a lot (of alcohol)'). Together with Ukr **хльоста́ти** id. and Blr dial. **хлястаць** 'to eat greedily' continues Slav ***xlestati** 'to lash, to whip' of imitative origin (ТРУБАЧЕВ **ЭССЯ** VIII 26). Cf. WSlav ***xlostati** > Czech **chlostati** 'to beat', Pol **chłostać** 'to lash'.
◇ PETERSSON **AfslPh** XXXV 377 (to Lith **klestinti** 'to beat, to knock'); BRÜCKNER **KZ** LI 236 (same as PETERSSON); ФТ IV 243-244; ЧЕРНЫХ **ИЭСРЯ** II 342; **ТСРРЯ** 597.

хли́пкий adj. 'flimsy' (~ **хли́бкий**), coll. Derived from dial. **хли́бый** 'weak, ailing'. Connected with dial. **хли́бать** 'to sob' of imitative origin.
◇ ТРУБАЧЕВ **ЭССЯ** VIII 34; **ТСРРЯ** 597 (sb.m. **хлипа́к** 'frail / flimsy person', coll.).

хло́пать vb. (perf. **хлопну́ть**) 'to clap, to slap' (coll. 'to gulp (alcohol); to kill'). From Slav ***xlopati**: Bulg **хло́пам** id., Slvn **hlopati** 'to gulp', Czech **chlopati** 'to sup, to knock', Slvk **chlopat'** 'to clap, to knock'. Of imitative origin.
◇ ФТ IV 245 (from ***klopati** > Maced **клопа** 'to knock', Slvn **klópati** 'to slap'); ТРУБАЧЕВ **ЭССЯ** VIII 36; ЧЕРНЫХ **ИЭСРЯ** II 342; **СРА** 516; **ТСРРЯ** 598-599 (here also coll. **хлопну́ться** 'to fall suddenly, to bang against').

хлóпец sb.m. 'boy, teenager', coll. Borrowed in 1600s from Pol **chłopiec** id. via Ukr **хлóпець** id. Cf. **холóп** 'servant, serf'.
◇ KOCHMAN **PRK** 50; ФТ IV 245.

хлóпок sb.m. 'cotton'. Derived from Slav ***xlъpъ**, see **хлóпья** 'flakes'.
◇ ФТ IV 245; ТРУБАЧЕВ **ЭССЯ** VIII 41; ЧЕРНЫХ **ИЭСРЯ** II 342–343.

хлóпоты pl.t. 'trouble(s)'. Continues ORus **хлопотъ** 'noise' from Slav ***xlopotъ**: CSl **хлопотъ** strepitus, Bulg rare **хлóпот** 'knocking, ringing', Pol dial. **chłopot** 'wooden bolt', Ukr **хлопíт** 'trouble(s)'. There exists a parallel form ***klopotъ** > CSl **клопотъ** strepitus, SCr **klȍpôt** 'ringing, knocking'. Derived from **хлóпать** 'to clap'.
◇ ФТ IV 245; ТРУБАЧЕВ **ЭССЯ** VIII 36–37; ЧЕРНЫХ **ИЭСРЯ** II 343.

хлóпья sb.pl.t. 'flakes'. Coll. of dial. **хлоп** 'combing(s)' from Slav ***xlъpъ** > Czech **chlup** 'hair', Slvk **chlp** id., Pol pl. **chłupy** 'unkempt hair'. Of imitative origin.
◇ JANÁČEK **Slavia** XXII 322 (to Lith **pláukas** 'hair'); ФТ IV 245 (sub **хлóпок** 'cotton') ; ТРУБАЧЕВ **ЭССЯ** VIII 41; ЧЕРНЫХ **ИЭСРЯ** II 343 .

хлы́нуть vb. 'to pour, to gush forth'. From Slav ***xlynǫti**: SCr old **hlinuti** 'to blow', Slvn **hleniti** 'to shine (of the sun)', Ukr **хли́нути** 'to pour, to gush forth', Blr **хлы́нуць** id. Related to Slav ***xlujati** > OCSl **хлоуяти** fluere (BERNEKER I 390). Possibly of imitative origin.
◇ UHLENBECK **AfslPh** XV 485 (from Gmc ***flōwanan** ~ ***flōjanan**); МЛАДЕНОВ 669 (from IE ***s(k̑)leu-** 'to pour'); ФТ IV 247 (reconstructs ***xlydnǫti**) ; ТРУБАЧЕВ **ЭССЯ** VIII 39, 42; ЧЕРНЫХ **ИЭСРЯ** II 344 (from Slav ***xlyp-n-**).

хлыстáть vb. 'to lash, to whip' (noun **хлыст** 'whip'). From Slav ***xlystati**: Pol **chłystać** 'to sup, to lash', Ukr **хлистáти** 'to sup, to drink', Blr **хлыстáць** 'to lash, to whip'. Of imitative origin, cf. **хлестáть** id.
◇ ФТ IV 247 (sub **хлыст** 'whip'); ТРУБАЧЕВ **ЭССЯ** VIII 42; ЧЕРНЫХ **ИЭСРЯ** II 344 (sub **хлыст**).

хлыщ sb.m. 'fop'. Derived in 1840s from **хлыстáть**, cf. in particular dial. 'to wander, to go from one house to another', **хлыст** 'tramp, bachelor'.
◇ ВИНОГРАДОВ **ИС** 725-726.

хлю́пать vb. 'to squelch, to cloop; to walk through the mud'. Continues Slav ***xl'upati**: Pol **chlupać** 'to gush', Ukr **хлю́пати** 'to splash', Blr **хлю́паць** 'to walk through the mud'. Of imitative origin; cf. **хли́пкий** 'flimsy'.
◇ ЧЕРНЫХ **ИЭСРЯ** II 344; ТРУБАЧЕВ **ЭССЯ** VIII 35; **ТСРРЯ** 599 ('to cry, to sniffle', coll.).

хлюст sb.m. 'smart alec' (obs.). From the XIXth century argot of card players where **хлюст** means 'set of cards of one suit'. Derived from dial. **хлю́стать** 'to soil, to clap' < Slav ***xl'ustati**, a variant of **хлестáть** 'to lash, to whip'.
◇ ТРУБАЧЕВ **ЭССЯ** VIII 35; ВИНОГРАДОВ **Изб. РЛИ** 206-208; **ТСРРЯ** 599.

хлябь sb.f. 'abyss (filled with liquid, e.g. rainwater)'. Only in a phrase **хля́би небéсные** borrowed, with a shift of meaning, from OCSl **хлѧбь** καταρράκτης, cf. in particular **хлѧби нбесныя** οἱ καταρράκται τοῦ οὐρανοῦ (Genesis 7:11). (Dial. **хлябь** 'mouth of animal, pharynx' may continue Slav ***xlębь**: OCSl **хлѧбь** καταρράκτης, old SCr **hljeb** id.). Possibly related to Lith **sklem̃bti** 'to slide down' (ТРУБАЧЕВ **ЭССЯ** VIII 32-33).
◇ ТРУБАЧЕВ **Этим. 1975** 4-10; МУРЬЯНОВ **Этим. 1979** 58-60; ДОБРОДОМОВ **Этим. 1981** 33 (reconstructs OCSl ***хлябь** borrowed from MHG ***chlappe** ~ ***chlabbe** 'mouth'); ФТ IV 248-249 (hear also **хля́ба** 'bad / rainy weather'); ЧЕРНЫХ **ИЭСРЯ** II 344.

хмáра sb.f. 'fog, cloud'. From Slav ***xmara**: Czech dial. **chmára** id., Slvk **chmára** 'cloud', Pol **chmara** 'multitude, cloud', Ukr **хмáра** id., Blr **хмáра** 'cloud'. Possibly related to dial. **хму́ра** 'cloudy weather, fog' (similar **хмóра**, **хморь**), see **хму́рый** 'gloomy, somber' < ***smur-**.
◇ OTRZĘBSKI **Życie** 280 (contamination of **хму́рый** and **мáра**); ФТ IV 249; ТРУБАЧЕВ **ЭССЯ** VIII 42-43.

хмель sb.m. 'hop; inebriation'. Continues ORus **хмель** id. from Slav ***хъmelь**: CSl **хмѣль**, **хмель** lupulus, Bulg **хмел** 'hop', Maced **хмељ** id., SCr **hmȅlj** id., Slvn **hmelj** id., Czech **chmel** id., Slvk **chmel'** id., USorb **khmjel** id., LSorb **chmjel**

id., Pol **chmiel** id., Ukr **хміль** id., Blr **хмель** id. Borrowed from EIran ***xumala-** < ***xaumala-**, cf. Osset **xumællæg** 'hop' < ***xaumal-aka-**, based on Iran ***xauma-** 'sacred drink, soma' (ТРУБАЧЕВ **ЭССЯ** VIII 141-145). Gmc ***xumalaz** ~ ***xumalōn** > ON **humall** 'hop-plant', OE **hymele** id., MLG **homele** id. was borrowed from the same source, together with or via Slavic (ONIONS 447; OREL **HGE** 192).
◇ UHLENBECK **AfslPh** XV 485 (Slav < Gmc); BERNEKER I 411 (from Proto-Bulgarian, cf. Chuv **xămla** id. < ***qumlaγ**); SŁAWSKI I 71 (same as BERNEKER); АБАЕВ I 649 (Chuv < Osset **xumællæg** 'hop'); ЛЬВОВ **Этим. 1979** 64-67 (based on ***хъm-** borrowed from Iran ***xauma-** 'soma'); ФТ IV 249; ЧЕРНЫХ **ИЭСРЯ** II 344-345; GOŁĄB **Origins** 317 (from Iran, cf. Av **haōma** 'sacred drink').

хму́рый adj. 'somber'. Continues ORus **хмурыи** 'dark (of clouds)'. Together with Ukr **хму́рий** 'pale; sad, somber' related to dial. **хму́ра** 'clody weather' < Slav ***xmura**: Czech **chmura** 'cloud', Slvk **chmúra** id., USorb old **khmura** id., LSorb **chmura** id., Pol **chmura** id. A form with secondary **x-**, to **сму́рый** 'gloomy' (MIKLOSICH **EW** 311; BERNEKER I 391). Slav ***xmur-** may originate directly from Proto-Slav ***smur-** (cf. ШАПОШНИКОВ **Этим. 2003-2005** 378: ***xmurъ** < ***smour-**).
◇ BRÜCKNER 180; SŁAWSKI I 71-72; КУРКИНА **Этим. 1971** 76 (an expressive formation with **x-** related to Slvn **mureti** 'to be sulky'); ФТ IV 250; ЧЕРНЫХ **ИЭСРЯ** II 345 (to **сму́рый**); ТРУБАЧЕВ **ЭССЯ** VIII 43-44 (to ***smurъ**).

хмырь sb.m. 'unpleasant character, whiner', coll. Derived from dial. **хмы́риться** 'to sulk', an expressive formation close to **хму́рый** 'somber' and further connected with dial. **мыриться** 'to weep, to woe'.
◇ КУРКИНА **Этим. 1971** 76; **СРА** 516 (argot **хмырно́й** 'bad, worthless (of person)'); **ТСРРЯ** 600.

хо́бби sb.n. 'hobby'. Borrowed from Eng **hobby;** attested in dictionaries since 1957.
◇ ТРУБАЧЕВ **Этим. 1971** 384.

хо́бот sb.m. 'trunk (of an elephant)'. Continues ORus **хоботъ** 'tail' from Slav ***xobotъ**: OCSl **хоботъ** οὐρά, cauda, Bulg **хо́бот** 'trunk', SCr **hȍbôt** 'octopus', Czech **chobot** 'trunk', Slvk **chobot** id., Pol **chobot** 'rope (used in apiculture)', Ukr **хо́бот** 'fish-trap', Blr **хо́бат** 'trunk'. Derived

from unattested *xobti related to *xabati > SCr **hȁbati** 'to spoil', Slvn **habati** 'to push', Czech **chabati** 'to grasp' (BERNEKER I 391-392), related to Slav ***skob-** cf. **скобá** 'clamp' and further Lith **skõbti** 'to scratch, to carve', etc. (BRÜCKNER 181, **KZ** LI 238). Thus Slav ***xab-** /***xob-** < IE ***ksābh-** < ***(s)kabh-** > Slav ***skob-**. See **хáбить** 'to spoil'.
◊ ИЛЬИНСКИЙ **РФВ** LXI 230-232 (to ***xybati** > Ukr **хúбати** 'to swing, to sway'); MACHEK **Slavia** VII 211 (directly to Lith **kabėti** 'to hang'); ФТ IV 214, 252; ТРУБАЧЕВ **ЭССЯ** VIII 7-8, 47; ЧЕРНЫХ **ИЭСРЯ** II 345-346; **СРА** 516-517 (note argot **хóбот** 'nose, mouth, face', **хоботáть** 'to grab').

ховáть vb. 'to hide', coll. Recently borrowed from dial. **ховáть** 'to hide, to bury', cf. refl. ORus **ховатисѧ** 'to behave prudently'. From Slav ***xovati**: Czech **chovati** 'to conceal, to hide', Slvk **chovat'** 'to keep, to conceal', Pol **chować** 'to hide, to bury', Ukr **ховáти** id., Blr **хавáць** id. Based on unattested ***skovati** (BRÜCKNER **KZ** LI 237) related to Gk (θυο-)σκόος 'sacrificing priest' and Gmc ***skawaz** > Goth **us-skaus** 'sober' (leg. **un-skaus**), ON **opin-skár** 'made public' (ТРУБАЧЕВ **ЭССЯ** VIII 86-88). To IE ***keu-** 'to watch', etc.
◊ BERNEKER I 399-400 (to Lith **saugùs** 'cautious'); BRÜCKNER 183; MACHEK **Slavia** XVI 212 (to **говéть**); SŁAWSKI I 77; POKORNY I 588; FRISK I 695; GOŁĄB **Origins** 315 (from Iran ***xava-** 'one's own'); ФТ IV 252; OREL **HGE** 337.

ход sb.m. 'walking, movement, process'. See **ходúть** 'to walk, to go'.

ходáтай sb.m. 'intercessor'. Continues ORus **ходатаи** id. borrowed from OCSl **ходатаи** πρέσβος, legatus, derivative of **ходúть** 'to walk, to go'; cf. **ход** 'walking'.
◊ ВАРБОТ **Др.** 91, 130; ФТ IV 253; ТРУБАЧЕВ **ЭССЯ** VIII 47-48 (continues Slav ***xodatajь**).

ходúть vb. 'to walk, to go'. Continues ORus **ходити** id. (since the XIth century) from Slav ***xoditi**: OCSl **ходити** περιπατεῖν, ambulare, Bulg **хóдя** 'to walk, to go', Maced **оди** id., SCr **hòditi** id., Slvn **hoditi** id., Czech **choditi** id., Slvk **chodit'** id., USorb **khodźić** id., LSorb **chójźiś** id., Pol **chodzić** id., Ukr **ходúти** id., Blr **хадзíць** id. Derived from **ход** 'walking, movement, process' continuing ORus **ходъ** id. < Slav ***xodъ**: OCSl **ходъ** βάδισμα, incessus, Bulg **ход**

'walking, movement', Maced **од** 'walking, movement, gait', SCr **hôd** 'walking, movement', Slvn **hod** id., Czech **chod** id., Slvk **chod** 'walking, gait', USorb **khód** 'walking, movement', LSorb **chód** 'walking, movement, gait', Pol **chód** 'walking', Ukr **хiд** 'walking, movement, gait', Blr **ход** 'walking, movement'. Identical with Gk ὁδός 'way, road' < ***sodo-** (BOPP) with ***s-** > Slav ***x-** originally following the ruki rule after prefixes **у-**, **при-** (PEDERSEN IF V 62; MEILLET **MSL** XIX 299-300).
◊ KOZLOVSKIJ **AfslPh** XI 384 (to Gk χάζομαι 'ro give way, to draw back'); BERNEKER I 392; BRÜCKNER 181 (to Lat **scandō** 'to climb, to mount'); MACHEK **Slavia** XVI 211 (to ON **gata** 'thoroughfare'); VAILLANT **Gr. comp.** III 411 (from ***šьd-**, see **шёл**); POKORNY I 887; SŁAWSKI I 73; ФТ IV 253; ЧЕРНЫХ **ИЭСРЯ** II 346; ТРУБАЧЕВ **ЭССЯ** VIII 48-49, 51-52 (further identical with **сидéть** 'to sit' as a description of moving while sitting, i.e. riding).

ходýли sb.f.pl. 'stilts' (coll. 'legs' from criminal argot). To **ход** 'walking', **ходи́ть** 'to walk, to go'.
◊ **ТСУЖ** 191; **СРА** 517; **ТСРРЯ** 600.

хозя́ин sb.m. 'owner, employer, boss, host'. Attested since the early XVIIth century; based on **хозя** (since the XVth century), designation of a non-Rus person; cf. related ORus **ходжа** 'master, owner'. These are borrowings from Tkc languages; their source may be in Pers.
◊ ФТ IV 254; ЧЕРНЫХ **ИЭСРЯ** II 346.

холéра sb.f. 'cholera'. An earlier form is **колера** (XVIIth century). To Lat **cholera** 'bilious diarrhea' < Gr χολέρα (some desease) < χολή 'bile, gall'.
◊ KOSTA **Festschr. Horbatsch** 98-99; ФТ IV 254 (possibly via Pol **cholera**); ЧЕРНЫХ **ИЭСРЯ** II 347; **AHD** sub **cholera**; **ТСРРЯ** 601 (used as a curse word).

хóлить vb. 'tend, to cherish (smb.)'. In dialects: 'to cut short, to clean, to lash'. Together with SCr **hôliti** 'to behave arrogantly' continues dial. Slav ***xoliti** related to Skt **kṣāláyati** 'to wash', Lith **skaláuti** id. < IE ***skol- ~ *ksol-** < ***k(e)s-** 'to scrape' (MACHEK **Slavia** XVI 174; МЕЛЬНИЧУК **Этим. 1966** 216; ТРУБАЧЕВ **ЭССЯ** VIII 61).
◊ PETERSSON **AfslPh** XXXV 369 (from IE ***khol-**); LEWY **ZfslavPh** I 416 (to Alb **hollë** 'thin, fine, slender, slim');

MERLINGEN **Sprache** IV 64 (similar to PETERSSON); ФТ IV 254-255; ЧЕРНЫХ **ИЭСРЯ** II 347.

хо́лка sb.f. 'withers; mane, crest'. Attested as MRus prop. **Холка**. Derived from **хо́лить** in its original meaning *'to cut (off)' (ТРУБАЧЕВ **ЭССЯ** VIII 66).
◇ ФТ IV 255 (to **хохо́л**); ЧЕРНЫХ **ИЭСРЯ** II 347 (to IE ***kol-** 'elevated space', as also **хохо́л** 'crest, topknot').

холм sb.m. 'hill, mound'. Continues ORus **хълмъ, холмъ** 'hill, mountain' from Slav ***хъlmъ**: OCSl **хлъмъ** βουνός, λόφος, νάπη, collis, saltus, Bulg **хълм** 'hill, mound', SCr **hûm** id., Slvn **holm** 'top, hill', Czech **chlum** 'hill, mound', Slvk **chlm** 'hill, hillock', USorb **cholm** 'hill, mound', LSorb old **chółm** id. Borrowed from Gmc ***xulmaz** > ON **hólmr** 'islet', OE **holm** 'mound, hill', OS **holm** 'hill' (MIKLOSICH **EW** 92). To IE ***kl̥-mo-** 'elevated space' < ***kel-** 'to stick out'.
◇ UHLENBECK **AfslPh** XV 485; BERNEKER I 410-411; SKOK I 694 (rejects the Gmc etymology); ФТ IV 255; ЧЕРНЫХ **ИЭСРЯ** II 347-348; ТРУБАЧЕВ **ЭССЯ** VIII 138-139; OREL **HGE** 191.

хо́лод sb.m. 'cold'. From Slav ***xoldъ**: OCSl **хладъ** δρόσος, αὔρα, ros, aura, Bulg **хлад** 'coolness', Maced **лад** 'coolness, cold', SCr **hlâd** 'coolness', Slvn **hlad** id., Czech **chlad** 'coolness, cold', Slvk **chlad** 'coolness', USorb dem. **chłódk** id., LSorb dem. **chłodk** id., Pol **chłód** 'coolness, cold', Ukr **хо́лод** 'cold', Blr **хо́лад** id. Despite the differences in the anlaut, related to Gmc adj. ***kaldaz** > Goth **kalds** 'cold', ON **kaldr** id., OE **ceald** id., OFris **kald** id., OS **kald** id., OHG **kalt** id. (ZUPITZA **KZ** XXXVII 390; МЛАДЕНОВ **СбНУ** XXV/II 122-123). Initial **x-** could be explained by the emphatic contrast with **го́лод** (ТРУБАЧЕВ **ЭССЯ** VIII 57-58) or, less probably, as a reflex of ***s-g-** (ИЛЛИЧ-СВИТЫЧ **ВЯ** 1961/4 96-97). To IE ***gel(ə)-** 'cold, to freeze'
◇ MIKLOSICH **EW** 88; ПОТЕБНЯ **РФВ** III 98-99; KOZLOVSKIJ **AfslPh** XI 387 (to Skt **hlādate** 'to be glad, to be refreshed'); ZUPITZA **Gutt.** 143; BERNEKER I 393; BRÜCKNER 180 (from ***skold-**); MANN **Language** XVII 22 (from ***eḱs-goldho-**); POKORNY 366; SŁAWSKI I 69-70; ФТ IV 256; ЧЕРНЫХ **ИЭСРЯ** II 348; HEIDERMANNS 328; **AHD** sub **cold**; OREL **HGE** 209.

холо́п sb.m. 'servant, serf' (obs.). Continues ORus **холопъ** 'servant' (attested since the XIth century) from Slav ***xolpъ**:

OCSl **хлапъ** 'servant, slave', SCr **hlȁp** id., Slvn **hlap** 'fool', Czech dial. **chlap** 'adult man, fool, married man', Slvk **chlap** 'man, husband', USorb **khłop** 'boy', Pol **chłop** 'peasant', Ukr **холóп** 'servant, serf', Blr **халóп** id. B.ČOP reconstructs Slav ***xolo-** 'young man' which may be seen in Slav ***xol-pъ** 'servant' (IE suff. ***-p-**), ***xol-stъ-(jь)** 'bachelor, single', **pa-xolъ** 'boy, servant', ***xol-u-jь** > **холýй** 'lackey'; the underlying meaning is preserved in ***xol-i-ti** 'to cut, to cut hair' > **хóлить,** all to ***ksol-/*skol-** 'to scrape' (ТРУБАЧЕВ **ЭССЯ** VIII 61-65). Alternative: ***xolpъ** is a borrowing from unattested Gmc ***xalpaz** 'helper' derived from ***xelpanan** 'to help' (> Goth **hilpan** id., ON **hjálpa** id., OE **helpan** id., OFris **helpa** id., OS **helpan** id., OHG **helfan** id.) to IE ***ƙelb-** id.
◇ СОБОЛЕВСКИЙ **РФВ** LXXI 444 (to 'bachelor'); BERNEKER I 394; BRÜCKNER **KZ** LI 235 (to Lith **skeliù** 'to owe'); MEILLET **BSL** XXVII 151 (no connection with **холостóй** since the suffix *-**p-** is improbable); MACHEK **Slavia** XVI 195-196 (from ***golpъ** ~ Skt **jālmá-** 'mean, low'); SŁAWSKI **JP** XXXIII 399-400 (same as MEILLET); STANKIEWICZ **Word** XI 628-629 (same as СОБОЛЕВСКИЙ); JANAČEK **Slavia** XXIV 2 (to Skt **garbha-** 'womb' and the like); MERLINGEN **Sprache** IV 59-60 (to Lat **scelus** 'evil deed, crime, sin'); SCHUSTER-ŠEWC **ZfS** IX 241-246 (from ***skol-p-**); АБАЕВ **Сб. Борковский** 14 (to Osset **xælæf** 'robbery, raid'); SŁAWSKI I 68-69; ФТ IV 257; ЧЕРНЫХ **ИЭСРЯ** II 348-349; **AHD** sub **help**; OREL **HGE** 168.

холостóй adj. 'unmarried, single'. Continues ORus **холостыи** id. (since the XIIth - XIIIth century) from Slav: CSl **хластъ** caelebs, Czech old **chlastý** 'unmarried, single', Blr **халастьí** id. Derived from **хóлить** in its original meaning *'to cut (off)' (ТРУБАЧЕВ **Род.** 117: parallel in Gk κόρος 'boy' to κείρω 'to cut (hair)'; МЕЛЬНИЧУК **Этим. 1966** 218-219), probably indicating a *separate* social group of young men.
◇ BERNEKER I 394 (to ***xlastati**, cf. **хлестáть**); LEHR-SPŁAWIŃSKI **JP** XXIV/2 40-42 (from ***xolp-stъ**, to **холóп**); ФТ IV 257-258; ЧЕРНЫХ **ИЭСРЯ** II 349; ТРУБАЧЕВ **ЭССЯ** VIII 64-65; GOŁĄB **Origins** 314 (from Iran ***xaršta-** 'released').

холст sb.m. 'linen, holland, canvas'. Attested since the XVth century. Absent in other Slav languages in this meaning. Borrowed from MHG **hulst** 'cover', cf. Goth **hulistr** 'cloth cover'.
◇ BERNEKER I 411 (derived from ***xъlstati** > Ukr **ховстáти** 'to make noise'); BRÜCKNER 178 (same as BERNEKER);

ИЛЬИНСКИЙ **ЈФ** V 186 (from IE ***khel-** 'to cut'); ФТ IV 258; ЧЕРНЫХ **ИЭСРЯ** II 349 (to IE ***skel-** 'to cut' with ***sk-** > ***ks-** > ***kx-**); ТРУБАЧЕВ **ЭССЯ** VIII 140 (from Gmc).

холу́й sb.m. 'lackey, servile person; (dial.) idler'. Possibly a metaphoric use of dial. **холу́й** 'sawdust, bran; alluvium, islet'. Cf. also MRus **холуи** 'hillock (?)'. From Slav ***xolujь**: Czech dial. **choluj** 'small branches', USorb **chołuj** 'plough', LSorb **chółuj** id., Pol **chołoj** 'stalk'. Derived from **хо́лить** in its original meaning *'to cut' (МЕЛЬНИЧУК **Этим. 1966** 216-217). See **холосто́й** 'single'.
◇ LEHR-SPŁAWIŃSKI **JP** XXIV/2 40-42 (from ***xol-** 'fence'); ФТ IV 258-259; ТРУБАЧЕВ **ЭССЯ** VIII 6; ЧЕРНЫХ **ИЭСРЯ** II 3495; ЧУМАКОВА **СКЕ** 51 (from Permian).

хо́мка sb.m. 'small crowbar, jimmy'. From criminal argot. To prn. **Хо́ма**. See syn. **фо́мка** (to prn. **Фо́ма**).

хому́т sb.m. 'horse collar'. Continues ORus **хомоутъ** id. from Slav ***xomǫtъ**: OCSl **хомѫтъ** iugum, libra, Bulg **хаму́т, хому́т** 'horse collar, yoke', SCr **hȍmût** 'bundle', Slvn **homôt** 'horse collar', Czech **chomout** id., Slvk **chomút** id., USorb **khomot** id., LSorb **chomot** id. (from ***xomotъ**), Pol old **chomąt** id., Ukr **хому́т**, Blr id. Possibly borrowed from Gmc part. ***xam(j)andz** of ***xamjanan** > ON **hemja** 'to restrain, to hold back', OE **hemman** id., MDu **hemmen** 'to slow down' (BERNEKER I 395), cf. in particular WGmc ***xaman** > MDu **hāme** 'horse collar', Germ dial. **Hamen** id. To IE ***kem-** 'to compress'.
◇ MIKLOSICH **EW** 88; BRÜCKNER 182; SŁAWSKI I 75; ФТ IV 260 (old part. in ***-ǫtъ**) ; ТРУБАЧЕВ **ЭССЯ** VIII 69-70 (to Slav ***skomiti** 'to squeeze'); ЧЕРНЫХ **ИЭСРЯ** II 349-350 (to IE ***skom-** 'to press, to squeeze'); **СРА** 517 (cf. argot **хому́т** 'neck, collar; condom; family; militiaman; warrant officer'); OREL **HGE** 158.

хомя́к sb.m. 'hamster'. Continues ORus **хомѣкъ, хомѧкъ** id. Together with Ukr **хом'я́к** id. and Blr **хамя́к** id. derived from ORus **хомѣсторъ**, **хомѣстаръ** id. The latter is borrowed from WGmc ***xam(e)strō** > OS **hamustra, hamastra** 'curculio, corn-weevil', OHG **hamustra** 'hamster' which, perhaps, comes from Lat ***chomestor** < **comestor** 'glutton' (МУРЬЯНОВ **Этим. 1983** 103-105: directly from Lat into Slav).

◇ BERNEKER I 395 (to Lith **stãras** 'hamster'; Gmc < Slav); SŁAWSKI I 75–76 (Czech **chomík** 'hamster' < Pol **chomik**, **chomiak** id. < ESlav); ФТ IV 260 (from Iranian, cf. Av **hamaēstar-** 'throwing on the ground'); ЧЕРНЫХ **ИЭСРЯ** II 350; ТРУБАЧЕВ **ЭССЯ** VIII 66–68 (compound of which the 1st part relates to ***skomiti**, cf. **оско́мина**, **хому́т**, and the 2nd – to ***sterti**, cf. **просто́р**) ; ЧЕРНЫХ **ИЭСРЯ** II 350.

хорва́т sb.m. 'Croat'. Continues ORus **хорватъ** id. from Slav ***xъrvatъ**, sg. ***xъrvatinъ**: CSl **хръватинъ** Croata, Bulg pl. **хърва́ти** 'Croats', SCr **Hr̀vât** 'Croat', Slvn **hrvat** id., Czech **Charvát**, **Chorvát** id., Slvk **Chorvát** id., OPol **charwat** 'town guard'. Of Iranian origin as demonstrated by Scyth prop. Χορο(υ)αθος (Tanaïs) < Iran ***harvata-** ~ ***hurvata-** of uncertain etymology, cf. perhaps ***fšu-hurvatā** 'cattle guard' (ФТ IV 262). At least partly, Rus **хорва́т** reflects a learned loanword of recent origin.
◇ СОБОЛЕВСКИЙ **РФВ** LXIV 171–172, **ИОРЯС** XXVI 9 (Iran ***hurvata-** = ***hu-** 'good' + **ravah-** 'freedom'); BRÜCKNER **KZ** LI 237 (to Slvk **charvati se** 'to resist'); ИЛЬИНСКИЙ **JФ** III 26–28 (to IE ***kher-** 'to cut'); МЕЙЕ **ОСЯ** 405–406; MOSZYŃSKI **Zasiąg** 148 (Iran ***harvata-** from IE ***seru̯-**); ТРУБАЧЕВ **ЭССЯ** VIII 150–152 (Iran ***har-va(n)t-** close to Indo-Aryan (?) Σαρμάται).

хоро́мы pl.t. 'luxurious dwelling; (obs.) wooden dwelling'. Continues ORus **хоромъ** 'house, building'(since the XIth century) from Slav ***xormъ**: OCSl **храмъ** οἰκία, οἶκος, δῶμα, σκηνή, ναός, domus, tentorium, templum, Bulg **храм** 'temple', Maced **храм** id., SCr **hrâm** 'temple, church', Slvn **hram** 'building', Czech **chrám** 'temple, church', Slvk lit. **chrám** id., LSorb **chrom** 'building, temple, church', Ukr pl. **хоро́ми** 'hall, anteroom', Blr dial. **харо́м** 'roof'. Probably related to Skt **cárman-** 'hide, skin', OHG **scerm** 'defence, cover' < Gmc ***sker-m-** 'to protect, to shield' (BRÜCKNER 183). To IE ***sker-** 'to cut'.
◇ ПОТЕБНЯ **РФВ** IV 193 (to Skt **śárman-** 'cover, protection'); KOZLOVSKIJ **AfslPh** XI 384 (to Skt **harmyám** 'stronghold', but **h-** < ***ĝh-**); BUGGE **KZ** XXXII 22–23 (to Gk ὅρμος 'chain' < ***ser-** 'to tie'); BERNEKER I 397 (follows BUGGE); MACHEK **Slavia** XVI 193–194 (same as KOZLOVSKIJ); MANN **Language** XVII 22 (from ***eḱs-ghormo-**); МЛАДЕНОВ 671 (from ***sker-** 'to cut'); MAYRHOFER III 583; SŁAWSKI I 78; ФТ IV 265–266; ЧЕРНЫХ **ИЭСРЯ** II 352; ТРУБАЧЕВ **Этим.**

1965 24 (contra KOZLOVSKIJ), **ЭССЯ** VIII 75–76 (follows BRÜCKNER); **IE Roots** sub **sker-**[1] (/**ker-**) 'to cut'.

хорони́ть vb. 'to bury, to hide'. Continues ORus **хоронити** 'to keep, to observe, to hide' (since the XIth century) from Slav ***xorniti**: Bulg **хра́ня** 'to feed, to take care', Maced **храни** 'to feed, to nourish', SCr **hraníti** 'to feed, to keep', Slvn **hraniti** 'to keep, to save', Czech **chrániti** 'to defend, to guard', Slvk **chránit'** id., Polab **xornět** 'to feed', Pol **chronić** 'to keep, to guard'. The original meaning is probably 'to feed'. If so, derived from ***xorna**: Bulg **храна́** 'food', SCr **hrána** 'food' and the like. The latter is borrowed from Iranian, cf. Av **x^{v}arəna-** 'food, drink' derived from Iran ***xvar-** 'to eat' (MIKKOLA **Ursl.** II 175; ТРУБАЧЕВ **Этим. 1965** 36). Cf. **храни́ть** 'to keep, to guard'.
◇ BERNEKER I 397–398 (to Lat **seruō** 'to make safe, to save'); BRÜCKNER 184; МЛАДЕНОВ 671 (to ***sker-** 'to cut'); SŁAWSKI I 81; ФТ IV 266 (to Av **haraiti** 'to guard, to defend', Lat **seruō** 'to observe, to keep, to guard' from IE ***ser-**); ЧЕРНЫХ **ИЭСРЯ** II 352, 354 (**храни́ть**); RECZEK **FO** IX 85–87; ТРУБАЧЕВ **ЭССЯ** VIII 76–77, 78–79; АНИКИН **ИРС** 221–224 (follows ФТ).

хорохо́риться vb. 'to bluster, to be cock-a-hoop, to swagger, to boast, to pretend to be brave', coll. Cf. Blr dial. **харахо́рыцца** 'to smarten oneself up'. A reduplication of ***xor-**; for the structure cf. **тарато́рить** (ВАРБОТ **Этим. 1979** 39–41: mistakenly connects with **кора́**, **шку́ра**). Note Blr dial. **хырахо́ня** 'smb. who adorns oneself'; see **хоро́ший** 'good' (< *'beautiful').
◇ MIKLOSICH **EW** 89; BRÜCKNER **AfslPh** XI 129 (of imitative origin); ФТ IV 267; ЧЕРНЫХ **ИЭСРЯ** II 352; ТРУБАЧЕВ **ЭССЯ** VIII 73–74; **ТСРРЯ** 601–602.

хоро́ший adj. 'good' (coll. also 'drunk'). Continues ORus **хорошии** 'beautiful, neat' (attested since the XIIth century). Cf. Ukr **хоро́ший** 'good'. To Slav ***xor-ošь-jь** 'beautiful', cf. Rus dial. **хо́рость** 'beauty', **хорови́тый** 'handsom, kind, well-built'. The above words may be related to Rus **хор-о-хо́р-ить-ся** 'boast, to pretend to be brave', Blr dial. **хырахо́ня** 'smb. who adorns oneself'; note semantics in Rus dial. **хороши́ться** 'to adorn oneself' and Blr **харашы́цца** 'to boast' (ВАРБОТ **Этим. 1979** 37–42).
◇ ИЛЬИНСКИЙ **ИОРЯС** XXIII/2 241–242 (from IE ***kher-** 'to scratch'); ОБНОРСКИЙ **ЯиЛ** III (from theon. **Хорсъ**); МЕЙЕ

ОСЯ 21 (to ORus **хоробръ**, see **хрáбрый**); ГУДКОВ **ЭИРЯ** V 35–36 (to **корóста**, allegedly characterizing the shape of ancient jewelry); ГОРЯЧЕВА **Этим. 1982** 36–37; ФТ IV 267 (supports МЕЙЕ); ЧЕРНЫХ **ИЭСРЯ** II 352–353; ВАРБОТ **РР** XIII/1 138–141; ТРУБАЧЕВ **ЭССЯ** VIII 80 (early back-formation of ***хорощьныи** derived from dial. **хóрость** 'beauty'; the latter is based on ***хоръјь** > Czech dial. **chory** 'dark'); **ТСРРЯ** 602.

хорт sb.m. 'a kind of borzoi'. From Slav ***хъrtъ**: Bulg **хрът** 'borzoi', Maced **'рт** id., SCr **hȑt** id., Slvn **hrt** id., Czech **chrt** id., Slvk **chrt** id., USorb rare **khort** id., LSorb **chart** id., Pol **chart** id., Ukr **хорт** id., Blr **хорт** id. Probably to IE ***sr̥-t-** < ***ser-** / ***sor-** 'red(dish)', as also in Lith **sar̃tas** 'yellowish (of a horse)' from **sárti** 'to soil', cf. Latv **sark(na)s** 'red' (ТРУБАЧЕВ **ЭССЯ** VIII 148–149).
◇ ПОТЕБНЯ **РФВ** IV 193 (to IE ***ser-** 'to move quickly'); HIRT **PBB** XXIII 233 (from Germ **Rüde** 'a kind of hound' < Gmc ***xruþjōn**); ЭНДЗЕЛИН **СБЭ** 127 (related to Germ **Rüde**); ИЛЬИНСКИЙ **РФВ** LXIX 12–14 (from IE ***kher-** 'to cut'); BERNEKER I 412; BRÜCKNER 176 (to **скóрый**); MOSZYŃSKI **Zasiąg** 136 (same as ПОТЕБНЯ); ФТ IV 268; ШАПОШНИКОВ **Этим. 2003–2005** 378.

хорýг(о)вь sb.f. '(Church) banner'. Continues ORus **хоругы, хоругъвь** id. (cf. Pol **chorągiew** 'flag') borrowed from OCSl **хорѫгы** σκῆπτρον, sceptrum, vexillum of Germanic origin (from Gmc ***hrungō** > Goth **hrugga** 'stick, cane', UHLENBECK **AfslPh** XV 485).
◇ ФТ IV 268–269 (via Tkc from Mong **oruŋo**, cf. BERNEKER I 398); ТРУБАЧЕВ **ЭССЯ** VIII 81–82 (from Gmc).

хорýнжий sb.m. 'standard-bearer, cornet'. From Pol **chorąży**; see **хоруг(о)вь** 'banner, church banner' (Pol **chorągiew**).
◇ ФТ IV 269; РОМАНОВА **СЯС** 88.

хорь sb.m. 'polecat' (usually dim. **хорёк**). Continues ORus **дъхорь** id. from ***дъхоrь**: SCr **tvȍr** id., Slvn **dihur, dehor** id., Czech **tchoř** id., Slvk **tchor** id., USorb **tchóř** id., LSorb **twóř** id., Pol **tchórz** id., Ukr **тхір** id., Blr **тхор** id. Derived from **дохнýть I** 'to breathe' because of the animal's distinctive smell (BERNEKER I 243).
◇ MEYER **Wb.** 399–400 (to Alb **shqarr** 'marten'); ФТ IV 270; ТРУБАЧЕВ **ЭССЯ** V 177–178.

хоте́ть vb. 'to wish, to desire'. Continues ORus **хотѣти** id. (since the Xth century) from Slav ***xotěti**: OCSl **хотѣти** θέλειν, μέλλειν, velle, Bulg dial. **хо́ча** 'to wish', SCr **hòtjeti** id., Slvn **hoteti** id., OPol **chocieć** id., Ukr **хоті́ти** id., Blr **хаце́ць** id. Slav ***xot-ě-ti** may originate from ***svot-**, cf. ***xvatati** (> **хвата́ть** 'to grab') from ***svōt-** (ШАПОШНИКОВ **Этим. 2003-2005** 378).
◇ BERNEKER I 399; KOZLOVSKIJ **AfslPh** XI 385 (to Gk χατίς 'desire, yearning'); BUGGE **KZ** XXXII 42 (to Arm **xand** 'strong desire'); MEILLET **MSL** VIII 315 (to Lat **sentiō** 'to feel'); ZUPITZA **BB** XXV 94 (to Ir **sant** 'thirst'); BRÜCKNER **KZ** LI 228 (to Lith **ketėti** 'to intend'). SŁAWSKI I 62; SHEVELOV **Prehist.** 199 (for the comparison with **хвата́ть** in view of Rus dial. **охво́та** 'hunting' = **охо́та** id.); ФТ IV 270-271; ТРУБАЧЕВ **ЭССЯ** VIII 83-84; ЧЕРНЫХ **ИЭСРЯ** II 353; GOŁĄB **Origins** 314-315 (from Iran, cf. Av **hant-** 'to get').

хотя́ conj. 'although'. Old gerund from **хоте́ть** 'to wish'.

хо́хма sb.f. 'joke, anecdote, smth. funny' (vb. **хохми́ть**), coll. Borrowed from Yiddish **xoxme** 'wisdom, funny remark, joke' < Hbr **ḥōḵmā** 'wisdom' in the end of 1920s.
◇ КОСЦИНСКИЙ **RL** 1980/4 373; УТКИН **ИРС** 218-220; **ТСРРЯ** 602.

хохо́л I sb.m. 'crest, topknot, tuft'. Attested as ORus prop. **Хохолъ**. From Slav ***xoxolъ**: Czech **chochol** 'topknot, tuft', Slvk **chochol** id., USorb **khochoł** 'crest, topknot, tuft', LSorb **chochoł** 'top, crest, topknot, tuft', Pol **chochoł** 'crest, topknot, tuft', Blr **хахо́л** id. Not clear.
◇ BERNEKER I 393 (to **хо́лить** 'to tend', etc.); ЭНДЗЕЛИН **СБЭ** 126 (to Latv **cekul(i)s** 'crest'); SŁAWSKI I 73 (same as ЭНДЗЕЛИН); ФТ IV 272; ЧЕРНЫХ **ИЭСРЯ** II 353; ТРУБАЧЕВ **ЭССЯ** VIII 54-55 (from ***koxolъ** and further to **чехо́л**).

хохо́л II sb.m. 'Ukrainian'. Etymologically identical with **хохо́л I**.

хо́хот sb.m. 'loud laughter'. Attested as ORus prop. **Хохотъ**. From SLav ***xoxotъ**: Bulg dial. **хо́хот'** 'laughter', Slvn **hohot** 'loud laughter', Czech **chechot** id., USorb **chichot** 'giggling'. Of imitative origin, cf. **ха-ха́**.
◇ VAILLANT **BSL** LVI 19; ФТ IV 272; ЧЕРНЫХ **ИЭСРЯ** II 353-354; ТРУБАЧЕВ **ЭССЯ** VIII 55-56.

хра́брый adj. 'brave, courageous'. Borrowed from CSl. (< Slav ***xorbrъ**): OCSl **храбъръ** μαχητής, στρατιώτης, pugnator, miles, Bulg **хра́бър**, SCr **hrábar**, Slvn **hraber**, Czech, Slvk **chrabrý**, Pol obs. **crobry**, Blr **хра́бры** 'brave, courageous'.

Cf. ORus (since the XIIth century) **хороб(о)ръ**, **хоробрыи**; Ukr **хоро́брий.** Probably from ***xorbъ** < IE ***(s)kor-bh-** 'sharp' > Latv **skarbs** 'sharp, strict, ardent', OIcel **skarpr** 'sharp', etc. (ТРУБАЧЕВ **ЭССЯ** VIII 71-72).

◇ ФТ IV 273; ЧЕРНЫХ **ИЭСРЯ** II 354 (from IE ***(s)kerb(h)**- / ***(s)kreb(h)**- 'sharp').

храм sb.m. 'temple, church'. Borrowed from OCSl **храмъ** σκηνή, ναός, templum. See **хоро́мы** 'dwelling'.

◇ ФТ IV 273; ЧЕРНЫХ **ИЭСРЯ** II 354.

храни́ть vb. 'to keep, to guard'. Continues ORus **хранити** id. (since 1057), borrowed from OCSl **хранити** id. See **хорони́ть** 'to hide, to bury'.

◇ ФТ IV 273; ЧЕРНЫХ **ИЭСРЯ** II 354-355; АНИКИН **ИРС** 221.

храпе́ть vb. 'to snore'. From Slav ***xrapěti**: SCr old **hrapljeti** id., Czech **chrapěti** 'to wheeze, to snore', Pol **chrapieć** id. From **храп** 'snoring'. Of imitative origin (BERNEKER I 401).

◇ ФТ IV 274; ЧЕРНЫХ **ИЭСРЯ** II 355; ТРУБАЧЕВ **ЭССЯ** VIII 91.

хребе́т sb.m. 'spine, backbone; mountain range'. Continues ORus **хрьбьтъ, хребьтъ** 'back, body' from Slav ***xrьbьtъ**: OCSl **хрьбьтъ** αὐχήν, cervix, Bulg **хръ́бет** 'spine (of animals), mountain range', Maced **'рбет** 'spine, mountain range', SCr **hȑbat** 'back, spine', Slvn **hrbet** id., OCzech **chřbet** id., Slvk **chrbát** id., USorb **křebt** id., LSorb **kšebjat** id., Pol old **chrzebiet** id., Ukr **хребе́т** id., Blr **хрыбе́т** id. Continues an earlier ***skrьb-** related to **скрести́** 'to scrape' (ТРУБАЧЕВ **ЭССЯ** VIII 96, 107-108). To IE ***sker-bh-** 'sharp' < ***(s)ker-** 'to cut'.

◇ BERNEKER I 404-405 (of imitative origin); СОБОЛЕВСКИЙ **ИОРЯС** XXVI 32 (from Scythian); MACHEK **Slavia** XVI 200-201 (expressive form of **горб**); ФТ IV 274-275; ЧЕРНЫХ **ИЭСРЯ** II 355.

хрен I sb.m. 'horse-radish'. Cf. ORus **хрѣнь** id. From Slav ***xrěnъ**: CSl **хрѣнъ** Cochlearia armoracia, Bulg **хрян** 'horse-radish', SCr **hrȅn** id., Slvn **hren** id., Czech **křen** id., Slvk **chren** id., USorb **krěn** id., LSorb **kśěn** id., Pol **chrzan** id., Ukr **хрін** id., Blr **хрэн** id. Usually compared with κεράϊν (Theophr. IX, 15, 5) = ῥάφανος ἀγρία (MACHEK **LP** II 158). The latter might reflect a pre-Lautverschiebung from of Gmc ***xrainiz** > Goth **hrains** 'clean', ON **hreinn** id., OFris **hrēne** id., OS **hrēni** id., OHG **reini** id. describing the horse-radish as opposed to radish in colour and taste.

◇ BERNEKER I 402; BRÜCKNER 185; SŁAWSKI I 84; ЛЬВОВ **Этим. 1976** 73-75 (contra RÄSÄNEN who explains **хрен** as a borr. from Chuv **χərɛn**); ФТ IV 275; ЧЕРНЫХ **ИЭСРЯ** II 355-356; ТРУБАЧЕВ **ЭССЯ** VIII 91-92 (κεράϊν < Pontic Aryan ***ki(m)-vrādh-**, as a name of a bitter root); HEIDERMANNS 302-303; OREL **HGE** 183.

хрен II sb.m. 'penis'. Identical in usage with **хер I** and **фиг;** note also appropriate derivative pattern of the type **хренóвый = херóвый = фигóвый** 'bad', etc.

◇ **СРА** 519-520; ОТИН 41, 194-196; **ТСРРЯ** 602-603 (here also **хреновина** 'something unclear / unpleasant; nonsense'**, хрень** 'nonsense', coll.).

хрен III sb.m. in **старый хрен** (insult) 'old guy, geezer', coll. Cf. **старый хрыч** id., see **хрыч** id.

◇ ФТ IV 275; **СРА** 519-520.

хрипéть vb. 'to wheeze'. From Slav ***xripěti**: Slvn **hripeti** id., Czech **chřipěti** id., Slvk **chripieť** id., Pol **chrzypieć** id., Ukr **хрипíти** id., Blr **хрыпéць** id. Of imitative origin.

◇ ФТ IV 276; ЧЕРНЫХ **ИЭСРЯ** II 356-357; ТРУБАЧЕВ **ЭССЯ** VIII 97-98 (further connected with **скрипéть**).

хромóй adj. 'lame'. Continues ORus **хромыи** id. from Slav ***xromъ(jь)**: Bulg **хром** id., SCr **hrȍm** id., Slvn **hrom** id., Czech **chromý** id., Slvk **chromý** id., USorb **chromy** id., LSorb **chromy** id., Pol old **chromy** id., Ukr **хромúй** id., Blr **хрóмый** id. Continues earlier ***skrom-** related to Gmc ***skram(m)ōn** ~ ***skrēmōn** > ON **skráma** 'scar', MLG **schramme** 'scratch', MHG **schramme** id. (BRÜCKNER 184; ПЕТЛЕВА **Этим. 1974** 26). Further to **крóмка** 'selvage, edge'. Ultimately to IE ***(s)ker-** 'to cut'.

◇ GOLDSCHMIDT **MSL** I 413–414 (to Skt **srāmá-** 'maimed; lame'); MIKLOSICH **EW** 91 (same as GOLDSCHMIDT); BERNEKER I 403 (same as GOLDSCHMIDT); MEILLET **BSL** XIX 56, **MSL** XIX 300 (contra GOLDSCHMIDT); POKORNY I 945; SŁAWSKI I 80–81; ФТ IV 277 (same as GOLDSCHMIDT) ; ТРУБАЧЕВ **ЭССЯ** VIII 101–102 (follows BRÜCKNER); ЧЕРНЫХ **ИЭСРЯ** II 357; GOŁĄB **Origins** 315 (from unattested Iran ***xrama-** = Skt **srāmá-** 'lame'); OREL **HGE** 343.

хру́мкать vb. 'to eat (crunchy food)' (syn. **хру́пать**), coll. Cf. Ukr **хру́мати** id. Of imitative origin.
◇ ФТ IV 278; **СРА** 521 (note argot **хру́мать** id., **хру́ма** 'food; mouth, teeth').

хру́пкий adj. 'fragile'. Cf. dial. **хры́пкий** id. From Slav ***xrupъkъ(jь)**: Bulg dial. adv. **хру́пко** 'with a crunch', Czech rare **chrupký** 'crunchy', Slvk **chrupký** 'fragile'. Derived from ***xrupati** > dial. **хру́пать** 'to break' of imitative origin.
◇ МЕРКУЛОВА **Этим. 1970** 176–177 (to **крупа́**); ФТ IV 278–279 (sub **хру́пать**); ТРУБАЧЕВ **ЭССЯ** VIII 106–107; ЧЕРНЫХ **ИЭСРЯ** II 358.

хрусте́ть vb. 'to crunch' (sb.m. **хруст** 'crunching'; coll. pl. **хрусты́** 'money'). Attested since the XVIIIth century. From Slav ***xrǫstěti**: Bulg **хрусти́** id., Czech **chrustěti** 'to crack', Ukr **хрусти́ти** 'to crunch'. Of imitative origin. Related to **хря́снуть** 'to strike', etc.
◇ БУГА **РФВ** LXX 252 (to Latv **skraustêt** 'to crunch' implying Slav *-**u**-); ФТ IV 279 (**хруст**); ТРУБАЧЕВ **ЭССЯ** VIII 104; ЧЕРНЫХ **ИЭСРЯ** II 358–359; **СРА** 521 (slang/argo **хруст** 'rouble'); **ТСРРЯ** 603.

хрущ sb.m. 'cockchafer'. From Slav ***xrǫščь**: CSl **хрѫщь** κάνθαρος, scarabaeus, SCr old **hrušt** 'cockchafer', Slvn **hrošč** 'beetle', Czech dial. **křůšć** id., Ukr **хрущ** 'cockchafer', Blr **хрушч** id. Derived from ***xrǫstъ** > ORus **хрустъ** 'cockchafer', Rus **хруст** 'crunching'; see **хрусте́ть** 'to crunch'.
◇ UHLENBECK **AfslPh** XV 485 (from Goth **þramstei** 'locusts'); BRÜCKNER **AfslPh** XXIX 111; ФТ IV 279–280; ТРУБАЧЕВ **ЭССЯ** VIII 105–106.

хрущо́ба sb.f. 'cheap 5- or 4-story apartment building without elevator and refuse chute' (also **хрущёвка**). A

portmanteau word merging **трущо́ба** and **Хрущёв** and originating from early 1960s.
◇ **СРА** 521; **ТСРРЯ** 603-604.

хрыч sb.m. 'old guy, geezer', coll. Possibly to ORus **гричь** 'dog' (ТРУБАЧЕВ **ВСЯ** II/1957 41-42).
◇ ТРУБАЧЕВ ФТ IV 280 (to **гричь**); ЧЕРНЫХ **ИЭСРЯ** II 359 (of imitative origin); **ТСРРЯ** 604.

хрю́кать vb. 'to grunt (of a pig)'. Of imitative origin. See **хряк** 'male hog'.
◇ ФТ IV 280; **СРА** 521 (note argot 'to speak', singul. **хрю́кнуть** 'to say, to hit, to drink alcohol'; noun **хрю́кало** 'mouth, face; chatterbox' (syn. **хрю́льник**)).

хряк sb.m. 'male hog'. Of imitative origin. Cf. **хрю́кать** 'to grunt (of a pig)'.
◇ ФТ IV 280; **СРА** 521 (argot 'thick, heavy person').

хря́пать vb. 'to eat, to munch', coll./slang. Dial. 'to hit, to break' (see **хря́пнуть**); **хря́па** 'Russian salad'. Of imitative origin.
◇ ФТ IV 281; **СРА** 522 (argot **хря́пать**, **хря́пнуть** 'to eat, to drink alcohol; to walk'); **ССМЖ** 607.

хря́пнуть vb. 'to break, to hit, to get broken; to eat, to drink alcohol', coll. Dial. 'to hit, to break'. Derived from **хря́пать**. Of imitative origin.
◇ ФТ IV 281; **СРА** 522; **ТСРРЯ** 604 (here also refl. **хря́пнуться** 'to bang into / against').

хря́снуть vb. 'to strike, to hit; to get broken' (~ **хря́стнуть**), coll. From Slav ***xręstnǫti**: Slvn **hrestniti** 'to crunch', Czech **chřástnouti** 'to shake', Pol **chrząs(t)nąć** 'to crunch', Ukr **хря́снути** 'to crack, to get broken', Blr **хра́снуць** 'to be clogged'. Of imitative origin. See **хрусте́ть** 'to crunch'.
◇ ФТ IV 280 (sub **хряст**); ТРУБАЧЕВ **ЭССЯ** VIII 94-95; **ТСРРЯ** 604-605.

хрять vb. 'to walk (away)' (dial.; argot). Cf. dial. obs. **хрять** 'to ail, to be sick', a variant of **крея́ть** 'to ail, to recover' from ***krějati**.
◇ ФТ IV 281; **СРА** 522.

хрящ sb.m. 'cartilage; (dial.) gravel'. Continues ORus **хращь** (meaning is uncertain) from Slav ***xręščь**: CSl **хрѫшть** cartilago, Slvn **hresč** 'cockchafer; gravel', OCzech **chřěšč** 'asparagus', Slvk **chriašť** 'bird Porzana parva', Pol **chrząszcz** 'beetle Coleoptera', Ukr **хрящ** 'cartilage, gravel'. Derived from ***xrěstati**, cf. **хря́снуть** 'to strike, to hit, to get broken' (БРАНДТ **РФВ** XX 126). Cf. also **хрущ** 'cockchafer'.
◇ BERNEKER I 402; ФТ IV 281; ЧЕРНЫХ **ИЭСРЯ** II 359; ТРУБАЧЕВ **ЭССЯ** VIII 95-96.

худо́жник sb.m. 'artist'. Continues ORus **художьникъ** 'master; artist' borrowed from OCSl **хѫдожьникъ** ἐπιστήμων. The latter is derived from CSl **хѫдогъ** ἐπιστήμων, peritus < Slav ***xǫdogъ** borrowed from Gmc ***xandagaz** ~ ***xandigaz** ~ ***xandugaz** > Goth **handugs** 'wise', Norw **hendig** 'deft, adroit, quick', OE **list-hendig** 'having skilful hands', OHG **hantag**, **hantīg** 'wise' (MIKLOSICH **EW** 88). (To IE ***k̂ent-** 'to prick, to stab').
◇ BERNEKER I 400; ФТ IV 282 (sub **худо́гий** 'knowledgeable, experienced'); ТРУБАЧЕВ **ЭССЯ** VIII 88; ЧЕРНЫХ **ИЭСРЯ** II 359.

худо́й adj. 'thin, lean; holey; bad'. Continues ORus **худыи** 'bad, poor, weak' (since the XIth century) from Slav ***xudъ(jь)**: OCSl **хоудъ** μικρός, pravus, Bulg **худ** 'bad', SCr **hȗd** id., Slvn **hud** id., Czech **chudý** 'poor, thin, lean, bad', Slvk **chudý** 'thin, lean', USorb **chudy** 'thin, lean, poor', LSorb **chudy** 'poor, miserable', Pol **chudy** 'thin, lean, miserable, poor', Ukr **худи́й** 'thin, lean, bad', Blr **худы́** 'thin, lean'. Related to Skt **kṣúdhyati** 'is starving' (ПОТЕБНЯ **ЖСт** 1890/II 121; PEDERSEN **IF** V 60-61, **KZ** XXXIX 382) and Lith **skaudùs** 'ailing' (BRÜCKNER 186) from IE ***skoudo-** ~ ***ksoudo-**. Cf. **ску́дный** 'meager'.
◇ MIKLOSICH **EW** 91; MEILLET **Etudes** I 174 (to Arm **xun** 'small'); BERNEKER I 405; MAYRHOFER I 291; SŁAWSKI I 88-89; ФТ IV 282-283; ТРУБАЧЕВ **ЭССЯ** VIII 111-113; ЧЕРНЫХ **ИЭСРЯ** II 359-360.

хуй sb.m. 'penis'. From Slav ***xujь**: Bulg **хуй** id., Pol **chuj** id. Identical with Alb **hu** ~ **hû** 'picket, stake, pole, penis' < PAlb ***skuja**, cf. further OIr **scé** 'hawthorn', Lith **skujà** 'pine-needle', Latv **skuja** id. Related to **хво́я** (PEDERSEN **Festschr. Jagić** 218-219).
◇ BERNEKER I 408; MERLINGEN **Sprache** IV 57 (to Lat **cauda** 'tail'); VENDRYES [S] 37; FRAENKEL 821; POKORNY 958;

SŁAWSKI I 89; VASMER III 277; ТРУБАЧЕВ **ЭССЯ** VIII 114; OREL **Koll. Idg. Ges.** 352, **AED** 150-151.

хула́ sb.f. '(verbal) abuse, detraction, blame, blasphemy' (vb. **хули́ть** 'to disparage'). Continues ORus **хула** 'blame, shame' (since the XIth century) from Slav ***xula**: OCSl **хоула** βλασφημία, blasphemia, Bulg **ху́ла** 'blasphemy, calumny, abuse', SCr dial. **hȕla** 'blame, abuse'. Related to **хвала́** 'praise'(ПОТЕБНЯ **РФВ** IV 202; ИЛЬИНСКИЙ **ИОРЯС** XXIII 168-170: semantically, 'indignant cries' ~ 'triumphant cries'). Possibly to Proto-Slav ***svula** (ШАПОШНИКОВ **Этим. 2003-2005** 378 ***xoula** < ***s**ʷ**oula**) < IE ***su̯e-l-** '(to) sound, to sing', or sim. (ТРУБАЧЕВ **ЭССЯ** VIII 115 compares this latter stem with syn. ***su̯e-n-** and ***su̯e-r-**).
◇ BEZZENBERGER **KZ** XXII 479 (to Goth **isauljan** 'to spot'); MEILLET **Etudes** II 252 (**хула́** as a deverb. of **хули́ть** 'to blame, to abuse' borrowed from Gmc ***xōljanan** > ON **hœla** 'to praise, to flatter', OE **hélan** 'to slander'); BERNEKER I 406 ('to humiliate' < 'to bend'); BRÜCKNER **KZ** LI 237-238 (to **скула́**); МЕЛЬНИЧУК **Этим. 1966** 214 (same as BRÜCKNER); ФТ IV 283; ЧЕРНЫХ **ИЭСРЯ** II 360.

хулига́н sb.m. 'a young ruffian, hooligan, hoodlum' (vb. **хулига́нить** 'to behave like a hoodlum'). Attested since the early XXth century. Cf. Bulg **хулига́н**, Czech **chuligán**, Pol **chuligan**, Ukr, Blr **хуліга́н** id. Borrowed from Eng **hooligan** id. Origin obscure.
◇ ФТ IV 284; ЧЕРНЫХ **ИЭСРЯ** II 360; **AHD** sub **hooligan**.

хунвейби́н sb.m. 'Chinese Red Guard'. Borrowed in late 1960s from Chin **hóng-wèi-bīng** id.
◇ STOFFEL **Festschr. Brang** 543-560.

хунху́з sb.m. 'Chinese bandit'. Borrowed from Chinese **hún hú qi** id.
◇ ФТ IV 284; АНИКИН **Сиб.** 653.

хурда́-мурда́ sb.f. 'belongings, paraphernalia; idle talk, worthless thing, trifle'. Formed according to the expressive pattern with the second rhyming element in **м-**. The first part is borrowed from Turkic: Turk **xurda** [**hurda**] 'worthless thing, trifle', Azeri **xurda** id.
◇ ФТ IV 285; АНИКИН **Сиб.** 654-655; **ТСРРЯ** 605.

хýтор sb.m. ‘a kind of farm (Ukraine and South Russia)’. Attested in dictionaries of Russian since 1794. Cf. Ukr **хýтір**, Blr **хýтар** id. Pol **futor** / **chutor** id. is from Ukr. From dialects. Etymologically difficult.
◇ ФТ IV 286 (probably from OHG **huntari** ‘disrict, village, border’); ЧЕРНЫХ **ИЭСРЯ** II 360–361 (neither from OHG **huntari** nor from Swed **hundari**).

хухры́-мухры́ sb.pl.t. (indecl.) ‘nonsense; something very simple’, coll. Used only in a phrase **не хухры́-мухры́** ‘not to joke around’. A rhymed pair in which the second element can be connected with **замухры́шка** ‘pathetic specimen’ (НИКОЛАЕВ **РР** XIX/4 141–144: also connects **хухры-** with dial. **хýхрить** ‘to ruffle, to dishevel’).

Ц

ца́пать vb. 'to grab, to snatch', coll. Continues MRus **цапати** ὀνυχίζω from Slav ***capati**: Bulg **ца́пам** 'to soil', Maced **цапа** 'to seize, to snatch', SCr dial. **càpati** 'to throw acorns into holes in the ground (in a game)', Slvn **capati** 'to roam, to drag one's legs', Czech **capati** 'to stamp, to push', Slvk **cápat'** 'to beat, to clap', USorb **capać** 'to stamp', Pol **capać** 'to seize, to snatch', Ukr **ця́пати** 'to scoop', Blr **ца́паць** 'to seize, to snatch'. Of imitative origin.
◇ BERNEKER I 121; BRÜCKNER 56; МЛАДЕНОВ 674; ФТ IV 289; ТРУБАЧЕВ **ЭССЯ** III 171-172 (compared with another expressive formation - **ха́пать**); ЧЕРНЫХ **ИЭСРЯ** II 361; **ТСРРЯ** 605-606 (here also refl. **ца́паться** 'to quarrel', coll.).
ца́пля sb.f. 'heron' (dial. **ча́пля**). Attested as ORus prop. **Чапля**. Originally, a dialectal form with **ц**- < ***ч**- from Slav ***capja**: Bulg **чапля** 'heron', Maced **чапла** id., SCr **čȁplja** id., Slvn **čaplja** id., Czech dial. **čapla** id., USorb **čapla** id., LSorb dial. **capla** 'stork', Pol **czapla** 'heron', Ukr **ча́пля** id., Blr **ча́пля** id. Derived from ***čapati;** see **ча́пать** 'to walk (slowly)'.
◇ BERNEKER I 136; ФТ IV 289; ТРУБАЧЕВ **ЭССЯ** IV 19-20; ЧЕРНЫХ **ИЭСРЯ** II 361.

цара́пать vb. 'to scratch' (coll. also 'to scribble; to affect'); cf. sb.f. **цара́пина** 'scratch'. A late onomatopoeic word attested in dictionaries since the 1st half of the XVIIIth century. Absent in other Slav languages. Cf. interj. **цап-цара́п** (see **ца́пать** 'to seize, to snatch').
◇ ФТ IV 289; ЧЕРНЫХ **ИЭСРЯ** II 361; **ТСРРЯ** 606.

царедво́рец sb.m. 'courtesan'. A 1760s calque of Fr **courtisan** id.
◇ ВИНОГРАДОВ **ИС** 72.

цари́ца sb.f. 'tsarina'; see **царь** 'tsar'.

царь sb.m. 'tsar, czar'. Title accepted by Ivan the Terrible in 1547. Attested since the XIIIth century in the meaning 'khan'. Cf. Bulg **цар**, SCr **cȁr**, Slvn **car**, Ukr, Blr **цар** 'tsar, czar', transformed (via [csarь]) from ORus **цьсарь** which is attested

since the XIth century as title of Byzantine emperors < Slav ***cěsarь** 'emperor' < Goth **Káisar** < Lat cognomen **Caesar**.
◇ СОБОЛЕВСКИЙ **Slavia** 8 491; ФТ IV 290–291; ЧЕРНЫХ **ИЭСРЯ** II 361–362.

ца́ца sb.f. 'toy; touch-me-not', coll. Cf. also dim. **ца́цка** 'toy, trinket'. Initially used in Western dialects. Cf. Slvn **čača** 'toy', Czech **čač(a)** id., Pol **cacko** id., Ukr **ця́ця** id. Of imitative origin.
◇ BERNEKER I 133; BRÜCKNER 55; ВИНОГРАДОВ **ИС** 730–731; ФТ IV 292; **ТСРРЯ** 606.

ца́цкаться vb. 'to fuss with', coll. Derived from **ца́цка** 'toy', see **ца́ца** 'toy; touch-me-not'.
◇ ВИНОГРАДОВ **ИС** 731; **ТСРРЯ** 606–607.

цвести́ vb. 'to blossom, to bloom'. Attested since the XIth century. Continues ORus **цвьсти** id. < Slav. ***kvisti** id.: CSl **цвисти**, Slvn **cvesti**, Czech **kvésti** (obs. **kvȋsti**), LSorb **kwiść**, Ukr **цвісти́**, Blr **цвiсцȋ** id. See **цвет** 'colour; flower'.
◇ ФТ IV 292–293 (sub **цвет**); ЧЕРНЫХ **ИЭСРЯ** II 362.

цвет sb.m. 'colour; flower' (pl. **цвета́** 'colours' vs **цветы́** 'flowers' [see **цвето́к**]). Attested since the XIth century. Continues ORus **цвѣтъ** 'flower' from Slav ***květъ**: OCSl **цвѣтъ** ἄνθος, flos, Bulg **цвят** 'blossom, flower', Maced **цвет** 'flower', SCr **cvȉjet** id., Slvn **cvet** 'blossom, flower', Czech **květ** id., Slvk **kvet** id., USorb **kwět** id., LSorb **kwět** id., Pol **kwiat** 'flower', Ukr **цвiт** 'blossom, flower', Blr **цвет** 'flowers; colour'. Historically identical with **свет** < ***k̑u̯oito-** with depalatalized ***k̑-** > ***k-** (BERNEKER I 656–658).
◇ BRÜCKNER 287; POKORNY I 628–629; VAILLANT **RES** XIII/1–2 110–111 (***k̑-** > ***k-** by dissimilation after prefixes in ***-z-**, originally in the verb **цвести́** 'to blossom, to bloom'); SŁAWSKI III 479 (no IE parallels); ФТ IV 292–293; ТРУБАЧЕВ **ЭССЯ** XIII 162–163; ЧЕРНЫХ **ИЭСРЯ** II 362–363.

цвето́к sb.m. 'flower' (dim. of **цвет**; pl. **цветы́**). Continues ORus **цвѣтъкъ** id. from Slav ***květъkъ**: CSl **цвѣтъкъ** flosculus, SCr dim. **cvijètak** 'flower', Slvn dim. **cvetek** id., Czech dim. **kvítek** id., Slvk dim. **kvietok**, **kviatok** id., USorb **kwětk** id., LSorb **kwětk** id., Pol dim. **kwiatek** id. Cf. **цвет** 'colour, flower', **цвести́** 'to blossom, to bloom'.
◇ ТРУБАЧЕВ **ЭССЯ** XIII 163–164.

це́вка sb.f. '(wooden) pipe used in weaving'. Continues ORus **цѣвъка** 'ball of gold or silver thread' from Slav ***cěvъka**: Bulg **ци́вка** 'pipe, narrow neck of a vessel', Maced **цевка** 'pipe, gun barrel, spool', old SCr **cȉjevka** 'rostrum', Slvn **cevka** 'pipe, spool', Czech **cévka** 'pipe', Slvk dial. **cifka** id., USorb **cywka** 'pipe, spool', LSorb **cowka** id., Pol **cewka** id., Ukr **ці́вка** 'tree trunk, spool', Blr **цэ́ўка** 'spool'. Dim. of ***cěva** > Bulg **цева́** id., Czech **céva** 'pipe, sinew', Slvk **cieva** id., USorb **cywa** 'spool', LSorb **cewa** id., Pol **cewa** 'spool', Rus dial. **чéва** 'handle of a stick used to stun fish', Ukr **ціва** 'roller, spindle, reel, spool'. The latter is identical with Lith **šeivà**, **šaivà** id. despite the difference in the anlaut: ***cěva** < ***koi̯ā** while **šeivà** < ***k̑oi̯ā**.
◇ MIKLOSICH **EW** 29; BERNEKER I 128 (to **цеди́ть** 'to filter'); ФТ IV 294; ТРУБАЧЕВ **ЭССЯ** III 190-192; **ТСРЯ** 1076.

цевни́ца sb.f. 'pipe' (musical instrument). Continues ORus **цѣвьница** 'string, lyre, pipe'. Borrowed from OCSl **цѣв(ь)ница** λύρα (related to **це́вка**).
◇ ФТ IV 295.

цевьё sb.n. 'upper part of rifle stock; rod, shaft, pivot'. Continues ORus **цѣвие** 'handle' from Slav ***cěvьje** > Slvn **cevje** = **orodje**, Czech **ceví** 'pipe, tube', Blr **цаўё** 'handle'. Derived from ***cěva**, see **це́вка**.
◇ ТРУБАЧЕВ **ЭССЯ** III 193.

цеди́ть vb. 'to strain, to filter; (coll.) to utter slowly'. From Slav ***cěditi**: CSl **цѣдити** διυλίζειν, Bulg **цедя́** 'to strain, to filter', Maced **цеди** id., SCr **céditi** id., Slvn **cediti** id., Czech **cediti** id., Slvk **cedit'** id., USorb **cydźić** id., LSorb **cejźiś** id., Pol **cedzić** id., Ukr **ціди́ти** id., Blr **цадзíць** id. Related to Lith **skíedžiu**, **skíesti** 'to dilute' reflecting IE ***skei-d-** 'to cut off, to split' (BERNEKER I 122-123).
◇ MEILLET **RS** II 62-63; ПОТЕБНЯ **РФВ** IV 211; ФТ IV 295; ТРУБАЧЕВ **ЭССЯ** III 174-175; ЧЕРНЫХ **ИЭСРЯ** II 363; **ТСРРЯ** 607; **ТСРЯ** 1076.

целе́бный adj. 'medicinal, curative, healthy'. Continues ORus **цѣльбныи** id. borrowed from OCSl **цѣльбьнъ** ἰάσεως. See **цели́ть** 'to heal'.
◇ ТРУБАЧЕВ **ЭССЯ** III 181.

целесообра́зный adj. 'expedient, advisable'. A mid-XIXth century calque of Germ **zweckmäßig** id.
◇ ВИНОГРАДОВ **Очерки** 336.

целина́ sb.f. 'virgin land / soil'. Continues ORus-CSl **цѣлина** id. To **це́лый** 'whole' (with suff. **-ина** < Slav ***-ina**).
◇ ЧЕРНЫХ **ИЭСРЯ** II 364-365 (sub **це́лый** 'whole'); ТРУБАЧЕВ **ЭССЯ** III 177-178.

це́лить vb. 'to aim'. See **цель** 'aim; target'.

цели́ть vb. 'to heal' (usually perf. **исцели́ть**; cf. sb.m **цели́тель** 'healer'). Continues ORus-CSl **цѣлити** id. < Slav ***cěliti** id. (cf. ***cělitelь** 'healer'). Cf. **целе́бный** 'curative' to Slav ***cělьba** 'healing' (see ТРУБАЧЕВ **ЭССЯ** III 181). Related to **целый** 'whole'.
◇ ФТ IV 297; ТРУБАЧЕВ **ЭССЯ** III 178; ЧЕРНЫХ **ИЭСРЯ** II 364-365 (sub **це́лый** 'whole').

це́лка sb.f. 'virgin', coll. Der. from **целый** 'whole' < Slav ***cělъ(jь)** id. (Cf. Slav ***cělъ-kъ** 'virgin snow', ТРУБАЧЕВ **ЭССЯ** III 180). See also **целко́вый**.

целко́вый sb.m. 'rouble', coll. (obs. 'one-rouble silver coin'; also **целка́ч**, **целкови́к**). Attested in dictionaries since 1834. Cf. Ukr **цілко́вий** id. Absent in other Slav languages in this meaning. Der. from **цело́к** 'smth. whole / complete' < ORus ***цѣлъкъ** id. (cf. Czech **celek**, Slvk **celok** id.). To **це́лый** 'whole'.
◇ ТРУБАЧЕВ ФТ IV 297 (sub **це́лый**); ЧЕРНЫХ **ИЭСРЯ** II 363.

целова́ть vb. 'to kiss'. Continues ORus **цѣловати** 'to greet, to thank, to kiss' (attested since the XIth century) from ***cělovati**: OCSl **цѣловати** ἀσπάζεσθαι, Bulg **целу́ва** 'to kiss', Maced **целувам** id., SCr **cjelòvati** id., Slvn **celovati** id., Czech poet. **celovati** id., Slvk poet. **celovat'** id., Ukr **цілува́ти** id., Blr **цалава́ць** id. The original meaning 'to greet' is preserved in OCSl. Derived from the old **u**-stem of **це́лый** 'whole'.
◇ MEILLET **RS** II 69; MACHEK **ZfslPh** XIV 277; VAILLANT **Festschr. Lehr-Spławiński** 155; ФТ IV 297; ТРУБАЧЕВ **ЭССЯ** III 179; ЧЕРНЫХ **ИЭСРЯ** II 364; **ТСРРЯ** 607 (refl. **целова́ться** 'to collide (about cars / trucks)', coll.).

це́лый adj. 'whole'. Continues ORus **цѣлыи** 'whole, healthy, pure'(since the XIth century) from Slav ***cělъ(jь)**: OCSl **цѣлыи** ὅλος, Bulg **цял** 'whole', Maced **цел** id., SCr **cȅo** id., Slvn **cel** id., Czech **celý** id., Slvk **celý** id., USorb **cyły** id., LSorb **cełу** id., Pol **cały** id., Ukr **ці́лий** id., Blr **цэ́лы** id. Continues IE ***koil-u-** closely related to OPrus **kails** 'healthy' and Gmc ***xailaz** > Goth **hails** 'healthy', ON **heill** 'whole, healed', OE **hál** 'whole, well, sound', OFris **hēl** 'unhurt, whole, unharmed', OS **hēl** 'unhurt, unharmed', OHG **heil** 'whole, healthy, unscathed' (PICTET **KZ** V 37-38; MIKLOSICH **EW** 28) as well as OIr **cél** 'lucky sign' < ***koilā**. To IE ***koi-l-o-** 'whole, healthy'.
◇ BERNEKER I 124; MEILLET **RS** II 63 (against the comparison with Celtic), **BSL** XXVIII 42; POKORNY 520; ФТ IV 297; ТРУБАЧЕВ **ЭССЯ** III 179-180; ЧЕРНЫХ **ИЭСРЯ** II 364-365; OREL **HEG** 151-152.

цель sb.f. 'aim, goal, purpose; target'. Cf. Bulg **цел**, SCr **cȋlj**, Czech **cȋl**, Slvk **cieľ**, USorb **cyl**, LSorb **cil**, Ukr **ці̂ль**, Blr **цэль** id. Borrowed in 1590s via Pol **cel** < OPol **cyl** from MHG **zil** 'target, aim' (related to Goth **tilōn** 'to reach', adj. **ga-tils** 'fit').
◇ KOCHMAN **PRS** 46; ФТ IV 297; ЧЕРНЫХ **ИЭСРЯ** II 365.

цеме́нт sb.m. 'cement'. Cf. Bulg **циме́нт**, SCr **cèment**, Czech, Pol **cement**, Ukr **цеме́нт**, Blr **цэме́нт** id. Borrowed in 1724 from Germ **Zement** id. which continues Lat **caementum** 'rough-hewed stone', related to **caedō** 'to cut, to rough-hew'.
◇ ФТ IV 297; ЧЕРНЫХ **ИЭСРЯ** II 365.

цена́ sb.f. 'price'. Continues ORus **цѣна** 'price, payment' (attested since the Xth - XIth century) from Slav ***cěna**: OCSl **цѣна** τιμή, Bulg **цена́** 'price', Maced **цена** id., SCr **céna** id., Slvn **cena** id., Czech **cena** id., Slvk **cena** id., Pol **cena** id., Ukr **ціна́** id., Blr **цана́** id. Related to Av **kaēnā** 'retribution, revenge, punishment', Gk ποινή 'blood-money, price paid, recompense', Lith **káina**, **kainà** 'price', from IE ***kᵘoinā**, a deverbative of ***kᵘei-** 'to pay, to atone, to compensate' > Skt **cáyate** 'to revenge, to punish', Gk τίνω 'to pay a price'. See **ка́яться** 'to repent'.
◇ MIKLOSICH **EW** 28; BERNEKER I 124-125; MEILLET **Etudes** II 443, **MSL** XIV 348 (to **чин**); TRAUTMANN **BSW** 113; BRÜCKNER 58; МЛАДЕНОВ 675; POKORNY 637; FRAENKEL

203; ФТ IV 298; ТРУБАЧЕВ **ЭССЯ** III 182; ЧЕРНЫХ **ИЭСРЯ** II 365.

це́нзор sb.m. 'censor' (old **ценсор**). Borrowed from Germ **Zensor** id. < Lat **cēnsor** 'appraiser'. Cf. **цензу́ра** 'censorship'.
◇ ФТ IV 298; **AHD** sub **censor**.

цензу́ра sb.f. 'censorship' (old **ценсура**). Borrowed from Germ **Zensur** id. < Lat **cēnsūra** id. Cf. **це́нзор**.
◇ ФТ IV 298.

цент sb.m. 'cent, penny'. From Eng **cent** id. < Lat **centum** 'hundred'. To IE ***k̑m̥tōm** id. < ***dek̑m̥** 'ten'.
◇ **AHD** sub **cent**.

центр sb.m. 'centre, downtown' (adj. **центра́льный** 'central'). Attested since 1731. Cf. Bulg **це́нтър**, SCr **cȅntar**, Czech, Pol **centrum**, Ukr **центр**, Blr **цэнтр** 'centre'. Borrowed from Germ **Zentrum** 'centre' < Lat **centrum** 'stationary point of a pair of compasses, center of a circle' < Gk κέντρον 'sharp point, stinger, spur' (to κεντέω 'to prick'). To IE ***k̑ent-** 'to prick, to jab'.
◇ ФТ IV 298; ЧЕРНЫХ **ИЭСРЯ** II 366; **AHD** sub **center**.

цеп sb.m. 'flail'. From Slav ***cěpъ**: Bulg **цеп** 'stick placed between threads while weaving', Maced **цеп** 'fissure, cut', SCr **cȉjep**. 'flail', Slvn **cep** 'fissure, flail', Czech **cep**. 'flail', Slvk pl. **cepy**, rare **cep** id., USorb pl. **cypy** id., LSorb pl. **cepy** id., Pol **cep** id., Ukr **ціп** id., Blr **цэп** id. Derived from ***cěpti** (cf. **прицепи́ть** 'to hitch / hook to'). To IE ***(s)kei-p-** 'to divide, to split'.
◇ ТРУБАЧЕВ ФТ IV 299 (to **цепь** 'chain'); ТРУБАЧЕВ **ЭССЯ** III 186; ЧЕРНЫХ **ИЭСРЯ** II 366.

цепене́ть vb. 'to go numb, to stiffen' (usually perf. **оцепене́ть**). From Slav ***cěpeněti**: Slvn **cepeneti** 'to stiffen', Czech **cepeněti** 'to die (of cattle)'. Derived from adj. ***cěpenъ(jь)** > CSl **цѣпѣнъ** rigidus (ТРУБАЧЕВ **ЭССЯ** III 184-185). The latter is a part. of ***cěpti**, see **прицепи́ть** 'to hook, to fasten', **цепля́ть** 'to hook to'.
◇ FORTUNATOV **BB** III 57 (to Lith **kaĩpti** 'to ail'); BERNEKER I 125; ФТ IV 299 (from **цеп**).

цеплять vb. 'to hitch / hook / pin to' (refl. **цепляться** 'to cling to, to pester'). Attested since 1794 (but cf. sb.f. **зацѣпка** 'hook, hitch' since 1557). Related to bookish ORus (= CSl) **цѣпити** 'to split', cf. adj. **цéпкий** 'tenacious, keen, dogged'.
◇ ФТ IV 299 (sub **-цепить I**); ТРУБАЧЕВ **ЭССЯ** III 185-186 (sub ***cěpiti**); ЧЕРНЫХ **ИЭСРЯ** II 366; **ТСРРЯ** 607-608.

цепь sb.f. 'chain' (dim. **цепóчка** 'small chain; row, line, file'; adj. **цепнóй** 'chain'). Continues ORus **чепь** id. derived from ***cěpiti** (see **прицепить** 'to hitch / hook / pin to').
◇ ФТ IV 299 (sub **-цепить**) ; ТРУБАЧЕВ **ЭССЯ** III 187 (hesitantly reconstructs Slav ***cěpь** 'chain' attested in Bulg **цѣпь** id. and Blr **цэп** id. which, however, may come from Rus); ЧЕРНЫХ **ИЭСРЯ** II 366-367.

церемóния sb.f. 'ceremony'. Attested since the late XVIIth century. Cf. Bulg **церемóния**, SCr **cerèmōnija**, Czech **ceremonie**, Pol **ceremonia**, Ukr **церемóнія**, Blr **цырымóнія** id. Borrowed from West European languages (cf. Germ **Zeremonie**, etc.), possibly directly from Lat **caeri/emōnia** 'sacredness, religion, religious rite'.
◇ ФТ IV 300 (from Lat via Pol **ceremonia** 'veneration, ritual'); ЧЕРНЫХ **ИЭСРЯ** II 367; **AHD** sub **ceremony**.

цéрковь sb.f. 'church' (adj. **церкóвный**). Continues ORus **цьркы, цьркви, церкы** id. from Slav ***cьrky**: OCSl **црькы / цръкы**, Bulg **цъ̀рква** 'church', Maced **црква** id., SCr **cȑkva** id., Slvn **cerkev** id., Czech **církev** id., Slvk **cirkev** id., USorb **cyrkej, cyrkew** id., LSorb **cerkw(j)a, cerkwej** id., Pol **cerkiew** 'Orthodox church', Ukr **цéрков** 'church', Blr **цéрква** id. Borrowed from WGmc ***kir(i)kō** > OE **cir(i)ce** id., OS **kirika** id., OHG **chirihha** id., itself from Gk τὸ κυριακόν (δωμα) 'Lord's (house)'. The initial Slav ***c-** is irregular.
◇ MIKLOSICH **EW** 28; BERNEKER I 132; SKOK **RES** VII 181; ФТ IV 300; ТРУБАЧЕВ **ЭССЯ** III 198-199 (Slav ***c-** reflects a palatalized affricate in one of the Gmc sources); ЧЕРНЫХ **ИЭСРЯ** II 367-368.

цесáрка sb.f. 'guinea-fowl'. The name of this bird imported from Austro-Hungary (via Ukraine) is borrowed from Ukr **цісáрка** 'Austrian woman' in the end of the XVIIIth century.
◇ ПИЧХАДЗЕ **ИРС** 224-226 (formed from obs. **цесáрский** 'Austro-Hungarian'); ЧЕРНЫХ **ИЭСРЯ** II 368.

це́сарь sb.m. See **царь** 'tsar'.

цех sb.m. 'shop (in a factory); guild'. Attested since 1721. Probably borrowed via Pol **cech** from MHG **zëch(e)** 'guild' (Germ **Zeche;** Gmc root ***tehw-** 'order').
◇ ФТ IV 301; ЧЕРНЫХ **ИЭСРЯ** II 368.

цехи́н sb.m. 'old Venetian gold coin'. From Ital **zecchino** id. der. from **zeccha** 'mint (in Venice)'< Arab **sikka** 'coining die'.
◇ ФТ IV 301.

цивилиза́ция sb.f. 'civilization'. Attested as **сивилиза́ция** since early 1930s. Borrowed from West European languages (Fr **civilisation**, Germ **Zivilisation**) to Fr **civiliser** 'to civilize' (since 1568) < **civil** 'cultured' < Lat **cīvis** 'citizen'. To IE ***k̑ei-** 'to lie; lodging, home', etc.
◇ DAUZAT 179; ЧЕРНЫХ **ИЭСРЯ** II 368–369; **AHD** sub **civil**.

циду́ля sb.f. 'letter, message, note' (also **циду́лка**), coll. Borrowed in 1560s from Polish **cedułа** 'receipt' to Late Lat **schedula** (> Eng **schedule**), dim. of **scheda** 'papyrus leaf'. Ultimately to IE ***skei-d-** 'to cut off, to split'.
◇ KOCHMAN **PRS** 46; ФТ IV 295 (**цеду́лка** 'note' < old **цидула**, Ukr **цеду́ла**); **ТСРРЯ** 608 (**циду́лка**).

цикл sb.m. 'cycle'. Attested since Peter I, originally as **цыклус** id. Borrowed from Germ **Zyklus** or Pol **cykl** id. To Lat **cyclus** 'circle' < Gk κύκλος id. (partially redupl. IE root ***kʷel-** 'to turn, to rotate'). See **колесо** 'wheel'.
◇ ФТ IV 302; ЧЕРНЫХ **ИЭСРЯ** II 369.

цикло́н sb.m. 'cyclone'. Appeared in dictionaries in the end of the XIXth century. From Eng **cyclone**, coined by British meteorologist Piddington in 1842, possibly based on Gk κύκλωμα 'coil, wheel' (to κύκλος 'circle'). Cf. **цикл** 'cycle'.
◇ ЧЕРНЫХ **ИЭСРЯ** II 369; **AHD** sub **cyclone**.

цико́рий sb.m. 'chicory'. Attested since 1674 in **корени цыхори** (in dictionaries as **цихоре́я** in 1782; later **цико́рия**). Borrowed from Fr **chicorée** id. (since the XIIIth - XIVth century) < Ital **cicorea** < Lat **cichorēum** < Gk κῖχόρεια id.
◇ DAUZAT 171; ФТ IV 302; ЧЕРНЫХ **ИЭСРЯ** II 369; **AHD** sub **chicory**.

цили́ндр sb.m. 'cylindre'. Attested since Peter I. Cf. Bulg **цили́ндър** , SCr **cilȉndar**, Czech **cylindr**, Pol **cylinder**, Ukr **цилі̂ндр**, Blr **цылі̂ндр** id. Possibly borrowed from Germ **Zylinder** id. (cf. Fr **cylindre** since the XIVth century < Lat **cylindrus** 'cylindre, roller' < Gk κύλινδρος id. to κυλίνδω 'to roll' < IE ***skel-** 'crooked').
◇ DAUZAT 226; ФТ IV 302; ЧЕРНЫХ **ИЭСРЯ** II 369; **AHD** sub **cylindre**.

цимба́лы pl.t. 'cymbals'. Borrowed in 1680s from Pol **cymbał** id. < Lat **cymbalum** id. < Gr κύμβαλον id. (to κύμβη 'hollow of a vessel, a cup'). To IE ***ƙeu-** 'round and hollow object' < 'to bend'.
◇ KOCHMAN **PRK** 61; ФТ IV 306 (**цымба́ла**); **AHD** sub **cymbal**.

цинга́ sb.f. 'scurvy'. Attested since 1608 (as **chinga** in Eng transliteration). Cf. OUkr **ценга**, Ukr **цинга́**, Blr **цынга́** id. Possibly from Pol *dziegna* id., to Lat 'tooth', etc.
◇ МЕРКУЛОВА **ОЛА 1983** 304-307 (from an unknown Turkic source); KOCHMAN **PRS** 47; ФТ IV 306 (**цынга́**); ЧЕРНЫХ **ИЭСРЯ** II 368; **ТСРРЯ** 1080.

ци́ник sb.m. 'cynic'. Borrowed, via Germ **Zyniker** id., from Lat **cynicus** < Gk κυνικός 'doglike' (reflecting the name of a sect, founded by philosopher Antisthenes of Athens).
◇ ФТ IV 302; **AHD** sub **cynic**.

цирк sb.m. 'circus'. Attested in dictionaries since 1806. Cf. Bulg **цирк,** SCr **cȋrkus**, Czech **cirkus**, Pol **cyrk**, Ukr **цирк**, Blr **цырк** id. Possibly borrowed from Germ **Zirkus** id. < Lat **circus** 'ring, circle' < Gk κίρκος 'ring'.
◇ ФТ IV 302; ЧЕРНЫХ **ИЭСРЯ** II 371; **AHD** sub **circus**; **ТСРРЯ** 608 (coll. iterj. **цирк!** refers to smth. ridiculous).

ци́ркуль sb.m. 'pair of compasses (for drawing)'. Attested since the early XVIIth century. Cf. SCr **cȉrkle**, Pol **cyrkiel**, Ukr **ци́ркуль**, Blr **цы́ркуль** id. Borrowed from Germ **Zirkel** id. (phonetically influenced by Lat **circulus** 'circle').
◇ KOCHMAN **PRS** 49; ФТ IV 302; ЧЕРНЫХ **ИЭСРЯ** II 371.

циркуля́р sb.m. 'circular'. Borrowed from Germ **Zirkular** <Lat **circulāris** < **circulus** 'circle'.
◇ ФТ IV 303.

ци́рлы sb.f.pl. 'tiptoes'. Only in a phrase **на ци́рлах** 'on one's tiptoes'. From criminal argot **ци́рлы** 'feet; tiptoes'. Etymologically difficult.
◇ **SPCS** I 204 (**на цы́рлах**, to Germ **zierlich** [see **zierlich-manierlich**]); **ТСУЖ** 193; **СРА** 527.

ци́рлих-мани́рлих adv. 'finical'. Borrowed from Germ **zierlich-manierlich** id.
◇ **ТСРРЯ** 608 (sb.m.).

цирю́льник sb.m. 'barber' (obs.); originally **цырюлик** 'surgeon' (since 1696). Cf. Ukr **цирюлик**, **цирю́льник** 'barber, physician'. Borrowed from Lat **chirurgus** 'surgeon' (< Gk χειρουργός id.) via Pol **cyrulik** 'surgeon' (modern 'barber').
◇ ФТ IV 307 (**цырю́льник**).

цитаде́ль sb.f. 'citadel, stronghold' (**ситаде́ль** since 1701; then **цитаде́ля**, **цитаде́ль**). Form in **с**- borrowed from Fr **citadelle** 'fortress' (since the late XVth century); form in **ц**- borrowed from Pol **cytadela** id. To Ital **citadella** id., dim. to **citta** 'city' < Lat **cīvitās** 'citizenry, state' (cf. **цивилиза́ция** 'civilization').
◇ DAUZAT 178; ФТ IV 303; ЧЕРНЫХ **ИЭСРЯ** II 371-372; **AHD** sub **citadel**.

цита́та sb.f. 'quotation, citation'. Attested sincs 1820s. Cf. Bulg **цита́т**, SCr **cìtāt**, Czech **citát**, Ukr **цита́та**, Blr **цыта́та** id. Possibly from Pol **cytat** id. To Late Lat **citātiō** id. < Lat **citāre** 'to set in motion, to appeal', etc.
◇ ЧЕРНЫХ **ИЭСРЯ** II 372; **AHD** sub **cite**.

циферблáт sb.m. 'clock-face, dial'. Borrowed from Germ **Zifferblatt** id.
◇ ФТ IV 303; ЧЕРНЫХ **ИЭСРЯ** II 372 [spelling **Ziferblatt**]. Cf. **ци́фра** 'number, figure'.

ци́фра sb.f. 'number, figure'. Borrowed in 1700s from Pol **cyfra** or Germ **Ziffer** < It **cifra;** ultimately to Arab. **ṣifr** 'empty; zero'. Cf. **шифр** 'cipher'.
◇ KOCHMAN **PRS** 47; ФТ IV 303; ЧЕРНЫХ **ИЭСРЯ** II 372; **AHD** sub **cipher**.

цо́коль sb.m. 'socle'. Attested since Peter I (old **цоколо**). Borrowed from Ital **zoccolo** 'wooden shoe' < Lat **socculus**

'small sandal', dim. of **soccus** 'a kind of light shoe (of Gk origin)'.
◇ ФТ IV 304; **AHD** sub **socle**.

цуг sb.m. 'team of three pairs of horses harnessed in tandem' (adv. [< instr. case] **цу́гом** 'in tandem'). Attested since 1702. Borrowed, via Pol **cug** id., from Germ **Zug** 'procession, row', etc.
◇ ФТ IV 304.

цука́т sb.m. 'candied fruit / peel' (old also **сукат**). Attested since the late XVIIth century. Cf. Ukr, Blr **цука́т** id. Bulg **цука́т** is from Rus. Borrowed from Germ **Zukkade** (with **z**- apparently influenced by **Zucker** 'sugar') / **Sukkade** < OItal **succada** id. < **succo** 'juice' (to Lat **succus** / **sūcus** 'juice, liquid').
◇ ФТ IV 304; ЧЕРНЫХ **ИЭСРЯ** II 372-373.

цуна́ми sb.n.indecl. 'tsunami'. Borrowed from Jap **tsunami** id. < 'harbor wave' (**tsu** 'port, harbor', **nami** 'wave').
◇ ХРУСЛОВ **РР** V/3 127; **AHD** sub **tsunami**.

цу́рес sb.pl.t. 'woe, problems, tsuris' (~ **цо́рес**). Borrowed from Yiddish pl. **tzures, tzores** id. < Hbr **ṣārōt** id.
◇ ХЕЛИМСКИЙ apud АНИКИН **Сиб.** 658; **AHD** sub **tsuris**.

цу́цик sb.m. 'puppy' (same in Ukr), to dial. **цу́цка, цуцу́** 'dog'. Onomatopoeic word; cf. Lith **čiučius** 'puppy', interj. **čiučiu!** (calling a dog).
◇ ФТ IV 304-305 (**цу́цка**); **ТСРЯ** 1081 (from Ukr).

цы́бик sb.m. 'small pack (of tea)'. Semantic evolution of the Siberian dialectal meaning 'box of tea'. The latter is borrowed from Mong **sebeg** 'basket, box (of tea)'.
◇ АНИКИН **Сиб.** 659.

цыга́н sb.m. 'gipsy'. Cf. Bulg **ци́ганин**, SCr **ćȉganin**, Ukr **ци́ган**, Blr **цы́ган** id. Borrowed from MGk τσίγγανος id. < αθίγγανοι (pl., old) id.
◇ ФТ IV 305.

цы́кать vb. 'to hush (call upon to be silent)', coll. Ukr **ци́кати** id. Cf. Slvn **cikati** 'to cheep, to chirp', Czech **cikati** 'to chirp', LSorb **cykaś** 'to hiss', etc. Of imitative origin; cf. interj. **цыц** 'tut-tut'.

◇ ФТ IV 305–306.

цып in interj. **цып-цы́п!** 'chuck-chuck!'. Cf. Ukr **ціпу́-ціпу́**, **ціп-ціп**, Blr **ціп-цîп**, Pol **cip-cip** id. Derivatives: Slvn **cipa**, Blr **цîпа**, **цîпка**, Ukr **цîпка** 'chicken'. See **цыплёнок** 'chick(en)' (to ***ципля́**).
◇ ФТ IV 307 (sub **цыплёнок**); ЧЕРНЫХ **ИЭСРЯ** II 372 (sub **цыплёнок**).

цы́пки sb.pl.t. 'red spots on the skin (hands, feet)' derived from **цып**. Cf. Ukr dial. **курча́та** id., Ukr **ку́рча** 'night blindness' < **ку́рица** 'hen'. According to **ТСРЯ** 1081, derived from dial. **цы́пать** 'to scratch'.

цыплёнок 'chick(en)' sb.m. (pl. **цыпля́та**, adj. **цыпля́чий**). Attested since the XVth - XVIth century. Based on ***ципля́** 'chicken'. See **цып.**
◇ ФТ IV 307; ЧЕРНЫХ **ИЭ** II 372 (sub **цыплёнок**).

цы́почки pl.t. 'tiptoes'. Only in the idioms **стать на цы́почки** 'to stand on one's tiptoes', **ходить на цы́почках** 'to tiptoe'. Cf. **цы́пки**, Ukr **ципки́** id., Slvn **cipati** 'to walk clumsily, to hobble'. Of imitative origin.
◇ ВИНОГРАДОВ **ЯП** 389–390; ФТ IV 307; **ТСРЯ** 1081.

цы́почник sb.m. 'night thief' (thief who tiptoes; criminal argot). Cf. **цы́почки** 'tiptoes'.
◇ **SPCS** II 92.

цыц interj. 'tut-tut'; cf. vb. **цы́кать** 'to hush'.
◇ ФТ IV 307–308.

Ч

чаба́н sb.m. 'shepherd'. Borrowed from Turkic: Turk **çoban** id., Cr.-Tat **čoban** id. of Iranian origin, cf. Pers **šubān** id., Av ***fšu-pāna-** 'herd keeper'.
◇ DOERFER III 108–110; ФТ IV 308; АНИКИН **Сиб.** 660.

чабре́ц sb.m. 'plant Thymus serpyllum and Satureia hortensis' (~ **чебре́ц**). Derived from **чабе́р**, **чабёр** 'plant Satureia hortensis' continuing ORus **чабьръ** 'a kind of grass' from Slav ***čębrъ** ~ ***čǫbrъ**: Bulg dial. **чу́бър** 'plant Satureia hortensis', SCr **чу́бар** id., Czech **čabr**, **čubr** id., Pol **cząber** id., Ukr **чабе́р** id., Blr **чабо́р** id. Must be connected with Gk θύμβρος 'Satureia thymbra'.
◇ MIKLOSICH **EW** 36–37; BERNEKER I 160 (from ***čem-ro-** and further to **чемери́ца**); BRÜCKNER 73; MOSZYŃSKI **JP** XXXIII 348–349 (of Southern origin); ФТ IV 309 (sub **чабе́р**); ТРУБАЧЕВ **ЭССЯ** IV 101–102 (against the connection with **чемери́ца**).

ча́вкать vb. 'to champ, to munch noisily'. See **чва́кать** id.
◇ ФТ IV 309.

чавыча́, also **чавы́ча** sb.f. 'a fish (salmon)'. Borrowed in the XVIIIth century from Itelmen **č'uč'u** id. < **čovuiča**.
◇ АНИКИН **ИРС** 88–89.

ча́га sb.f. 'swelling on the birch bark' (also **ча́ка**), dial. Borrowed from Komi dial. **ṭṣ̌ak** 'fungus'.
◇ ФТ IV 310; АНИКИН **Сиб.** 661.

чад sb.m. 'fumes, smoke'. From Slav ***čadъ**: Bulg dial. **чад** id., Maced **чад** 'smoke, fumes', SCr **ча̏д** id., Slvn **čad** id., rare Czech **čad** id., Slvk **čad** id., Pol **czad** id., Ukr **чад** 'fumes, dial. soot, Blr **чад** 'fumes, smoke'. Continues an earlier ***kēdo-** related to **кади́ть** 'to burn incense'(MIKLOSICH **EW** 30). To IE ***ked-**, ***kēd-** 'to smoke, to emit fumes'.
◇ MEYER **AEW** 222 (to Alb **kem** 'incense' whic, however, is from PAlb ***kapna**); MEILLET **MSL** XIV 387; BERNEKER I 133; SHEVELOV **Prehist.** 259–260 (irregular expressive **ч-** from

*k-); ФТ IV 310; МАРТЫНОВ **Этим. 1982** 4 (closely related to OPrus **accodis** 'flue'); ТРУБАЧЕВ **ЭССЯ** IV 9–10; ЧЕРНЫХ **ИЭСРЯ** II 373; OREL **AED** 175.

ча́до sb.n. 'child', obs. Continues ORus **чадо**, **чѧдо** id. from Slav ***čędo**: OCSl **чѧдо** τέκνον, infans, Bulg **че́до** 'child', Maced **чедо** id., old SCr **čȅdo** id., Czech **čado** id., Ukr **ча́до** id., Blr **чадо́** 'angry, stubborn child'. An old borrowing from Gmc ***kenþan** > Norw dial. **kind** 'child', OS **kind** id., OHG **kind** id. (< IE ***ĝen(ə)-** 'to give birth'), before the 1st palatalization or with a substitution of a palatalized ***k̑** by Slav ***č** (LOTTNER **KZ** XI 173). Originally, there must have been a terminological difference between **ча́до** and **ди́тя** that we are now unable to trace.

◇ MIKLOSICH **EW** 32 (same as LOTTNER); MEILLET **Etudes** I 110 (follows LOTTNER); BERNEKER I 154 (from ***čęti**, see **нача́ть**, with a suffix *-**do**); BRÜCKNER 542; KIPARSKY **Gem.** 22–23 (follows BERNEKER; **ча́-до** like **ста́-до**); POKORNY 373–374; МАРТЫНОВ **ВЯ** 1960/5 143 (from Gmc), **Слав.-герм.** 205 (Gmc < Slav); ТРУБАЧЕВ **Род.** 43 (from ***čęti**), **ЭССЯ** IV 102–104 (adj. in *-**do**- similar to Lat **re-cēns** 'new, fresh' < ***ken-t-**; ***čędo** is originally from ***čęto**); ФТ IV 310–311.

чай sb.m. 'tea'. Cf. Bulg **чай**, SCr **čȁj**, Slvn, Czech, USorb, NSorb **čaj**, Ukr, Blr **чай** id. Borrowed in the XVIth–XVIIth century from Chinese (Mandarin) **čʽā** id. via Pers **čā** ~ **čāi̯** id. and Turkic (Alt **čai̯**, Turk **çay**, etc.).

◇ DOERFER III 41 (possible Mongolian mediation); МУРАЯМА **Этимология 1975** 81–83 (from Chinese **ča-je** 'tea leaves'); ФТ IV 311; ЧЕРНЫХ **ИЭСРЯ** II 373–374; АНИКИН **Сиб.** 663.

ча́йка sb.f. 'gull'. From Slav ***čajьka**: Maced **чајка** id., Slvn **ajka** id., Czech **čejka** 'lapwing (Vanellus cristatus)', Pol **czajka** id., Ukr **ча́йка** id., Blr **ча́йка** 'gull'. Dim. of a rare ***čaja** > Czech dial. **čaja** 'lapwing, gull' of imitative origin (BERNEKER I 134; ФТ IV 311–312).

◇ BRÜCKNER **KZ** XLVIII 198 (to **ча́ять**); БУЛАХОВСКИЙ **Изв. ОЛЯ** VII 101, 112; ТРУБАЧЕВ **ЭССЯ** IV 10–12; ЧЕРНЫХ **ИЭСРЯ** II 374.

чал sb.m. 'mooring, moorage' (obs.; usually **прича́л**). Possibly to Gk **κέλλω** 'to stear the ship toward land'. See **ча́лить** 'to moor'.

◇ ФТ IV 312–313.

чалдóн sb.m. 'Russian (in Siberia), Russian native inhabitant of Siberia'.
◇ ФТ IV 326 (to Lit. Mong **ǯoliɣan ~ ǯolgin** 'tramp'); АНИКИН **Сиб.** 666 (contra ФТ).

чáлить I vb. 'to moor' (obs.; usually perf. **причáлить**; adj. **причáльный** as in **причáльный канáт** 'mooring line'). To **чал** 'mooring'.
◇ ФТ IV 312–313.

чáлить II vb. 'to steal' (dial.); 'to go / walk somewhere' (coll./argot); refl. **чáлиться** 'to threaten'(dial.); 'to go / walk somewhere; to serve time' (argot). All, or part, of the above to **чáлиться I** 'to moor'.
◇ ФТ IV 313; **SPCS** II 92; **СРА** 529; **ТСРРЯ** 609–610.

чáлый adj. 'grey (of horses)'. Continues ORus **чалъ** id. (since 1529). Borrowed from Turkic (Tat **čal** 'grey(haired)'; Uygh **čal** 'grey(haired), grey (of horses)', Turk **çal** id.).
◇ DOERFER III 31; ФТ IV 313; АНИКИН **Сиб.** 668.

чан sb.m. 'vat' (dial. **щан**). Continues ORus **тщанъ** < ***дъщанъ** 'wooden' (adj. to **дъска** > **доскá** 'board'). Cf. Ukr, Blr **чан** 'vat'. Absent in other Slav languages.
◇ ФТ IV 314; ЧЕРНЫХ **ИЭСРЯ** II 374; **СРА** 529 (argot **чан**, **чанка** 'head'); **ТСРРЯ** 610 (coll. **чан** 'head').

чáо interj. 'bye, ciao'. Borrowed from Ital **ciao** id. in 1950s.

чáпать vb. 'to walk (slowly)', coll. Borrowed from (rather than related to) Ukr **чáпати** id. continuing Slav ***čapati** > Rus dial. **чáпать** 'to touch, to grasp, to shake'. To IE ***kēp-** 'to take' (> Goth **hafjan** 'to lift', etc.).
◇ ФТ IV 315; ТРУБАЧЕВ **ЭССЯ** IV 16–18; **СРА** 530; **ТСРРЯ** 610.

чáра sb.f. 'goblet', obs.; dim. **чáрка**. Continues ORus **чара** id. from Slav ***čara**: Pol **czara** id. (from Russian), Ukr **чáра** 'large wine glass', Blr **чáра** 'goblet'. Originally, *'vessel for magic practices' (thus related to **чáры** 'spell, magic' ?).
◇ HIRT **BB** XXIV 248 (to Skt **carú-** 'caldron', Gmc **xwernōn** > ON **hverna** 'pan, basin', MIr **cern** 'bowl' but all the details - type of stem and root vocalism - are different); BERNEKER I 136; MOSZYŃSKI **JP** XXXIII 345–346 (an Oriental word); ФТ IV 316; ТРУБАЧЕВ **ЭССЯ** IV 21–22.

ча́ры sb.pl.t. 'spell, magic'. Continues ORus **чаръ** (since the XIth century), pl. **чары** 'magic' from Slav ***čarъ**: OCSl **чаръ** 'spell, magic', Bulg **чар** 'charm', Maced **чар** id., Slvn **čar** 'magic', Czech **čár** id., Slvk **čar** 'magic, charm', Pol **czar** id., Ukr **чар** 'magic potion', Blr pl. **ча́ры** 'magic, charm'. A parallel form ***čara** (SCr **čara** 'magic', Slvn **čara** id., ORus **чара** id.) is identical with Av **čārā** 'way, method' based on IE ***kᵘ̯er-** 'to make' > Skt **karóti** id. (BERNEKER I 137).
◇ OSTHOFF **BB** XXIV 109–110; ПОТЕБНЯ **РФВ** III 172–173; ИЛЬИНСКИЙ **РФВ** LXI 235–239; POKORNY I 641–642; ФТ IV 317; ТРУБАЧЕВ **ЭССЯ** IV 22, 26; ЧЕРНЫХ **ИЭСРЯ** II 374–375 (374 also **чаро́де́й** 'sorcerer').

час sb.m. 'hour, time'. Continues ORus **часъ** 'time' (attested since the Xth – Xith century) from Slav ***časъ**: OCSl **часъ** ὥρα, Bulg **час** 'hour', Maced **час** id., SCr **čȁs** 'hour, moment', Slvn **čas** 'time', Czech, Slvk **čas** id., USorb **čas** id., LSorb **cas** id., Pol **czas** id., Ukr, Blr **час** id. Close to (or identical with if ***časъ** is an old neut.) Alb **kohë** 'time' < PAlb ***kēsā** (singularized pl. neut.) and further to OPrus acc. **kīsman** < ***kēs-ma-** (PEDERSEN **IF** V 45, **KZ** XXXVI 279; OREL **AED** 188–189). The initial pure velar ***k-** is unequivocally established by Albanian. All the above forms, originally denoting a (time) segment, are derived from IE ***kes-** 'to scratch, to cut' (ТРУБАЧЕВ **ЭССЯ** IV 29–30).
◇ МИКУЦКИЙ **ИОРЯС** IV 90 (to **чеса́ть** 'to walk quickly'); SCHLEICHER **KZ** XI 318–319 (to Gmc ***xwīlō** 'time'); BERNEKER I 137 (to **ча́ять**); TRAUTMANN **BSW** 131; BRÜCKNER 73; MACHEK[2] 95 (same as МИКУЦКИЙ); ХЭМП **Этим. 1970** 268–269 (from IE ***kēk̑s-** or ***kēsk̑-**); ФТ IV 318; ЧЕРНЫХ **ИЭСРЯ** II 375.

ча́сом adv. 'by chance', coll. Originally instr. of **час** 'hour, time'.
◇ ФТ IV 318 (sub **час**); **ТСРРЯ** 610.

части́ть vb. 'to speak (too) rapidly, 'to come frequently, to do smth. too hastily' (usually perf. inch. **зачасти́ть**), coll. Cf. Ukr **части́ти** id. See **ча́стый** 'frequent'.
◇ **ТСРРЯ** 610.

ча́стый adj. 'frequent, rapid; thick, dense'. Continues ORus **частыи** 'dense' from Slav ***čęstъ(jь)**: OCSl **чѧстъ** πυκνός,

densus, Bulg **чест** 'dense', Maced **чест** id., SCr **čêst** id., Slvn adv. **često** 'often', Czech **častý** 'frequent', Slvk **častý** id., USorb **časty** id., LSorb **cesty** id., Pol **częsty** id., Ukr **частий** id., Blr **часты** id. A past participle of unattested ***čęsti** identical with Lith **kemšù, kim̃šti** 'to stuff' (FICK **KZ** XXII 98). Cf. **часть** 'part, share'.
◇ MEILLET **Etudes** II 300; BERNEKER I 155; TRAUTMANN **BSW** 126; BRÜCKNER 78; FRAENKEL 254; ФТ IV 318; ТРУБАЧЕВ **ЭССЯ** IV 106.

часть sb.f. 'part, share'. Continues ORus **часть, чѧсть** id. from Slav ***čęstь**: OCSl **чѧсть** μέρος, μερίς, pars, Bulg **чест** 'part, share', SCr **čêst** 'part; fate, lot', Slvn **čast**, Czech **část** 'part', Slvk **čast'** id., USorb **časć** 'piece', Pol **część** 'part, share', Ukr (obs.) **часть** 'part'. Derived from **ча́стый**, originally *'densely stuffed share (of fodder)' (ТРУБАЧЕВ **ЭССЯ** IV 107–108).
◇ MIKLOSICH **EW** 32 (to Lat **scindō** 'to cut, to tear, to rend'); БРАНДТ **РФВ** XXII 116 (same as MIKLOSICH); BERNEKER I 155 (from ***kn̥d-ti-**, to **куса́ть**); МЛАДЕНОВ 679 (follows MIKLOSICH); ФТ IV 319 (follows BERNEKER); ЧЕРНЫХ **ИЭСРЯ** II 375–376 (to IE root ***(s)kei-d-** < ***(s)kei-** 'to cut').

ча́хнуть vb. 'to wither, to waste away', attested in dictionaries since 1731 (adj. **ча́хлый** 'withered, sickly' related to **чахо́тка** 'tuberculosis', coll.). Unclear.
◇ ФТ IV 319–320; ЧЕРНЫХ **ИЭСРЯ** II 376; **ТСРЯ** 1084; 610–611.

ча́ша sb.f. 'bowl', obs. (usually dim. **ча́шка** 'cup'). Continues ORus **чаша** id. from Slav ***čaša**: OCSl **чаша** σκύφος, ποτήριον, Bulg **ча́ша** 'drinking glass', Maced **чаша** id., SCr **čȁša** 'bowl', Slvn **čaša** id., Czech lit. **číše** id., Slvk lit. **čaša** id., Pol **czasza** id., Ukr **чаша** id., Blr **ча́ша** id. Derived from IE ***kes-** 'to scratch, to cut', see **чеса́ть** 'to scratch'(ЯКОБССОН **ScSl** IV 306–307; МЕЛЬНИЧУК **Этим. 1966** 231–232) with the same ablaut degree as **час** 'hour, time'.
◇ MEILLET **RS** II 66–67 (related to OPrus **kiosi** 'goblet'); МЛАДЕНОВ **РФВ** LXII 262 (to Lith **kiáušė** 'skull'); BERNEKER I 137 (from an unidentified Iranian source accounting for Skt **cáṣaka-** 'goblet', Arm **čašak** id.); BRÜCKNER 73 (OPrus from Slav); SŁAWSKI **RS** XVI 87 (same as BERNEKER); ДОБРОДОМОВ **Этим. 1968** 189–192 (via Proto-Bulgarian, from Iranian, cf.

Pers **kāse** 'bowl, cup'); ФТ IV 320 (same as MEILLET);; ЧЕРНЫХ **ИЭСРЯ** II 376.

ча́ща sb.f. 'thicket'. Continues ORus **чаща, чѧща** id. < Slav ***čęšča** id. derived from Slav ***čęstъ(jь)** > Rus **ча́стый** 'frequent, thick, dense'.
◇ ФТ IV 320; ТРУБАЧЕВ **ЭССЯ** IV 109 (cf. 106 ***čęstъ(jь)**).

ча́ять vb. 'to hope, to expect', obs. Continues ORus **чаяти** id. from Slav ***čajati**: OCSl **чаяти** ἐκδέχεσθαι, Bulg dial. **ча́ем** (1st sg.)'to wait', SCr **čȁjati** id., Slvn **čajati** 'to wait, to expect', Czech **čajáti** 'to expect, to hope'. Related to Skt **cā́yati** (3d sg.) 'to observe, to perceive' < IE ***kʷei-** id.
◇ MEILLET **MSL** IX 139, XIII 39; BERNEKER I 134; MAYRHOFER I 383; POKORNY I 636; ФТ IV 321; ТРУБАЧЕВ **ЭССЯ** IV 10-11; ЧЕРНЫХ **ИЭСРЯ** II 374 (sub parenthetic word **чай** 'maybe').

чва́кать vb. 'to champ, to munch noisily' (obs.). From Slav ***čьvakati**: SCr **čvakàti** 'to clap', Czech dial. **čvákat'** 'to pinch, to pull', Ukr **чва́кати** 'to champ'. Of imitative origin, cf. **ча́вкать** id.
◇ ТРУБАЧЕВ **ЭССЯ** IV 13-14 (to Slav ***čakati** > Bulg dial. **ча́кам** 'to break', Rus dial. **ча́кать** 'to knock' and the like).

чва́нный adj. 'arrogant, pretentious'. Together with Pol dial. **cwany** 'cunning, sly' continues Slav ***čьvanъ**, part. of unattested ***čьvati** 'to swell (?)' without clear IE connections. Rus-CSl **чьваныи** 'mixed (of wine)' may be of the same origin.
◇ ПОТЕБНЯ **РФВ** III 169-171 (to Skt **śváyati** 'to become strong', **śū́na-** 'swollen'); BERNEKER I 175 (to **чу́ять**); ИЛЬИНСКИЙ **РФВ** LXXIII 299-300 (to **цевьё**); BRÜCKNER 68, **KZ** XLV 49 (to **жбан**); ФТ IV 321 (onomatopoeia); ТРУБАЧЕВ **ЭССЯ** IV 178-179 (separates Rus-CSl **чьваныи**); ВИНОГРАДОВ **ИС** 732-733.

чебура́шка sb.m. 'a kind of doll', coll. From prop. **Чебура́шка**, the main character of children's books by УСПЕНСКИЙ who used obs. dial. **чебура́шка** 'a kind of doll' derived from **чебура́хаться, чебура́хнуться** 'to fall' (cf. **чебура́хнуть** 'to hit'). To **чубуро́к, чебура́х** 'wooden ball at the end of barge-towing rope' (from Tkc languages).
◇ ТРУБАЧЕВ ФТ IV 322 (cf. ФТ IV 376 **чубура́хнуть** 'to throw, to knock over (noisily), to pour out'); **ТСРРЯ** 611 (**чебура́хнуть(ся)**).

чей pron. 'whose'. Continues ORus **чии** id. from Slav ***čьjь**: OCSl **чии** τίνος, cuius, Bulg **чий** 'whose', Maced **чиј** id., SCr **čȉj** id., Czech **čí** id., Slvk **čí** id., USorb **čeji** id., LSorb **ceji** id., Pol **czyj** id., Ukr **чий** id., Blr **чый** id. Possessive derivative in ***-j-** of loc.sg. ***či** belonging to the old paradigm of ***ko-** (see **кто**). Structurally close to Lat **cuius** 'whose' < IE ***k$^{u̯}$oi-i̯os** (HUJER **IF** XXIV 70–72).
◇ BERNEKER I 675; WALDE-HOFMANN I 301; ФТ IV 324; ТРУБАЧЕВ **ЭССЯ** IV 140–141; ЧЕРНЫХ **ИЭСРЯ** II 376.

чека́нка sb.f. 'minting (of coins), embossed design' (vb. **чека́нить** 'to mint, to coin, to emboss'). Derived from dial. **чека́н** 'a kind of hammer' continuing ORus **чеканъ** 'axe, hoe' from Slav ***čakanъ** ~ ***čekanъ** > Bulg **че́кан** 'a kind of hammer', Maced **чекан** id., Slvn **čakan** 'tusk, hammer', Czech **čekan** 'battle axe', Slvk **čakan** 'thick crooked stick', Pol **czekan, czakan** 'battle hammer'. Borrowed from Turkic, cf. Chag **čaqan** 'battle axe' (BERNEKER I 134–135).
◇ MOSZYŃSKI **Zasiąg** 76, 132; REYCHMAN **JP** XXXIV 220–222, XXXIX 210–211 (from Hung); ДМИТРИЕВ **ЛС** III 34–35 (from Pers **čovgān** 'crooked stick used in a game'); ТРУБАЧЕВ **ЭССЯ** IV 12; ФТ IV 324–325; ЧЕРНЫХ **ИЭСРЯ** II 377 (sub **чека́нить** 'to mint'); АНИКИН **Сиб.** 678.

чекме́нь sb.m. 'a kind of jacket', dial. Borrowed from Turkic: Tat **čikmän** ~ **čäkmän** id., Uygh **čäkmän** id., etc.
◇ ДМИТРИЕВ **ЛС** III 35; DOERFER III 82–84; ФТ IV 325–326; АНИКИН **Сиб.** 680.

чеку́шка sb.f. '250 gram bottle of vodka'. See **чету́шка.**

чёлка sb.f. 'bangs (of hair)'. Originally, of horses only. Continues ORus **челка** id. from Slav ***čelъka**: Bulg **че́лка** 'cluster, bunch', Serb-CSl **челъка** tonsio quae fit in fronte, Ukr **чі́вка** 'topknot, tuft'. Derived from **чело́** 'brow, forehead'.
◇ ТРУБАЧЕВ **ЭССЯ** IV 50–51.

чёлн sb.m. 'boat, dugout'. Continues ORus **челнъ, чолнъ** id. (since the XIth century) from Slav ***čьlnъ**: Bulg **члун** id., Maced **чолн** Id., SCr **čûn** id., Slvn **čoln** id., Czech **člun** id., Slvk **čln** id., USorb **čołm** id., LSorb **cołn** id., old Pol **czółno** 'dugout', Ukr **чо́вен** 'boat', Blr **чо́вен** 'dugout'. Cf. **челно́к** 'shuttle; boat'.

◇ MIKLOSICH **EW** 31 (to OHG **scalm** 'navis'); BERNEKER I 166–167 (to Lith **kélmas** 'stump' but note its acute intonation); БУГА **РФВ** LXVII 235 (to Lith **kelnas** 'fisherman's boat, ferry' but the form is dubious); TRAUTMANN **BSW** 126; BRÜCKNER 80; MACHEK[2] 105 (follows БУГА); FRAENKEL 237; ФТ IV 327; ТРУБАЧЕВ **ЭССЯ** IV 142 (same as BERNEKER); ЧЕРНЫХ **ИЭСРЯ** II 377.

челнóк sb.m. 'shuttle; boat'; coll. 'shuttling merchant'. Derived from **чёлн** 'boat, dugout'.
◇ ЧЕРНЫХ **ИЭСРЯ** II 377 (sub **чёлн**); **ТСРРЯ** 611.

челó sb.n. 'brow, forehead', obs. Continues ORus **чело** id. from Slav ***čelo**: OCSl **чело** frons, Bulg **чéлó** 'forehead', Maced **чело** id., SCr **čèlo** id., Slvn **čelo** id., Czech **čelo** id., Slvk **čelo** id., USorb **čoło** id., LSorb **coło** id., Pol **czoło** id., Ukr **чóло** id., Blr **чалó** 'lower part of the chimney'. Believed to continue IE ***kel-** > Lat **cellō** 'to raise', Lith **kélti** id. (FICK **KZ** XX 355–356; MIKLOSICH **EW** 31). Slav ***čelo** originates from IE ***kelom**, being close to Lat **cilium** 'eyelid' < ***kel̯iom** (ТРУБАЧЕВ **ЭССЯ** IV 45–47).
◇ MEILLET **MSL** XIV 375, **Etudes** II 235 (secondary **s**-stem influenced by **тéло**); BERNEKER I 140; POKORNY I 544; БЕРНШТЕЙН **ВЯ** 1970/3 74–75 (to **колесó**); ФТ IV 327; ЧЕРНЫХ **ИЭСРЯ** II 377–378.

человéк sb.m. 'man, person'. Continues ORus **человѣкъ** id. from Slav ***čelověkъ**: OCSl **чловѣкъ** ἄνθρωπος, Bulg **човéк** 'man, person', Maced **човек** Id., SCr **čòvek** id., Slvn **človek** id., Czech **člověk** id., Slvk **človek** id., USorb **čłowjek** id., LSorb **członek** 'man, spouse', Pol **człowiek** 'man, person', Ukr **чоловíк** 'man, married man, husband', Blr **чалавéк** 'man, person'. Compound of **чел-** (as in **чéлядь**) < Slav ***čel-** < IE ***kʷel-** 'kin' (cf. Luw **kulana-** < ***k(u)walan** 'troops') and **век-** (same root as in Lith **vaĩkas** 'child, offspring').
◇ BEZZENBERGER-FICK **BB** VI 237 (to Gk πάλληξ 'young man'); MIKLOSICH **VG** II 246 (stem **челов-** and suffix **-ек**); BERNEKER I 140–141; BRÜCKNER 79; OTRĘBSKI **LP** VII 296–297 (same as MIKLOSICH); ZIMMER **AfslPh** II 346–348 (**чело-** + **век**, with unclear semantic motivation); MOSZYŃSKI **JP** XXXIII 352–354; HAVLOVÁ **ScSl** XII 80–86, **ESSJ-U** 13–19 (from ***čelo-** related to Gk τέλος 'completion, end' < ***kʷelo-** and ***věkъ** identical with Lith **vaĩkas** 'child'); МАРТЫНОВ **Сб. Аванесов** 185–187 (against HAVLOVÁ; comparison with

indef. pron. Czech -**kolivěk**, Pol -**kolwiek**); ИВАНОВ **Этим. 1973** 17-22; ФТ IV 328-329; ТРУБАЧЕВ **ЭССЯ** IV 48-50; ЧЕРНЫХ **ИЭСРЯ** II 378 (*'kin's offspring'); **ТСРРЯ** 611.

чéлюсть sb.f. 'jaw'. Continues ORus **челюсть** id. (since the XIth century) from Slav ***čel'ustь**: OCSl **челюсть** σιαγών, Bulg **чéлюст** 'jaw', Maced **челуст** id., SCr **čȅljûst** id., Slvn **čeljust** id., Czech **čelist** id., Slvk **čel'usť** id., Pol **czeluść** 'hole, depth', Ukr pl. **чéлюсти** 'stove opening'. Compound of unattested ***čelь** (a variant of **челó**) and ***ustь**, see **ýстье, устá** 'mouth' (ФТ IV 330; ТРУБАЧЕВ **ЭССЯ** IV 43-44).
◇ МИКУЦКИЙ **ИОРЯС** IV 368 (to Lith **skélti** 'to split'); MIKLOSICH **EW** 31 (derived from **челó**); MEILLET **Etudes** II 286; BERNEKER I 142 (compound with the first component related to Skt **kulya**- 'bone', the second - to **устá**); BRÜCKNER 75 (same as MIKLOSICH); МЛАДЕНОВ 681 (same as MIKLOSICH); ЧЕРНЫХ **ИЭСРЯ** II 378.

чéлядь sb.f. 'house servants'. Continues ORus coll. **челѧдь** 'servants, serfs' from Slav ***čel'adь**: OCSl **челядь** λαός, Bulg **чéляд** 'child, children, family', Maced **челад** 'children', SCr **čȅljâd** 'female family members; family', Czech **čeleď** 'house workers, house servants', Slvk **čel'aď** 'kin, family', USorb **čeledź** 'family members, house servants', LSorb **čelaź** 'house servants', old Pol **czeladź** id., Ukr **чéлядь** 'young people, women, servants', Blr **чэ́лядзь** 'house servants'. Coll. noun in -**ядь** based on **челó** (MIKLOSICH **EW** 31) [old root **чел**- 'kin']; see **человéк** 'man, person'.
◇ MEILLET **Etudes** II 323; BERENEKER I 141-142; BRÜCKNER 75; ФТ IV 330; ТРУБАЧЕВ **ЭССЯ** IV 40-42; ЧЕРНЫХ **ИЭСРЯ** II 378-379 (original meaning 'family').

чемери́ца sb.f. 'hellebore, poisonous plant Veratrum'. From Slav ***čemerica** ~ ***čemerika**: Bulg **чемери́ка** id., Maced **чемерика** id., SCr **čemèrika** id., Slvn **čemeríka** id., Czech **čemeřice** 'hellebore', Slvk **čemerica** id., USorb **čemjerica** id., Pol **czemierzyca** 'hellebore, poisonous plant Veratrum', Ukr **чемери́ця** id., Blr **чамяры́ца** id. Derived from ***čemerъ** > Bulg **чéмер** 'poison, hellebore, disaster', Maced **чемер** 'bitterness', SCr **čȅmêr** 'poison', Slvn **čemer** id., Czech **čemer** 'a kind of illness; disgust', Slvk **čemer** 'a kind of illness', Pol **czemier** 'hellebore', Rus dial. **чéмер** 'poison; pain', Ukr **чемер** 'illness (of horses)', Blr **чэ́мер** 'hellebore'. The latter is related to Lith pl. **kemeraĩ** 'Eupatorium

cannabinum L.' and Gmc ***xemerōn** > OHG **hemera** 'hellebore' (ZUPITZA **KZ** XXXVII 399).
◇ LOEWENTHAL **WuS** X 185 (from IE ***kemeró-**); BERNEKER I 142–143; BRÜCKNER 62; POKORNY I 558; FRAENKEL 251–252; STANG **LS** 16; ФТ IV 331–332; ТРУБАЧЕВ **ЭССЯ** IV 51–53 (to **чебре́ц** < ***kem-r-**); ЧЕРНЫХ **ИЭСРЯ** II 379.

чемода́н sb.m. 'suitcase'. Borrowed from Cr.-Tat **čumadan** id. < Pers **ǰāmadān** 'storage for clothes'. Attested in Russian since the early XVIIth century. Ukr **чемода́н**, Blr **чамада́н**; absent in other Slav languages.
◇ БАСКАКОВ 120; ФТ IV 332; ЧЕРНЫХ **ИЭСРЯ** II 379; АНИКИН **Сиб.** 682.

чемпио́н sb.m. 'champion'. Borrowed from Eng **champion** in 1890s. To OFr **champion** 'fighter' (since the XIIth century) < WGmc ***kampjo** 'warrior' < ***kamp** 'battlefield' < Lat **campus** 'field'.
◇ ЧЕРНЫХ **ИЭСРЯ** II 379; ЛУКАШЕВ **РР** XXXIII/1 108; **AHD** sub **champion**.

ченч sb.m. 'exchange, swap of goods', coll./slang. Borrowed in the argot of illegal trade with foreigners from Eng **change** in the end of 1950s.
◇ **СРА** 531 (argot **ченч**, **ченж**, **чендж**, **чейндж**).

чепе́ц sb.m. 'bonnet'. Continues ORus **чепьць** 'headgear' (attested since the XVIth century) from Slav ***čерьсь**: SCr **čèpac** 'bonnet', Slvn **čерес** id., Czech **čepec** id., Slvk **čepiec** id., USorb **čěpc** id., LSorb **čopc** id., Ukr **чепе́ць** id., Blr **чапе́ц** id. Probably to Slav ***čеръ** 'wooden plug' < 'chopped twig' (> dial. **чёп**, **чоп** 'vat, tub, tank; plug') related to ***čapati** 'to break off a twig', etc. (ТРУБАЧЕВ **ЭССЯ** IV 58–59; also see 16–17, 56–57).
◇ MIKLOSICH **EW** 32 (to Lat **cappa** 'headgear'); BERNEKER I 144 (to Lith **kepùrė** 'cap, service cap'); BRÜCKNER 75–76 (to Pol **czapka** 'hat' but see **ша́пка**); ФТ IV 333; ЧЕРНЫХ **ИЭСРЯ** II 379.

чепуха́ sb.f. 'nonsense' (adj. **чепухо́вый** 'useless, worthless'), coll. Шанский derives this word from ***чепа** = **щепа** 'chips' (ТРУБАЧЕВ ФТ IV 334).
◇ СОБОЛЕВСКИЙ **Лекции** 151; ЧЕРНЫХ **ИЭСРЯ** II 379–380;; ВИНОГРАДОВ **ИС** 817–818; **ТСРРЯ** 612.

чéрви sb.pl.t. 'hearts (in cards)' (old also **чéрвы**, sg. **чéрва**). Cf. Ukr **чéрва** (sg.), Blr **чы́рва** (sg.), **чы́рвы** (pl.) id. Note adj. **червóнный** to ORus **чьрвеныи** 'red'. See **червлёный** 'dark read' to ORus **чьрвь** 'red paint'.
◇ ЧЕРНЫХ **ИЭСРЯ** II 380.

червлёный adj. 'dark red'. Continues ORus **чьрленыи** 'red', probably not related to but borrowed from OCSl **чрьвленъ** κόκκινος, coccineus, while ORus **чьрвеныи** 'red' continues Slav ***čьrv(j)enъ(jь)**: OCSl **чрьвленъ, чрьвенъ**, Bulg **червéн** 'red', Maced **црвен** id., SCr **cȑven** id., Slvn **črljen** id., Czech **červený** id., Slvk **červený** id., USorb **čeŕwjeny** id., LSorb **cerẃeny** id., Pol **czerwony** id., Ukr dial. **червéний** id. All those go back to ***čьrviti** > Bulg **червя́** 'to paint red' (this meaning is limited only to SSlav).
◇ ФТ IV 334-335; ТРУБАЧЕВ **ЭССЯ** IV 168-169.

червóнец sb.m. 'golden coin (of a certain value); bank note (of a certain value)'. Since Peter I, a 3-rouble golden coin; later a 5-rouble golden coin, then a 10-rouble golden coin. In 1922 - 1947, a 10-rouble bank note. Based on the word **червóн(н)ый.**

червóн(н)ый adj./sb.m. (obs.) 'red, scarlet; golden coin (of a certain value)'; see **червóнец**. Borrowed in 1600s from Pol **czerwony** 'red' (maybe via Ukr **червóний** id.). Cf. **червлёный** 'dark red'.
◇ KOCHMAN **PRK** 62; ФТ IV 335; ЧЕРНЫХ **ИЭСРЯ** II 380.

червь sb.m. 'worm' (also **червя́к**). Continues ORus **чьрвь, червь** id. (attested since the XIth century) from Slav ***čьrvь**: OCSl **чрьвь** σκώληξ, vermis, Bulg **чéрев, цръв** id., Maced **црв** id., SCr **cȓv** id., Slvn **črv** id., Czech, Slvk **červ** id., USorb **čeŕẃ** id., LSorb **cerẃ** id., Pol **czerw** 'larva, maggot, worm', Ukr **черв** 'worm'. Identical with Alb **kri** 'woodworm, moth' < PAlb ***kriwi**- continuing IE ***k̑ᵘr-u̯i-** (OREL **FLH** VIII/1-2 46-47, **AED** 196, 197). Further connected with IE ***k̑ᵘr-mi-** > Skt **kr̥mi-** 'worm', Alb **krimb** id., Lith **kirmìs** id.
◇ БУГА **ИОРЯС** XVII 30; TRAUTMANN **BSW** 134; BRÜCKNER 76; MAYRHOFER I 261; POKORNY I 649; ФТ IV 335-336; ТРУБАЧЕВ **ЭССЯ** IV 171-172; ЧЕРНЫХ **ИЭСРЯ** II 380-381.

чердáк sb.m. 'attic' (coll. 'head', from argot). Borrowed from Turkic: Turk **čardak** [**çardak**] 'balcony', Chag **čardaq** id. coming from Pers **čartag, čardag** id.

◇ ФТ IV 336; ЧЕРНЫХ **ИЭСРЯ** II 381; АНИКИН **Сиб.** 684; **СРА** 533; **ТСРРЯ** 612.

черевик sb.m. 'Ukrainian shoe'. Borrowed from Ukr **черевик** 'shoe' in 1820s. To Slav ***červ-ī-** 'cut-off piece of leather' < IE ***(s)ker-** 'to cut off'.
◇ ФТ IV 336-337.

черeдá I sb.f. 'sequence, turn'. Continues ORus **череда** 'turn, order' from Slav ***čerda**: OCSl **чрѣда** ἐφημερία, Bulg **чердá** 'cattle herd', SCr **čréda** 'turn, order, dial. herd', Slvn **čreda** 'turn, order, herd', Czech **třída** 'row, category', Slvk **črieda** 'herd', USorb **črjóda** 'detachment, group', Pol **trzoda** 'herd', Ukr **чередá** 'cattle herd', Blr **чарадá** id. Related to Skt **śárdha-** 'crowd, might', Av **sarəδa-** 'type', Gk κόρθυς 'heap', Alb **herdhe** 'nest' < ***sḱordhā**, MW **cordd** 'crowd', Gmc ***xerdō** > Goth **hairda** 'herd, flock', OPrus **kērdan** 'time' (FICK **KZ** XX 167-168).
◇ MIKLOSICH **EW** 32-33; MEILLET **MSL** VIII 297, **Etudes** II 256-257; BARTHOLOMAE 1566-1567; BERNEKER I 144; TRAUTMANN **BSW** 127-128; MAYRHOFER III 309-310; POKORNY I 579, 941; VRIES **ANEW** 233 (to ***ker-** 'to braid'), FRISK I 921-922; BENVENISTE **IEL** 48; ФТ IV 337-338; ТРУБАЧЕВ **Жив.** 105, **ЭССЯ** IV 60-63 (to IE ***(s)ker-** 'to cut'); OREL **AED** 146.

чередá II sb.f. 'plant Bidens tripartita L.' Along with Ukr **чередá** historically identical with **чередá I.**

чéрез prep. 'through'. Continues ORus **черезъ**, **чересъ** id. from Slav ***čerzъ**: OCSl **чрѣзъ** 'over, through, Bulg **чрез** 'through', old SCr **čres** id. (< ***čersъ**), dial. **črȅz** id., Slvn **črez** 'over, against', Slvk **cez** 'through, between', Ukr **чéрез** 'through', Blr **цéраз** id. The original form (influenced by prepositions in **-z**, see **из**, **без**) must have been ***čersъ** comparable with Lith **skeȓsas** 'transverse, cross-', Latv **šķērs** 'across' and reflecting IE ***(s)ker-t-so-**, eventually to IE ***(s)ker-** 'to cut' (FICK **KZ** XVIII 415; MIKLOSICH **EW** 115).
◇ MEILLET **MSL** VIII 297, XIV 386; BERNEKER I 148-149; ЭНДЗЕЛИН **СБЭ** 31-32; TRAUTMANN **BSW** 129-130; BRÜCKNER 583; FRAENKEL 802-803; **ESSJ-G** 49-52; ФТ IV 338; ТРУБАЧЕВ **ЭССЯ** IV 76-77; ЧЕРНЫХ **ИЭСРЯ** II 381.

черёмуха sb.f. 'bird cherry (Prunus padus)' From ***čermuxa** ~ ***čermъxa**: Slvn **čremha** id., Czech **čermucha** 'bird cherry', **(s)třemcha** id., Slvk **čremcha** id., Pol **trzemcha** id., **trzemucha** 'bird cherry; kind of garlic', Ukr **черéм(у)ха** 'bird cherry', Blr **чарóмха** id. Related to Gk κρόμυον 'onion' < ***kromuso-**, κρέμυον id., MIr **crim** 'garlic', Gmc ***xramusō(n)** (> Norw **rams** 'Allium ursinum', OE pl. **hramsan** 'broad-leaved garlic', MLG **ramese** 'wild garlic') and Lith **kermùšė** 'wild garlic'. These forms, continuing IE ***kermus-**, have been borrowed from NCauc ***k̲urmäśV** 'kind of fruit tree, quince, plum' (OREL **HGE** 184).

◇ BUGGE **KZ** XIX 419–420; MIKLOSICH **EW** 33; SCHMIDT **KZ** XXXII 346; PEDERSEN **IF** V 33; BERNEKER I 145–146; TRAUTMANN **BSW** 128–129; BRÜCKNER 580–581; POKORNY I 580–581; FRAENKEL 243; FRISK II 23–24; ФТ IV 339; ЧЕРНЫХ **ИЭСРЯ** II 381–382; ТРУБАЧЕВ **ЭССЯ** IV 66–68 (from IE ***kerm-** 'sharp' or ***k̑ᵘerm-** 'worm'); СТАРОСТИН **ДВ** 121 (IE and NCauc words genetically related); NIKOLAYEV-STAROSTIN **NCED** 700.

черенóк sb.m. 'haft; graft'. Derived from dial. **чéрен** 'handle' continuing ORus **черенъ** id. from Slav ***černъ**: Bulg **чéрен**, dial. **црен** id., Maced **црен** id., SCr **crȅn** id., Slvn **čren** id., Czech **třeň** 'trunk' (< ***černь**), Slvk **čren** 'molar', USorb pl. **črona** 'handle' (< **černo**), old LSorb **cŕon** 'handle of strawcutter', Pol **trzon** 'handle', Ukr **чéрен** 'plowshare, knife handle', Blr **чаранó** 'knife handle' (< ***černo**). Related to **кóрень** 'root' (ТРУБАЧЕВ **ЭССЯ** IV 69–70).

◇ ZUPITZA **BB** XXV 101–102, **KZ** XXXVII 399; BERNEKER I 146–147; BRÜCKNER 582; ФТ IV 340–341.

чéреп sb.m. 'skull; dial. pot' (dim. **черепóк** 'fragment of pottery'; adj. **черепнóй** 'of the skull'). Continues ORus **черепъ** 'a kind of vessel'. From Slav ***černъ**: Bulg **чéреп** 'skull', **цреп** id., Maced **череп** id., **цреп** 'pot, crock', SCr **crȇp** 'crock', Slvn **črep** 'skull, crock', Czech **střep** 'crock', Slvk **črep** 'skull, crock', USorb **črjop** 'crock', LSorb **cŕop** 'skull, crock', old Pol **(s)trzop** 'shell, pot', Ukr **чéреп** 'skull, large crock', Blr **чэ́рап** 'skull'. Might be related to isolated OHG **weref** 'goblet' < Gmc ***xwerfaz** (ZUPITZA **KZ** XXXVII 399).

◇ ПОГОДИН **РФВ** XXXIII 336; BERNEKER I 147; PEDERSEN **KZ** XXXIX 378; ФТ IV 341; ТРУБАЧЕВ **Рем.** 228, **ЭССЯ** IV 72–73 (to Slav ***kъrpati**, cf. **кропáть** 'to botch', etc.); ЧЕРНЫХ **ИЭСРЯ** II 382; **ТСРРЯ** 612 (**чéреп, черепýшка** 'head', coll.).

черепа́ха sb.f. 'turtle, tortoise'. In dialects also 'bad vessel; crock'. Attested in ORus prop. **Черепаха**. From Slav ***čerpaxa**: Slvn **črepaha** 'turtle', Ukr dial. **черепа́ха** 'scales', Blr **чарапа́ха** 'turtle'. Absent in other Slav languages. Derived from **че́реп** 'skull'.
◇ ТРУБАЧЕВ **ЭССЯ** IV 70–71; ЧЕРНЫХ **ИЭСРЯ** II 382.

чересчу́р adv. 'too, too much / many'. Attested since the 1st half of the XVIIIth century; old spelling **через чур** lit. 'over the limit'. See **чур**.
◇ ЧЕРНЫХ **ИЭСРЯ** II 382.

чере́шня sb.f. 'cherry'. Continues ORus **черешьнѧ** id. from Slav ***čeršьn(')a**: Maced **цреша** id., SCr **crȅšnja** id., Slvn **črešnja** 'cherry', Czech **(s)třešně** 'cherry', Slvk **čerešňa** id., USorb **třěšeń** id., **třěšnja** id., Pol **trześnia** id., Ukr **чере́шня** id., Blr **чарэ́шня** id. Borrowed from Rom fem. ***cer(a)sina** 'pertaining to cherry' (ТРУБАЧЕВ **ЭССЯ** IV 78–79) based on ***cer(a)sia** ~ ***ceresia** 'cherry' < Lat **cerasus** id. The latter is from an unclear Gk κέρασος id.
◇ MIKLOSICH **EW** 34; MEILLET **Etudes** I 179; BERNEKER I 149 (from Lat **cerasus**; Slavic forms are influenced by **ви́шня**); SCHWARZ **AfslPh** XL 287–288 (from OBavar ***chersse** 'cherry' < Rom ***ceresia**); BRÜCKNER 581; KIPARSKY **Gem.** 110–111; FRISK I 827–828; ГЕОРГИЕВ **Въпроси** 25–26, **БЕО** 12, 132 (Gk κέρασος from a Thracian reflex of IE ***kerəs-** 'black'); ФТ IV 343; ЧЕРНЫХ **ИЭСРЯ** II 382–383.

черка́ть vb. 'to scratch, to leave a mark on, to write quickly' (~ **чёркать**); related noun **по́черк** 'handwriting'. Possibly an emphatic derivative of **черта́ть**, see **черта́**.
◇ BERNEKER I 169; ФТ IV 343 (sub **черкну́ть**); ТРУБАЧЕВ **ЭССЯ** IV 148 (to imitative ***čьrkati** > Slvn **črkati** 'to creak' and the like); **ТСРРЯ** 612 (coll. **черкану́ть** 'scratch / write quickly').

чёрный adj. 'black'. Continues ORus **чьрныи**, **ч(ь)рьныи** id. from Slav ***čьrnъ(jь)**: OCSl **чрьнъ** μέλας, niger, Bulg **че́рен** 'black', Maced **црн** id., SCr **cȑn** id., Slvn **črn** id., Czech **černý** id., Slvk **čierny** id., USorb **čorny** id., LSorb **carny** id., Pol **czarny** id., Ukr **чо́рний** id., Blr **чо́рны** id. Identical with Skt **kr̥ṣṇá-** id., OPrus **kirsnan** id. < IE ***kr̥s-no-** (MIKLOSICH **EW** 34; BERNEKER I 169–170) and close to substantivized Alb

sorrë 'crow' < PAlb ***tšārsnā** (MANN **Language** XXVIII 35), further connected with Lith **kéršas** 'spotted' and similar simpler forms.

◊ PEDERSEN **IF** V 67; MEILLET **RES** VI 172, **BSL** XXVIII 45-46; TRAUTMANN **BSW** 134-135; MAYRHOFER I 264; POKORNY I 583; FRAENKEL 245; ИЛЬИНСКИЙ **ВЯ** 1957/6 95 (contamination of ***kr̥no-** and ***kr̥s-**); MAYRHOFER I 264; ФТ IV 346; ТОПОРОВ **ПЯ** IV 3-7; ТРУБАЧЕВ **ЭССЯ** IV 155-157; ЧЕРНЫХ **ИЭСРЯ** II 383.

чéрпать vb. 'to scoop' (sb.m. **черпáк** 'scoop'). Continues ORus **чьрпати**, **черпати** id. from Slav ***čьrpati**: OCSl **чрьпати** haurire, Bulg **чéрпя**, dial. **чéрпа** 'to regale, to treat', Maced **црпи** 'to scoop, to regale', SCr **cȑpati** 'to scoop', Slvn **črpati** id., Czech **čerpati** id., Slvk **č(e)rpat'** id., USorb **čeŕpać** id., Pol **czerpać** id., Ukr **черпáти** id., Blr **чэ́рпаць** id. Impf. of ***čerpti** > Czech **čříti** id., Slvk **čriet'** id., USorb **črjeć** id., LSorb **crěś** id. related to Hitt **karp-** 'to lift, to carry away', Lat **carpō** 'to pluck', Lith **kerpù**, **kir̃pti** 'to shear, to cut' (BERNEKER I 170-171). To IE ***(s)kerp-** < ***(s)ker-** 'to cut, to split, to separate'.

◊ WALDE-HOFMANN I 172; FRAENKEL 257-258; POKORNY I 944-945; ФТ IV 346; ТРУБАЧЕВ **ЭССЯ** IV 71-72, 158-159; ЧЕРНЫХ **ИЭСРЯ** II 383.

чёрствый adj. 'stale, dry'. Continues ORus **чьрствыи**, **черствыи** 'hard, dry, stale' from Slav ***čьrstvъ(jь)**: Bulg **чевръ́ст** 'healthy, strong, quick', Maced **цврст** 'hard, stale', SCr **čvȑst** 'fleshy, meaty', Slvn **čvrst** 'strong, fit, fresh', Czech **čerstvý** 'quick, fresh', Slvk **čerstvý** 'fresh, vigorous', USorb **čerstwy** id., Pol **czerstwy** 'stale, healthy, robust', Ukr **черстви́й** 'stale', Blr **чэ́рствы** id. Deverbative of ***čьrtǫ**, ***čersti** > ORus **чьрсти** 'to draw, to make a furrow' identical with Lith **kertù**, **kir̃sti** 'to cut, to strike' (see **чертá** 'stroke'). Hence, ***čьrstvъ** < ***kr̥t-tu̯o-** (ТРУБАЧЕВ **ЭССЯ** IV 159-160) based on an old supinum.

◊ FICK **KZ** XIX 254 (to Lat **crassus** 'thick'); MIKLOSICH **EW** 34 (from ***kr̥d-tu̯o-**, to Goth **hardus** 'hard'); BERNEKER I 171 (to IE ***kert-** 'to plait', cf. **крутóй** 'steep'); BRÜCKNER 76; MACHEK[2] 99 (prefix ***če-**; ***-vьrstъ** to Skt **vr̥ddhá-** 'grown up, strong'); PETERSEN **Language** XIV 49 (same as FICK); ФТ IV 347; ТРУБАЧЕВ **ЭССЯ** IV 160-161; ЧЕРНЫХ **ИЭСРЯ** II 383-384.

чёрт sb.m. 'devil'. Attested in ORus as prop. **Чертъ** (since 1495). From Slav ***čьrtъ**: Slvn **črt** 'hatred, devil; stubbed up area', Czech **čert** 'devil', Slvk **čert** id., USorb **čert** id., LSorb **cart** 'devil, demon', Pol **czart** id., Ukr **чорт** 'devil', Blr **чорт** id. Originally, *'one who digs (underground)', especially corroborated by the archaic meanings in Slvn; further derivationally close to **чертá** 'line, stroke' (ТРУБАЧЕВ **ЭССЯ** IV 164-165).
◇ BERNEKER I 172 (to Lat **curtus** 'short' or Lith **keréti** 'to do magic, to cast spells'); BRÜCKNER **KZ** XLVIII 174 (to **чáра** 'goblet'); JAKOBSON **IJSLP** I/2 276 (to **чертá** 'line, stroke'; the connection is motivated by the magic function of strokes); SŁAWSKI I 113 (follows BERNEKER); MACHEK[2] 99 (same as BERNEKER); SCHUSTER-ŠEWC **ZfSl** XVI 369-371 (to **скóрый** 'quick'); **Sł. Prasł.** II 37, 256 (same as BERNEKER); ДУКОВА **Этим. 1982** 61-63 (to Gmc ***skrattōn** > ON **skrati, skratti** 'wizard, warlock, goblin', OHG **scraz** 'pixie, goblin'); ФТ IV 347 (part. in *-**to**-: *'damned'); ЧЕРНЫХ **ИЭСРЯ** II 384.

чертá sb.f. 'line, trait, stroke'. Continues ORus **чьрта**, **черта** 'line, cut, sign'(since the XIth century) from Slav ***čьrta**: OCSl **чрьта** κεραία, linea, Bulg **чертá** 'line', Maced **црта** id., SCr **cȑta** id., Slvn **črta** id., OCzech **črta** id., Slvk **črta** id., Blr **чертá** id. Deverbative of ***čьrtǫ**, ***čersti** > ORus **чьрсти** 'to draw, to make a furrow' identical with Lith **kertù, kir̃sti** 'to cut, to strike' based on IE ***(s)ker-t-**. Structurally similar to Skt **kŕ̥tā** 'fissure' (BERNEKER I 171). Ultimately to IE ***(s)ker-** 'to cut'.
◇ ФТ IV 348; ТРУБАЧЕВ **ЭССЯ** IV 161; ЧЕРНЫХ **ИЭСРЯ** II 384-385.

чертóг sb.m. 'chamber, palace'.Continues ORus **чьртогъ** '(wedding) chamber, bedroom' (attested since XIth century). Cf. Bulg **чертóг** 'chamber, palace' (from Rus), Ukr **чертóг** id. Absent in other Slav languages.
◇ GOŁĄB **Origins** 320 (from Iran ***čartaka-** ~ ***kartaka-**, cf. Osset **kart** 'court, yard'); ЧЕРНЫХ **ИЭСРЯ** II 385.

чертополóх sb.m. 'thistle'. From Slav ***čьrto-polxъ**: Czech **čertoplach** 'a kind of mushroom Agaricus integer', Pol dial. **czartopłoch** 'thistle', Ukr **чортополóх** id., Blr **чортапалóх** id. Compound of **чёрт** 'devil' and ***polxъ** (cf. **переполóх** 'panic, commotion', **всполоши**ть 'to startle, to alarm').
◇ ФТ IV 348; ТРУБАЧЕВ **ЭССЯ** IV 163.

чеса́ть vb. 'to scratch, to comb' (coll. 'to make quickly, to go / run quickly; to scold; to search terrain' [usually perf. **прочеса́ть**]). Continues ORus **чесати** 'to comb' (since the XIth century) from Slav ***česati**: OCSl **чесати** pectere, Bulg **че́ша** 'to scratch', Maced **чеша** id., SCr **čèsati** id., Slvn **česati** 'to tear, to scratch', Czech **česati** 'to scratch; dial. to comb', Slvk **česat'** to comb, to pull, to scrub', USorb **česać** 'to comb, to scrub', LSorb **cesaś** id., Pol **czesać** 'to comb', Ukr **чеса́ти** 'to break off, to split off, to chop', Blr **часа́ць** 'to comb'. Based on the unattested ***česti** closely related to Lith **kasù**, **kàsti** 'to dig', Latv **kast** 'to rake' reflecting IE ***kes-** 'to scratch', cf. Hitt **kišai-** 'to comb', Gk ξέω 'to scratch' (PETR **BB** XVIII 281; BEZZENBERGER **BB** XXVII 168).
◇ BERNEKER I 151-152; TRAUTMANN **KZ** XLIII 153, **BSW** 119-120; FRAENKEL 226-227; FRISK I 834; POKORNY I 585-586; ФТ IV 349-350; ТРУБАЧЕВ **ЭССЯ** IV 85-87; ЧЕРНЫХ **ИЭСРЯ** II 385; **ТСРРЯ** 613 (here also **чеса́ться** 'to be slow, to tarry', coll.).

чесно́к sb.m. 'garlic; dial. fence, paling'. Continues ORus **чеснокъ** id. from Slav ***česnъkъ**: SCr **čèsának** id., Czech **česnek** id., Slvk **cesnak** id., Pol **czosnek** id., Blr **часно́к** id. Derived from ***česnъ** > Bulg **че́сън** id., Maced **чесен** 'garlic clove', SCr dial. **čèsan** 'garlic', Slvn **česen** id., cf. also Slvk **česeň** 'comb'. Slav ***česnъ**, due to the appearance and shape of garlic cloves (Rus **зу́бчики**) is derived from **чеса́ть** 'to comb' (ФТ IV 350).
◇ MEILLET **Etudes** II 292, 334 (**u**-stem in ***česnъ**); BERNEKER I 151; ТРУБАЧЕВ **ЭССЯ** IV 89-90; ЧЕРНЫХ **ИЭСРЯ** II 385.

честь sb.f. 'honour' (adj. **че́стный** 'honest'). Continues ORus **чьсть** id. from Slav ***čьstь**: OCSl **чьсть** τιμή, honour, Bulg **чест** id., Maced **чест** id., SCr **čȃst** id., Slvn **čast** id., Czech **čest** id., Slvk **čest'** id., USorb **česć** id., LSorb **cesć** id., Pol **cześć** 'respect, honour', Ukr **честь** 'honour', Blr **чэсьць** id. Deverbative of ***čьtǫ**, ***čьsti** (see **чтить** 'to honour'). Structurally close to Skt **cítti-** 'thinking, understanding', Av **čisti-** id. (BERNEKER I 174). To IE ***kᵘei(-t)-** 'to pay attention to, to honour'.
◇ MAYRHOFER I 387; ФТ IV 350; ТРУБАЧЕВ **ЭССЯ** IV 175-176; ЧЕРНЫХ **ИЭСРЯ** II 385-386.

чесуча́ sb.f. 'a kind of fabric'. Dissimilated from dial. **чечунча́** id. borrowed from Uygh **čöčünčä** id. of Chinese origin.

◇ DOERFER III 110; ФТ IV 356 (directly from Chinese); ЧЕРНЫХ **ИЭСРЯ** II 386; АНИКИН **Сиб.** 686.

чёт sb.m. 'even number' (adj. **чётный** 'even (number)'). Cf. Pol dial. **cet** 'even (number)', Ukr **чіт** id., Blr **цот** id., Blr dial. **чот** id. Absent in other Slav languages in this meaning. Related to **чета́** 'couple', ultimately to Slav ***četъ** 'number' > Bulg **чет** id., OCzech **čet** 'crowd; number'. Cf. also **чита́ть** 'to read', **счита́ть** 'to count'.
◇ BRÜCKNER 59; ФТ IV 351; ТРУБАЧЕВ **ЭССЯ** IV 96-97, XXIV 114; ЧЕРНЫХ **ИЭСРЯ** II 386.

чета́ sb.f. 'couple'. Continues ORus **чета** 'detachment, group' from Slav ***četa**: Bulg **че́та** 'detachment, couple', Maced **чета** 'detachment', SCr **čȅta** id., Slvn **četa** id., Czech **četa** id. (from SCr?), Blr **чета́** 'part, share; peer; couple'. Cf. also **не чета́** 'no match for; too good for'. Derived from **чёт** 'even number' (ТРУБАЧЕВ **ЭССЯ** IV 92-93).
◇ BERNEKER I 153 (to Lat **caterua** 'crowd', OIr **cethern** 'group'); JAKOBSON **IJSPL** I-II 275 (to **четы́ре**); ФТ IV 351 (same as BERNEKER); ЧЕРНЫХ **ИЭСРЯ** II 386-387; GREENBERG **IJSLP** XXXVIII 23-31 (supports JAKOBSON).

четве́рг sb.m. 'Thursday'. Together with Ukr **четве́р**, gen. **четверга́** id. and Blr **чацве́р**, gen. **чацвярга́** id. continues ORus **четвьргъ**, **четвергъ**, **четверкъ** id. Structurally close to (but accentologically different from) Lith **ketvérgis** 'four years old'. Derived with a rare **g**-suffix from **четы́ре** 'four' < IE ***k$^{u̯}$etu̯r̥**- (BERNEKER I 153).
◇ FRAENKEL 248; ФТ IV 351; ТРУБАЧЕВ **ЭССЯ** IV 94-95; ЧЕРНЫХ **ИЭСРЯ** II 387.

че́тверо coll.num. 'four'. Continues ORus-CSl **четверо** id. (since the XIth century; Slav stem ***četver**-). Cf. SCr **čȅtvoro**, Slvn **četvero**, Czech **čtvero**, Slvk **štvoro**, Pol **czworo**, Ukr **че́тверо** id. < IE ***k$^{u̯}$etu̯er**- id.
◇ ФТ IV 351-352; ТРУБАЧЕВ **ЭССЯ** IV 93-94; ЧЕРНЫХ **ИЭСРЯ** II 387.

четверти́нка sb.f. 'quarter-liter vodka bottle' (coll.), dim. of **четверти́на** 'quarter, fourth' < Slav ***četvьrtina** id. To **че́тверть** id. See **чету́шка**.
◇ ТРУБАЧЕВ **ЭССЯ** IV 95 (***četvьrtina**); ЧЕРНЫХ **ИЭСРЯ** II 387 (sub **четвёртый**); **ТСРРЯ** 613-614.

чéтверть sb.f. 'quarter, fourth' (obs. 'a measure'). Continues ORus **четвьрть**, **четверть** 'fourth share' < Slav ***četvьrtь** > Bulg **чéтвърт** 'one fourth', Maced **четврт**, SCr **čȅtvrt**, Slvn **četrt**, Czech **čtvrt**, Slvk **štvrt'**, USorb **štwórć**, LSorb **štwerś**, Pol **ćwierć**, Ukr **чéтверть**, **чверть**, Blr **чверць** id. See **четвёртый** 'fourth' < IE ***k^{u}etu̯r̥-to-** id.
◇ ФТ IV 352; ТРУБАЧЕВ **ЭССЯ** IV 96 (***četvьrtь**); ЧЕРНЫХ **ИЭСРЯ** II 387 (sub **четвёртый**).

четвёртый ord.num. 'fourth'. Continues ORus **четвьртыи** id. from Slav ***četvьrtъ(jь)**: OCSl **четврьтъ** quartus, Bulg **четвъ́рти** 'fourth', Maced **четврт** id., SCr **čètvr̂tī** id., Slvn **četrti** id., Czech **čtvrtý** id., Slvk **štvrtý** id., USorb **štwórty** id., LSorb **stwórty** id., Pol **czwarty** id., Ukr **четвéртий** id., Blr **чацвёрты** id. Identical with other continuants of IE ***k^{u}etu̯r̥to-** ~ ***k^{u}eturto-** 'fourth': Toch A **śtärt** id., B **śtarte** id., Skt **caturthá-** id., Gk τέταρτος id., Lat **quārtus** id., Gmc ***fedurþōn** > OHG **fiordo** id., Lith **ketvir̃tas** id. Further see **четы́ре** 'four'.
◇ MIKLOSICH **EW** 36; BERNEKER I 153; TRAUTMANN **BSW** 132; MEILLET **MSL** XIV 382, **BSL** XXIX 34, 36–37; WALDE-HOFMANN II 399; MAYRHOFER I 371; POKORNY I 643; FRAENKEL 247; FRISK II 883–884; ФТ IV 352; ТРУБАЧЕВ **ЭССЯ** IV 95; ЧЕРНЫХ **ИЭСРЯ** II 387; ADAMS **TB** 641; OREL **HGE** 96.

чёткий adj. 'clear, clear-cut'. The original meaning, now obsolete, is 'legible'. Related to **честь** 'honour', **чтить** 'to honour' (< IE ***k^{u}ei-t-** 'to pay attention to, to honour'), cf. also **чёт** 'even number', **читáть** 'to read'.
◇ ВИНОГРАДОВ **ИС** 818; **ТСРРЯ** 614 ('good, excellent', coll.).

четýшка sb.f. '250 gram bottle of vodka'; also **чекýшка** (syn. **четвертúнка**). To dim. **четýшка** of dial. **четýха** 'a tub which contains 1 pood [= approx. 36 lb.] of grain' (obs.), same as **четверýха** (dial.). Cf. dim. **четвертýшка** to **четвёртка** < **чéтверть** 'quarter'. Ultimately to **четы́ре** 'four'.
◇ ЭТЕРЛЕЙ **Диал. лекс. 1979** 23.

четы́ре num. 'four'. From Slav ***četyre**: OCSl **четыре** quatuor, Bulg **чéтири** 'four', Maced **четири** id., SCr **čȅtiri** id., Slvn masc. **četirje** id., Czech **čtyři** id., Slvk **štyri** id.,

USorb **štyrjo** id., LSorb **styŕo** id., Pol **cztery** id., Ukr **чоти́рі** id., Blr. **чаты́ры** id. With a difficult secondary length of *-ū- > Slav -**y**- and irregular reduction of the first syllable in WSlav, this word is related to Toch A **śtwar**, B **śtwer** id., Skt **catvā̆ra-** id., Av **čaθwārō** id., Gk τέτταρες id., Alb **katër** id., Lat **quattuor** id., OIr **cethir** id., Goth **fidwor** id., Lith **keturì** id. < IE ***k^{u}etu̯er-** / ***k^{u}etur-** id. See **че́тверо.**
◇ MEILLET **MSL** VII 162, IX 158–159; BERNEKER I 153; BRÜCKNER 80–81; TRAUTMANN **BSW** 131; WALDE-HOFMANN II 400–401; MAYRHOFER I 371–372; POKORNY I 642–644; FRAENKEL 247–248; FRISK II 883–884; LEHMANN **GED** 113–114; ФТ IV 352; ЧЕРНЫХ **ИЭСРЯ** II 387–388; ТРУБАЧЕВ **ЭССЯ** IV 97–98; OREL **AED** 173–174; ADAMS **TB** 641–642.

чех sb.m. 'Czech'. From Slav ***čехъ**: CSl **чехъ** bohemus, Bulg **чех** 'Czech', Maced **чех** id., SCr **Čȅh** id., Czech **Čech** id., Slvk **Čech** id., USorb **Čech** id., LSorb **Cech** id., Pol **Czech** id., Ukr **чех** id., Blr **чэх** id. In contrast to many others, this Slavic ethnonym is exclusively related to Czech lands and does not appear elsewhere.
◇ JAGIĆ **AfslPh** X 218–219 (dim. of prop. **Česlav**); SOBOLEVSKIJ **AfslPh** XXVII 244–245 (to **ча́пать**); МИККОЛА **РФВ** XLVIII 273 (to **чета́**); JAKOBSON **SR** X/6 10, **IJSLP** I/II 275 (from **ча́до**); RUDNICKI **PLP** II 166 (from ***kekso-** 'rooster' similar to Lat **gallus** 'rooster; Gaul'); SHEVELOV **Prehist.** 133 (from **че́лядь**); SKOK I 302 (*-**ę**- cannot be reconstructed in view of Hung **Cseh**); ФТ IV 353 (follows МИККОЛА); ONDRUŠ **SAS** IV 238–239 (from IE ***ku̯ek-** ~ ***keuk-** 'top'); ТРУБАЧЕВ **ЭССЯ** IV 33–35 (to **чеса́ть** 'to scratch, to comb', a calque of ethnonym **Boii**, a Celtic tribe preceding Slavs in Czech lands, < IE ***bhei-** 'to strike').

чехарда́ sb.f. 'leapfrog; (dial.) little children; (coll.) disorderly reshuffle'. In dialects also **чехорда́**, **чекорда́**. Attested in Blr **чекорда́** 'piglets, band of children; a kind of городки skittles', **чахарда́** 'leapfrog'. A prefixed derivative of dial. **чехо́р** 'roughneck'.
◇ ФТ IV 353–354; ТРУБАЧЕВ **ЭССЯ** IV 37–38 (related to ***čekъrtati** reflected only in Bulg dial. **чегъ́ртам** 'to plane', further explained as a prefixed derivative of ***kъrt-**); ЧЕРНЫХ **ИЭСРЯ** II 388; **ТСРРЯ** 614.

чехо́л sb.m. 'cover, covering'. Continues MRus **чехълъ**, **чех(о)лъ** 'cover; underwear' (since the XVth century) from Slav ***čехъlъ** ~ ***čехъlo** ~ ***čехъla**: CSl **чехлъ** velamen, Bulg

чéхъл 'slipper', OCzech **čech(e)l** 'long dress, shirt, shroud', Slvk dial. **čachol** 'skirt attached to the shirt', old Pol **czecheł** 'shirt, bed-linen, shroud', Ukr dial. **чохóл** 'cuff', Blr **чахóл** 'cover, covering'. Possibly from ***čexati** > SCr **čèhati** 'to break out (of a bough)', a variant of **чесáть** (BRÜCKNER 74; ТРУБАЧЕВ **ЭССЯ** IV 36).
◇ ИЛЬИНСКИЙ **РФВ** XXIV 124-125 (to **чепéц**); ТРУБАЧЕВ **ЭССЯ** IV 35-36; ЧЕРНЫХ **ИЭСРЯ** II 388.

чечётка I sb.f. 'redpoll (Fringilla linaria)'. From Slav ***čečetъka**: Czech **čečetka** id., USorb **cičotka** id., Pol **czeczotka** 'bird Acanthis linaria', Ukr **чечíтка** 'redpoll (Fringilla linaria)', Blr **чачóтка** id. Derived from Slav ***čečetъ** > Rus dial. **чéчет** id. of imitative origin, similar to Lith **kekùtis** 'linnet' (BERNEKER I 138-139).
◇ BRÜCKNER 74-75; БУЛАХОВСКИЙ **Изв. ОЛЯ** VII 109, 112; ФТ IV 355-356; ТРУБАЧЕВ **ЭССЯ** IV 33; ЧЕРНЫХ **ИЭСРЯ** II 389.

чечётка II sb.f. 'tap dance, tchetchotka' (attested since 1900s). Cf. Ukr **чечiтка**, Blr **чечотка** id.; Bulg **чечóтка** and SCr **čečotka** id. are from Rus. Possibly related to **чечётка I.**
◇ ЧЕРНЫХ **ИЭСРЯ** II 389.

чешуя́ sb.f. 'scales'. Continues ORus **чешуя** id. (since the XIth century) from Slav ***češuja**: OCSl **чешоуя** λεπίς, squama, OSCr **češuja** squama, Pol **szczeszuja** 'scales', Blr **чашуя́** id. Other languages reflect a secondary variant ***češul'a**, e.g. Slvn **češulja** 'bunch of flowers'. An unusual derivative of **чесáть** 'to scratch' with a rare suffix (BERNEKER I 152).
◇ ФТ IV 356; ТРУБАЧЕВ **ЭССЯ** IV 91-92; ЧЕРНЫХ **ИЭСРЯ** II 389.

чиж sb.m. 'siskin, Fringilla spinus L.' (also dim. **чи́жик** id.). Attested in ORus as prop. **Чижъ** since 1498. From Slav ***čižь**: Czech **číž** 'siskin', Slvk **číž** id., LSorb **cyž** id., Pol **czyż** id., Ukr **чиж** id., Blr **чыж** id. Diminutives attested in other Slavic languages. Of imitative origin (BERNEKER I 158-159).
◇ БУЛАХОВСКИЙ **Изв. ОЛЯ** VII 112; ФТ IV 360; ТРУБАЧЕВ **ЭССЯ** IV 125; ЧЕРНЫХ **ИЭСРЯ** II 390.

чи́кать vb. 'to strike and cut (with a knife)', coll. From Slav ***čikati**: Bulg **чи́кам** 'to dig for the first time (of tobacco plants)', Slvn **čikati** 'to chew (a cigarette butt)', Czech **čikati**

'to look sideways', Ukr **чи́кати** 'to cut (with a knife)', Blr **чы́каць** id. Of imitative origin.
◇ BUGA **RFW** LXVII 235 (Baltic parallels); ФТ IV 360–361; ТРУБАЧЕВ **ЭССЯ** IV 110–111.

чин sb.m. 'rank'. Continues ORus **чинъ** 'order, rule, degree' (since the XIth century) from Slav ***činъ**: OCSl **чинъ** τάξις, ordo, Bulg **чин** 'rank', Maced **чин** 'act, action, rank', SCr **čȉn** 'form, kind', Slvn **čin** 'act, action', Czech **čin** 'way, order, custom', Slvk **čin** 'act, action', USorb **čin** id., Pol **czyn** id., Ukr **чин** 'act, action, way'. Believed to continue IE ***kᵘ̯ei-no-** 'to pile up' < ***kᵘ̯ei(ə)-** 'to lie, to put', cf. Skt **cinóti** 'to gather, to pile' (BERNEKER I 156–157). However, nominal derivatives of that type in other IE languages are unattested. Cf. **чини́ть** 'to repair'.
◇ MEILLET **Etudes** II 241, 453–454, **MSL** XIV 348; BRÜCKNER 82; MAYRHOFER I 388; POKORNY I 638; ФТ IV 362–363; ТРУБАЧЕВ **ЭССЯ** IV 115; ЧЕРНЫХ **ИЭСРЯ** II 390.

чина́рик sb.m. 'cigarette butt', coll., from argot. Attested since 1920s. Further unclear.
◇ **СРА** 537; **ССМЖ** 620; **ТСРРЯ** 614.

чини́ть vb. 'to repair'. The original meanings are better preserved in prefixed derivatives: **учини́ть** 'to carry up, to organize' and **начини́ть** 'to stuff (a cake)'. Continues ORus **чинити** 'to set, to make' from Slav ***činiti**: OCSl **чинити** formare, Bulg **чи́ня** 'to make, to do', Maced **чини** id., SCr **čȉniti** 'to do, to make, to tan', Slvn **činiti** 'to sieve, to do, to make', Czech **činiti** 'to do, to make, to act', Slvk **činit'** id., USorb **činiś** id., LSorb **cyniś** 'to do, to make', Pol **czynić** 'to do, to make, to act', Ukr **чини́ти** 'to do, to make, to carry out, to tan, to stuff', Blr **чыні́ць** 'to do, to make'. Derived from **чин** in its older meaning *'layer'; thus, **чини́ть** is originally 'to put in layers' > 'to stuff' (ТРУБАЧЕВ **ЭССЯ** IV 112–113). To IE ***kᵘ̯ei-n-** 'to pile up'.
◇ ŠUMAN **AfslPh** XXX 295 (to **нача́ть**).

чипо́к sb.m. 'small store selling inexpensive goods', coll. Cf. argot **чип**, **чипо́к**, **чепо́к** 'tearoom for soldiers; tearoom, snackbar', etc. Possibly to argot **чип** (also **чипо́вый**) 'cheap' < Eng **cheap**.
◇ **СРА** 532, 537; **ТСМС** 244.

чи́рей sb.m. 'furuncle'. Attested since the early XVIIth century. From Slav ***čirьjь**: Bulg **чи́рей** id., old SCr **čiraj** id., Slvn **čiraj** id. Derived from ***čirъ** > Bulg **чир** id., Maced **чир** id., Slvn **čir** id. Cf. Rus dial. **щир** 'redness' (ФТ IV 507). Unclear.

◇ MATZENAUER 139 (to Gk σκίρος 'swelling, tumour'); ИЛЬИНСКИЙ **РФВ** LXX 258-260 (from IE ***(s)ker-** 'to cut'); BERNEKER I 157; МЕРКУЛОВА **Этим. 1988-1990** 63-64 (from IE ***(s)kăi- : *(s)kī-** 'heat'); ФТ IV 365 (same as MATZENAUER); ТРУБАЧЕВ **ЭССЯ** IV 116-117 (MATZENAUER's etymology "deserves further analysis"); ЧЕРНЫХ **ИЭСРЯ** II 390; **ТСРЯ** 1093.

чи́рик sb.m. 'one rouble; [mostly] ten roubles', coll., from argot (argot **чи́рик, чи́рвик** 'ten roubles, ten (things)'; **червя́к** 'ten roubles'). To **черво́нец** 'golden coin' (since 1922 this word designated a red ten-rouble bank note) < **черво́н(н)ый**) 'red, scarlet; golden coin', **червлёный** 'dark red'. All to ORus **чьрвь** 'red paint'; contamination with **чьрвь** 'worm' > **червя́к** id.

◇ **ТСУЖ** 196; **СРА** 532 (**червя́к**), 537; **ТСРРЯ** 614.

чиро́к sb.m. 'a kind of duck (Anas crecca L.)'. From Slav ***čirъkъ ~ *čirъka**: Czech **čírka, čirek** id., LSorb **cyrka** id., Ukr **чи́рка** id., Blr **чыро́к** id. Probably of imitative origin (MIKLOSICH **EW** 36).

◇ BERNEKER I 157; БУЛАХОВСКИЙ **Изв. ОЛЯ** VII 101; ФТ IV 366; ТРУБАЧЕВ **ЭССЯ** IV 117.

число́ sb.n. 'number'. Continues ORus **число** id. (since the XIth century) from Slav ***čislo**: OCSl **число** ἀριθμός, numerus, Bulg **число́** 'number', Maced **число** id., SCr rare **čislo** id., Slvn **čislo** id., Czech **číslo** id., Slvk **číslo** id., USorb **čisło** id., LSorb **cysło** id., Ukr **число́** id., Blr **чысло́** 'date'. Old derivative in ***-slo** of ***čisti** (root ***čit-**) 'to count, to read', cf. **счита́ть** 'to count', **чита́ть** 'to read' (МИКУЦКИЙ **ИОРЯС** IV 409). From Proto-Slav ***keit-** or ***skeit-** which is closely related to Lith **skaitýti** 'to count, to read', cf. Skt 3rd sg. pres. **cétati** 'to observe, to understand' (ТРУБАЧЕВ **ЭССЯ** IV 117-119). To IE ***kʷei-t-** 'to pay attention to', etc.

◇ BERNEKER I 157; MIKKOLA **Mélanges Pedersen** 412 (suffix ***-tlo**); ЭККЕРТ **Этим. 1970** 47 (same as MIKKOLA); ФТ IV 366; ЧЕРНЫХ **ИЭСРЯ** II 390-391.

чи́стить vb. 'to clean' (coll. also 'to scold; to beat; to rob [usually perf. **обчи́стить**]'). See **чи́стый** 'clean, pure'.
◇ ФТ IV 366 (sub **чи́стый**); ЧЕРНЫХ **ИЭСРЯ** II 391 (sub **чи́стый**); **ТСРРЯ** 614.

чи́стый adj. 'clean, pure' (coll. also 'very similar to'). Continues ORus **чистыи** id. (since the XIth century) from Slav ***čistъ(jь)** (< root ***čid-**): OCSl **чисть** καθαρός, purus, Bulg **чист** 'clean', Maced **чист** id., SCr **čȉst** id., Slvn **čist** id., Czech **čistý** id., Slvk **čistý** id., USorb **čisty** 'clean, clear, pure', LSorb **cysty** id., Pol **czysty** 'clean', Ukr **чи́стий** id., Blr **чы́сты** id. To be directly compared with Lith **skýstas** 'liquid', Latv **šķîsts** id., OPrus **skijstan** 'clean' representing a past part. of Lith **skíedžiu, skíesti** 'to make liquid, to separate'. The latter is further related to Skt **chináti** 'to cleave, to cut in two', Gk σχίζω 'to split, to cleave', Lat **scindō** 'to cut, to tear, to rend' (MIKLOSICH **EW** 36; BERNEKER I 157-158). To IE ***skei-d-** 'to separate, to split' < ***skei-** 'to cut, to split'.
◇ TRAUTMANN **BSW** 263-264; VAILLANT **RES** XXXVII 157; FRAENKEL 805-806; ФТ IV 366-367; ТРУБАЧЕВ **ЭССЯ** IV 121-122; ЧЕРНЫХ **ИЭСРЯ** II 391; **IE Roots** sub ***skei-** 'to cut, to split'; **ТСРРЯ** 616.

чита́ть vb. 'to read'. From Slav ***čitati**: Bulg dial. **чит̀ъ** 'to count', Maced **чита** 'to read', SCr **čìtati** 'to read', Slvn **čitati** id., Czech **čítati** 'to read, to believe, to deem', Slvk **čítat'** id., USorb **čitać** 'to read', Pol **czytać** id., Ukr **чита́ти** id., Blr **чыта́ць** id. Derived from ***čьtǫ**, ***čisti**: OCSl **чисти** numerare, old SCr **čísti** 'to read', Czech **čísti** id., OPol **czyść** id. Related to Latv **šķìetu, šķist** 'to think' and further to Lith **skaitaũ, skaitýti** 'to count, to read' (MEILLET **MSL** XIV 349). Balto-Slavic forms are compared with Skt **cétati** 'to observe, to think'. To IE ***kʷei-t-** 'to pay attention to', etc. (POKORNY 637). Cf. **чёт** 'even number', **счита́ть** 'to count'.
◇ BERNEKER I 175; TRAUTMANN **BSW** 135; BRÜCKNER 83; FRAENKEL 792; ФТ IV 374-375; ТРУБАЧЕВ **ЭССЯ** IV 119, 123; ЧЕРНЫХ **ИЭСРЯ** II 391-392.

чифи́р(ь) sb.m. 'very strong tea', coll. Borrowed into criminal argot (as **чифи́рь, чефи́р, че́фир**) from dial. **чихи́рь** 'home-made wine' which itself is borrowed from Turkic: Cr.-Tat **čaqyr** 'wine', Chag **čaɣir** id.
◇ ФТ IV 368; АНИКИН **Сиб.** 693; **СРА** 539; **ТСРРЯ** 616.

чиха́ть vb. 'to sneeze' (coll. also 'not to give a damn'). From Slav ***čixati**: Bulg **чи́хам** 'I sneeze', Slvn **čihati** 'to sneeze', USorb **čichać** id., LSorb **tśichaś** id., Blr **чи́хаць** 'to be full of malice'. Of imitative origin (BERNEKER I 165–166). Cf. **чхать.**
◇ ФТ IV 367–368; ТРУБАЧЕВ **ЭССЯ** IV 110; **ТСРРЯ** 616.

чи́чер sb.m. 'cold wind with rain and sleet' (dial.). May be related to SCr **ćȉć** 'frost'. Cf. Gk καικίας 'North-Eastern wind', Skt **kekara-** 'squint-eyed', Lat **caecus** 'blind'. To IE ***keiker** id.
◇ ТРУБАЧЕВ **Этим. 1971** 80–82, **ЭССЯ** IV 110; ФТ IV 369.

член sb.m. 'member'. Borrowed from unattested CSl ***члѣнъ**, cf. Bulg **член** id., Maced **член** id., Slvn **člen** 'joint, member', etc. From Slav ***čelnъ**, related to ***kolěno** > Rus **коле́но** 'knee'. Der. with suff. ***-nъ** from IE ***kel-** 'to stab, to rise, to grow', etc. (ТРУБАЧЕВ **ЭССЯ** IV 44–45).
◇ ФТ IV 369–370; ЧЕРНЫХ **ИЭСРЯ** II 392.

чмо sb.n. (indecl.) 'worthless, unpleasant person' (vb. **чмо́рить** 'to mock, to ridicule'), coll./slang. Possibly related: **чмырь, чмы́ра** 'drunkard'; **чмо́кать** 'to beat' (argot). Cf. **чмур.**
◇ **СРА** 539–540; ОТИН 290–294; **ТСРРЯ** 616; **ТСМС** 244–245.

чмур sb.m. 'eccentric person' (coll./argot); 'tipsiness' (dial.). Possibly related to SSlav continunants of ***čьm-**: SCr **čáma** 'languor', Slvn **čam** 'tremor, horror, fear' and further to **очуме́ть** 'to go mad', etc.
◇ КУРКИНА **Этим. 1971** 63; **СРА** 540; ОТИН 292 (to words in **чм-/шм-**).

чо́боты sb.pl.t. 'a kind of shoes', obs. Continues MRus **чеботъ** 'a kind of shoe' probably borrowed from Turkic: Tat **čabata** 'bast shoes'.
◇ ВАХРОС 188; БАСКАКОВ 199; МЕНГЕС 129; ФТ IV 370–371 (also borrowed into Ital **ciabatta** 'a kind of shoe' and other West European languages; ultimately to Pers ?); АНИКИН **Сиб.** 676.

чо́кнутый adj. 'crazy, deranged' (coll.; syn. **чекану́тый**). Derived from ***čeknǫti ~ *čьknǫti** 'to beat', see **чо́кнуться.**
◇ МЕРКУЛОВА **Этим. 1986–1987** 148; **СРА** 540; **ТСРРЯ** 611, 617.

чóкнуться vb. 'to clink glasses; (coll.) to go crazy'. Refl. of Slav ***čeknǫti** ~ ***čьknǫti**: Bulg **чéкна** 'to cut (branches); to spread (legs)', SCr **čéknuti** 'vellicare, fodicare'. Of imitative origin. Cf. **чóкнутый** 'crazy, deranged'.
◇ ТРУБАЧЕВ **ЭССЯ** IV 37, 111 (to **чи́кать** 'to strike'); МЕРКУЛОВА **Этим. 1986–1987** 148; **СРА** 540; **ТСРРЯ** 617.

чóпорный adj. 'prim, stiff'. In dialects also **чепурнóй** 'elegantly dressed'. From Slav ***čeрьrnъ(jь)**: Czech **čiperný** 'nimble, quick', Slvk **čiperný** id., Ukr **чепурни́й** 'neat', Blr **чепурны́** 'neatly dressed'. Related to **(при)чепýриться** (СОБОЛЕВСКИЙ **РФВ** LXXI 447–448, to **чапýра** 'heron'). Note ТРУБАЧЕВ's analysis ***če-pyr-**.
◇ ФТ IV 372–373; ТРУБАЧЕВ **ЭССЯ** IV 55–56, 57–58, 59–60 (derived from ***čeрьrъ** ~ ***čeрьrь** > Bulg **чéпор** 'bough, twig'; to ***če-** + root ***pur-** / ***pyr-**); ЧЕРНЫХ **ИЭСРЯ** II 392 (related to **чапýра** 'heron'); ВИНОГРАДОВ **ИС** 819.

чóхом adv. 'together, totally', coll. The original meaning is better attested in Ukr **з чóхом** 'with an extra'. Borrowed as a noun (+ Rus ending of instr. case) from Turkic: Azer **čox** 'much', Turk **čok** [**çok**] id. (ДМИТРИЕВ **Лекс. сб.** III 35).
◇ ТРУБАЧЕВ ФТ IV 373; **ЕСУМ** II 284 (to **чихáть**); **ТСРРЯ** 617 ('wholly, wholesale').

чпóкать vb. 'to break, to shoot, to have sex with' (~ **шпóкать**), coll. Appeared in 1920s. Possibly from argot. Of imitative origin.
◇ **ТСУЖ** 204 (**шпóкнуть** 'to rape'); **СРА** 540 (interj. **чпок**; verb **чпóкать**).

чревáтый adj. 'fraught (with consequences or danger)'. Derived from **чрéво** 'belly, womb' in the XVIth–XVIIth century, originally 'pregnant'.
◇ ФТ IV 374; ВИНОГРАДОВ **ИС** 737–739.

чрéво sb.n. 'belly, whomb' (obs.). Borrowed from OCSl **чрѣво** γαστήρ, uterus. Rus dial. **черёво**, **чéрево** 'belly' continues ORus **черево** id. From Slav ***čеrvo**: OCSl **чрѣво**, Bulg **червó** 'gut', **чрéво** 'belly', Maced **црево** id., SCr **crévo** 'gut', Slvn **črevo** 'gut, belly', Czech **střevo** 'gut', Slvk **črevo** id., USorb **črjewo** id., LSorb **cŕowo** 'guts', Pol **trzewo** 'intestines', Ukr **чéрево** 'belly', Blr **чэ́рава** id. According to ТРУБАЧЕВ **ЭССЯ** IV 82–83, the original meaning of Slav ***čer-**

v-o was 'external skin cover of the stomach'; the word is related to OPrus **kēr-men-s** 'belly'.
◇ TRAUTMANN **BSW** 128 (to OPrus **kērmens** 'belly'); SPECHT 181; ФТ IV 337 **черёво** (same as TRAUTMANN), 374 **чрéво**; ЧЕРНЫХ **ИЭСРЯ** II 392-393.

чрезвычáйный adj. 'extraordinary'. A 1690s semicalque of Pol **nadzwyczajny** id. Compound with obs. **чрез** 'over, through' and **вык/ч-** as in **привы́кнуть** 'to get used to', **привы́чка** 'habit'.
◇ KOCHMAN **PRS** 50-51; ВИНОГРАДОВ **ИС** 739-740.

чрезмéрный adj. 'excessive'. A 1730s semicalque of Pol **przezmierny** id. and **nadmierny** id. Compound with obs. **чрез** 'over, through' and **мер-** as in **мéра** 'measure'.
◇ KOCHMAN **PRS** 49-50.

чрéсла sb.pl.t.'loins' (obs.). Borrowed from OCSl pl. **чрѣсла** ὀσφύες, lumbi. Parallel forms, dial. **чéресла** 'loins', **чересло́** 'blade before the ploughshare', continue ORus pl. **чересла** 'loins' from Slav ***čertslo** > ***čerslo**: OCSl pl. **чрѣсла**, Bulg **черя́сло** 'ploughshare', Maced **цресло** id., SCr **črijèslo** 'bark used for tanning', Slvn **črеslo** id., Czech **třísla** id., **číslo** 'ploughshare', Slvk **čerieslo** id., USorb **čróslo** id., LSorb **cŕosło** id., old Pol pl. **trzosła** 'thighs, groin', Ukr **чересло́** 'knife (of the plough)', Blr **чарасло́** 'wide leather belt'. The Slavic form (with its variety of secondary meanings) is close to Lith **keȓslas** 'blood-letting tool', OPrus **kersle** 'pick-axe' derived from IE ***ker-t-slo-** 'to cut'.
◇ MIKLOSICH **EW** 34 (***čerslo** 'thighs' to Goth **hairþra** 'intestines, bosom, heart'); BERNEKER I 148 (***čerslo** 'thighs' to **чéрез**); MEILLET **MSL** XIV 384; MIKKOLA **Mélanges Pedersen** 413 (to Lith **kìrkšnis** 'groin'); FRAENKEL 245; ВАРБОТ **Др.** 87, 140; ФТ IV 342; ТРУБАЧЕВ **ЭССЯ** IV 74-75.

чтить vb. 'to honour, to respect'. Continues ORus **чьтити** id. from Slav ***čьtiti**: SCr **čti̇̀ti** id., LSorb dial. **ććiś** id., Pol **czcić** id. Causative of ***čьsti** > ORus **чьсти** 'to think, to respect' parallel to ***čisti** > OCSl **чисти** numerare. Further to **читáть** 'to read'; cf. also **честь** 'honour'.
◇ ФТ IV 374; ТРУБАЧЕВ **ЭССЯ** IV 177; ЧЕРНЫХ **ИЭСРЯ** II 393.

что pron. 'what, that'. Continues ORus **чьто** id.(attested since the XIth century) from Slav ***čьto**: OCSl **чьто** τί, quid,

Bulg **що** 'what, which', Maced **што** 'what', SCr **štȍ** id., USorb **što** id., Ukr **що** id. Compound of old ***čь** 'what' and particle ***to** (see **то II**). As to ***čь** it is identical with Hitt **kuit** 'what', Skt ptcl. **cid**, Av **čit**, Gk τί 'what', Alb **çë** id. < PAlb ***tši**, Lat **quid** id., OIr **cid** 'who, what' (cf. BERNEKER I 165).
◇ FRISK II 903-904; WALDE-HOFMANN II 404-405; ФТ IV 374; ТРУБАЧЕВ **ЭССЯ** IV 177-178; ЧЕРНЫХ **ИЭСРЯ** II 393; OREL **AED** 52.

чуб sb.m. 'forelock'. From Slav ***čubъ**: Czech dial. **čub** id., Slvk **čub** 'topknot, tuft', Pol **czub** 'forelock', Ukr **чуб** id., Blr **чуб** 'topknot, tuft'. Related to Gmc ***skuppaz** > MHG **schopf** 'tuft, forelock' and further to ***skuftan** > Goth **skuft** 'hair', ON **skopt** id. (EHRISMANN **PBB** XX 54-56). To IE (attested only in Gmc and Slav) ***skeub(h)- / *(s)keup- '**tuft, wisp, shred**'.** This latter root var. appears in **чуприна** 'forelock' and dial. **чуп** id. (ФТ IV 384).
◇ ILJINSKIJ **AfslPh** XXIX 487 (to **кýпа**); BERNEKER I 160-161; POKORNY I 956; ФТ IV 375; ТРУБАЧЕВ **ЭССЯ** IV 126; ЧЕРНЫХ **ИЭСРЯ** II 394; OREL **HGE** 346.

чубáрый adj. 'dappled, mottled'. Continues MRus **чубаръ** borrowed from Turkic: Chag **čubar** 'grey horse', cf. Tat **čuwar** 'spotted'.
◇ БАСКАКОВ 122; ФТ IV 375; АНИКИН **Сиб.** 675-676.

чубýк sb.m. 'large smoking pipe'. Borrowed from Turk **çubuk** id. or Cr.-Tat **čubuq** id.
◇ ФТ IV 358; АНИКИН **Сиб.** 695.

чувáк sb.m. 'fellow, guy', coll. Originates from the musicians' argot. From Bulg dial. **чув'áк** 'husband, good man' < ***čelověkъ** 'man, person'. Cf. **чувы́рло**.
◇ ТРУБАЧЕВ **ЭССЯ** IV 48-49 (sub ***čelověkъ**); **СРА** 541; **ТСМС** 245; **ТСРРЯ** 617.

чувы́рло sb.m. 'ugly person, monstrosity', coll. (cf. sb.f. **чувы́рла** 'woman', **чувы́рка** 'mistress', argot). Further probably to **чуви́ха** 'girl, woman' (also **чувá**), **чувáк** 'fellow, guy'. See **чувáк.**
◇ **СРА** 541.

чугýн sb.m. 'pig iron; metal pot'. Borrowed from Turkic: Uygh **čoγun** 'kettle', Alt dial. **čoi̯γon** 'iron pot' < ***čo(i)γun**.

◇ RÄSÄNEN **FUF** XXIX 201 (from Chuv **tšugun**); DOERFER III 126 (contra RÄSÄNEN); БАСКАКОВ **СТ** 1987/5 72 (Turkic < Chinese); ФТ IV 377 (follows RÄSÄNEN); ЧЕРНЫХ **ИЭСРЯ** II 394; АНИКИН **Сиб.** 660-661.

чу́до sb.n. ‘miracle, wonder’ (pl. **чудеса́**, adj. **чуде́сный** ‘wonderful’). Continues ORus **чудо** id. from Slav ***čudo**, gen. ***čudese**: OCSl **чоудо** θαῦμα, miraculum, Bulg **чу́до** ‘miracle’, Maced **чудо** id., SCr **čȕdo** id., Slvn **čudo** id., Slvk **čudo** id., USorb **čwódo** id., OPol **czudo** ‘miraculum prodigium’, Ukr **чу́до** ‘miracle, wonder’, Blr **чу́до** id. Usually derived from ***čuti**, see **чу́ять** ‘to feel, to perceive, to smell’ (MIKLOSICH **EW** 37) < IE ***keu-** ‘to watch, to see, to hear’; cf. semantic parallel: **ди́во** ‘miracle, wonder’ to dial. **диви́ть** ‘to look’. In ESlav, corresponding forms can be of SSlav literary origin (БЕРНШТЕЙН **ВЯ** 1970/3 76-77).
◇ BERNEKER I 161 (to Gk κῦδος ‘glory’); BRÜCKNER 67 (from ***skju-**); MANN **Language** XXVI 384 (to Gk κεῦθος ‘cover’, W **cudd** ‘hiding place’); POKORNY 587; ФТ IV 377-378; ТРУБАЧЕВ **ЭССЯ** IV 128-129 (skeptical of direct connections with **чу́ять** or with Gk κῦδος); ЧЕРНЫХ **ИЭСРЯ** II 395 (to **чу́ять**).

чудь sb.f. ‘Finno-Ugric inhabitants of Northern Russia’. Continues ORus **чудь** id. Borrowed from Goth **þiuda** ‘people’. The source of the borrowing is confirmed by the co-occurrence of **Estii** and **Thiudi** already in the VIth century (Iordanes). At an early stage, the word was influenced by **чу́до** ‘miracle’. See **чужо́й** ‘alien’.
◇ ФТ IV 378 (from Goth or from Saami **t’š’uD̢t̢**^{E} ‘foe of the Saami people’); МЕЛЬНИКОВА-ПЕТРУХИН **UI** I 28-34; АНИКИН **Сиб.** 698.

чужо́й adj. ‘someone else’s, foreign, alien’ (cf. sb.m. **чужа́к** ‘stranger, newcomer’, coll.). Continues ORus **чужь**, **чужии** ‘alien’ (attested since the XIth century) < Slav ***tjudjь** id. Probably an early borrowing from Goth (to Goth **þiuda** ‘people’ < IE ***teu-t-ā** id.).
◇ ФТ IV 379; ЧЕРНЫХ **ИЭСРЯ** II 395.

чу́кча sb.comm. ‘Chukcha’. Borrowed from a Chukcha dial. form related to **čavčyv** ‘Chukcha deer shepherd’.
◇ АНИКИН **Сиб.** 699-700.

чулáн sb.m. 'closet'. Borrowed from Turkic: Alt **čulan** 'enclosure, pen', Tat **čelan** 'closet'.
◇ ФТ IV 380; ЧЕРНЫХ **ИЭСРЯ** II 395; АНИКИН **Сиб.** 700.

чулóк sb.m. 'stocking' (adj. **чулóчный**). Continues ORus **чулъкъ** 'stocking, soft footware' (attested since the 2nd half of the XVth century). Cf. Ukr coll. **чýлка** id.; absent in other Slav languages. Borrowed from Tkc languages, cf. Chuv **tš'ulga** 'stocking', Kypch **čulgau** 'piece of cloth wrapped around the foot (worn instead of a stocking)', Kirgh **čylgoo** 'foot wrapping (worn in place of socks)'.
◇ ДОБРОДОМОВ **PP** V/1 134 (from Proto-Bulg ***čulka** understood as dual); ФТ IV 380-381; ЧЕРНЫХ **ИЭСРЯ** II 396.

чум sb.m. 'tepee'. Borrowed from Komi dial. **čum** 'barn', cf. Udm **čum** 'storage (for clothes)'.
◇ МАТВЕЕВ **ALASH** XIV 307 (from Evenk **ǯūmī** 'tepee'); ФТ IV 381; АНИКИН **Сиб.** 700.

чумá sb.f. 'plague' (adj. **чумнóй;** coll. **чумовóй** 'crazy, mad; stylish', **очумéть** 'to loose one's head'). Attested in dictionaries since 1771. Cf. Bulg **чýма**, SCr **čȕma**, Ukr, Blr **чумá** id. From Turk **čuma** id.
◇ ФТ IV 381-382; ЧЕРНЫХ **ИЭСРЯ** II 396; **ТСРЯ** 1099; **ТСРРЯ** 387 (**очумéть**), 617 (**чумовóй**).

чумáк sb.m. 'ox driver'. Cf. Ukr, Blr **чумáк** 'coachman'. Unclear.
◇ БАСКАКОВ 194, 230; ФТ IV 382 (from dial. **чумáк** 'wooden hammer'); АНИКИН **Сиб.** 701.

чýни sb.pl.t. (also **чýны**, **чýнги**) 'a kind of peasants' footwear' (dial.). Possibly related to **тю́ни** 'felt boots' (dial.). Etymologically difficult.
◇ DOERFER III 107-108; ЗЕЛЕНИН **ПК** 143-144 (contracted from dial. **чухорни** id. or derived from **чухнá**); ФТ IV 383, 136 (**тю́ни**); АНИКИН **Сиб.** 703-704 (metaphor of dial. **чýни** 'sledge' of Saami origin).

чуп sb.m. 'forelock' (dial.), **чупри́на** sb.f. id. To IE ***(s)keup-** 'tuft, wisp' (cf. Goth **skuft** 'hair (on the head)', etc.). See **чуб** 'forelock'.
◇ ФТ IV 384.

чур interj. 'mind you! stop!'; dial. also **чурý**, **чурá** (vb. **чурáться** 'to shun, to fear'). Similar: Ukr **цур** id., Blr **цур**, **чур** id. Original meaning: 'boundary, limit, stump, stake'. Cf. **чересчýр** *'over the limit'. Possibly related to **чурбáн** 'wooden block', **чýрка** 'chock'. Alternative: a cognate of **чертá** 'line'(ТРУБАЧЕВ).
◇ BERNEKER I 164 (to **чëрт**); ILJINSKIJ **AfslPh** XXIX 488, **RES** VIII 241-242 (to Lith **kiáuras** 'with holes'); GAUTHIOT **MSL** XVI 88 (from Chuvash); ФТ IV 385-386; ТРУБАЧЕВ **ЭССЯ** IV 134 (agrees with BERNEKER; sees **чур** as an irregular transformation of **чертá**); ЧЕРНЫХ **ИЭСРЯ** II 396.
чурбáн sb.m. 'wooden block' (coll. 'stupid or clumsy person'); similar: **чурбáк**. Cf. **чýрка** 'chock'.
◇ КУРКИНА **Этим. 1971** 63-64 (to **чýрка**); ПЕТЛЕВА **Этим. 1981** 26 (dial. variants **чурган**, **чургашка** indicate the non-Slavic origin); ФТ IV 386 (also **чурбáк**); ЧЕРНЫХ **ИЭСРЯ** II 397.
чурéк sb.m. 'Caucasian unleavened bread'. Borrowed from Turkic: Turk **çöräk** id., Azeri **čöräk** id.
◇ DOERFER III 117; ФТ IV 387; АНИКИН **Сиб.** 705.

чýрка sb.f. 'chock'. Together with Ukr **цурка** 'stick' and Blr **цурка** 'cane' continues ESlav ***čurъka** which may be related to IE ***(s)keu-r-** < ***(s)keu-** 'to cut' (ИЛЬИНСКИЙ **РФВ** XV 225, **RES** VIII/3-4 241-242).
◇ КУРКИНА **Этим. 1971** 63-64 (to Northern dial. **кури́к** 'a kind of wedge' which is, however, from Karelo-Finnish); **Sł. prasł.** II 294 (follows ИЛЬИНСКИЙ); ПЕТЛЕВА **Этим. 1981** 25.

чýткий adj. 'keen, sensitive'. Cf. Ukr **чутки́й**, Blr **чуткí** id. To **чýять** 'to feel, to peceive' (dial. **чуть** 'to hear').
◇ ЧЕРНЫХ **ИЭСРЯ** II 397-398 (sub **чýять**).

чуть adv. 'scarcely, hardly, a bit'. Adverbialized inf. **чуть** (see **чýять**) or dial. **чуть** 'voice, sound'.

чýхаться vb. 'to procrastinate', coll. Derived from dial. **чýхать** 'to feel' from Slav ***čuxati**: Slvn **čuhati** 'to feel, to sense', Czech **čichati** 'to smell, to feel', Slvk **čuchat'** id., USorb **čuchać** id. An expressive form of **чýять** 'to feel' (ФТ IV 389).
◇ ТРУБАЧЕВ **ЭССЯ** IV 389.

чухнá sb.f. 'Finns' (obs. derog.). Derived from **чудь**.

◇ АНИКИН **Сиб.** 698.

чу́чело sb.n. 'staffed animal; scarecrow' (coll. 'slovenly or strangely dressed person; monument'); dial. also **чу́ча**. From rare Slav ***čučalo**: Bulg **чу́чело** id., dial. **чу́чулу** id., Blr **чу́чала** id. with a secondary *-**e**-. Derived from ***čučati**: Bulg **чу́ча** 'to sit', Maced **чучи** 'to squat', SCr **čúčati** 'conquiniscere', Slvn **čučati** 'to squat', Slvk **čučat'** 'to sit quietly' (СМАЛЬ-СТОЦЬКИЙ **Slavia** V 27); possibly of imitative origin.
◇ ФТ IV 389 (to Lith **kaũkas** 'goblin') ; ТРУБАЧЕВ **ЭССЯ** IV 126-127 (***čučati** to ON **hokra** 'to crawl'); ЧЕРНЫХ **ИЭСРЯ** II 397; **ТСРРЯ** 617.
чу́шка I sb.f. 'pig'. Derived from dial. **чу́хнуть** 'to make stale', further see **чу́хаться** 'to procrastinate'. Alternative: dim. of dial. **чу́ня** 'wet person, drunk' related to Slvn **čunja** 'pig', Czech dial. **čuňa** 'piglet'.
◇ ТРУБАЧЕВ **ЭССЯ** IV 133.

чу́шка II sb.f. 'chock'. To **чу́ха** 'chock; trifle'. Cf. **чушь.**
◇ ФТ IV 388.

чушь sb.f. 'nonsense, rubbish'. Cf. dial. **чу́ха** id. Possibly related to Slvn **čuš** 'fool; penis'. Cf. also **чу́шка II** (ТРУБАЧЕВ ФТ IV 389, here also **чу́ха).**
◇ ФТ IV 389; TOLSTOJ **IJSLP** XXXI-XXXII 436 (to **hur**); STANKIEWICZ **Сб. Иванов** 595-597 (emotive transformation of ethn. **чудь**).

чу́ять vb. 'to feel, to perceive, to smell'. A thematization of dial. **чуть** 'to hear' continuing ORus **чути** 'to feel' from Slav ***čuti** (pres. ***čujǫ**): OCSl **чоути** γιγνώσκειν, noscere, Bulg **чу́я, чу́вам** 'to hear, to listen, to keep', Maced **чуе** 'to hear', **чува** 'to keep', SCr **čȕti** 'to hear, to feel', Slvn **čuti** 'to hear, to be awake', Czech **číti** 'to feel', Slvk **čut'** 'to hear, to feel', USorb **čuć** 'to feel, to smell', LSorb **cuś** 'to feel, to touch', Pol **czuć** 'to feel', Ukr **чу́ти** 'to hear, to feel', Blr **чуць** id. Related to Av med. pret. **čəvīšī** 'to hope', Gk Cypr ἀκεύει · τηρεῖ (Hes.) < ***kēu-i̯-**, and further to Gk κοέω 'to notice', Lat **caueō** 'to beware' (BERNEKER I 162-163). Ultimately to IE ***keu-** 'to watch, to see, to hear'.
◇ ILJINSKIJ **AfslPh** XXIX 488-489; TRAUTMANN **BSW** 132; BRÜCKNER 81; ФТ IV 390; ТРУБАЧЕВ **ЭССЯ** IV 134-136; ЧЕРНЫХ **ИЭСРЯ** II 397-398; ZARĘBA **ЈФ** XXX/1-2 117-124.

чхáть vb. 'to sneeze'. From Slav ***čьxati**: Pol **czchać** id., Ukr **чхáти** id., Blr **чхаць** id. Of imitative origin. Further connected with **чихáть**. It cannot be excluded that **чхать** is a Polonism transmitted to Russian via Ukr or Blr (in this case, Pol **czchać** must be treated as a continuation of ***čixati**).
◇ ТРУБАЧЕВ **ЭССЯ** IV 110.

Ш

шабалá sb.f. 'ladle; plowshare', dial. Borrowed from Proto-Bulg ***śobala** > Chuv **śŏpala** 'spoon, ladle'.
◇ RÉDEI-RONA-TÁS **AOASH** XXXVII 39; ФТ IV 391 (**шабалá** II, borrowed from Chuv); АНИКИН **Сиб.** 709.

шабáш sb.m. 'work end', coll. (cf. interj. **шабáш**! 'finished!'; sb.m. **шабáшник** 'temporary worker'; vb. **шабáшить** 'to be a temporary worker; to knock off work'). Attested since the XVIIIth century. From Hebr **šabbāth** 'sabbath' < **šābhath** 'to rest'.
◇ **SPCS** I 209; ФТ IV 391; ЧЕРНЫХ **ИЭСРЯ** II 398; **AHD** sub **Sabbath**; **ТСРРЯ** 618.

шаблóн sb.m. 'pattern'. Attested since mid-XIXth century. Cf. Bulg **шаблóн**, SCr **šàblōn**, Czech **šablona**, Pol **szablon**, Ukr, Blr **шаблóн** id. Borrowed from Germ **Schablone** 'stencil, pattern'(since 1822) < ODu **schampelioen** (> Du **sjablóon**) < OFr **eschandillon** 'standard, pattern'(> Fr **échantillon**). To Lat **scandere** 'to climb' < IE ***ska/end-** 'to leap, to climb'.
◇ DAUZAT 262; ФТ IV 392; ЧЕРНЫХ **ИЭСРЯ** II 398; **IE Roots** sub ***skand-**.

шаг sb.m. 'step, pace' (vb. **шага́ть** 'to step, to strade, to pace'; adv. [<instr.] 'at a walk'). Cf. Blr **шаг** id.; absent in other Slav languages. Related to **сига́ть** 'to jump, to leap'(Blr **сіга́ць** 'to make big steps'), **сяга́ть** 'to reach' < Slav ***sęg-** . Initial **š-** may have first appeared in **шажок** 'small step' < ***сяжок** (ДАЛЬ IV 383).
◇ ФТ IV 393-394; ЧЕРНЫХ **ИЭСРЯ** II 398-399.

ша́йка I sb.f. 'small wash-tub'. Attested since the early XVIIth century (originally as 'scoop'). Possibly from Turk **šay(i)ka** 'barge'; see **ша́йка II.** Alternative explanation: to **ша́лька** < Germ **Schale** 'bowl'.
◇ ФТ IV 395; ЧЕРНЫХ **ИЭСРЯ** II 399.

ша́йка II sb.f. 'gang, band' (attested since the 1st half of the XVIIIth century) < 'pirate ship' (cf. Bulg **ша́йка** 'boat'). Possibly from Turk **şay(i)ka** 'barge' (originally 'tall / military vessel').
◇ БОГОРОДСКИЙ **Сб.Ларину** 147-156; ЧЕРНЫХ **ИЭСРЯ** II 399; **ТСРРЯ** 618-619 (**ша́йка-ле́йка** 'a group engaged in some, usually illegal, activities', coll.).

шайта́н sb.m. 'devil'. Borrowed from Turkic: Turk **şäytan**, Tat **šajtan** id., Kaz id. coming from Arab **šaiṭān** id.
◇ ФТ IV 395; АНИКИН **Сиб.** 713.

шака́л sb.m. 'jackal' (dial. **чака́л**). Attested since 1820s. Cf. Bulg **чака́л**, SCr **šàkāl**, Czech **šakal**, Pol **szakal**, Ukr, Blr **шака́л** id. Borrowed from Fr **chacal** (since 1653) or Germ **Schakal**, both to Turk **çakal** id. (which itself is borrowed from Pers **šäɣāl**).
◇ DAUZAT 156; ФТ IV 395-396; ЧЕРНЫХ **ИЭСРЯ** II 399; **AHD** sub **jackal**.

шала́ва sb.f. 'prostitute, promiscuous woman', coll. Substantivized dial. **шала́вый** 'quick, fast' derived from **ша́лый** 'crazy, impulsive'. See also ФТ IV 397 (**шала́ва** 'scoundrel, tramp'; dial. **шала́вый** 'stupid').
◇ **СРА** 546; ОТИН 295-298.

шала́ш sb.m. 'shelter of branches'. Attested since the mid-XVIIth century. Cf. Bulg **сала́ш** id., SCr **sȁlaš** 'small country estate, farms(tead)' Czech, Slvk **salaš** 'dwelling', Pol **szałas** 'shelter of branches', Ukr **шала́ш** 'peasant's hut', dial. **сала́ш** 'shelter of branches; pen (for cattle)'. Absent in other Slav

languages. Borrowed from Turkic: Turk **salaş** 'tent', Azeri **šalaš** id., etc.
◇ ТРУБАЧЕВ ФТ IV 397; ЧЕРНЫХ **ИЭСРЯ** II 399-400; АНИКИН **Сиб.** 725.

шали́ть 'to misbehave, to be naughty' (coll. 'to function badly (of a machine / device); to ache a little (of a body part)'). From Slav ***šaliti**: SCr **šȁliti se** 'to joke' (**šála** 'joke'), Slvn **šaliti se** 'to joke' (**šala** 'joke'), Czech **šálit** 'to cheat, to deceive', Pol (obs.) **šalić** 'to cheat, to deceive'. Cf. noun **шалу́н** 'naughty child; mischief-maker', adj. **шаловли́вый** 'playful, mischievous, naughty'; words of these group are attested in Russian since the XVIIIth century. Verb **шали́ть** is related to **шале́ть** 'to go crazy' (< Slav ***šalěti**); cf. **ша́лый** 'crazy, nuts'.
◇ ФТ IV 399; ЧЕРНЫХ **ИЭСРЯ** II 400; **ТСРРЯ** 619.

шалма́н sb.m. 'cheap cafeteria frequented by drunkards; (obs.) thieves' den'. From Tkc languages.
◇ **ТСУЖ** 198 ('thieves' den', criminal argot); **СРА** 546.

шалопа́й sb.m. 'good-for-nothing', coll. Dialectal meaning 'нераз*вяз*ный', i.e. 'not off-hand, not free-and-easy', lit. 'not unbound', suggests a compound of **ша́лый** and **пая́ть** yielding the original meaning as 'wildly, absurdly bound together'. Not clear.
◇ MIKLOSICH **Türk.** II 163 (from Tat **šalbak** 'fool'); KORSCH **AfslPh** IX 670 (from Fr **chénapan** 'rascal' < Germ **Schnapphahn**); ИЛЬИНСКИЙ **ИОРЯС** XX/4 157 (to dial. **холопа́й** 'servant'); ГОРЯЕВ 420 (from Germ dial. **Schlüffel** 'rude person, boor'); МИХЕЛЬСОН **РМР** II 528; ФТ IV 400; ЧЕРНЫХ **ИЭСРЯ** II 400; ВИНОГРАДОВ **ИС** 740-741 (from **шалопу́т** 'idler'); **СРА** 546 (**шалопа́й** and **шалопу́т** may be related to **шалупе́нь** 'junk; riffraff' and sim. words in argot); **ТСРРЯ** 619-620 (coll. **шало/апу́т** 'idler, loafer' and other cognates).

шалта́й-болта́й adv. 'negligently', coll. The first component goes back to dial. **шалта́ть** 'to do nothing' (borrowed from Buriat), the second – to **болта́ть** 'to dangle, to prattle'.
◇ ФТ IV 400; **ССМЖ** 628 (slang **шалта́й** 'low-ranking hoodlum').

ша́лый adj. 'crazy, nuts' (coll.) to obs. and dial. **шаль** 'foolishness, nonsence' (adj. **шально́й** 'mad, crazy'). See **шали́ть** 'to misbehave'.
◇ ФТ IV 399 (sub **шали́ть**); МЕРКУЛОВА **Этим. 1986–1987** 152 (possibly to **холо́п** 'servant, serf', **холосто́й** 'unmarried'); ЧЕРНЫХ **ИЭСРЯ** II 400 (sub **шале́ть** 'to go crazy'); **ТСРРЯ** 620 (cf. 619 **шале́ть** 'to go crazy').

шаль sb.f. 'shawl'. Attested since the late XVIIIth century. Cf. Bulg **шал**, SCr **šal šâl**, Czech **šál**, Pol **szal**, Ukr, Blr **шаль** id. Possibly via Fr **châle** from Pers **šâl** (or from some other language).
◇ DAUZAT 157; ФТ IV 401 (via Fr **châle** or Germ **Schal**); ЧЕРНЫХ **ИЭСРЯ** II 400–401; **AHD** sub **shawl**.

шальва́ры pl.t. 'wide Oriental pants'. See **шарова́ры**.

шама́н sb.m. 'shaman'. Borrowed from Evenk **šamān** id.
◇ JANHOUNEN **MSFOugr** CXCIV 97, 107; ФТ IV 401 (from Skt **śramaṇá-** 'Buddhist hermit', via Toch); АНИКИН **Сиб.** 717 (contra ФТ); **AHD** sub **shaman** (Germ **Schamane** from Rus **шама́н** < Tung **šaman** id.).

ша́мать vb. 'to eat', coll. Borrowed via Tkc languages (Azeri **šam** 'supper') from Pers **šām** 'supper' < Pahlavi **šām** (to Av **xšafniya-** id.). (A.LEHRMAN).
◇ **ТСУЖ** 198 (criminal argot); **СРА** 547.

шампа́нское sb.n. 'champagne'. From Fr **vin de Champagne** or Germ **Champagner Wein**.
◇ DAUZAT 159; ФТ IV 403.

шампиньо́н 'agaric, field mushroom, champignon'. Attested since 1782 as **шампион**. From Fr **champignon** 'mushroom' (since the XIVth century), to Vulgar Lat **fungus *campaniolus** 'field mushroom' (to Late Lat **campānia** 'country side' < Lat **campus** 'field').
◇ DAUZAT 159; ФТ IV 403; ЧЕРНЫХ **ИЭСРЯ** II 401; **AHD** sub **champignon**.

шандара́хнуть vb.'to pour carelessly' (~ **шендара́хнуть**), coll. (in argot 'to hit, to strike'). Cf. also dial. **будара́хнуть** 'to pour carelessly' which may be from ***бу-тара́хнуть** (ШАХМАТОВ **ИОРЯС** VII/2 354).
◇ ФТ I 229; **ССМЖ** 628.

ша́нежка sb.f. 'a kind of cheese cake'. Dim. of dial. **ша́ньга** id. borrowed from Karel dial. **šanki, -ngin** 'cake'.
◇ STIPA **JSFOugr** LXXVII 53-54; ФТ IV 405 (**ша́ньга**); АНИКИН **Сиб.** 719.

ша́нец sb.m. 'entrenchment', obs. Borrowed in 1630s from Pol **szaniec** id. < Germ **Schanze** 'fieldwork' .
◇ KOCHMAN **PRK** 45; ФТ IV 404.

шанс sb.m. 'chance'. Attested in dictionaries since the mid-XIXth century. Cf. Bulg **шанс**, Pol **szansa**, Ukr **шанс**, Blr **шанц** id. Absent in other Slav languages. Borrowed from Fr **chance** (attested as **cheance** since the XIIth century) < Vulgar Lat ***cadentia** 'a fall, happening' < Lat. **cadere** 'to fall'; originally a term in a dice game. To IE ***k̂ad-** 'to fall'.
◇ DAUZAT 159; ФТ IV 405; ЧЕРНЫХ **ИЭСРЯ** II 401; **AHD** sub **chance**.

шанта́ж sb.m. 'blackmail'(sb.m. **шантажи́ст**, vb. **шантажи́ровать**). Attested since 1870s. Cf. Bulg **шанта́ж**, Pol **szantaz**, Ukr, Blr **шанта́ж** id. Absent in other Slav languages. From Fr **chantage** id. (slang; since 1837) derived from **chanter** 'to sing' (< Lat **cantāre** id.).
◇ DAUZAT 161; ФТ IV 405; ЧЕРНЫХ **ИЭСРЯ** II 401.

ша́пка sb.f. 'hat, cap; headline'. Continues ORus **шапка** 'hat, cap' (attested since 1327-1328). Cf. Ukr, Blr **ша́пка** id.; Bulg **ша́пка** is from Rus. To OFr **chape** 'cloak with a hood' < Late Lat **cappa** 'hood'; cf. Fr **chapeaux** 'hat' (**chapel** since the XIth century) < Vulgar Lat ***capellus** (dim. of **cappa** 'hood'). Possibly to Lat **caput** 'head'.
◇ РЕЙФ 1073 (from Turk **şapka** 'hat' which itself is from Slavic); DAUZAT 161; ДМИТРИЕВ **СТЯ** 552 (follows РЕЙФ); ДОБРОДОМОВ **Этим. 1970** 103-110 (from Tkc ***tu(γ)mak** 'winter hat' via Proto-Bulg ***čăpka**); ФТ IV 406; ЧЕРНЫХ **ИЭСРЯ** II 401-402; **AHD** sub **cap**; **ТСРРЯ** 620.

шар I sb.m. 'sphere, ball' (adj. **шарово́й** 'spherical). Cf. Blr **шар** id. Bulg **шар** 'globe' and SCr **sâr** id. are from Rus. Possibly to IE ***sker-** 'turn, bend' (POKORNY 935), provided ***sk-** became ***ks-** in Slav. Cf. **шары́**.
◇ ФТ IV 406; ЧЕРНЫХ **ИЭСРЯ** II 402.

шар II sb.m. 'straits'. Borrowed from FU languages.

◇ СЕРЕБРЕННИКОВ **Этим. 1968** 212–213 (Komi **šar** id. is from Ugric, cf. Mansi **šär** 'saddle (between two mountain tops)').

ша́ра sb.f. 'good luck, chance', coll (from argot). Used in the phrase **на ша́ру** 'for free, on smb.'s account, at random'. Adj. **шарово́й** 'free (of charge)'. Related to the 1st stem in **шаро-мы´га** 'who profits at the expense of others, crook, tramp'; cf. adv. (< instr.) **ша́ром-да́ром**, dial. **шарма́** 'for free' (note also **да́ром** id., **задарма́** id., coll.). See **шаромы´га**.
◇ ФТ IV 411 (sub **шаромы´га**); ЧЕРНЫХ **ИЭСРЯ** II 404 (sub **шаромы´га**); **СРА** 547; ОТИН 200–204; **ТСРРЯ** 621, 622.

шара́га, шара́шка sb.f. '(criminal) gang; workshop, office, secrete institution, small shady organization' (coll.; cf. dial. **шара́га** 'restless person'; criminal argot 'group of thieves'). Possibly borrowed via Tkc languages from Pers **šorakā** 'company, partnership' < Arab **šurakā** 'companions, partners', pl. of **šarīk** 'companion, partner' (A.LEHRMAN).
◇ ФТ IV 407; **СРА** 548 (from criminal argot); ОТИН 298–301 (to **ша́рить** 'to fumble, to grope'); **ТСРРЯ** 621; **ССМЖ** 628–629.

шара́да sb.f. 'charade'. Cf. Bulg **шара́да**, SCr **šaráda**, Czech **šaráda**, Pol **szarada**, Ukr, Blr **шара́да** id. From Fr **charade** id. (attested since 1770) < dial. **charrado** 'evening chat' < **charrà** 'to chat'.
◇ DAUZAT 162; ФТ IV 407; ЧЕРНЫХ **ИЭСРЯ** II 402; **AHD** sub **charades**.

шара́п sb.m. 'planned robbery; noise, tumult', dial., coll. Frequently used in the phrase **на шара́п** 'by cheating, dishonestly', cf. also dial. **вять на шара́п** 'to snatch / buy up'. Possibly from ***шарп** < **ша́рпать** 'to tear (up), to jerk, to shake, to scratch' < Pol **szarpać** 'to tear up, to strip off, to jerk, to yank'.
◇ ТРУБАЧЕВ ФТ IV 408; 411 (**ша́рпать**); ОТИН 184–190 (to **ша́рпать**, originally 'to rob', here also **шара́пнуть**).

шара́хнуть vb. 'to toss, to throw, to hit; to drink (alcohol) in one gulp'; refl. **шара́хнуться** 'to jump aside (from fear or surprise); to bang into / against', coll. Cf. Ukr **шара́хнути** 'to dash', Blr **шара́хнуць** 'to dash, to jerk, to cut'. Of imitative origin (cf. **шо́рох** 'rustle', etc.).

◇ ФТ IV 408 (here also syn. **шара́шить**; interj. **шара́х!**); **СРА** 548 ('to drink alcohol, to fuck, to rob', argot); Т**СРРЯ** 621 (**шара́хать, шара́хаться**), 622.

шарж sb.m. 'caricature, cartoon'. Attested in this meaning since the mid-XIXth century; originally 'rank, position' (since Peter I; old **шаржа**).Cf. Bulg, Ukr, Blr **шарж** id. Borrowed from Fr **charge**, originally 'load, cargo', to **charger** 'to load' < Vulgar Lat ***carricāre** id. < Lat **carrus** 'a kind of vehicle' (> Fr **char** 'chariot').
◇ ФТ IV 409; ЧЕРНЫХ **ИЭСРЯ** II 402-403.

ша́рить vb. 'to feel, to fumble, to grope'. Cf. Bulg **ша́ря** id., Ukr **ша́рити** id. Absent in other Slav languages. Etymologically difficult.
◇ ФТ IV 409; ЧЕРНЫХ **ИЭСРЯ** II 403.

шарлата́н sb.m. 'charlatan, quack'. Attested since the mid-XVIIIth century. Cf. Bulg **шарлата́н**, SCr **šarlàtān**, Slvn **šarlatan**, Czech **šarlatán**, Pol **szarlatan**, Ukr, Blr **шарлата́н** id. Borrowed from Germ **Scharlatan** (attested since the XVIIth century) < Fr **charlatan** 'charlatan' (since the mid-XVIth century) < Ital **ciarlatano** 'chatterbox'.
◇ ФТ IV 410; ЧЕРНЫХ **ИЭСРЯ** II 403; **AHD** sub **charlatan**.

шарм sb.m. 'charm'. Borrowed from Fr **charme** id. In the 1790s was adapted from the same source as pl. **ша́рмы** 'female charm' (now obs.). To Lat **carmen** 'song, incantation' (< ***can-men** id., to IE ***kan-** 'to sing').
◇ КОРНИЛАЕВА **ИРС** 118; **AHD** sub **charme**.

шарма́нка sb.f. 'barrel-organ, hand-organ' (sb.m. **шарма́нщик** 'organ grinder'). Adapted in 1830s from Pol **szarmant Kat(a)rynka** id. renderring Germ **Scharmante Katharine** 'the charming Catherine', the name of a song (ФТ IV 410) or a puppet (КОРНИЛАЕВА **ИРС** 226-230).
◇ ФТ IV 410; ЧЕРНЫХ **ИЭСРЯ** II 403.

шарова́ры pl.t. 'wide Oriental pants'. Borrowed from Arm **šalvar** id. or Grg **šarvali** id., Svan **šalvär** id., a Persian loanword **šalvār** id., probably via Turk **şalvar** id.
◇ KNAUER **Glotta** XXXIII 100-228; АБАЕВ III 26-27; ФТ IV 410; ЧЕРНЫХ **ИЭСРЯ** II 403-404; АНИКИН **Сиб.** 714.

шаромы´га, шаромы´жник sb.m. 'who profits at the expense of others; crook, tramp'. 1st stem is related to **шáра** 'good luck', **на шáру** 'on smb.'s account', **шáром-дáром** 'for free' (coll./slang). 2nd stem is **мыг-/мык-** 'to move, to walk, to roam'. See **шáра** 'good luck, chance' and **мы□згать** 'to wear out', **мы□каться** 'to roam, to wander'.
◇ ЖЕЛТОВ **ФЗ** 1889/1 5 (from Fr **cher ami** '(my) dear friend'); ХОВАНСКИЙ **ФЗ** 1889/1 5–6 (compound of **шар** and **мы´кать**); СУХОМЛИНОВ apud ДОРОФЕЕВ **ФЗ** 1890/1 16 (borrowed from French in the course of the 1812 war); САВИНОВ **РФВ** XXI 34 (same as ХОВАНСКИЙ); ИЛЬИНСКИЙ **ИОРЯС** XX/4 166; МЕРКУЛОВА **Этим. 1977** 95–96 (**шар I** 'ball' and **-мыга** [as in **голомы□га** 'idler' < *'one who walks naked'], dial. **мы□знуть** 'to run away', **мы□кать** *'to move' (?) [cf. in particular dial. **перемы□га = перемы□чка** 'crosspiece']); ЧЕРНЫХ **Вестник МГУ** 1959/4 149 (to dial. **шармá** 'for free, gratis'); ВАРБОТ **ЭИ 1981** (from Pol **siermęga** 'coarse heavy cloth' or Kashub **šerm□ąga** 'tramp'); ФТ IV 411; ЧЕРНЫХ **ИЭСРЯ** II 404 (suffix **-ыга**); ВИНОГРАДОВ **ИС** 741 (from ***шаромига**, compound of **шар I** 'ball' and **мигáть** 'to blink'); **ТСРРЯ** 622.

шарф sb.m. 'scarf'; cf. Ukr **шарф** id. Attested since the early XVIIIth century in the meaning 'officer's gilded belt / shoulder belt with clusters'. Borrowed from Pol **szarfa** 'broad ribbon, shoulder belt, belt' (**szarpa** since the XVIIth century) < LG **scerf** 'officer's scarf' (cf. Germ **Scherfe** id., **Schärpe** 'broad ribbon, scarf' < old **scharp**) < ONFr **escarpe** (cf. Fr **écharpe** 'scarf, bandage') < OFr **escherpe** 'pilgrim's wallet suspended from the neck' < Frankish ***skirpja** < Lat **scirpea** 'basket maid of rushes' < adj. **scirpeus** to **scirpus** 'rush, bullrush'.
◇ ФТ IV 411–412; ЧЕРНЫХ **ИЭСРЯ** II 404; **AHD** sub **scarf**.

шары́ pl.m.t. 'eyes', coll./criminal argot. Dial. **шары́** 'bulging eyes'. See **шар** 'ball'.
◇ ФТ IV 412; **ТСУЖ** 199; **СРА** 549; **ТСРРЯ** 623; **ССМЖ** 630.

шасси́ sb.n.indecl. 'chassis, undercarriage, landing gear'. Attested in this meaning since 1920s. Cf. Bulg **шаси́**, SCr **šàsija**, Ukr, Blr **шаcî** id. Absent in other Slav languages. Borrowed from Fr **châssis** 'frame' (since the XIIIth century). To Lat **capsa** 'box'.
◇ DAUZAT 164; ЧЕРНЫХ **ИЭСРЯ** II 404–405; **AHD** sub **chassis**.

шáстать vb. 'to run to and fro, to frequent'(= Ukr **шáстати**), coll.; obs. 'to sift grain' (= Ukr **шáстати**). Note interj. **шасть!** about unexpected, very fast move. Cf. Blr **шáстаць** 'to throw', **шастáцца** 'to loiter, to drift about'. Of imitative origin.
◇ ФТ IV 412; **ТСРРЯ** 623.

шатáть vb. 'to shake, to rock' (sb.n. **шатáние** 'swaying', adj. **шáткий** 'shaky, unsteady'). Refl. **шатáться** 'to be loose / unsteady, to stagger; (coll.) to roam about'. Etymologically unclear (to IE ***skēt-** 'to jump'?).
◇ ФТ IV 413; ЧЕРНЫХ **ИЭСРЯ** II 405; **ТСРРЯ** 623 (**шатáться**).

шатéн sb.m. 'person with brown hair' (f. **шатéнка**). Attested since the mid-XIXth century. Cf. Bulg **шатéн**, **шатéнка**, Pol **szatyn, szatynka,** Ukr **шатéн**, **шатéнка**, Blr **шатэ́н**, **шатэ́нка** id. Borrowed from Fr **châtain** id.; related to **châtaigne** 'chestnut' < Lat **castanea** id.
◇ ФТ IV 413; ЧЕРНЫХ **ИЭСРЯ** II 405.

шатёр sb.m. 'large tent, Gypsy tent' (adj. **шатрóвый**). Cf. Bulg **шáтър**, SCr **šàtor**, Slvn **šotor**, Czech **šátor**, Ukr **шатрó**, Blr **шацёр** id. An early borrowing from Tkc languages, cf. Turk **çadır** [**čadyr**] 'tent', Kaz **šatyr** id., etc. (from Pers, as also Rus **чадрá** 'veal worn by Moslem women')
◇ ФТ IV 413; ЧЕРНЫХ **ИЭСРЯ** II 405.

шафрáн sb.m. 'saffron' (old also **сафран, зефран**). Cf. Bulg **шафрáн**, SCr **šàfran**, Czech **šafrán**, Ukr, Blr **шафрáн** id. Borrowed in 1480s via Pol **szafran** id. from MLG **safrān**, **safferān** id., to Ital **zafferano** id.; ultimately to Arab. **za'farān** id. (borrowed into OFr **safran** in the XIIth century).
◇ DAUZAT 645; THOMAS 202-203; ФТ IV 414; ЧЕРНЫХ **ИЭСРЯ** II 405-406.

шах sb.m. 'Shah; (chess) check'. Borrowed from Pers **šāh** 'shah', possibly, via Turk. Cf. **шáхматы** 'chess', **шáшки** 'checkers'.
◇ ФТ IV 414-415; **AHD** sub **shah**.

шáхер-мáхер sb.m. 'shady dealings', coll. Possibly borrowed in the XIXth century from Yiddish **šaxer maxer** 'dealer'; cf. Germ **Schacher und Macher**; Rus (obs.) **шáхер** 'swindler', Pol **szacher**, **szachraj** 'cheat' (cf. **szacherka**

'fraud'). Ultimately to Hebr **sâḫar** 'to be a street vendor' > Yiddish **socher** 'street vendor'.
◇ ВИНОГРАДОВ **ИС** 820–821; ФТ IV 415 (**шáхер** 'swindler'; dial. **шахровáть** 'to swindle' < Pol **szachrować**).

шáхматы sb.pl.t. 'chess'; old also **шахмат** 'cell, chess' (adj. **шáхматный**, sb.m. **шахматúст** 'chess player'). Attested since the XIIIth century. Cf. Bulg **шáхмат**, **шах**, SCr **šȁh**, Czech **šachy** (pl.), Pol **szachy**, Ukr **шáхi**, Blr **шáхматы** id. From Pers **šah-mat** 'mate to the Shah' < Arab **eš šāh māt** 'the king is dead'. Cf. **шáшки** 'checkers'.
◇ ФТ IV 415; ЧЕРНЫХ **ИЭСРЯ** II 406.

шахнá sb.f. 'female genitals', coll./criminal argot. Unclear.
◇ **ТСМЖ** 199.

шáхта sb.f. 'mine' (old also **шахт**). Borrowed from Germ **Schacht** id. (possibly via Pol **szacht**, old **szachta** id.) in the early XVIIIth century. Originates from LG **schaft** 'boot top'. Cf. Bulg **шáхта**, Czech **šachta**, Ukr, Blr **шáхта** 'mine'. Absent in other Slav languages. See der. **шахтёр** 'miner'.
◇ ФТ IV 416; ЧЕРНЫХ **ИЭСРЯ** II 407.

шахтёр sb.m. 'miner'. Derived from **шáхта** 'mine' with a suffix **-ёр** (ИППОЛИТОВА **РР** XXXV/6 121–122). Cf. Bulg **шахтьóр**, Ukr **шахтáр**, Blr **шахцёр** id.
◇ АРАПОВА **РР** XXXI/5 109–110 (transformation of Ukr **шáхтар** 'miner' in 1910s); ФТ IV 416 (Rus word); ЧЕРНЫХ **ИЭСРЯ** II 406 (sub **шáхта**).

шáшка sb.f. 'a kind of saber'. Bulg **шáшка** id. is from Rus. Absent in other Slav languages in this meaning. Possibly a borrowing from Adyg **sešχo** 'saber, sword'.
◇ ФТ IV 416 (**шáшка** I); ЧЕРНЫХ **ИЭСРЯ** II 406.

шáшки sb.f.pl. 'checkers'. A relatively new word (attested since 1731). Der. from ORus **шахы** id. (attested since the XIVth–XVth century) by use of suff. **-ьк-**. Cf. Ukr **шáшки**, Blr **шáшкі** id. Absent in other Slav languages. See **шáхматы** 'chess'.
◇ ФТ IV 416 (**шáшка** II); ЧЕРНЫХ **ИЭСРЯ** II 406–407.

шашлы́к sb.m. 'shishlik, shish-kebab'. Borrowed from Turkic: Cr.-Tat **šišlik** id. (to **šiš** 'spit, skewer'), Azeri **šišliq** id.

◇ БАСКАКОВ 124; ФТ IV 416–417; ЧЕРНЫХ **ИЭСРЯ** II 407; АНИКИН **Сиб.** 724.

шва́бра sb.f. ‘mop (cleaning tool)’. Attested since 1720. Cf. Ukr, Blr **шва́бра** id. Absent in other Slav languages (or borrowed from Rus). Borrowed, via LG **schwabber** id., from Du **zwabber** id.
◇ ФТ IV 417 (from Du or Germ); ЧЕРНЫХ **ИЭСРЯ** II 407.

шваль sb.m. ‘riffraff’, coll. ТРУБАЧЕВ links this word to **ошива́ться** ‘to hang around’ but a connection to ***сваль** is not excluded. Cf. also Rus and Ukr **шу́шваль** ‘riffraff’, possibly with pref. **шу-.**
◇ КУРКИНА **Этим. 1971** 79 (to dial. **шуя□** ‘wad’, Ukr **шу́я** ‘riffraff’ and to **сова́ть**); ОСИПОВА **RL** XIV 181–182 (from ***сваль**, to **вали́ть**, with dial. **шв-** < **св-**); ФТ IV 417, 493; ТРУБАЧЕВ ФТ IV 417; **ТСРРЯ** 623.
шва́ркать vb. ‘to throw, to smash’, coll. See **швыря□ть** ‘to toss’.
◇ ВАРБОТ **Этим. 1991–1993** 53 (to **сверка́ть**); ФТ IV 418 (to **швырну́ть**).

швах adv. (used as predicative in idioms) ‘bad’. From Germ **schwach** ‘weak’.
◇ **ТСРРЯ** 623.

швед sb.m. ‘Swede’. Borrowed in 1620s from Pol **Szwed** id. < Germ **Schwede.**
◇ KOCHMAN **PRK** 86.

швейца́р sb.m. ‘doorman’ (old also **швейца́рец**). Originally ‘Swiss (citizen)’ (as now **швейца́рец**). Cf. Pol **szwajcar**, Ukr, Blr **швейца́р** id. Absent in other Slav languages in this meaning. From Germ **Schweizer** ‘Swiss citizen / guardsman’, later also ‘doorman’.
◇ ФТ IV 418; ЧЕРНЫХ **ИЭСРЯ** II 407–408.

швец sb.m. ‘taylor (man)’, obs. Continues ORus **шьвьцъ** ‘taylor, shoemaker’ (attested since the XIth century). See **шить** ‘to sew’.
◇ ФТ IV 419; ЧЕРНЫХ **ИЭСРЯ** II 413 (sub **шить**).
швея□ sb.f. ‘taylor (woman)’. To ORus masc. **шьвЕи** ‘taylor, shoemaker’ (attested since the XIth century). See **шить** ‘to sew’.
◇ ФТ IV 419.

швыря□ть vb. 'to toss, to fling, to throw'. Back-formation of perf. **швырну́ть** based on the original ***швырга́ть** related to Ukr **швирга́ти** id., Blr **швырга́ць** id. < ***(š)vyrgati.**
◇ ФТ IV 420; ВАРБОТ **Этим. 1991–1993** 53–54, **Этим. 1994–1996** 41 (an expressive derivative of ***vьrgati**, see **изве́ргнуть**); **ТСРРЯ** 623–624 (refl. **швыря□ться** 'to neglect; to play cards', coll.).

шебутно́й adj. 'restless, bustling', coll. A prefixed form of Rus dial. **бутно́й** 'robust'. The latter, together with Pol **butny** 'arrogant, proud', is derived from Slav ***buta** > Pol **buta** 'arrogance', Ukr **бута́** id.
◇ ТРУБАЧЕВ **ЭССЯ** III 101–103; **СРА** 550 (here also **шебути́ть** 'to misbehave'; identifies formant **ше-**); **ТСРРЯ** 624.

шевелю́ра sb.f. 'haid of hair'. Borrowed from Fr **chevelure** 'hair' in the mid-XIXth century. Ultimately to Lat **capillus** 'hair'.
◇ ФТ IV 420; ЧЕРНЫХ **ИЭСРЯ** II 408.
◇ **ТСМЖ** 199.

шеде́вр sb.m. 'masterpiece'. Cf. Bulg **шедьо́вър**, Ukr **шеде́вр**, Blr **шэдэ́ўр** id. Absent in other Slav languages. Borrowed from Fr **chef-d'œvre** in the XIXth century (attested as **ше-д'эвр** in 1809).
◇ ФТ IV 420; ЧЕРНЫХ **ИЭСРЯ** II 408.

шёлк 'silk' (adj. **шёлковый** 'silk(en); (coll.) meek, docile'). Continues ORus **шелкъ** id. which is from ONorse **silki** id. < Lat **sēricus** 'silky' < **Sēres** 'China'.
◇ ЛУКИНА **Этим.1970** 254; ФТ IV 423–424; ЧЕРНЫХ **ИЭСРЯ** II 408–409; **ТСРРЯ** 624.

шелуди́вый adj. 'mangy, scabby', coll. Continues ORus **шелудивыи** id. Based on dial. pl. **шелуди** 'scab, rash', from ESlav ***šelǫdь** > Ukr pl. **шо́луді** 'scabs, mange', Blr pl. **шо́лудзи** id. For the suffix cf. **жёлудь** 'acorn'.
◇ PETERSSON **AfslPh** XXXV 376 (to IE ***skel-** 'to pierce, to split'); МЕЛЬНИЧУК **Этим. 1966** 195 (from IE ***ks-el-** 'to scratch'); МЕРКУЛОВА **Этим. 1970** 186–188 (follows PETERSSON), **Этим. 1975** 93.
шелупе́нь sb.f. 'worthless people, nonsense, rubbish' (~ **шелупо́нь**), dial. Derived from dial. **шелупа́**, cf. also Ukr

шолупа 'husks'. Note ФТ IV 425 **шелупи́на** 'skin' (= Ukr **шолупи́на**), to pref. **ше-** + **лупи́на** 'skin' (see vb. **лупи́ть** 'to peel').
◇ МЕРКУЛОВА **Этим. 1970** 188 (to **шелуха́, шелуди́вый**); **ТСУЖ** 200 (cf. **шелупо́й** 'tramp; minor thief', criminal argot); **СРА** 546 (sub **шалупе́нь;** identifies formant **ше-**); **ТСРРЯ** 624-625.

шелуха́ sb.f. 'husks' (vb. **шелуши́ть** 'to shell, to peel, to husk'). Note ФТ IV 425 **шелуха́**, to pref. **ше-** + **луска́** (II 535) 'husks, skin' (see vb. **лу́скать** 'to crack (nuts), to shell').
◇ МЕРКУЛОВА **Этим. 1970** 188 (to IE ***skel-** 'to pierce', see **шелуди́вый** 'mangy, scabby'); ФТ IV 425-426; ЧЕРНЫХ **ИЭСРЯ** II 409 (from IE ***skel-** via **щелуха́**).

ше́льма sb.m./f. 'scoundrel, rascal; swindler' (old also **шелм**). Attested since Peter I. Cf. Czech **šelma**, USorb **šelma**, Ukr **ше́льма**, Blr **шэ́льма** 'cheat, swindler'. Forms in **-a** are borrowed via Pol **szelma** id. from MHG **schëlme** id. Sb.m. **шелм** is borrowed directly from Germ (cf. modern **Schelm** 'cheat, swindler').
◇ ФТ IV 426; ЧЕРНЫХ **ИЭСРЯ** II 409 (from Germ or Du); **ТСРРЯ** 626 (may also express admiration).

шельмова́ть vb. 'to disparage, to run down'. Attested since Peter I. Cf. Ukr **шельмува́ти**, Blr **шельмова́ць** id. Borrowed from Pol **szelmować** id. See **ше́льма** 'scoundrel, rascal; swindler'.
◇ ФТ IV 426.

шёпот sb.m. 'whisper' (vb. **шепта́ть** 'to whisper' < ORus **шьпътати** 'to whisper, to whisper in one's ear'). Continues ORus **шьпътъ** since the XIth century < Slav ***šьpъtъ:** Bulg **ше́пот**, SCr **šȁpāt**, Slvn **šepet**, Czech, Slvk **šepot**, Pol **szept**, Ukr **ше́пiт**, Blr **шэпт** id. Of imitative origin.
◇ ФТ IV 428 (sub **шепта́ть**); ЧЕРНЫХ **ИЭСРЯ** II 409.

шербе́т sb.m. 'sherbet'. ORus also **шертъ**. Borrowed from Turkic (cf. Turk **şerbet** id.; note Pers **šarbat** id). To Arab **šarbah** 'drink', **šariba** 'to drink'.
◇ ФТ IV 429; **AHD** sub **sherbet**.

шерохова́тый adj. 'rough'. Attested in dictionaries since 1731. Absent in other Slav languages. Of imitative origin. See **терша́вый** id.; both to **шо́рох** 'rustle'.

◇ ЧЕРНЫХ **ИЭСРЯ** II 409–410.

шéрочка sb.f. '(female) friend'. Only in the phrase **шéрочка с машéрочкой** 'inseparable pair'(originally 'pair of dancing girls'). Borrowed from Fr **chère** 'dear' and **ma chère** 'my dear'.
◇ ФТ IV 430–431.

шерсть sb.f. 'wool; fur (of an animal)' (adj. **шерстянóй**). Continues ORus **сьрсть** 'wool' (since the XIIIth century), **шьрсть** 'fur' (since the XIVth century) < Slav ***sьrs-t-ь** id.: Slvn **srst** 'wool, fur (of an animal)', Czech **srst**, Slvk **srsť**, Pol **sierść**, Ukr **шерсть**, Blr **шэрсць** id. To IE ***k̑(e)rs-** 'bristles, rough wool / fur; to be rough'
◇ ФТ IV 431; ЧЕРНЫХ **ИЭСРЯ** II 410; **ТСРРЯ** (coll. **шерстúть** 'to tell off, to upbraid').

шершáвый adj. 'rough'. With assimilation, derived from dial. **сéрхнуть** 'to get covered with crust, to become numb', together with Ukr **шéрхнути** 'to get covered with a thin layer of something, to rustle' based on a poorly attested Slav ***sьrxati;** cf. related Rus adj. **шероховáтый**. See also **шóрох** 'rustle'.
◇ МЕРКУЛОВА **Этим. 1970** 178–180; ФТ IV 431–432; ЧЕРНЫХ **ИЭСРЯ** II 409–410.

шéршень sb.m. 'hornet'. Continues ORus **сьршень, шьршень**. From PSlav ***sьršenь** id.: Rus-CSl **стръшень, сръшень,** Bulg **стъ́ршел,** Slvn **sršen,** Czech, Slvk **sršeň**, USorb, LSorb **šeršeń**, Pol **szerszeń**, Ukr **шéршень** id. Despite phonetic irregularities, related to Alb **grerë ~ grenzë** 'wasp, hornet' < PAlb ***graisnā** (OREL **AED** 123: secondary voiced anlaut), Lat **crābrō** 'hornet', OHG **hornaz** id., Lith **širšuõ** id. < IE ***k̑r̥s-en-** id. (to IE ***k̑er-s-** 'horn').
◇ FRAENKEL 98̊8; WALDE-HOFMANN I 283–284; POKORNY 576; **IE Roots** sub ***ker-**[1] [***k̑er-**]; ФТ IV 432.

шест sb.m. 'rod, pole, long stick'(dial. **шост**); Blr **шост** id. Absent in other Slavic languages. Continues Slav ***šьstъ.** Related to Lith **šiekštas** 'trunk of a chopped-down tree, block, log'; possibly from IE ***ks-es**.
◇ ФТ IV 432–433; ЧЕРНЫХ **ИЭСРЯ** II 410.

шестерúть vb. 'to serve as a lackey, to play up to' < **шестёрка** 'a criminal's lackey, low-rank helper; toady', coll. From criminal argot. Original meaning: the lowest card in

game. (Scarcely based on a calque of Germ **sechs** 'danger', originally - 'six' [but note argot interj. **шестáя** 'danger!'], as per ГРАЧЕВ **РР** XXVIII/4 69). To **шесть** 'six'.
◇ **SPCS** I 210, II 95; **ТСУЖ** 200; **СРА** 551; ОТИН 301-310; **ТСРРЯ** 625; **ТСМЖ** 247; **ССМЖ** 631 (note here **шестáк** 'student who runs errands (for students-leaders in a special school)' [cf. coll. (obs.) **шестáка** 'six' = the lowest card in game]).

шесть num. 'six'. Continues ORus **шесть** id. (attested since the XIth century) < Slav ***šestь, *sestъ** id.: OCs **шесть,** Bulg **шест**, SCr **šêst**, Slvn **šest**, Czech, Slvk **šest**, USorb, LSorb **šěsć**, Pol **sześć**, Ukr **шість**, Blr **шэсць** id. Identical with Skt **śaśti**- 'six tens', Alb **gjashtë** 'six' < PAlb ***sešti**-, coll. in *-**ti**- based on IE ***s(u̯)eḱs**- 'six': Toch A **ṣäk**, B **ṣkas**, Skt **ṣáṭ**, Av **xšvaš**, Gk ἕξ, Arm **vecʻ**, Lat **sex**, OIr **sé**, Gmc *__sexs__ > Goth **saihs** 'six', ON **sex** id., Lith **šešì**.
◇ BOPP **Alb.** 459, 512; ГИЛЬФЕРДИНГ **Отн.** 21; CAMARDA I 36; SAUSSURE **MSL** VII 73-74; ZUPITZA **Gutt.** 191; BARTHOLOMAE 561; PEDERSEN **KZ** XXXVI 283, **Kelt. Gr.** I 78; POKORNY I 1044; MAYRHOFER III 407; WALDE-HOFMANN II 528-529; FRISK I 527-528; FRAENKEL 976; ФТ IV 433-434; ЧЕРНЫХ **ИЭСРЯ** II 410; ROSS-BERNS **Numerals** 585; БУРЛАК **ИФТЯ** 259; OREL **Sprache** XXXI 279, **AED** 130, **HGE** 322.

шеф sb.m. 'boss, chief; cabby' (in this latter meaning the word may by considered as abbrev. of **шофёр** 'driver'). Attested in Russian since the early XVIIIth century (original meaning 'commanding officer'). Cf. Bulg **шеф**, SCr **šȅf,** Czech **šèf,** Pol **szef,** Ukr **шеф,** Blr **шэф** 'boss, chief'. Borrowed from Fr **chef** 'leader, boss' (< **chief**, Xth century) in the early XVIIIth century. To Lat **caput** 'head' (< IE ***kap-ut**- id.).
◇ DAUZAT 167; ФТ IV 434; ЧЕРНЫХ **ИЭСРЯ** II 410-411; **AHD** sub **chief**; **СРА** 551 (form of address, argot); **ССМЖ** 631-632; **ТСРРЯ** 625.

шéя sb.f. 'neck' (adj. **шéйный**). Continues ORus **шия** 'neck, shoulders' (attested since the XIth century) < Slav ***šija** 'collar' (from Slav root ***ši**- which is seen in Russ **ши-ворот, ворот(ник)** 'collar' to ORus **воротъ** id. related to **вертеть** 'to turn'). Cf. Bulg **шúя**, SCr **šȉja**, Slvn **šija**, Czech **šȉje**, Slvk **šija**, USorb **šija**, LSorb **šyja**, Pol **szyja**, Ukr **шúя**, Blr **шы́я** id. Etymologically difficult.

◇ MEYER **AEW** 405 (to Alb Geg **shî** 'occiput); ФТ IV 434-435; ЧЕРНЫХ **ИЭСРЯ** II 411.

шиба́ть vb. 'to strike, to throw', coll. (related: **ушиба́ть** 'to injure', **оши́бка** 'mistake', adj. coll. **ши́бкий** 'quick'). Continues ORus **шибати** 'to strike, to rumble, to smite'. Possibly to IE ***kseib-** 'to throw'.
◇ ФТ IV 435, 436; **ТСРРЯ** 625-626 (also 'to strongly influence; to be very similar to', coll.).

ши́бздик sb.m. 'short, thin, sickly man' (also **ши́бзик** 'short man'), dial./coll., from argot. A prefixed derivative of **бздеть** 'to fart'.
◇ ФТ IV 436; **ТСУЖ** 200; **СРА** 552.

шизофре́ник sb.m. 'schizophrenic' (coll. **шиз, ши́зик** id., also 'strange person'). To Gk σχίζω 'to split' + φρην- 'mind' (etc.).
◇ **ТСРРЯ** 626-627 (also coll. **шизе́ть, шизова́ть, шизану́ться** 'to behave strangely, to become crazy').

шик sb.m. 'stylishness' (vb. **шикова́ть** 'to show chic, to squander', coll.). Attested since the mid-XIXth century. Cf. Bulg **шик**, SCr **šȉk**, Czech **šik**, Pol **szyk**, Ukr **шик**, Blr **шык** id. Borrowed from Germ **Schick** 'taste, elegance, fitness' or from Fr **chic** 'wit, chic; (adj.) stylish', **chique** 'chique' (Fr may be from Germ). See **шика́рный.**
◇ DAUZAT 171, 172-173; ФТ IV 437; ЧЕРНЫХ **ИЭСРЯ** II 411; **AHD** sub **chic**; **ТСРРЯ** 627 (**шикова́ть**).

шика́рный adj. 'chique, fine, grand, smart'; **шикар** (old) 'a chique person'. Borrowed from Fr **chicard** 'chique' in the end of the XIXth century. Cf. old **шико́зный** 'chique'. See **шик**.
◇ ВИНОГРАДОВ **ВЯ** 1966/6 22-23; ЧЕРНЫХ **ИЭСРЯ** II 411 (sub **шик**); ФТ IV 437 **шика́зный** 'excellent'; **ТСРРЯ** 627.

ши´ло sb.n. 'awl'. Continues ORus **шило** 'needle, awl'(attested since the XVth century) < Slav ***ši-dlo:** Bulg. **ши´ло** 'awl', SCr **šȉlo** id., Slvn **šilo** 'awl, pine needle', Czech **šȉdlo** 'awl'**,** USorb **šidło**, LSorb **šydło**, Pol **szydlo**, Ukr **ши´ло**, Blr **шы́ло** id. To **шить** 'to sew'.
◇ ФТ IV 438; ЧЕРНЫХ **ИЭСРЯ** II 413 (sub **шить**).

шина sb.f. 'tire, (med.) splint'. Borrowed in the 1st half of the XVIIIth century from Germ (cf. modern **Schiene** 'iron band

/ rim, tire, rail,(med.) splint'; old 'shin'), related to **scheiden** 'to separate'. Ultimately to IE ***skei-** 'to cut, to split'.
◇ ФТ IV 438; ЧЕРНЫХ **ИЭСРЯ** II 411-412; **AHD** sub **shin**.

шине́ль sb.f. 'overcoat, greatcoat'. Attested since 1760s (in the meaning 'morning robe'). Cf. Ukr **шине́ль** (old **шене́ля**), Blr **шыне́ль** id. (in most other Slav languages from Rus). Borrowed from Fr **chenille** 'man's morning robe; caterpillar' (now used only in the latter meaning).
◇ DAUZAT 168; ФТ IV 438; ЧЕРНЫХ **ИЭСРЯ** II 412.

шип sb.m. 'thorn, cleat' (old **шип, ши́пик** 'nail'; cf. **шипо́вник** 'wild rose'). To ORus-CSl **шипъкъ** 'rose (flower)'. From Slav ***šipъ:** Bulg **шип** 'needle, thorn, arrow', SCr **šȋp** 'thorn, wedge, pole, Czech, Slvk **šip** 'arrow', Ukr **шип** 'thorn, cleat', Blr **шып** id. Etymologically unclear.
◇ ФТ IV 440 (**шип** I); ЧЕРНЫХ **ИЭСРЯ** II 412 (**шип**), 412-413 (**шипо́вник**).

шипе́ть vb. 'to hiss, to sizzle, to fizz' (noun **шипе́ние** 'hissing'; old **шип** id.). Of imitative origin.
◇ ФТ IV 441; ЧЕРНЫХ **ИЭСРЯ** II 412; КУРКИНА **Этим. 1991-1993** 36-42.

ширина́ sb.f. 'width, breadth' (cf. sb.f. **ширь** 'expance, open space'; **широта́** 'width, breadth; latitude'). From Slav ***šir-** (where *- **r** - is an IE suff.): Bulg **ширина́, широта́, шир** id., SCr **ши́рина** id., USorb **šěrina** id., **šěr** 'expance, open space', Pol (obs.) **szerz**. Cf. also adj. **широ́кий** 'wide, broad' (since the XIth century) < Slav ***šir-ok-.** Possibly Slav ***š** < ***ks** < IE ***sk** (root ***skei-** 'to separate').
◇ ФТ IV 442; ЧЕРНЫХ **ИЭСРЯ** II 413 (sub **широ́кий**).

шири́нка sb.f. 'fly (of trousers)', coll. Developed from the original **шири́нка** 'piece of cloth'. See **ширина́** 'width'.
◇ ВИНОГРАДОВ **ИС** 822; ФТ IV 441.

ши́рма sb.f. '(folding) screen; cover'. Cf. Ukr **ши́рма**, Blr **шы́рма** 'screen, cover'. Absent in other Slav languages. Borrowed in the mid-XVIIIth century from German (cf. modern **Schirm** 'umbrella, screen, shelter, protective cover'; MHG **schirme** 'ptotection, barrier, screen'; OHG **scirm** 'shield'). To Gmc ***skerm-** 'shield' (etc.) < IE ***sker-** 'to cut'.
◇ ФТ IV 442; ЧЕРНЫХ **ИЭСРЯ** II 412-413.

ширма́ч sb.m. 'pickpocket; a thief who carries out his work under the cover of a regular job', also **шарма́ч**, **ширму́/о́шник** 'pickpocket', from criminal argot. Der. of **ши́рма** 'cover; object used by a pickpocket to cover his hand when stealing; pocket', criminal argot.
◇ **SPCS** I 210; **CPA** 553.

ширя́ть vb. 'to administer drugs by injection' (refl. **ширя́ться**, singul. **ширну́ться**); argotism. From coll. **ширя́ть** 'to stir, to poke', **ширну́ть** 'to poke, to jab (once)'. Possibly to Germ **schüren** 'to stir, to poke, to rake'. (Cf. TRUBACHEV's remark (sub ФТ IV 442–443 **ширь**) about **ширь-пырь** 'here and there, around and about' as related to **ширя́ть** 'to poke' [and **пыря́ть** id.]).
◇ ФТ IV 443; **SPCS** II 96; **CPA** 553; **ССМЖ** 633.

шить vb. 'to sew' (coll. 'to try to falsely accuse smb.'). Continues ORus **шити** id. attested since the XIIth century. From Slav ***šiti** id. (usually explained as originating from IE *si̯ū-): Bulg **шия**, SCr **ši̇̂ti**, Czech **šîti**, Slvk **šit'**, USorb **šić**, LSorb **šyś**, Pol **szyć**, Ukr **шити**, Blr **шыць** id. Related to Hitt **ishai**- / **ishiya**- 'to bind' < IE ***sHoi̯**- / ***sHi̯**-. West IE ***si̯ū**- 'to tie together, to bind, to sew' < IE ***sHi̯-u**-. Cf. **шов** 'seam, stich'.
◇ ФТ IV 443–444; ЧЕРНЫХ **ИЭСРЯ** II 413; **ТСРРЯ** 627.

шифр sb.m. 'cipher, code'. From Fr **chiffre** id. (possibly via Germ **Chiffre** id.) < OFr **cifre** 'zero'. To MLat **cifra** 'zero' < Arab **sifr** [dot under s] 'zero, empty'.
◇ ФТ IV 444; **AHD** sub **cipher**; **CPA** 553 (**шифрова́ть** 'to memorize', argot); **ССМЖ** 633 (**шифрова́ть** 'to hide', slang).

шиш I sb.m. 'fig; nothing, nil; (obs.) pointed top of smth.'. Borrowed from Tkc languages: cf. Turk **šiš** 'spit (for roasting); knitting needle; sword, rapier'.
◇ ФТ IV 444; ЧЕРНЫХ **ИЭСРЯ** II 414.

шиш II sb.m. 'tramp, robber; evel spirit' (obs.). Possibly a borrowing from non-Slav languages. Cf. **шиши́га** 'devil, evel spirit'.
◇ ФТ IV 444–445; ЧЕРНЫХ **ИЭСРЯ** II 414.

шиша́к sb.m. 'pointed helmet' (Ukr **шиша́к** id.). Borrowed in 1650s from Pol **szyszak** id. To **шиш I**.
◇ KOCHMAN **PRK** 85; ФТ IV 445.

шиши́га sb.f. 'devil, evel spirit', dial. In view of dial. **шиш** id., derived from **шиш II** (SERGEEW **RR** V/3 115).
◇ ФТ IV 444-445 (sub **шиш II**); ЧЕРНЫХ **ИЭСРЯ** II 414 (sub **шиш II**).

ши́шка sb.f. 'cone; bump, lump; (coll.) big shot'. In the meaning 'cone' attested since the early XVIIth century; continues Slav ***šišьka** id. Etymologically difficult (may originate from several sources).
◇ ФТ IV 445; ЧЕРНЫХ **ИЭСРЯ** II 414-415.; **ТСРРЯ** 627.

шка́ры sb.pl.t. 'slacks, pants' (also **шкéры**), coll., from argot. To dial. **шкорá** 'bark' < ORus **скора** 'hide, fell' (> dial. **скорá / скарá** 'hide, skin, raw material'), cf. **скорьнь** 'boot' (base for **скорн-я́к** 'furrier'). Cf. also **шку́ра** 'hide'.
◇ ФТ III 650 (**скорá**), 652 (**скорня́к**), IV 450 (**шкорá**); **SPCS** I 210; II 96; **ТСУЖ** 201-202; ЧЕРНЫХ **ИЭСРЯ** II 416 (sub **шку́ра**); **СРА** 554.

шкату́лка sb.f. 'small box, case'. Derived from obs. **шкату́ла** id. borrowed in the early 1600s from Pol **szkatuła** < MLat **scatula** id.
◇ KOCHMAN **PRK** 85; ФТ IV 447; ЧЕРНЫХ **ИЭСРЯ** II 415.

шкаф sb.m., (obs.) **шкап** 'cupboard, wardrobe, closet, bookcase'. Borrowed from German (cf. Germ dial. **Schaff** 'vet, tub, cupboard', MHG **schap(p)** 'cupboard', etc.).
Form with **ф** attested since Peter I. (Cf. also **шкаф** 'tall, broad-shouldered man', coll. derog.)
◇ ФТ IV 446 and 447; ЧЕРНЫХ **ИЭСРЯ** II 415 (form with **п** from Scandinavian languages); **ТСРРЯ** 627.

шквал sb.m. 'squall' (attested since the mid-XVIIIth century). An older form is **сквал** (attested since 1719). Cf. Pol **szkwał**, Ukr, Blr **шквал** id. Absent in other Slav languages. Borrowed from Eng **squall**, probably under German phonetic influence (Eng **squall** from Scandinavian languages, cf. Swed, Norw **skval** 'splash').
◇ WHITTALL 94-95; ФТ IV 447; ЧЕРНЫХ **ИЭСРЯ** II 415-416; **AHD** sub **squall**.

шква́рка sb.f. 'fried crunchy leftovers of fat and skin', coll. See ФТ III 636 dim. of **сквара** id. Continues Slav ***skvarъka** ~ ***skvarъkъ:** Czech **škvarek, škvarka** id., Pol **skwarka** 'fat

melted from lard', Ukr **шква́рка** id., **шква́рок** id., Blr **сква́рка** id. based on ***skvara** ~ ***skvarъ**: OCSl **сквара** κνίσσα, nidor, Rus dial. **сквара** 'fried crunchy leftovers of fat and skin', Pol **skwar**, **skwara** 'heat', Ukr **шква́ра**, **сквар** id., Blr **сквар** id. The latter is derived from ***skverti**: OCSl **раскврѣти** διαλύειν, OCzech **skvřieti** 'to fry, to melt', Slvk **škret'** id., USorb **škrěć** id., LSorb **škrěś** id., OPol **rozkwrzeć** id.
◇ МЛАДЕНОВА **Этим. 1986-1987** 86-87; ЧЕРНЫХ **ИЭСРЯ** II 416.

шкворча́ть vb. 'to sizzle' (see **шква́рка**).

шкет sb.m. 'short and thin teenager', coll. Cf. also **плашке́т** id. Borrowed from Czech **šketa** 'fool, fiend, monster'.
◇ ТРУБАЧЕВ **Этим. 1964** 134; ФТ IV 448; **СРА** 555; **ТСРРЯ** 628.

шкипе́р sb.m. 'skipper, captain' (old also **щипор, шхипор**). Borrowed in 1560s from MLG **schipper** id. or from MDu **schipper** id. < **schip** 'ship' < Gmc ***skipam** id.
◇ THOMAS 208; ◇ ФТ IV 449; **AHD** sub **skipper**.

шки́рка sb.f. 'skin', coll. From Ukr **шкі̂ра**, **шкі̂рка** 'skin'. See **шку́ра** 'hide'.
◇ **ТСРРЯ** 628.

шко́да sb.f. 'prank, harm, damage; harmful person' (vb. **шко́дить** 'to harm, to play pranks', adj. **шкодли́вый** 'harmful, mischievous'). Borrowed from Pol **szkoda** 'harm, damage' < OHG **scado** 'harm, damage' (> Germ **Schaden** id.).
◇ ФТ IV 449; **СРА** 555; **ТСРРЯ** 628-629.

шко́ла sb.f. 'school'. Borrowed from Pol **škoła** id. To MLat **scōla** < Lat **schola** 'leisure, school' < Gk σχολή 'leisure (devoted to learning), lecture, school'.
◇ KOCHMAN **PRK** 86; ФТ IV 449; ЧЕРНЫХ **ИЭСРЯ** II 416; **AHD** sub **school**.

шку́ра sb.f. 'hide' (cf. coll. 'bad person', **шку́рник** 'self-seeker'). Possibly borrowed from Pol **skóra** 'skin, hide'. Cf. ORus-CSl **скора** 'hide, fell' (< Slav ***skora** id.), Rus **скорня́к** 'furrier'.

◇ ФТ IV 451 (from Pol); ЧЕЛИЩЕВ **Slavia** IX/3 522-523; ЧЕРНЫХ **ИЭСРЯ** II 416-417 (origin unclear); ВИНОГРАДОВ **ИС** 822-823; **СРА** 555; **ТСРРЯ** 629.

шлагбау́м sb.m. 'barrier / gate at the railroad crossing' (obs. coll. **шлахба́н**). Attested since Peter I. Borrowed from Germ **Schlagbaum** id. (to **schlagen** 'to beat, to clap' + **Baum** 'tree').
◇ ФТ IV 452.

шлак sb.m. 'slag' (adj. **шла́ковый**). Attested since the early XVIIIth century. Cf. Bulg **шла́ка**, SCr **šljȁka**, Chech **šlak(a)**, Pol **szlaka** Ukr, Blr **шлак** id. Borrowed from Germ **Schlacke** 'slag' or from Du **slak** id. To Gmc ***slag-** (see **AHD** sub **slag**).
◇ ФТ IV 452; ЧЕРНЫХ **ИЭСРЯ** II 417.

шлем sb.m. 'helmet'. Borrowed from CSl **шлѣмъ** (vs obs. **шело́м** < ORus **шеломъ** attested since the XIth century; cf. Ukr **шоло́м**): Bulg **шлем**, SCr **šljȍm**, Slvn **šlem**, Blr **шлем** id. Absent in other Slav languages. Slav ***šelmъ** is an old borrowing from Gmc languages, cf. Goth **hilms**, OIcel **hjalmr**, Eng **helm**, Germ **Helm** < Gmc ***xelmaz** 'helmet' (related to Skt **śár-man-** 'protection, shelter, cover'); cf. also borrowings into Slav: Czech **helma**, Pol **hełm** 'helmet'. Gmc noun ***xelmaz** is derived from a verb with a general meaning 'to cover' (cf. Goth **huljan** 'to wrap (in), to cover, OIsl **hylja**, OHG **hullan** id.). Ultimately to IE *ḱel- 'to hide, to cover'.
◇ ФТ IV 452; ЧЕРНЫХ **ИЭСРЯ** II 417; Orel **HEG** 168; **IE Roots** sub **kel-**[4] [***ḱel-**] 'to cover'.

шлёнд(р)ать vb. 'to wander, to walk around', coll. (cf. old **шлёнда**, **шля́нда** 'idler, loafer'; Ukr **шлю́ндра** 'slovenly person'). Possibly a hybrid of **шля́ться** id. and Germ **schlendern** id.
◇ ФТ IV 453 (**шлёнда**; not to Germ); ЧЕРНЫХ **ИЭСРЯ** II 418 (sub **шля́ться;** related to Germ); **СРА** 556 (related to **шля́ться** and **шлю́ха** 'slut').

шлёпанцы sb.m.pl. 'bedroom slippers' (sg. **шлёпанец**), coll. See **шлёпать** 'to slap, to tramp'.

шлёпать vb. 'to slap, to spank; (coll.) to tramp, to slosh'; to talk nonsense; to kill' (perf. **шлёпнуть** 'to spank; to kill', coll.). Of imitative origin.
◇ ФТ IV 453-454; **СРА** 556; `**ТСРРЯ** 629.

шлея́ sb.f. 'strap as part of a harness; breast-band'. Attested since 1388. To West Slav ***šьl'a** < OHG **silo** (or a similar form) 'strap; harness'. To Gmc ***silōn** < ***sailō** / ***sailan** 'rope' < IE ***sei-lo-** 'strap' (POKORNY 891-892).
◊ ФТ IV 454; KOCHMAN **PRK** 86, **PRS** 79.

шлифова́ть vb. 'to polish, to grind'. Attested since the XVIIIth century. From MHG **slīfen** 'to glide, to whet' (> Germ **schleifen** 'to slide, to glide, to skid'), probably via Pol **szlifować** 'to polish, to grind, to whet'. Ultimately to IE ***sleubh-** 'to slide, to slip'. Genetically related: **шлю́пка** 'boat'.
◊ ФТ IV 453 (via Pol); ЧЕРНЫХ **ИЭСРЯ** II 418 (scarcely via Pol); **IE Roots** sub **sleubh-**.

шлык sb.m. 'a kind of headwear'. Borrowed from Chuv **śələk** 'hat'.
◊ ФТ I 139, IV 455 (abbreviation of **башлы́к**); АНИКИН **Сиб.** 126 (contra ФТ).

шлюз sb.m. 'lock (in a canal), sluice' (**слюза** at the time of Peter I). Borrowed from Du **sluis** id. < Lat **(aqua) exclūsa** 'separated (water)'.
◊ THOMAS 186; ФТ IV 455; ЧЕРНЫХ **ИЭСРЯ** II 417-418; **AHD** sub **sluice**.

шлю́пка sb.f. 'boat'; attested since 1703. Cf. Bulg, Ukr, Blr **шлю́пка** id. (absent in other Slav languages). Derived from **шлюп** 'sloop' which is borrowed from Du **sloep** [slup] 'sloop' (to Du **sluipen** 'to glide'). To IE ***sleubh-** 'to slide, to slip'.
◊ ФТ IV 455-456 (**шлюп**); ЧЕРНЫХ **ИЭСРЯ** II 418 (**шлю́пка**); **AHD** sub **sloop**.

шля́гер sb.m. 'hit'. Borrowed in the late XXth century from Germ **Schlager** id (to **schlagen** 'to beat, to hit' < Gmc ***slag-** id.).

шля́па sb.f. 'hat'. Borrowed in 1500s from MLG or MHG **slappe** id. Absent in other Slav languages.
◊ THOMAS 211-212; ФТ IV 456; ЧЕРНЫХ **ИЭСРЯ** II 418.

шля́ться vb. 'to wander / gad about' (cf. Ukr **шля́тися** id.). Possibly to **слать** 'to send' (1st sg. prs. **шлю**).

◊ ТРУБАЧЕВ ФТ III 667 (cf. **шлю́ха** 'slut' ibid. 456); ЧЕРНЫХ **ИЭСРЯ** II 418 (compares **шлю́ха**).

шмазь '(ugly) face / mug; (savage) punishment' (also **шмась**), from criminal argot. Unclear.
◊ **ТСУЖ** 202 (**шмасть** 'face'); **СРА** 558.

шмакодя́вка sb.comm. 'small and weak person, shrimp' (also **шмокодя́вка**). From argot.
◊ **ТСРРЯ** 629-630.

шмали́ть, vb. 'to smoke', from argot (coll. syn. **смоли́ть,** cf. **смола́** 'tobacco', **смо́лка** 'hashish', argot). Related to **сма́лить** 'to burn, to singe, to kindle', **смоли́ть** 'to apply resin, to tar'**, смола́** 'resin, pitch, tar'. Argot **шма/оли́ть** 'to smoke narcotics, to smoke', **шма/олять, шма/ольну́ть** 'to smoke, to shoot, to hit, to borrow, to make quick', **шмаль, смаль** 'hashish, cigarets', **смоль** 'smth. to smoke'.
◊ ФТ III 684 (**сма́лить**), 690 (**смола́**); **SPCS** II 96; **ТСУЖ** 164, 202; **СРА** 557 (cf. 434 **смоль**).

шма́ра sb.f. 'prostitute'. From criminal argot; further unclear.
◊ ФТ IV 458; **ТСУЖ** 202; **СРА** 557 (also 'woman'); **ТСМС** 250 (also 'girl, woman').
шма́та sb.f. 'rag', coll. Cf. also **шмат** 'piece (of bread or other food); rag, shred', coll.; Ukr **шмат** 'piece', Blr **шмат** 'a lot'. Borrowed from Pol **szmat** 'piece' (or from Yiddish **šmate** 'rag'). Cf. **шмо́тка** 'piece of clothes'.
◊ ФТ IV 458-459 s.v. **шмат** 'piece, shred' (compares **шмоть** 'rag(s)'; see 460).

шмель sb.m. 'bumble-bee'. From Slav ***čьmelь**: Slvn **čmelj** id., Czech **čmel** id., Slvk **čmel'** id., LSorb **tśm□el** id., Pol **czmiel** id., Ukr **чміль** id., Blr **чмель** id. Cf. also SCr **čmèla** 'bee', USorb **čmjeła** 'bumble-bee' < ***čьmela**. Derived from an unattested imitative verb ***čьm-**; for a different ablaut grade see **комáр**. Similar to but not identical with Gmc ***xumlō(n)** > Norw dial. **humla** 'bumble-bee', MLG **hummel** id., OHG **humbala** id. Further can be connected with Lith **kamãnė** 'a kind of bumble-bee', OPrus **camus** 'bumble-bee'.
◊ BERNEKER I 167; MEILLET **MSL** XIV 367; BRÜCKNER 79; FRAENKEL 212; ФТ IV 459; ЧЕРНЫХ **ИЭСРЯ** II 418-419; ТРУБАЧЕВ **ЭССЯ** IV 145-146; OREL **HEG** 192-193.

шмон sb.m. 'search (of premises)' (vb. **шмона́ть** 'to conduct a search of'), coll., from criminal argot; possibly, from Idish (**Слова** 259).
◇ ФТ IV 461; **ТСУЖ** 202; **СРА** 558; **ТСМС** 250.

шмо́тка sb.f. '(piece of) clothes, personal belongings' (usually pl. **шмо́тки**), coll. See **шма́та.**
◇ ФТ IV 460 (**шмоть**); ОТИН 312–313 (compreas **смота́ть** 'to wind up / into' which is highly unlikely); **ТСРРЯ** 630.

шмы́гать vb. '(coll.) to dart, to slip, to bustle, to scurry; (dial.) to pluck, to pull'. Cf. also dial. **смы□гать** id. (ФТ III 694) which closely ties this verb to **шмы́га** 'tramp'. Cf. Rus dial. **смы́кать** 'to pull / tug at' (ФТ III 694–695), **шмы́кать** id. Note interj. **шмыг!** which indicates slipping motion, as also Pol **myk!**. See further **мы́каться** 'to roam, to wander'.
◇ МЕРКУЛОВА **Этим. 1977** 95–96 (a prefixed derivative of **-мыг-**, cf. **шаромы□га**); ФТ IV 461 (sub **шмы́га** 'tramp'; here also **шмы́кать**, **шмы́ркнуть**, syn. to **шмы́гать**; compares **смы́кать** [note **шмык**], **смы́кнуть**).

шмя́кать vb. 'to thud, to plop', coll. ФАСМЕР considers this word as an expressive var. of **смя́кать** 'to crumple, to throw negligently'. Of imitative origin.
◇ ФТ IV 461.

шни́цель sb.m. 'schnitzel'. Attested since the early XXth century. Cf. Bulg **шни́цел**, Ukr **шниі̂цель**, Blr **шниі̂цЭль** id. From German (cf. Germ **Wiener Schnitzel** 'Vienna schnitzel (fillet of veal, veal cutlrt)', **Schnitzel** 'chip, scrap, shred, slice', **Schnitz** (dial.) 'slice, cut; chop, cutlet, steak'; **schnitzen** 'to carve, to cut').
◇ ФТ IV 462; ЧЕРНЫХ **ИЭСРЯ** II 419.

шно́бель sb.m. 'large nose'; cf. **шна́бель** '(large) nose; kike'; argotisms. From Yiddish **šnobl** 'beak', Germ **Schnabel** id.
◇ **ТСУЖ** 203; **ССМЖ** 635–636.

шнур sb.m. 'cord, lace; electric cord, fuse' (old also **снур** 'cord'), dim. **шнуро́к**. Form in **с-** continues MRus **снур;** borrowed in the early XVIIth century from Scandinavian languages (cf. Dan **snor** 'cord', etc.). Form in **ш-** borrowed

from Germ (cf. modern **Schnur** 'string, cord, twine'), possibly via Pol **sznur** 'cord, lace, rope'. Originally, a naval term.
◇ THOMAS 187–188; KOCHMAN **PRK** 57–58; ФТ IV 462 (via Pol **sznur** from NHG **snuor**); ЧЕРНЫХ **ИЭСРЯ** II 419; **ТСРРЯ** 630 (**шнуро́к** 'boy / youth', coll., from argo).

шныря́ть vb. 'to poke about, to bustle around, to meddle', coll. Expressive pref. derivative of **ныря́ть** 'to dive'. For the semantic development cf. related **ны́рить** 'to poke about, to bustle around'.
◇ ТРУБАЧЕВ ФТ IV 462–463.

шо́бла sb.f. 'group of friends', coll., from criminal argot. Possibly to dial. **шабала́** 'rag, scrap of cloth; chatterbox, lier'. ФАСМЕР compares also **шабалда́** 'good-for-nothing, hopeless person; chatterbox, lier'.
◇ ФТ IV 391; **СРА** 559 (**шо/абла́** , **шо́ба/ола**, etc. 'group of prisoners in agressive mood; scum of society'); **ТСУЖ** 203.

шов sb.m. 'seam, stich'. Continues Slav ***šьvъ** (akin to Lith **šuva** 'seam'): Bulg **шев**, SCr **šȁv,** Slvn **šev**, Czech, Slvk **šev**, Pol **szew**, USorb **šov**, LSorb **šav** id. See **шить** 'to sew'.
◇ ФТ IV 463–464; ЧЕРНЫХ **ИЭСРЯ** II 413 (sub **шить**).

шовини´ст sb.m. 'chauvinist'. Borrowed from Fr **chauviniste** id. in 1870s. To **chauvin** 'militant' < prop. Nicholas **Chauvin** (a French soldier, extremely devauted to Napoleon).
◇ ВИНОГРАДОВ **ИС** 823; ФТ IV 464; ЧЕРНЫХ **ИЭСРЯ** II 419 (**шовини´зм**); **AHD** sub **chauvinism**.

шок sb.m. 'shock'. Cf. Bulg **шок**, SCr. **шо̀к,** Czech **shock, šok,** Pol **szok,** Ukr, Blr **шок** id. Borrowed in the late XIXth century from West European languages (cf. Eng **shock**, Fr **choc** id.). Note **шоки́ровать** 'to shock' < Germ **scho(c)kieren** < Fr **choquer** (since the XIIIth century) < Du **schokken** 'to push, to thrust'. Of Gmc origin.
◇ DAUZAT 173 (**choquer**); ФТ IV 465 (**шоки́ровать**); ЧЕРНЫХ **ИЭСРЯ** II 419 (**шок**), 420 (**шоки́ровать**); **AHD** sub **shock**[1].

шо́рох sb.m. 'rustle' (coll. 'scandal'); also dial. **шо́рох** 'small pieces of ice during the drift'. Attested since the XVIIIth century. Cf. Ukr **ше́рех**, Blr **шо́рах** 'rustle' (absent in other Slav languages). Substantivized adj., cf. dial. **шоро́хой**

'pock-marked', reflecting the original notion of 'rougness'. Of imitative origin. Further related to **шершáвый**.
◇ МЕРКУЛОВА **Этим. 1970** 178–180; ФТ IV 467–468; ЧЕРНЫХ **ИЭСРЯ** II 420; **ТСРРЯ** 630.

шóры pl.t. 'blinders; harness'. Attested in dictionaries since 1704. Cf. Ukr **шóри**, Blr **шóры** id. Borrowed in 1660s from Pol **szory** < MHG **geschirre** 'harness' (cf. Germ **Geschirr** id., vb. **(an)schirren** 'to harness, to hitch up').
◇ KOCHMAN **PRK** 86, **PRS** 79; ФТ IV 468; ЧЕРНЫХ **ИЭСРЯ** II 420–421.

шофёр sb.m. 'driver'. Late borrowing from Fr **chauffeur** id. (originally 'boilerman' [since 1680], to Vulgar Lat ***calefāre** 'to heat' < Lat **calefacere** 'to heat, to make hot').
◇ DAUZAT 166; ЧЕРНЫХ **ИЭСРЯ** II 421.

шпáга sb.f. 'sword, rapier'. Attested since the early XVIIth century. Cf. Bulg **шпáга**, SCr **špága,** Ukr **шпáга**, Blr **шпáга** id.; cf. SCr **špáda,** Pol **szpada** id. (absent in other Slav languages). Forms with [d] and [g] are considered genetically related, originating from Ital **spada** 'sword, sabre' < Gk σπάθη 'broad blade'. To IE ***sp(h)ē-** 'long, flat piece of wood'.
◇ ФТ IV 469 (from Ital via Pol **szpada, szpaga**); ЧЕРНЫХ **ИЭСРЯ** II 421 (not via Polish); **AHD** sub **spade**.

шпагáт sb.m. 'string, cord'. Borrowed from Pol **szpagat** id. < Germ dial. (Austrian, Bavarian) **Spagat** id. < Ital **spaghetto** 'thin string'.
◇ ФТ IV 469.

шпак sb.m. 'starling; civilian (coll. derog.)'. From Pol **szpak** 'starling; sneaky, pushful person, wire-puller', possibly a back formation from dim. **szpaček,** based on Germ **Spatz,** MHG **spatz** 'sparrow'.
◇ ФТ IV 469–470; **ТСРРЯ** 630.

шпаклевáть vb. 'to putty'. Together with obs. **шпатлевáть** id. from **шпáтель** 'spatula'.
◇ РЕДЬКИН **PP** XIII/1 157–158; ФТ IV 470.

шпалéра sb.f. 'trellis; row of trees along a road; rows, columns; (obs.) wallpaper'. Borrowed in 1680s from Pol **szpaler(a)** 'row (of trees), line; hedge' < Ital **spalliera** id.

◊ KOCHMAN **PRK** 86; ФТ IV 470.

шпáлы sb.f.pl. 'railroad ties' (sg. **шпáла**). Cf. Ukr **шпáли**, Blr **шпáлы** id. Absent in other Slav languages. Original meaning 'wooden block' or sim. Possibly via Pol (cf. dial. **szpał** 'wooden block') from Germ (cf. **Spale** 'rung (of a ladder), long flat pole'). To IE ***spel-** 'to split, to break off'.
◊ ФТ IV 470; ЧЕРНЫХ **ИЭСРЯ** II 421–422 (possibly to IE ***(s)phel-** 'to cut, to split', cf. **пáлка** 'stick', etc.); **IE Roots** sub **spel-**.

шпанá sb.f. 'crook(s), ruffian(s)' (old 'tramp'; obs. **шпáнка** 'group of ruffians / thieves'). Attested since 1900s. This was compared with Germ argot **Spanelder** 'tramps, thieves', cf. **Spansvelder,** which may have led to Pol **szpana** 'regular prisoner(s)'. **Ларин** (ЯиЛ VII, 117) compares Germ argo **spannen** 'to track down', cf. Pol syn. **szpanować**; etc.
◊ ФТ IV 470 (possibly connected to **шпáнский** 'Spanish'); ЧЕРНЫХ **ИЭСРЯ** II 422; **СРА** 560; **ТСРРЯ** 630–631; **ТСУЖ** 203; **ТСРЯ** 1112 (по материалам Л. Крысина).

шпáрить vb. 'to scald; (coll.) to act very quickly'. Cf. Ukr **шпáрити** id., Blr **шпáрыць** 'to act very quickly; to beat'. Note Rus dial **шпáркий** 'quick', Pol **szparki**, Ukr **шпаркúй**, Blr **шпáркі** id. Etimologically difficult.
◊ ФТ IV 471; ЧЕРНЫХ **ИЭСРЯ** II 422 (to IE ***sphei-** 'to prosper, to increase'); **ТСРРЯ** 631.

шпáтель, шпáхтель sb.m. 'palette-knife; spatula' Borrowed from Germ **Spatel, Spachtel** 'spatula'.
◊ РЕДЬКИН **РР** XIII/1 157–158.

шпенёк sb.m. 'pin, peg'. Dim. of dial. **шпин(ь), шпын(ь)** id., possibly borrowed from OPol **stpień** 'fibula' (< Slav ***stьpenь**, cf. **стéпень**). See **шпынять** 'to bait, to nag'.
◊ ФТ IV 472; КУРКИНА **Этим. 1983** 24.

шпиль sb.m. 'spire, steeple; capstan'. Attested since the XVIIIth century. Cf. Bulg **шпил**, Ukr **шпиль**, Blr **шпіль** id. Absent in other Slav languages. Borrowed from Du **spijl** 'steeple; winch' or from Germ (cf. LG **spill** 'winch', Germ **Spill** 'capstan, windlass, winch').
◊ ФТ IV 473; ЧЕРНЫХ **ИЭСРЯ** II 422–423.

шпи́лька sb.f. '(hair)pin; thin and tall heel of shoe; biting remark'. Attested in dictionaries since 1782. Cf. Ukr **шпи́лька**, Blr **шпі̂лька** '(hair)pin'. Absent in other Slav languages. Borrowed from Pol **szpilka** 'id' (< Late MHG **spille** 'pin, needle'). Cf. **шпиль** 'spire'.
◇ ФТ IV 473; ЧЕРНЫХ **ИЭСРЯ** II 423; **ТСРРЯ** 631.

шпина́т sb.m. 'spinach'. Late borrowing from Germ **Spinat** id., to OFr **espinache** id. < OSp **espinaca** < Arab **isfānāh.**
◇ DAUZAT 286 (sub **épinard** 'spinach'); ФТ IV 474 (to Pers); **AHD** sub **spinach**.

шпингале́т sb.m. 'latch, catch, bolt' (coll. 'short boy / youth'). Borrowed, via Germ **Spaniolett**, from Fr **espagnolette** (< **espagnol** 'Spanish').
◇ ФТ IV 474; **ТСРРЯ** 631.

шпик sb.m. 'spy' (coll.), 'police agent' (old **шпиг** id.). Attested since Peter I. Cf. Ukr **шпиг, шпик**, Blr **шпег, шпік** 'spy'. Borrowed from Pol **szpieg** 'spy', probably itself a borrowing from Germanic: cf. Germ **Späher** 'spy' < Gmc ***speha** 'watcher' to ***spehōn** 'to watch'. See **шпио́н** 'spy'.
◇ ФТ IV 472; ЧЕРНЫХ **ИЭСРЯ** II 423 (sub **шпио́н**).

шпио́н sb.m. 'spy' (vb. **шпио́нить** 'to spy'; sb.m. **шпиона́ж** 'espionage'). Attested since the early XVIIIth century. Cf. Bulg **шпио́нин**, SCr **špȉjūn**, Czech **špión**, USorb **špion**, Ukr **шпіо́н**, Blr **шпіён** id. Borrowed from Germ **Spion** id. < Ital **spione** (> Fr **espion), spia** id. < Gmc ***speha** 'watcher' < ***spehōn** 'to watch' > Germ **spähen** 'to track down, to spy'. To IE ***speḱ-** 'to observe'. Cf. **шпик** 'spy'.
◇ DAUZAT 293; ФТ IV 474; ЧЕРНЫХ **ИЭСРЯ** II 423; **AHD** sub **spy**; **IE Roots** sub **spek-** [***speḱ-**].

шпиц I sb.m. 'spitz (dog)'. Borrowed from Germ **Spitz** id. in the early XIXth century. Cf. **шпиц II**.
◇ ФТ IV 474; ЧЕРНЫХ **ИЭСРЯ** II 423.

шпиц II sb.m. 'peak, top' (obs.). Cf. Bulg **шпиц**, Czech **špice**, Pol **szpic**, Blr **шпіц** id. Borrowed from Germ **Spitze** id. in the late XVIIIth century (< OHG **spizzi** 'pointed, prickly').
◇ ВИНОГРАДОВ **Авт.** 97–98; ФТ IV 474; ЧЕРНЫХ **ИЭСРЯ** II 423.

шпо́ра s.f. 'spur'; usually pl. **шпо́ры** (vb. **шпо́рить** 'to spur'). Attested since 1705. Cf. Bulg, Ukr **шпо́ри**, Blr **шпо́ры** id. Borrowed from Gmc languages (cf. Du **spoor**, Swed **sporre**, Dan **spore** 'spur').
◇ ФТ IV 475 (from Germ); ЧЕРНЫХ **ИЭСРЯ** II 424.

шпыня́ть vb. 'to bait, to nag', coll. Etymologically difficult. Possibly related to **шпенёк** 'pin, peg'.
◇ ФТ IV 476 (sub **шпын** 'topknot'); **ТСРРЯ** 632.

шрам sb.m. 'scar'. Cf. Czech **šrám**, Pol **szrama,** Ukr, Blr **шрам** id. Absent in other Slavic languages. From Germ **Schramme** id. < OHG **schram** 'sword wound, scar'; cf. Du **schram** 'scar' < Gmc ***skerm-**. To IE ***sker-** 'to cut'.
◇ ФТ IV 476; ЧЕРНЫХ **ИЭСРЯ** II 424; **IE Roots** sub **(s)ker-**.

шрапне́ль sb.m. 'shrapnel' (invented by British artillery general H. Shrapnel, 1761-1842). Borrowed via Germ **Schrapnell** id.
◇ ФТ IV 476; **AHD** sub **shrapnel**.

штаб sb.m. (old also **штап**)'staff, headquarters' (adj. **штабно́й**). Cf. Bulg **щаб**, SCr **štâb**, Czech **štáb**, Pol **sztab**, Ukr, Blr **штаб** id. Borrowed in the early XVIIIth century from Germ **Stab** id. (originally 'rod, staff' as in **Marschallstab** 'marshal's staff'). Ultimately to IE ***stebh-** 'post, stem'.
◇ ФТ IV 476; ЧЕРНЫХ **ИЭСРЯ** II 424; **AHD** sub **staff**.

штаке́тник sb.m. (from **штаке́т, стаке́т**) 'narrow wooden planks used in a fence; fence'. Absent in other Slav languages. Borrowed from Germ **Stakett** 'fence' < Ital **stachetta** id. To Gmc ***stak-** < IE ***steg-** 'pole, stick'.
◇ MATZENAUER 335; ФТ III 743 (sub **стаке́т**); ЧЕРНЫХ **ИЭСРЯ** II 424.

штаме́товый adj. 'of woolen fabric'. Borrowed via Pol **sztamet** or directly from Germ **Stamet** 'woolen fabric'. The form **(а)стаме́т** 'woolen fabric' originates from Du **stamet** id. The source of the latter is Ital **stametto** id.
◇ MATZENAUER 312; ПРЕОБР. II 371-372; BRÜCKNER **SEJP** 555; ФТ I 94, III 745, IV 477.

штамп sb.m. 'seal, stamp; stereotype, cliché'. Attested since 1904. Cf. Bulg **ща́мпа** 'seal, stamp', SCr **štâmpa** 'seal, press (media)', Ukr, Blr **штамп** 'seal, stamp'. Possibly a late

borrowing from Ital **stampa** 'seal, impression, form'. Ultimately to Gmc ***stamp-** '(to) stamp' (etc.).
◇ ЧЕРНЫХ **ИЭСРЯ** II 424; **AHD** sub **stamp**.

шта́ндер sb.m. 'children's game'. Borrowed from Germ **Ständer** 'stand' (etc.); this was a call (of the type 'Don't move!') uttered by a player, ready to hit another one with a ball.

шта́нга sb.f. 'rod, bar; barbell, crossbar' (sb.m. **штанги́ст**). Attested in dictionaries since 1806. Cf. Bulg **ща́нга**, Ukr, Blr **шта́нга** id.; absent or unusual in other Slav languages. From Germ **Stange** id.
◇ ФТ IV 477; ЧЕРНЫХ **ИЭСРЯ** II 424.

штаны́ sb.pl.t. 'pants'. Attested since the early XVIIth century. Cf. Ukr **штани́**, Blr **штаны́** id. Absent in other Slav languages. Borrowed from Turkic: OTurk **ištan** 'underpants', Turk **ičton** id.
◇ ВАХРОС 92-93; ОТКУПЩИКОВ **ЭИРЯ IV** 103-110 (to **стёгна**); ТРУБАЧЕВ **Этим. 1965** 40 (from Iran ***štāna-** 'leg'); ФТ IV 427; ЧЕРНЫХ **ИЭСРЯ** II 424-425; АНИКИН **Сиб.** 736.

шта́пель 'staple fibre'. Late borrowing from Germ **Stapel** 'pile, stack, heap; staple (cotton)'. To MDu **stapel** 'pillar, foundation, pile' (< IE ***stebh-** 'post, stem; to support').
◇ ЧЕРНЫХ **ИЭСРЯ** II 425; **AHD** sub **staple**[1].

штафи́рка sb.f. 'finishing, trimming (a dress)'; (coll.) sb.m. 'civilian'; verb **штафи́ровать** 'to finish / trim (a dress)'. Borrowed from Germ **(aus)staffieren** 'to dress up, to deck out, to trim' < MLG **stoffêren, staffêren**, akin to Germ **Stoff** 'cloth, fabric'.
◇ ФТ IV 478 (**штафи́ровать**); BRÜCKNER **SEJP** 495 (to Ital. **staffiere**); **ТСРРЯ** 632 ('civilian' coll. derog.).

штибле́ты sb.f.pl. '(men's) shoes, boots' (old also **штеблеты, штивлеты**). Attested since Peter I. Borrowed from Germ **Stiefelette** (sg.), dim. of **Stiefel** 'boot'. Possibly to Ital **stivaletto** 'half-boot' < **stivale** 'boot'.
◇ ФТ IV 478; ЧЕРНЫХ **ИЭСРЯ** II 425.

шти́ль sb.m. 'calm (naut.); lull in activities (coll.)'. Borrowed from Du adv. **stil** 'calm, windless'.
◇ ФТ IV 479; **ТСРРЯ** 632.

што́пать vb. 'to darn'; attested since the XVIIIth century. East Ukr **што́пати** is from Rus; absent in other Slav languages. Borrowed from Du **stoppen** 'to stop / plug up, to darn'. Ultimately to Gk στύππη 'oakum, tow'.
◇ ФТ IV 479; ЧЕРНЫХ **ИЭСРЯ** II 425.

што́пор sb.m. (old also **што́пер**) 'corkscrew; spin (aeronautics)'. Attested since the early XVIIIth century. Cf. Ukr **што́пор,** Blr **што́пар** 'corkscrew'; absent in other Slav languages. Borrowed from Du **stopper** id. (to **stop** 'cork'). To WGmc **stoppōn** 'to plug up' borrowed from Late Lat **stuppāre** 'to plug up with a tow' (< **stuppa** 'tow'). To IE ***stū-p-** < ***stewə-** 'to condense, to cluster'.
◇ ФТ IV 479; ЧЕРНЫХ **ИЭСРЯ** II 425; **AHD** sub **stop**; **IE Roots** sub **stewə-**.

што́ра sb.f. 'window shade, blind' (~ old **сто́ра**, since Peter I). Old variant with **с-** is from Fr **store** id. (since 1676) < Ital dial. **stora** 'mat' < Lat **storea** 'mat(ting)'. Variant with **ш-** seems to be borrowed from Germ **Store** 'curtain'. Ultimately to IE ***ster-** 'to spread'.
◇ DAUZAT 685; ФТ III 767 (**сто́ра**); ФТ IV 479; ЧЕРНЫХ **ИЭСРЯ** II 425; **IE roots** sub **ster-**[2].

шторм sb.m. 'gale, storm' (at sea only; vb. **штормúть**). Attested since 1806. Cf. Pol **sztorm** id.; Ukr, Blr **шторм** id.; absent in other Slav languages. From Du **storm** 'storm' (cf. MLG **storm** id.). To Gmc ***sturmaz** 'storm' < IE ***s-tur-mo-** 'whirlwind' < ***tu̯er-** / ***tūr-** 'to turn, to whirl'.
◇ ФТ IV 479; ЧЕРНЫХ **ИЭСРЯ** II 425-426; **AHD** sub **storm**; **IE Roots** sub **twer-**[1].

штраф sb.m. 'fine, penalty' (adj. **штрафно́й**). Attested since the early XVIIIth century. Cf. Ukr, Blr **штраф** id.; absent in other Slav languages. Borrowed from Germ **Strafe** id.
◇ ФТ IV 480; ЧЕРНЫХ **ИЭСРЯ** II 426 (from Germ or Du).

штрафна́я sb.f. (coll.) 'a glass of alcohol (any late party guest has to drink immediately on arrival)'. Originally adj.f. in **штрафна́я рю́мка**, lit. 'penalty glass'. See **штраф** 'fine, penalty'.
◇ **ТСРРЯ** 632-633.

штри́пка sb.f. 'strip under a trouser leg'. To MLG **strippe** 'strap, belt'.
◇ THOMAS 216–217; ФТ IV 480; **AHD** sub **strip**[2].

шту́ка sb.f. 'piece, thing; (coll.) trick, prank; one thousand (money)' (dim. **шту́чка** 'piece, thing; (coll.) clever fellow'; (coll.) **штуко́вина** 'thing'). Attested since the 1st half of the XVIIth century. From Germ **Stück** 'piece, part'.
◇ ФТ IV 480 (via Pol **sztuka**); ЧЕРНЫХ **ИЭСРЯ** II 426 (not via Pol); **ТСРРЯ** 632–633.

штукату́рка sb.f. 'plaster(ing)' (sb.m. **штукату́р** 'plasterer', vb. **штукату́рить** 'to plaster'). Attested since the early XVIIIth century. Borrowed from Germ **Stukkatur** 'plastering (process)' [modern **Stuck**] or directly from Ital **stuccatura** id. (to Ital **stucco** 'gypsum' < OHG **stucki** 'bark, crust').
◇ ФТ IV 480–481; ЧЕРНЫХ **ИЭСРЯ** II 426 (**штукату́рить**).

штурва́л sb. m. 'helm, steering wheel (ship or aircraft)' (sb. m. < adj. **штурва́льный** 'helmsman'). Attested since 1847 Cf. Ukr, Blr **штурва́л** 'steering wheel'. Absent in other Slav languages. Possibly, from Du (dial.) **stuurwiel** id. (to Du **stuur** 'rudder, helm', cf. Germ **Steuer** id.), but cf. Germ **Steuer-welle** 'axle of the steering wheel'. Cf. **шту́рман** 'navigator', **штырь** 'helm'.
◇ ФТ IV 481; ЧЕРНЫХ **ИЭСРЯ** II 426.

штурм sb.m. 'storm, assault' (adj. **штурмово́й**; vb. **штурмова́ть** 'to storm'). Borrowed in 1610s from Pol **szturm** < Germ **Sturm** id. To Gmc ***sturmaz** 'storm' < IE ***s-tur-mo-** 'whirlwind' < ***tu̯er-** / ***tūr-** 'to turn, to whirl'. Cf. **шторм**.
◇ KOCHMAN **PRK** 46; ФТ IV 481 (from Pol); ЧЕРНЫХ **ИЭСРЯ** II 426–427 (directly from Germ or Du); **AHD** sub **storm**; **IE Roots** sub **twer-**[1].

шту́рман sb.m. (old **штюрман, стюрман**) 'navigator' (adj. **шту́рманский**). Attested since the late XVIIth century. Cf. Bulg **щу́рман,** Pol **szturman,** Ukr, Blr **шту́рман** id. Absent in other Slav languages. Borrowed from Du **sturman** 'navigator, helmsman' (to Du **stuur** 'rudder, helm'); cf. related Germ **Steuer-mann** 'helms-man'. To Gmc ***sturjo** 'steering' < IE ***steu-rō-.** Cf. **штурва́л** 'helm', **штырь** id.
◇ ФТ IV 481; ЧЕРНЫХ **ИЭСРЯ** II 427; **AHD** sub **steer; IE roots** sub **stā-**.

штык sb.m. 'bayonet'. Attested since the early XVIIIth century. Cf. Ukr **штик**, Blr **штык** id.; Bulg **щик** is from Rus. Absent in other Slav languages. Possibly borrowed from Swedish (cf. Swed **stick** 'insect bite, sting, prick, stab'; **stick-vapen** lit. 'stabbing weapon'). Ultimately to Gmc ***stik-** 'to pierce, to stab' < IE ***stig-** < ***steig-** 'to stick; pointed'.
◇ ФТ IV 481-482 (from MHG **stich** via Pol **sztych** 'prick' etc.); ЧЕРНЫХ **ИЭСРЯ** II 427 (not to MHG **stich**); **AHD** sub **stick**; **IE Roots** sub **steig-**.

штырь sb.m. 'helm, rudder' (also **штыр**). Related to MRus **стырь** 'mast'. To OIcel **stýri** 'rudder, oar' (ФТ III 790), Latv **stũre** 'helm' < MLG **stûr(e)** id. (ФТ IV 482). Cf. **штур-** in **штурвáл** 'helm', **штýрман** 'navigator'.
◇ THOMAS 193 ; ФТ IV 482.

шýба sb.f. 'fur coat' (dim. **шýбка**). Continues ORus **шуба** id. attested since the XIVth century. Cf. Bulg **шýба,** Czech, Slvk, USorb **šuba,** Pol **szuba,** Ukr, Blr **шýба** id. Etymologically unclear.
◇ ФТ IV 482 (possibly a borrowing); ЧЕРНЫХ **ИЭСРЯ** II 427 (of non-Slav origin).

шугá sb.f. 'small pieces of ice in the river' (dial.). Possibly from Mansi **šux(e)** 'small pieces of ice' (АНИКИН **Сиб.** 736).
◇ ФТ II 63 (from Selkup **čoŋa** 'ice crust'), IV 483
(from Finn **sohja** 'small pieces of ice').

шугáть vb. 'to drive away, to scare away', coll. Possibly from interj. **шугу!, шу!,** used to scare away birds.
◇ ФТ IV 483-484; **ТСРРЯ** 633-634 (**шуганýть** id.).

шузы´ pl.t. 'shoes' (~ rare sg. **шуз**). A slang loanword from Eng pl. **shoes.**
◇ **СРА** 563 (here also sg. **шýзá**, **шузня́к**, pl. **шýзни, шузняки́**); **ТСМС** 252.

шýлер sb.m. 'cardsharp, cheat'. Attested since the 1st half of the XIXth century. Cf. Ukr, Blr **шýлер** id. Borrowed from Pol **szuler** id. (attested since the XVIIIth century) < Czech **šulař** 'cheat' (cf. dial. **šulíř** id., to **šuliti** 'to cheat') < MHG **schollerer, scholderer** 'game of chance organiser'.
◇ ФТ IV 484; ЧЕРНЫХ **ИЭСРЯ** II 427-428.

шуля́та sb.pl.t. 'testicles'. Possibly from Slav ***šul-**, cf. Slvk dial. **šúlok** 'cone', **šúlki** 'wild beans', Pol (dial.) **szule** 'kind of potato', Czech **šúl'** id., dial. **šul'**, **šulek** 'small round stone'. [See comparative analysis in ОСИПОВА **Этим. 1991-1993** 75-79. - V.S.].
◇ ФТ IV 486.

шум sb.m. 'noise; (coll.) fuss, stir' (adj. **шу́мный** 'noisy; bustling'; vb. **шуме́ть** 'to make noise, to rage'). Continues ORus **шумъ, шюмъ** 'storm' (since the XIth century). Cf. Bulg **шум** 'noise, rustle', SCr **šûm**, Slvn **šum**, Czech, Slvk **šum**, USorb **šum**, Pol **szum**, Ukr, Blr **шум** id. Etymologically unclear.
◇ ЛИУККОНЕН (from ***šuk-mъ,** to Lith **šaũkti** 'call, shout'); ФТ IV 486 (**шум, шуме́ть**); ЧЕРНЫХ **ИЭСРЯ** II 428 (possibly from Slav ***šu-** < ***sju-** 'to set in motion', etc.).

шуми́ха sb.f. 'fuss, uproar, clamour, hullabaloo', coll. See **шум** 'noise' (cf. ЧЕРНЫХ **ИЭСРЯ** II 428 sub **шум**).

шурова́ть vb. (coll.) 'to look for, to search'; (dial.) 'to heat / to warm slightly; to work' (cf. dial. **шарова́ть** 'to clean / wash (using sand or ashes)'). From Pol **szurować** 'to kindle, to stir' < Germ **schüren** 'stir, poke, rake (the fire)'.
◇ ФТ IV 489 (possibly directly from Germ); 410 (**шарова́ть**); **ТСРРЯ** 633-634 ('to scrub / swab; to work hard; to rummage through', coll.).

шурша́ть vb. 'to rustle' (dial **шурши́ть, шурча́ть** id.). Attested in dictionaries since 1847. Cf. Ukr **шурча́ти** id. Of imitative origin.
◇ ФТ IV 490; ЧЕРНЫХ **ИЭСРЯ** II 428; **ТСРРЯ** 634 ('to toil (smartly); to contradict, to object', coll.).

шу́ры-му́ры sb.pl.t. (indecl.) 'flirting, endearments', coll. Unclear.
◇ ФТ IV 490 (to Fr **cher** 'dear' and **amour** 'love', or Alb **shiri-miri** 'confusion, chaos'; compares also dial. **шу́ры-бу́ры** 'wind, storm'; **шуру́м-буру́м** 'confusion'); **СРА** 563 (**шуру́м-буру́м**); **ТСРРЯ** 634 (**шу́ры-му́ры, шуру́м-буру́м**).

шу́стрый adj. 'sharp, quick, bright, smart'. Attested since mid-XIXth century. Absent in other Slav languages. Possibly to Slav ***šus-t-** (< ***šut-t-** < IE ***seu-t-** 'to be very fast'); to

Lith **siaũsti** 'to play pranks'(etc.), **siústi** 'to be frantic'. See **шут** 'jester, buffoon, clown'.

◇ MIKLOSICH **Türk. Nachtr.** II 189 (from Pers **čust** 'smart, sharp'); VASMER **WuS** III 198–199 (from an argot prefixed from ***шу-óстрый**); ГОРЯЕВ 427 (to **хват**); ЭНДЗЕЛИН **СБЭ** 72–73 (to **шут**); ИЛЬИНСКИЙ **ИОРЯС** XX/4 150; ФТ IV 491; ЧЕРНЫХ **ИЭСРЯ** II 428; ВИНОГРАДОВ **ИС** 745.

шут sb.m. 'jester, buffoon, clown' (sb.n. **шутовствó** 'buffoonery'). Continues ORus **шутъ** 'ridiculed one'(attested since the XIth century). Cf. Slvn **šutec** 'insane person, little fool, vulgar person', OPol **szut** 'jester, buffoon'. From Slav ***šutъ** (< ***sjeu-t-os**) < IE ***seu-t-** < ***seu-** 'to seeth, to be very fast'. See **шути́ть** 'to joke', **шýстрый** 'quick, smart'.

◇ ФТ IV 491–492; ЧЕРНЫХ **ИЭСРЯ** II 428–429; JAKOBSON **IJSLP** I–II 276 (to Slav ***šutъ** 'hornless').

шути́ть vb. 'to joke' (adv. **шутя́** 'easily' (originally gerund), sb.m. **шутни́к** 'joker'; sb.f. **шýтка** 'joke'). Attested since 1586. Cf. Ukr **шуткувáти** 'to joke' (absent in other Slav languages or borrowed from Russian). Der. from **шут** 'jester, buffoon, clown'.

◇ ФТ IV 491–492 (sub **шут**); ЧЕРНЫХ **ИЭСРЯ** II 429.

шýхер sb.m. 'danger, alarm; fuss, scandal', coll. From criminal argot (О. Горбач [2006] Hbr **šBkar** 'look, be attentive'). Cf. ФТ IV 492 **шухáть** 'to chase'.

◇ **СРА** 564; **ТСРРЯ** 634–635.

шýшваль sb.f. 'riffraff'. Derived from **шваль** with an expressive **шу-**. Note also dial. **шýшаль** id. which is usually tied to **шýшера** (ФТ IV 493 sub **шýшера** 'rubbish, trash; riffraff'); cf. also **шушýшльки** 'old rags' (ФТ IV 494, to **шýшера**).

◇ КУРКИНА **Этим. 1971** 79; ФТ IV 493 (possibly to Pol **szuszwał** 'shred, scrap of cloth, trifle').

шýшера sb.f. 'rubbish, trash; riffraff', coll. (dial. also 'bad person'). Cf. dial. **шýшерь**, **шýшарь** 'rubbish'; **шýшель**, **шýшаль** 'riffraff'. Note **шýшваль** 'riffraff'.

◇ ФТ IV 493; **СРА** 564 (**шýша/ера** 'minor thief; wife, woman'); **ТСРРЯ** 635 (**шýшера** 'riffraff').

шушýкаться vb. 'to whisper to each other, to gossip', coll. Cf. obs. **шушýкать** 'to rustle', Bulg **шушýкам**, SCr **šȕškati**,

Slvn **šuškati** id. From interj. **шу-шу́** (refers to whispering to each other) of imitative origin.
◇ ФТ IV 493-494; **ТСРРЯ** 635.

шушу́н sb.m. 'a kind of cardigan', dial. Continues ORus **шошонъ** (attested since 1612). Cf. Ukr **шушу́н**, **шошо́н**, Blr **шушу́н** id.; absent in other Slav languages. Possibly borrowed from a non-IE language.
◇ ТРУБАЧЕВ ФТ IV 494; ТРУБАЧЕВ **ЭИРЯ III** (to Finn **hiha** 'sleeve' < ***šiša**); АНИКИН **Сиб.** 741 (somehow related to Mord **šušpan** 'a kind of jacket').

Щ

щаве́ль sb.m. 'sorrel' (dial. also **щаве́й**). Cf. Maced **штавеј** 'sorrel', SCr **stȃvlje**, Slvk **št'avel** (possibly from Rus), USorb **šćehel**, LSorb **šćaw**, Pol **szczaw**, Ukr **щаве́ль** (dial. **щаві́й**), Blr **шчáўе** id. To Slav ***sъčava**: Bulg **щава** 'acid', SCr **štava** id., Czech **šťava** 'juice', Slvk **št'ava** id., Pol **szczawa** 'carbonated water' (cf. ORus **щавиныи** 'sour'). Note archaic Kashub-Slvn **skᵘovə-čk** 'birch juice (ready to drink)'. Based on Slav ***sъkъ**, variant of ***sokъ**, see **сок** 'juice' (БРАНДТ **РФВ** XXIV 164).
◇ ТРУБАЧЕВ III 50; МЕРКУЛОВА **Этим. 1964** 82-83 (follows БРАНДТ); ФТ IV 495 (to **щи** 'cabbage soup'); ЧЕРНЫХ **ИЭСРЯ** II 429.

щади́ть vb. 'to spare, to protect'. Continues ORus **щадѣти** 'to save, to be stingy' (attested since the XIth century) from Slav ***ščęděti**: Bulg **щадя́** 'to spare', SCr **štédjeti** 'to spare, to save', USorb **šćedźić** id., Pol **szczędzić** id., Ukr **щад и́ти** id. Further related to **ще́дрый** 'generous' and **ску́дный** 'scanty'.
◇ ФТ IV 495-496; ЧЕРНЫХ **ИЭСРЯ** II 429-430.

щéбень sb.m. 'macadam' (syn. **щебёнка**). Attested since 1774. Cf. Ukr **щéбінь**, Blr **шчэбень** id. Derived from Slav ***ščebati** ~ ***ščьbati** > Ukr **щебáти** 'to pinch off'; here also Rus dial. **щебель** 'macadam, pebbles', **щебло** 'pine chip'. Cf. Maced **шкобав, шкоблест** 'bad, thin, emaciated', Bulg **сшкобава** 'to shrivel'. Further compare **скоблúть** 'to scrape', **скобá** 'clamp'; cf. Lith **skeberdeti** 'to split, to deteriorate, to become smaller', **skõbti** 'to scrape, to tear off'. Thus Slav ***ščeb-** / ***skob-** < IE ***(s)keb(h)-** / ***(s)kob(h)-** 'to cut, to split'.
◇ ВАРБОТ **Этим. 1971** 3-4; КУРКИНА **Этим. 1979** 23-24; ПЕТЛЕВА **Этим. 1988-1990** 53; ФТ IV 496-497; ЧЕРНЫХ **ИЭСРЯ** II 430.

щебетáть vb. 'to twitter, to chirp; to chatter loudly' (sb.m. **щéбет** 'twitter, chirping'). Continues ORus **щьбьтати** (since the XIIth century). Slav base ***ščьbьt-** / ***ščebet-**. Cf. Czech **štěbetati**, Slvk **štebotat'**, Pol **szczebiotać** , Ukr **щебетáти**, Blr **шчабятáць** id. Of imitative origin.
◇ ФТ IV 497; ЧЕРНЫХ **ИЭСРЯ** II 430; **ТСРРЯ** 635.

щегóл sb.m. 'goldfinch'. Attested since the late XVIIth century. Cf. Pol **szczygieł**, Ukr **щúголь**, Blr **шчыгóл** id. From Slav root of imitative origin ***ščeg-**.
◇ ФТ IV 498; ЧЕРНЫХ **ИЭСРЯ** II 430.

щёголь sb.m. 'dandy, fop'. Derived from Slav ***ščьgolъ**: Rus-CSl **щьглъ** 'singular, alone', SCr **cìgli** id., Czech **štihlý** 'thin, slim', Pol **szczegół** 'detail'.
◇ ВАРБОТ **Этим. 1977** 28-32; ФТ IV 498; ЧЕРНЫХ **ИЭСРЯ** II 430 (to **щегóл** 'goldfinch').

щéдрый adj. 'generous'. Continues ORuss **щедръ** (attested since the XIth century) from Slav ***ščedrъ** (root ***ščed-**): Bulg **щéдър**, Maced **штедар**, Czech **štědrý**, Slvk **štedrý**, USorb **šćedry**, LSorb **šćodry**, Pol **szczodry**, Ukr **щéдрий**, Blr **шчóдры** id. Related to **щадúть** 'to spare, to protect', **скýдный** 'scanty'.
◇ ФТ IV 499; ЧЕРНЫХ **ИЭСРЯ** II 430-431 (to IE ***(s)k(h)ed-** / ***(s)k(h)end-** 'to split', as also **щадúть** and **скýдный**).

щекá sb.f. 'cheek'. Probably continues Slav ***ščeka**: Pol **szczeka** 'jaw, cheekbone', Ukr **щокá** , Blr **шчакá** 'cheek'.

Cf. Rus dial. **щеки** (pl.) 'steep river banks'. Possibly related to OIcel **skegg** 'beard', **skagi** 'cape'.

◇ ФТ IV 499; ЧЕРНЫХ **ИЭСРЯ** II 431.

щекота́ть vb. 'to tickle' (sb.f. **щеко́тка** 'tickling'); Blr **шчыката́ць** id. To Slav ***šček-ot-** 'to tickle' and other related verbs with similar meaning < ***skek-ot-** / ***skok-ot-** (cf. Bulg **ско́к-от** 'tickling'). Probably to IE ***skek-**. 'to tickle' related to Ural ***ćik(k)V** id., Alt ***čik-** id., etc. (**Иллич-Свитыч Опыт** I 204-205).

◇ ВАРБОТ **Пр** 83-84; ФТ IV 499 (**щекота́ть** II); ЧЕРНЫХ **ИЭСРЯ** II 431;

ТСРРЯ 635 (coll. **не щеко́чет** 'doesn't interest, is immaterial').

щёлкать vb. 'to flick, to click, to snapp (one's fingers), to crack (nuts), to warble (of a bird)'; attested since 1782. Cf. sb.m. **щелчо́к** 'flick, click; snub'; attested since 1762. Absent in other Slav languages. Cf. **щель** 'crack, split'.

◇ ФТ IV 501; ЧЕРНЫХ **ИЭСРЯ** II 432 (to IE ***skel-** 'to make noise, to ring, to sound').

щелкопёр sb.m. 'scribbler, pen-pusher, hack-writer', obs. Derived in the XIXth century from the (unattested) expression **щёлкать перо́м** '~ to waste paper, to scribble'.

◇ ВИНОГРАДОВ **ИС** 777; **ТСРРЯ** 635.

щель sb.f. 'crack, split' (dim. **щёлка**). Attested since the early XVIIth century. From Slav ***ščelь** id. Cf. Pol **szczelina**, Ukr **щіли́на** (**щі̂лка**), Blr **шчы́ліна** id.; cf. Slvk **štelina** 'chip, sliver', SCr **ošćela** id. Related to **скала́** 'rock', Slvn **s/škala** 'sliver of kindling wood', as well as to Lith **skalà** 'wooden chip', etc. To IE ***skel-** 'to cut, to split'

◇ КУРКИНА **Этим. 1979** 22; ФТ IV 501; ЧЕРНЫХ **ИЭСРЯ** II 432-433.

щеми́ть vb. 'to squeeze, to constrict; to ache' (cf. dial. **що́мы** 'vise, tongs', **щемки́** 'pincers, tongs', pl.). Cf. Slvn **ščemeti** 'to ache' < ***ščьměti** and further to Slvn **skometi** 'to be sad, to long' . Related to **оско́мина** 'soreness of the mouth'. Slav shows ***ščьm-** (***ščem-**) / ***skom-** (above) but also ***čьm-** (***čem-**) / ***kom-** as in Slvn **čemeti** 'to sit without movement, to look' vs Rus dial **каме́ть** 'to languish in waiting', related to Lith **kamúoti** 'to torment, to tire', Germ **hemmen** 'to hem in, to obstruct', etc. To IE ***kem-** 'to press, to squeeze'.

◇ ВАРБОТ **Этим. 1973** 27-28; MIKLOSICH **EW** 38; BERNEKER I 167; ФТ IV 502; ЧЕРНЫХ **ИЭСРЯ** II 433.

щенок sb.m. 'puppy' (pl. **щеня́та**) < ORus ***щенъкъ**. Originally dim. to **щеня́** (dial.), continues ORus **щеня** id. (attested since the XIth century) from Slav ***ščenę** id.: SCr **štène**, Slvn **ščene**, Czech **štěně**, Slvk **šteňa**, USorb **šćenjo**, LSorb **šćeńe**, Pol **szczenię**, Ukr **щеня́**, Blr **шчаня́** id.

◇ ФТ IV 502; ЧЕРНЫХ **ИЭСРЯ** II 433 (< Slav ***ščen-** < ***s-čen-** < IE ***s-ken-** 'to re-appear', etc.).

щепети́льный adj. 'punctilious, scrupulous'. Derived from dial. **ще́пет** 'attire, apparel', further to **щепа́** 'chip of wood'.

◇ ФТ IV 502 (sub **ще́пет**); ЧЕРНЫХ **ИЭСРЯ** II 433-434; ОТКУПЩИКОВ **Этим. 1984** 192 (identical with Lith ***skepetẽlinis** from dial. **skẽpetas** 'kerchief').

щепа́, ще́пка sb.f. 'chip of wood'. Continues ORus **щепа** id. (attested since the early XVIIth century) < Slav ***ščepa** (/***ščepa** ?): Slvn **ščep** id., Czech **štěpina** id., USorb **šćepka** 'log', USorb, LSorb **šćěpa** id., Pol **szczapa** (obs. **szczepa**) 'chip of wood'. Verb **щепа́ть** 'to chop, to split, to graft'. All to IE ***skep-**, ***skēp-** 'to cut, to split'. See **щепо́тка** 'pinch (of salt)', **щипа́ть** 'to pinch'.

◇ ВАРБОТ **Пр** 85-86; ФТ IV 502-503; ЧЕРНЫХ **ИЭСРЯ** II 433.

щепо́тка, щепо́ть sb.f. 'pinch (of salt, etc.)'. Cf. Bulg, Ukr **щи́пка** id. See **щепа́** 'chip of wood', **щипа́ть** 'to pinch'.

◇ ФТ IV 503; ЧЕРНЫХ **ИЭСРЯ** II 434.

щерба́тый adj. 'chipped, pitted, dented; with teeth missing', to **щерби́на** (dial. also **щерба́** id.). To Slav root ***ščerb-** (< IE ***sker-bh-** 'to become wrinkled, to shrivel'). Related to Alb **hurbë** 'swallow, mouthful' < PAlb ***skurbā**, Latv **šķir̃ba** 'fissure, slot', further to Lith **skerbiù, sker̃bti** 'to cut deep'. See **щерби́на** 'chip' (etc.), **уще́рб** 'damage'.

◇ FRAENKEL 801, 807; ФТ IV 503-504 (sub **щерба́**); ЧЕРНЫХ **ИЭСРЯ** II 434 (sub **щерби́на**); ПЕТЛЕВА **Этим. 1988-1990** 52; OREL **AED** 152.

щерби́на sb.f. 'chip, pit, dent, crack'. To ORus **щьрбина** 'damage' (attested since XIVth century < adj. **щьрбыи** 'not completely full, incomplete', since XIIth century). Cf. Bulg **щърби́на** 'chip, pit, dent, crack', SCr **štrb̀ina** id., Czech **štěrbina** 'chink, slit, crack', Slvk **štrbina** id., LSorb **šćerbina** 'notch', Pol **szczerbina** 'chip, pit, dent, crack', Ukr **щерби́на** id., Blr **шчарбі̂на** id. To Slav ***ščerb-** < IE ***sker-bh-** 'to become wrinkled, to shrivel'. See **щерба́тый** 'chipped', **уще́рб** 'damage'.

ще́рить vb. in **ще́рить зубы** 'to bare one's teeth'. From Slav ***šćeriti**: Czech **štěřiti** 'to bare one's teeth, to laugh', Slvk dial. **o-škerit'** id., USorb **šćerić** id., Pol **szczerzyć** id. To Slav ***ščer-** 'to skin, to flay' which is related to ***skor-** 'agile, quick' < IE ***sker-** 'to cut, to split' (ВАРБОТ **Этим. 1988-1990** 44-47; semantic evolution might have been 'to cut off, to skin, to flay' > 'cut off, cutting, sharp' > 'impatient, hot' > 'quick').

◇ ГОРЯЧЕВА **Этим. 1978** 109-110, **Этим. 1982** 46 (to IE 'to cut'); КУРКИНА **Этим. 1980** 29; ПЕТЛЕВА **Этим. 1997-1999** 140 (adds Bulg dial. **о́шчер** 'kin'); ФТ IV 504-505; **ТСРРЯ** 636 (**ще́риться** 'to bare one's teeth, to laugh', coll.).

щети́на sb.f. 'bristles' (to old **щеть**, 'bristles; dial. 'a kind of brush'); verb **щети́ниться** 'to bristle'. From Slav ***sъčetina** 'bristles' (< stem ***sъčet-** < root ***sъč-** < ***sъk-**): Slvn **ščetina**, Czech **štětina** (obs. **štět**), Slvk **štetina**, USorb **šćěćina**, LSorb **šćeśina**, Pol **szczecina**, **szczeć**, Ukr **щети́на**, Blr **шчаці̂нне** id. Related to Latv **suka** 'brush'. Cf. **щётка** 'brush'.

◇ ФТ IV 505-506; ЧЕРНЫХ **ИЭСРЯ** II 434-435 (to IE ***ḱ^{u}ek- / ḱuk-** 'to gap', etc.); **ТСРРЯ** 636 (**щети́ниться** 'to become angry', coll.).

щётка sb.f. 'brush' (to ORus **щеть-ка** < **щеть** 'bristles; kind of a brush'). Slvn **ščet**, **ščetka**, USorb **šćěć**, LSorb **šćotka**, Pol **szczotka**, Ukr **щі̂тка**, Blr **шчо́тка** 'brush'. See **щети́на** 'bristles'.

◇ ФТ IV 505-506; ЧЕРНЫХ **ИЭСРЯ** II 435.

щи sb.pl.t. 'cabbage-soup' (old **шти**; dial. **шти**, **шшы**, **щи**). Etymologically difficult.

◇ JAKOBSON **IJSLP** I-II 277 (to **щаве́ль** < ***съчь / сок**); ФТ IV 506; ЧЕРНЫХ **ИЭСРЯ** II 435 (to Rus-CSl **съти**, pl. of **съть**, some drink or liquid meal).

щи́колка sb.f. '(obs.) ankle'. A prefixed derivative of Slav ***kъlkъ ~ *kъlka**: Bulg **клъка** 'hip', Slvn **kòlk** id., USorb **kulka** 'ankle', Rus dial. **колк** 'bone outgrowth under cattle's horn' (КУРКИНА **Этим. 1979** 22-23: **щи́колка** < ***šči-kъlka** compared with Bulg **шикълкъ** 'outgrowth on oak leaves' < ***ši-kъlka**). See **щи́колотка**

◇ ФТ IV 507; ЧЕРНЫХ **ИЭСРЯ** II 435 (sub **щи́колотка**).

щи́колотка sb.f. 'ankle'. Probably, an irregular transformation of ***щиколк-ота**, a suffixed derivative of **щи́колка**. Cf. Ukr **щи́колотка**, Blr **шчы́калатка**; absent in other Slav languages.

◇ КУРКИНА **Этим. 1979** 23 (influenced by **kolóda**); ФТ IV 507 (sub **щи́колка**); ЧЕРНЫХ **ИЭСРЯ** II 435.

щипа́ть vb. 'to pinch, to pluck, to nibble' (sb.m. **щипо́к** 'pinch, nip'). From Slav root var. ***ščip-**, ***ščьp-**: Bulg **щипя́** 'to pinch', SCr **štȉpati** id., Slvn **ščipati** id., Pol **szczypać** id., Ukr **щипа́ти** id., Blr **шчыпа́ць** id. To IE ***skep-**, ***skēp-** 'to cut, to split'. Cf. **щепа́, щепо́тка, щипцы́**.

◇ ВАРБОТ **Пр** 85-86; ФТ IV 507; ЧЕРНЫХ **ИЭСРЯ** II 436.

щипа́ч sb. m. 'pickpocket', coll. from criminal argot. Cf. **щипа́ть** 'to pinch', **щипцы́** 'tongs, pincers'.

◇ **СРА** 565 (verb **щипа́ть, щипа́чить**); **ТСРРЯ** 636.

щипцы́ pl.t. 'tongs, pincers'. Continues ORus **щипци** 'pincers' (pl. to **щипець** id.); cf. Bulg **щипци́** 'tongs', Slvn **ščepec** 'pinch (of salt, etc.), tongs', Pol **szczypce** 'tongs, pincers' , Ukr **щи́пці** 'tongs', Blr **шчыпцы́** id. Cf. Rus **щипо́к**, Blr **шчыпо́к** 'pinch, nip'. See **щипа́ть** 'to pinch'.

◇ ЧЕРНЫХ **ИЭСРЯ** II 436 (sub **щипа́ть**).

щит sb.m. 'shield'. Continues ORus **щитъ** (attested since the early Xth century) from Slav ***ščitъ** 'board, shield': Bulg **щит** 'shield', Slvn **ščit**, Czech, Slvk **štȋt**, USorb **ščit**, Ukr **щит**, Blr **шчыт** id. Usually explained as early borrowing from West European languages, possibly from Celtic (cf. (O)Ir **sčiath** 'shield', OBret **skoit** < IE ***skei-t-** < ***skei-** 'to cut').

◇ ФТ IV 508; ЧЕРНЫХ **ИЭСРЯ** II 436.

щу́ка sb.f. 'pike (fish)'. Attested since the XVth century. Continues Slav ***ščuka** id.: Bulg **щу́ка**, SCr **štȕka**, Slvn **ščuka**, OCzech **ščika** (Czech dial. **ščuka**), Slvk **šťuka**, USorb **ščuka**, Ukr **щу́ка** id. Etymologically difficult.
◇ ФТ IV 509–510; ЧЕРНЫХ **ИЭСРЯ** II 436–437.

щу́пать vb. 'to feel, to touch' (sb.m. **щуп** 'probe (tool)'; adv. **на о́щупь** 'to the touch, by touch'). Continues ORus **щюпати** id. < Slav ***ščupati**: Ukr **щу́пат**, Blr **шчу́паць** id. Cf. Rus, Ukr **щу́пальце** 'tentacle'. Further unclear.
◇ ФТ IV 510; ЧЕРНЫХ **ИЭСРЯ** II 437 (possibly to IE ***(s)teu-p-** < ***(s)teu-** 'to push, to hit').

щу́плый adj. 'puny, thin, frail'. Continues MRus **щюплъ** 'weak, miserable' from Slav ***ščuplъ** > Czech **štíplý** 'lean, slender', Slvk **šťúply** id., Pol **szczupły** 'thin, slender', Ukr **щу́плий** 'plain, lean', Blr **щу́плы** id. Possibly to IE ***kseu-p-** 'empty' or sim. (Scarcily to Rus **щу́пать** 'to feel, to touch').
◇ ИЛЬИНСКИЙ **РФВ** LXXVIII 202–203; ФТ IV 510; КУРКИНА **Этим. 1979** 18–19; ВИНОГРАДОВ **ИС** 745–746.

щур sb.m. 'forefather, ancestor' = **пра́щур** < Slav ***pra-sk(j)urъ** id. Cf. ORus **пращуръ**, **прашюръ** 'great-grandfather, great-grandson', OPol **praskurzę**, **praszczur** 'great-grandson', related to Lith **pra-kurejas** 'forefather'; Bulg **о́щур**, **ошчер** 'kin, root, origin'. Cf. non-prefixed root: Lith **kùrti**, **kuriù** 'to found, to build'; Gr κῦρος 'might, power' < IE ***(s)kour-** / ***(s)keur-**.
◇ ФТ III 356 (**пра́щур**); ТРУБАЧЕВ **Род.** 72–73; КУРКИНА **Этим. 1979** 21.

щу́рить vb. in **щу́рить глаза** 'to squint'; cf. refl. **щу́риться** id. (dial. **чу́риться**). Cf. Ukr (obs.) **щу́рити(ся)** id. Attested in dictionaries since 1771. Absent in other Slav languages. Etymologically unclear.
◇ ФТ IV 511 (not to **чур** 'limit'); ЧЕРНЫХ **ИЭСРЯ** II 437 (possibly from ***счу́рить** < **чур** 'limit').

Э

эве́н sb.m. 'Even'. Borrowed from Even **evən** id.
◇ ФТ IV 513–514.

эве́нк sb.m. 'Evenk'. Borrowed from SEvenk **əvenkī** id.
◇ ФТ IV 513–514; АНИКИН **Сиб.** 742.

эге́ interj. Used to express surprise or sim. Of imitative origin.
◇ BERNEKER I 259–260; ПРЕОБР. II 125; ФТ IV 513.

эгои́зм sb.m. 'selfishness, egoism' (noun **эгои́ст**). Cf. Bulg **егои́зъм**, SCr **egòizam**, Czech **egoismus**, Pol **egoizm**, Ukr

егоїзм, Blr **эгаїзм** id. Borrowed in the end of the XVIIIth century from Fr **égoïsme** id. (since 1755). To Lat **ego** 'I'.
◇ DAUZAT 269; ФТ IV 516; ЧЕРНЫХ **ИЭСРЯ** II 438–439.

эй interj. 'hey!'. Of imitative origin.
◇ BERNEKER I 263; ПРЕОБР. II 125; ФТ IV 514–515.

экза́мен sb.m. (old also **экзамин**) 'exam(ination)'. Attested since Peter I. Cf. Bulg **экза́мен**, Czech **examen**, Ukr **екза́мен** id. Borrowed from Pol **egzamen**, **egzamin**, to Fr **examen** (since 1372) < Lat **exāmen** 'trial, test' (originally 'weighing').
◇ DAUZAT 304; ФТ IV 515; ЧЕРНЫХ **ИЭСРЯ** II 439; **AHD** sub **examen, examine.**

экземпля́р sb.m. 'copy, specimen'. Attested since the early XVIIIth century. Cf. Bulg **екземпля́р**, SCr **egzèmplār**, Chech **exemplář**, Pol **egzemplarz,** Ukr **екземпля́р**, Blr **экземпля́р** id. Borrowed from Du **exemplaar** id. or from Germ **Exemplar** id.; ultimately to Lat **exemplar** 'example, sample, copy' < **exemplum** 'example' (lit. 'taken out', to **ex** 'out' + **emere** 'to take').
◇ ФТ IV 515; ЧЕРНЫХ **ИЭСРЯ** II 440.

экипа́ж I sb.m. 'crew'. Attested since Peter I in the meaning 'crew of a ship'; later 'crew'. Cf. Bulg **екипа́ж**, Ukr **екіпа́ж**, Blr **екіпа́ж** 'crew '. From Fr **équipage** 'equipment / crew (of a ship)', possibly via Du **equipage,** to Fr **équiper** 'to equip' < OFr **e(s)quiper** < **eschiper** 'to put to sea, to embark' (to Gmc ***skipam** 'ship').
◇ DAUZAT 288 (sub **équiper**); ФТ IV 515; ЧЕРНЫХ **ИЭСРЯ** II 440; **AHD** sub **equip, equipage**.
экипа́ж II sb.m. 'carriage'. Attested since 1712. To Fr **équipage**; see **экипа́ж I.**
◇ ФТ IV 515; ЧЕРНЫХ **ИЭСРЯ** II 440; **AHD** sub **equipage**.

экра́н sb.m. 'screen'. Borrowed in 1800s from Fr **écran** 'screen, shield' < OFr **escran** (since 1318) which is possibly borrowed from MDu **schrem** 'shield'. To Gmc ***skerm**- 'to fight (with a sword); to protect; fence' < IE ***sker**- 'to cut'.
◇ DAUZAT 266; ФТ IV 516; ЧЕРНЫХ **ИЭСРЯ** II 441; **AHD** sub **screen.**

экспона́т sb.m. 'exhibit'. Attested in dictionaries since 1901. Cf. Bulg **експона́т**, Czech **eksponát**, Pol **eksponat**, Ukr

експонáт, Blr **экспанáт** id. Borrowed from Germ **Exponat** id. (to Lat **ex-pónere** 'to exhibit, to display').
◇ ЧЕРНЫХ **ИЭСРЯ** II 443.

экспрéсс sb.m. 'express (train / ship / bus)'. Borrowed from Fr **express** 'express train' (1849), a borrowing from Eng **express**, itself based on Fr **exprès** 'express(ly)'. Rus **экспресс** is attested since the XVIIIth century in the meaning 'messenger; urgent message'. All to Vulgar Lat ***ex-pressāre** 'to press out'.
◇ ЧЕРНЫХ **ИЭСРЯ** II 443; **AHD** sub **express**.

экспрóмт sb.m. 'something composed on the spur of the moment'; cf. adv. (old instr.) **экспрóмтом** 'impromtu'. Attested in Russian as **экспрóмпт** (> **экспрóмт**) since the early XIXth century. Bookish expression, based on Lat **expromptus** 'ready, at hand' (pass. part. of **ex-prōmo** 'to take / lay out, to reveal'). Cf. Fr **impromptu** 'impromtu' (since 1659) to Lat **esse / habere in promptū** 'to be / have ready' (lit. 'to be / have in readiness').
◇ DAUZAT 402; ФТ IV 516; ЧЕРНЫХ **ИЭСРЯ** II 443.

э́кстренный adj. 'urgent'. Attested since the early XIXth century. A Russian bookish expression based on Lat **extrā** 'extra' (to **экстра** 'urgent mail, unusual event, quarrel' attested since 1710-1712). Cf. Bulg **éкстрен**, Ukr **éкстрений**, Blr **э́кстранны** 'urgent'. Absent in other Slav languages. To Lat **ex** < IE ***eĝhs** 'out' (+ suff. *-**tero**-).
◇ ФТ IV 516; ЧЕРНЫХ **ИЭСРЯ** II 444; **AHD** sub **extra**.

элевáтор sb.m. 'grain elevator'. Attested since 1900s. Cf. Bulg **елевáтор**, SCr **elèvātor**, Pol **elewator**, Ukr **елевáтор**, Blr **элевáтар** id. From Eng **elevator** < Late Lat **ēlevātor** 'hoist' < Lat **ēlevāre** 'to lift, to take away' (to **ex**- 'out, up' + **levāre** 'to lighten, to raise'). To IE ***eĝhs** 'out' and ***leg^{u}h**- 'light, having light weight; move easily'.
◇ ЧЕРНЫХ **ИЭСРЯ** II 444-445; **AHD** sub **elevate, elevator**.

эмáль sb.f. 'enamel'. Attested in dictionaries since the early XIXth century. Borrowed in 1780s from Fr **émail** < OFr **esmail** < **esmal** (XIIth century). From Frankish ***smalt** id. (cf. Germ **Schmelz** 'enamel, glazing, melting', **schmelzen** 'to melt, to fuse'). To IE root ***mel**- 'soft'.
◇ DAUZAT 271; ФТ IV 518; ЧЕРНЫХ **ИЭСРЯ** II 446-447; АРАПОВА **PP** XXXVI/4 116-120; **IE Roots** sub ***mel**-[1].

э́ники-бе́ники sb.pl. A nursery rhyme word which continues MHG ***einic beinic*** 'one die' from a poem used while playing dice and dominoes.
◇ ОРЕЛ **РР** XII/1 159–160.

эски́з sb.m. 'sketch, draft' (old also **эскисс**). Attested since the 2nd half of the XVIIIth century. Cf. Bulg **ески́з**, Ukr **ескі̂з**, Blr **эскі̂з** id. From Fr **esquisse** id. (since the XVIIth century) < Ital **schizzo** 'squirt, spurt; sketch, draft'.
◇ DAUZAT 294; ФТ IV 521; ЧЕРНЫХ **ИЭСРЯ** II 452.

эспера́нто sb.m. 'Esperanto, an artificial international language (created by LAZAR ZAMENHOF)'. Borrowed in 1880s from Esp **Esperanto** (= ZAMENHOF's pseudonym, lit. 'one who hopes').
◇ КОРНИЛАЕВА **ИРС** 231–233; **AHD** sub **Esperanto**.

эстра́да sb.f. 'stage, platform; vaudeville'. Attested since the mid-XIXth century. Cf. Bulg **естра́да**, SCr **estráda**, Czech **estráda**, Pol **estrada**, Ukr **естра́да**, Blr **эстра́да** 'stage'. From Fr **estrade** id. (attested since the late XVIIth century) < Sp **estrado** 'podium' < Lat **strātum** 'blanket, bed, floor(ing)'.
◇ DAUZAT 296; ФТ IV 523; ЧЕРНЫХ **ИЭСРЯ** II 453.

эсэмэ́ска sb.f. 'text message via mobile phone' (**-ка** is a frequent nominal suff.). Recent borrowing from Eng **SMS** for 'short message service'.
◇ **ТСРРЯ** 637.

эта́ж sb.m. 'floor, story' (< old 'dwelling'). Attested since the XVIIIth century. Cf. Bulg **ета́ж**, Ukr (obs.) **ета́ж** 'floor, story'. Absent in other Slav languages. From Fr **étage** id. < OFr **estage** 'floor of the building, position' (since the XIIth century) < Vulgar Lat ***staticum*** 'standing place (= position)', to Lat **stāre** 'to stand' < IE ***stā-*** id.
◇ DAUZAT 297; ФТ IV 523; ЧЕРНЫХ **ИЭСРЯ** II 453; **AHD** sub **stage**.

этаже́рка sb.f. 'etagere, bookcase'. Attested since the 1st half of the XIXth century. Cf. Bulg **етаже́рка**, SCr **etàžēr**, Czech **etažér**, Pol **etażerka**, Ukr **етаже́рка**, Blr **этажэ́рка** id. Borrowed from Fr **étagère** 'rack, shelf' < OFr **estagiere** 'floor of the building, position' (same as **estage**). See **эта́ж** 'floor, story'.

◇ DAUZAT 297 (sub **étage**); ФТ IV 523; ЧЕРНЫХ **ИЭСРЯ** II 453-454; **AHD** sub **étagère** / **etagere**.

эталóн sb.m. 'standard'. Attested since early 1900s. Cf. Bulg **еталóн**, Czech, Pol **etalon**, Ukr **еталóн**, Blr **эталóн** 'standard'. Borrowed from Fr **étalon** < OFr **estelon** 'post, stake'(XIIth century) < **este(i)l** id. (cf. also Fr **étalonner** 'to calibrate'). To Frankish ***stihhil** 'stake' (> Germ **Stiel** 'stick, handle').
◇ DAUZAT 298; ЧЕРНЫХ **ИЭСРЯ** II 454.

этáп sb.m. 'stage, phase; leg (of a journey); halting place' (cioll. 'group of prisoners traveling under guard'). Attested in dictionaries since 1847. Cf. Bulg **этáп**, SCr **etápa**, Czech, **etapa**, Pol **etap**, Ukr **етáп**, Blr **этáп** id. Borrowed from Fr **étape** 'stage, leg (of a journey); halting place' < OFr **estople**, originally 'counter, warehouse' (since 1280).
◇ DAUZAT 298; ФТ IV 523; ЧЕРНЫХ **ИЭСРЯ** II 454.

этикéт sb.m. 'etiquette' (e.g. **соблюдáть этикéт** 'observe etiquette'). Attested since the XVIIIth century. Cf. Bulg **етикéция**, **етикéт**, SCr **etikéta**, Pol **etykieta**, Ukr **етикéт,** Blr **этыкéт** id. Borrowed from Fr **étiquette** 'prescibed routine, label, ticket' < OFr **estiqu(i)er** 'to pin to, to attach to' < MDu **steken** (cf. Germ **stecken** 'to stick'). Ultimately to IE ***steig-** 'to sick; pointed'.
◇ DAUZAT 299; ФТ IV 523; ЧЕРНЫХ **ИЭСРЯ** II 454; **AHD** sub **etiquette**.

этикéтка sb.f. 'label' (old **этикет** id.). Borrowed from Fr **étiquette** id. (possibly via Germ **Etikett** id.). To OFr **estiqu(i)er** 'to pin to, to attach to'. Cf. **этикéт.**
◇ DAUZAT 299; ФТ IV 523; ЧЕРНЫХ **ИЭСРЯ** II 454-455.

э́тот pron.masc. 'this', fem. **э́та**, neut. **э́то**. Attested since the mid XVIIth century. Continues deictic **э́** (old also **е**) + ORus **тъть** 'that' (see **тот**).
◇ ФТ IV 523; ЧЕРНЫХ **ИЭСРЯ** II 455-456 (**э** / **е** to IE ***е**); ТРУБАЧЕВ **ЭССЯ** VI 8 (***е тъ**, ***e ta**, ***e to**).

этю́д sb.m. 'sketch, étude'. Attested since the mid-XIXth century. Cf. Bulg **етю́д**, SCr **etȉda**, Czech **etuda**, Pol **etudia**, Ukr **етю́д**, Blr **эцю́д** id. Borrowed from Fr **étude** 'study' < OFr **estude** id. < Lat **studium** 'effort, ardor, study'. Ultimately to IE ***stu-d-** < ***steu-** 'to push'.

◇ DAUZAT 301; ЧЕРНЫХ **ИЭСРЯ** II 456; **AHD** sub **étude**, **study**.

эфе́с sb.m. 'sword-hilt'. Hypercorrect form of obs. **ефе́с**, **гефе́с** borrowed in 1710s from Germ **Gefäss** id.
◇ СМИРНОВ 114; ПРЕОБР. I 218; ФТ II 29.

эфи́р sb.m. 'ether' (professional slang 'telecast'). Continues ORus **еѳерь, етерь** (etc.) attested since the XIth century. Cf. Bulg **ете́р** 'ether', SCr **ȇtér**, **ȇtár**, Czech **ether**, **éter**, Pol **eter**, Ukr **ефі̂р** id. To Late Gk **'αιθήρ** [efír] '(clear) sky, air' (> modern 'ether') < IE ***aidh-er** 'air' < ***aidh-** 'to burn, to shine'.
◇ ЧЕРНЫХ **ИЭСРЯ** II 456; **AHD** sub **ether**.

эффе́кт sb.m. 'effect' (old also **ефект**). Attested since the early XVIIIth century. Cf. Bulg **ефе́кт**, SCr **èfekat**, Czech, Pol **efekt**, Ukr, Blr **ефе́кт** id. Borrowed, via Germ **Effekt** (since the XVIth century), from Lat **effectus**, past part. of **efficere** 'to accomplish, to perform, to work out' (< **ex-** 'out' + **facere** 'to do, to produce'). To IE ***dhē-** 'to set, to put'.
◇ ФТ IV 524 (via Germ **Effekt**); ЧЕРНЫХ **ИЭСРЯ** II 456; **AHD** sub **effect**.

эх interj. 'eh, oh, what a ...!'. Of imitative origin.

эхо sb.n. 'echo' (old also **exo**). Attested since the early XVIIIth century. Cf. Bulg **е́хо**, Czech, Pol **echo** id. Borrowed, via Germ **Echo**, from Lat **ēchō** id. < Gk **'ηχή** 'noise, hum'. To IE ***wāgh-** 'to resound'.
◇ ФТ IV 524 (via Germ **Echo**); ЧЕРНЫХ **ИЭСРЯ** II 456–457; **IE Roots** sub ***swāgh-** (/***wāgh-**) 'to resound'.

эшело́н sb.m. 'echelon, special train'. Attested in dictionaries since 1847. Cf. Bulg **ешело́н**, SCr **ešèlōn**, Pol **eszelon,** Ukr **ешело́н**, Blr **эшало́н** 'echelon, special train'. Czech **ešelon** is from Rus. Borrowed from Fr **échelon** 'echelon, rung (of a ladder)' < OFr **eschelon** id. < **eschile** 'ladder' (> Fr **échelle** 'step, scale'). To Lat **scālae** (pl.) 'ladder, stairs'.
◇ DAUZAT 263 (sub **échelle**); ФТ IV 524; ЧЕРНЫХ **ИЭСРЯ** II 457; **AHD** sub **echelon**.

Ю

юбиле́й sb.m. 'anniversary, jubilee' (adj. **юбиле́йный**; sb.n. **юбиля́р** 'person whose universary is being celebrated'). Attested since the early XIXth century. Cf. Bulg **юбиле́й**, SCr **jubȉlej**, Czech **jubileum**, Pol **jubileusz**, Ukr **ювіле́й**, Blr **юбіле́й** id. Borrowed from West European languages (possibly from Germ **Jubiläum** id.). To Lat **iubilaeum** (initially **iubilaeus annus** 'year of jubilee' where the first word is derived from Hbr **yōbhēl** 'ram's horn' (used to proclaim the jubilee) < 'leading animal', akin to the verb **hōbhīl** 'to lead, to conduct').

◊ ФТ IV 525; ЧЕРНЫХ **ИЭСРЯ** II 457; **ТСРРЯ** 637 (**юбиля́р** 'a novice thief' [also 'novice narcotic user'], from argot); **AHD** sub **jubilee.**

ю́бка sb.f. 'skirt' (adj. **ю́бочный**). Continues **ю́пка** < **ю́па** (early XVIIth century) apparently borrowed from MHG **joppe** , **juppe** 'jacket'. Ultimately to Arab **ǰubba** 'long clothing with broad sleeves' via Romance languages, cf. Ital **giubba** '(woman's) jacket', Sp **chupa** 'jacket', Fr **jupe** 'skirt'.

◊ ФТ IV 525 (via Pol **jupa**, **juba** '(woman's) jacket'); ЧЕРНЫХ **ИЭСРЯ** II 457-458.

ювели́р sb.m. 'jeweler'. Attested since the mid-XVIIIth century (cf. pl. **ювели** 'gemstones' since Peter I). Borrowed from Du **juwelier** id. (cf. **juweel** 'gem') or Germ **Juwelier** id. (cf. **Juwel** 'gem'); Du and Germ words were borrowed from Fr (cf. Norman Fr **juel** 'gem' to **jeu** 'game, jest') < Lat **jocus** 'jest, joke, fun'.

◊ ФТ IV 525; ЧЕРНЫХ **ИЭСРЯ** II 457; **AHD** sub **jeweler**.

юг sb.m. 'South' (adj. **ю́жный**). Borrowed from OCSl **югъ** νότος, auster. The latter is from Slav ***jugъ** > ORus **угъ** 'South, noon, midday' replaced by the CSl loanword. The underlying meaning seems to be 'warm (south) wind, thaw' which is still present in many Slav languages: Bulg dial. **йук** 'warm south wind', **йук** adv. 'warm', **йуго́** 'south wind'; SCr **jȕg** 'South, south wind' (cf. **jugovina** 'thaw'); Slvn **jug** 'South, south wind' (cf. **jugovina** 'thaw'); Czech **jih** 'South', dial. **juh** 'thaw, warm south wind'; Slvk **juh** 'South, thaw';

Pol dial. **jug** 'thaw, melting (of snow)'; Ukr **югá** 'dry fog, haze'. ORus forms **угъ, югъ** are attested since XIth century. Underlying meaning seems to be 'soft, mild', possibly to Slav ***ju-** (< IE ***i̯eu(ə)-** 'to knead, to mix; soft') + suff. *-**гъ.** Related: Lith **jaukùs** 'meek, soft, pleasant', Latv **jàut** 'to mix, to knead', Skt **yāuti** 'to mix' (ТРУБАЧЕВ **ЭССЯ** VIII 192-193). Cf. **ужинъ** 'supper'.
◇ ФТ IV 526; ЧЕРНЫХ **ИЭСРЯ** II 458 (to IE ***aug-** 'to shine').

ю́зер sb.m. 'computer user'. Borrowed from Eng **user** in 1990s.

юлá sb.f. 'whirlgig, top (toy); fidgety child / person'. Russian only; attested since the mid-XVIIIth century. Etymologically difficult (simplified from ***вьюлá** < **вить** 'to twist, to weave' ? Or to Lith **judus** 'flink', Rus **юдо** ?. Cf. **юли́ть.**
◇ ФТ IV 529-530, 528 (sub **ю́до**); ЧЕРНЫХ **ИЭСРЯ** II 458-459.

юли́ть vb. 'to keep moving about; to play up to'. Absent in other Slav languages. Etymologically difficult. See **юлá**. 'whirlgig'.
◇ ФТ IV 529-530 (sub **юлá**); ЧЕРНЫХ **ИЭСРЯ** II 459 ; **ТСРРЯ** 637 (also 'to use cunning, to resort to trickery') .

ю́мор sb.m. 'humour', old **гумор** (cf. sb.m. **юмори́ст** 'humourist', sb.f. **юморéска** 'humouresque'). From Eng **humour**; old var. **гумор** is from Germ **Humor** id. Cf. Bulg **хýмор**, SCr **hûmor**, Slvn, Czech, Pol **humor**, Ukr **гýмор**, Blr **гýмар** id. To Lat **(h)ūmor** 'liquid, fluid' (refers to body fluids which determine human temperament, according to medieval medicine).
◇ ФТ IV 530; ЧЕРНЫХ **ИЭСРЯ** II 459; **AHD** sub **humor**; **ТСРРЯ** 637 (verb **юмори́ть** 'to joke', coll./slang).

ю́нга sb.m. 'cabin boy, ship's boy'; cf. Bulg **ю́нга**, Pol **junga**, Ukr, Blr **ю́нга id.** Borrowed in the early XVIIIth century from Du **jong** 'young, new; boy' (cf. **dek(s)-jongen**, to **dek** 'deck'; hence Rus **декъ-юнги**, pl., since Peter I). Cf. **ю́ный** 'young'.
◇ ФТ IV 530; ЧЕРНЫХ **ИЭСРЯ** II 459.

юне́ц sb.m. 'youth, lad'. Contінies bookish ORus (since the XIth century) **юньць** 'bull, calf' (**юница** 'heifer', **уница** 'heifer; girl'). Cf. Bulg **юне́ц** 'young bull', SCr **júnac** id., Slvn **junec** id., Pol **juniec** id. See **ю́ный** 'young'. See **ю́ный** 'young', **ю́ноша** 'youth'.
◇ ФТ IV 531 (**юне́ц**, **ю́ный**); ЧЕРНЫХ **ИЭСРЯ** II 460 (sub **ю́ный**).

ю́ноша sb.m. 'youth, young man' (dial. **вью́ноша**) borrowed from CSl; cf. ORus **уноша** (attested since the XIth century). Bulg **ю́ноша** 'youth, young man', SCr (obs.) **jȕnoš** id. See **ю́ный** 'young, youthful'.
◇ ФТ IV 531; ЧЕРНЫХ **ИЭСРЯ** II 460 (sub **ю́ный**).

ю́ный adj. 'young, youthful'. Attested since the XIth century (as bookish ORus **юнъ**, **юныи** id.); cf. Ukr **ю́ний** id. Borrowed from OCSl **юнъ** νέος, νεώτερος. This latter is from Slav ***junъ(jь)** > ORus **уныи** 'young, youthful', further related to Skt **yúvan-** 'young man', Lat **iuuencus** 'youth', OIr **óac** 'young', Gmc ***jungaz** > Goth **juggs** 'young', Lith **jáunas** id. (MIKLOSICH **EW** 106). To IE ***i̯eu-en-**, ***i̯eu-n̥-ko-** 'young'.
◇ BERNEKER I 459; WALDE-HOFMANN I 735; MAYRHOFER III 23-24; PORZIG **Festschr. Debrunner** 343-349; POKORNY 510-511; **AHD** sub **young**; ФТ IV 531; ТРУБАЧЕВ **ЭССЯ** VIII 195-197; ЧЕРНЫХ **ИЭСРЯ** II 460; OREL **HGE** 207.

юра́к sb.m. 'Nenets'. Secondary Slavic suffic **-ак** added to the stem borrowed
from Mansi **jorin** 'Samoyed' or Komi **jaran** id.
◇ ФТ IV 532; АНИКИН **Сиб.** 746.

юри́ст sb.m. 'lawyer' (adj. **юриди́ческий**, old **юристический**). Attested since 1704. Cf. Bulg **юри́ст**, SCr **jùrist(a)**, Czech **jurista** , Pol **jurysta**, Ukr **юри́ст**, Blr **юры́ст** id. Borrowed from MLat **jurista** id. (to Lat **jūs** 'law', stem **jūr-**), possibly via Germ **Jurist** id.
◇ ФТ IV 533 (here also **юриди́ческий**, **юрисди́кция**, **юриспруде́нция**); ЧЕРНЫХ **ИЭСРЯ** II 460-461 (**юриди́ческий**), 462 (**юсти́ция**).

ю́ркий adj. 'brisk, nimble' (cf. dial. **юра́** sb.m. 'fidget'). To Slav ***juriti** 'to chase, to play, to fidget'. Possibly related to Gmc ***ūr(i)a-** 'wild, agitated', etc. (B. Čop).

◇ КУРКИНА **Этим. 1971** 73; ТРУБАЧЕВ ФТ IV 533 (sub **юри́ть**; ТРУБАЧЕВ mentions here Čop's etymologies); ЧЕРНЫХ **ИЭСРЯ** II 460–461 (possibly ***jurъ** < ***vьjurъ**); ТРУБАЧЕВ **ЭССЯ** VIII 198–199 (related to **я́рый** 'furious' etc.).

юро́дивый adj. 'touched, imbecil'; sb.m. 'God's fool'. Bookish ORus **юродивыи** since 1073, cf. Rus **уродивыи** since 1056–1057. Note Bulg **юроди́в**, Ukr **юроди́вий**, Blr **юро́дзівы** id. Absent in other Slav languages (or used as a Rus word). To **уро́д** 'ugly person'.
◇ ФТ IV 534; ЧЕРНЫХ **ИЭСРЯ** II 461.

ю́рта sb.f. 'yurta, Northern nomad tent'. Attested since 1623 (pl. **юрты**). Cf. Bulg **ю́рта**, Czech, Pol **jurta** , Ukr, Blr **ю́рта** id. Based on dial. **юрт** 'area, village, house' borrowed from Turkic: OTurk **jurt** 'house, dwelling, residence', Turk **jurt** 'dwelling', Chag **jurt** id.
◇ DOERFER IV 213–216; ФТ IV 534–535 (**юрт**); ЧЕРНЫХ **ИЭСРЯ** II 462; АНИКИН **Сиб.** 747.

ют sb.m. 'quarterdeck'. Attested since 1720. Borrowed from Du **hut** id.
◇ ФТ IV 535.

юти́ться vb. 'to perch, to nestle, to huddle'. Related to **очути́ться** 'end up (in a certain place)' (< ***ot-jut-**) with its possible further relation to Lith **jaũsti** 'to feel'. Initial **ю-** (instead of **у-**) might have been restored in prefixed forms, cf. **прию́т** 'refuge, shelter', **ую́т** 'cosiness, comfort'. Still, a link to IE ***i̯eu-** 'to mix' may be possible if one compares Slav ***jutiti (sę)** 'to huddle' (< IE ***i̯eu-t-** id.?) with Skt **yūtî-** 'mix(ture)', etc. (ТРУБАЧЕВ **ЭССЯ** VIII 199).
◇ MIKLOSICH **EW** 106 (from **ют**); ИЛЬИНСКИЙ **РФВ** LXX 269–270 (from unattested ***jutъ** < ***juktъ**, to Lith **jaukìnti** 'to accustom'); MÜHLENBACH-ENDZELIN II 119, III 37 (to Latv **jùmts** 'roof'); POKORNY I 507–508; МЕРКУЛОВА **Этим. 1985** 84–85 (from Turkic **öj** 'house' or **ot** 'grass'); ФТ IV 535–536 (unclear); ЧЕРНЫХ **ИЭСРЯ** II 462 (cf. 67 **прию́т** 'refuge, shelter').

юфть sb.f. 'a kind of soft leather, yuft' (dial. also **юхть**, **юхо́ть** id.). Attested since the XVIth century. Cf. Ukr **ю́хта**, Blr **юхт** id. From Rus: Bulg **юфт**, Czech **juchta**, Pol **jucht(a)** id. (as well as Fr **youfte**, Eng **yuft**, Germ **Juchten**,

Du **juchtleer** id.). Borrowed from Pers **ǰuft** 'pair, couple' (hides are processed in pairs; cf. also Av **yuxta-** 'pair'), possibly via Turkic.

◇ STACHOWSKI **LWGT** 164 (from Pers **ǧuft** 'steam' via Tat ***juft**); ФТ IV 536; ЧЕРНЫХ II 462-463; АНИКИН **Сиб.** 748.

ю́шка sb.f. 'soup, fish soup; blood (from the nose)'. Together with Ukr **ю́шка** 'soup, fish soup' borrowed from Pol **juszka** 'animal blood; soup'. See **уха́** 'fish soup'.

◇ ФТ IV 536 (sub **юха́**); ТРУБАЧЕВ **ЭССЯ** VIII 199 (ultimately to Slav ***juš-ьka**, der. from ***juxa**); **ТСРРЯ** 638.

Я

я pron. 'I'. Continues ORus **азъ, язъ, я** id. from Slav ***azъ**: OCSl **азъ** ἐγώ, Bulg **аз** 'I', Maced **jac** id., SCr **jâ** id., Slvn **jàz** id., Czech **já** id., Slvk **ja** id., USorb **ja** id., LSorb **ja** id., Pol **ja** id., Ukr **я** id., Blr **я** id. The loss of final ***-zъ** in several Slavic languages is explained by sandhi or high frequency of the pronoun. Despite the deviant vocalism, related to Hitt **uk** id., Skt **ahám** id., Av **azəm** id., Arm **es** id., Gk ἐγώ id., Lat **ego** id., Goth **ik** id., Lith **àš** id. The details of the IE reconstruction (the velar and the auslaut) are dubious. Gen.-acc. **меня** continues ORus **мене** id. from Slav ***mene** > OCSl **мене** id., Bulg **мéне** id., Maced **мене** id., SCr **mène** id., Slvn **mene** id., Czech **mne** id., Slvk **mňa** id., Pol **mnie** id., Ukr **мене́** id., Blr **мяне́** id. Based on IE ***me-**, cf. Iran ***mana** id., Lith **manè** id. Dat. **мне** continues ORus **мънѣ** from Slav ***mьně** > OCSl **мьнѣ** id., Bulg **мен** id., SCr **mèni** id., Slvn **mèni** id., Czech **mně** id., Slvk **mne** id., USorb **mni, mnje** id., LSorb **mni, mnje** id., Pol **mnie** id., Ukr **мені́** id., Blr **мне** id. - an innovation based on gen. ***mene** similar to Lith **mánei** id., OPrus **mennei** id. Another innovation based on gen. and influenced by such forms as Skt instr. **máyā** is instr. **мной, мно́ю** continuing ORus **мъною** id. from Slav ***mьnojǫ** > OCSl **мънолѫ** id. and the like.

◇ MIKLOSICH **EW** 5; BERNEKER I 35 (***azъ** as a contraction of ***a ezъ**), II 36, 236; СОБОЛЕВСКИЙ **РФВ** LXIV 103 (separates ***azъ** from its IE parallels); ПРЕОБР. I 524 (nominal dat. *-ě in **мне**); TRAUTMANN **BSW** 72, 179; BRÜCKNER 195-196, 341;

KNUTSSON **ZfslPh** XII 94-102 (lengthening in Slav); WALDE-HOFFMANN I 395-396; POKORNY I 291, 702; FRISK I 441; MAYRHOFER I 68; FRAENKEL 18; АБАЕВ **Сб. Борковский** 11 (Iranism); ФТ II 599-600, 632, 634, IV 538; ТРУБАЧЕВ **ЭССЯ** I 100-103 (metathesis of ***jьza** as too phonetically close to ***jьz** > **из**), XVIII 96-97, ПЕТЛЕВА **ЭССЯ** XXI 112, 116.

я́блоко sb.n. 'apple'. Continues ORus **яблъко, яблоко** id. from Slav ***ablъko**: OCSl **аблъко** μῆλον, Bulg dial. **а́блъко, я́блъко** 'apple', Maced **јаболко** id., old SCr **jȁbuko** id., Slvn **jábolko** id., Czech **jablko** id., Slvk **jablko** id., USorb **jabłuko** id., LSorb **jabłuko** id., Pol **jabłko** id., Ukr **я́блуко** id. Derived from an **u**-stem ***ablu-** related to OIr **ubull** id. (< ***ablu-**), Gmc ***ap(u)laz** ~ ***ap(u)liz** id. (> Crim. Goth **apel**, OHG **apful**), Lith **obuolỹs** id. Due to the phonetic structure of this word (***a**, *-**b**-), it must have been borrowed from a non-IE source.
◇ HOOPS **Walbäume** 477-479; BERNEKER I 22-23; TRAUTMANN **BSW** 2; LANE **Language** IX 251; POKORNY I 1-2; BŪGA I 433; FRAENKEL I 515; FRIEDRICH **PIET** 16-17; HAMP **ZfceltPh** XXXVII 164 (from non-IE); ФТ IV 539; SADNIK-AITZETMÜLLER I 7-8; ИВАНОВ-ГАМКРЕЛИДЗЕ 637-641 (to Hitt **šamluwanza** id.); ТРУБАЧЕВ **ЭССЯ** I 44-46 (not from pre-IE substratum); OREL **HGE** 21-22.

я́блоня sb.f. 'apple-tree'. Together with dial. **я́блонь** id. continues ORus **яблонь** id. from Slav ***ablonь**: Czech **jabloň** id., Slvk **jabloň** id., USorb **jabłoń** id., LSorb **jabłoń** id., **jabołń** id., Pol **jabłoń** id., Ukr **я́блунь** id., Blr **я́блыня** id. South Slavic reflects ***abolnь**: OCS **аблань** μηλέα, Slvn **jáblan** id. The example of LSorb continuing both ***ablonь** and ***abolnь** shows that ***ablonь** is a later metathesis of the regular ***abolnь** derivationally close to OPrus **wobalne** id. further related to **я́блоко**.
◇ TRAUTMANN **BSW** 2; SADNIK-AITZETMÜLLER I 8; ТРУБАЧЕВ **ЭССЯ** I 42-43, 47 (directly from dial. IE ***abl-on-**).

яви́ть vb. 'to show'. Continues ORus **явити** id. from Slav ***aviti**: OCSl **авити** ἀποκαλῦπτειν, φανεροῦν, δεικνύναι, ὁρᾶσθαι, ἀποκαλύπτεσθαι, Bulg **явя́** 'to show', Maced **јави** 'to inform', SCr **jáviti** 'to declare', Slvn **jáviti** id., Czech **jeviti** 'to reveal, to show', Slvk **javit' (sa)** 'to appear', LSorb **jawiś** 'to inform', Pol **jawić** 'to reveal', Ukr **яви́ти** 'to show, to reveal'. Derived from adv. ***avě**: OCSl **авѣ** φανερῶς, δῆλον,

Bulg **áве**, **я́ве** 'awake', Maced dial. **јаве** id., SCr **jávi** 'openly' related to Skt **āvíḥ** id., Av **āviš** id. Further connected with Gk αἰσθάνομαι 'to feel' and Lat **audiō** 'to listen, to hear' reflecting ***au̯is-dh-**.
◇ MIKLOSICH **EW** 101; BERNEKER I 34; MEILLET **RES** VI 173; MAYRHOFER I 82; ФТ IV 541; SADNIK-AITZETMÜLLER I 39; ТРУБАЧЕВ **ЭССЯ** I 93-95.

я́вор sb.m. 'a kind of maple'. Continues Slav ***avorъ**: CSl **аворъ** πλατάνος, Bulg **я́вор** 'a kind of maple', Maced **јавор** id., SCr **jȁvor** id., Slvn **jávor** 'maple', Czech **javor** id., Slvk **javor** 'a kind of maple', USorb **jawor** id., LSorb **jawor** id., Pol **jawor** id., Ukr **я́вір** id., Blr **я́вар** id. Borrowed (with a substitution of the voiced **-h-** > **-γ-** with Slav ***-v-**) from OBav ***āhor** 'maple', cf. Germ dial. **Are** id. wihtout **-n-** of OHG **āhorn** id. > Germ **Ahorn** id.
◇ MIKLOSICH **EW** 101; TREIMER **Slavia** III 454 (to Alb **verr** 'alder'); BERNEKER I 35 (from OHG **āhorn** interpreted as an adj. in ***-ьnъ**: ***avorьnъ** > Rus **я́ворный** 'of maple'); SCHWARZ **AfslPh** XL 284-287; KIPARSKY **Gem.** 229; SŁAWSKI I 528-529; SADNIK-AITZETMÜLLER I 40; ФТ IV 541-542; ТРУБАЧЕВ **ЭССЯ** I 96-97.

яга́ sb.f. 'witch in Russian folk tales'. Often used as prop. in **ба́ба Яга́**. A parallel form with progressive palatalization is attested in ORus **яза** 'illness'. From Slav ***ęga (~ *ęza)**: OCSl **ѩза** ἀσθένεια, νόσος, morbus, Bulg **енза́** 'wound', SCr **jéza** 'horror, terror', Slvn **jéza** 'ire', OCzech **jěžě** 'witch', Pol **jędza** id., Ukr **яга́** 'witch in folk tales', **я́зя** 'angry woman', Blr **яга́** 'witch in folk tales'. Related to Gmc masc. ***enkōn** > ON **ekki** 'convulsive sobbing', OE **inca** 'doubt, question, cause of complaint'. Further connected with Lith **éngti** 'to strangle, to squeeze, to torment' (ПОГОДИН **РФВ** XXXIII 328; LIDÉN **Studien** 70-71).
◇ PICTET **KZ** V 346; POTEBNJA **AfslPh** III 361 (to **уж**); BERNEKER I 268-269; TRAUTMANN **BSW** 70; POKORNY I 13; FRAENKEL 10, 1163-1164; STANG **LS** 25; ФТ IV 542-543; БЕРЕЗИН apud КОНОНОВ **PP** VII/1 (from Mong **eke** 'mother'); ТРУБАЧЕВ **ЭССЯ** VI 68-69; ДЫБО **БСА** 201; OREL **HGE** 84.

я́гель sb.m. 'a kind of moss'. Borrowed from Saami **jægel** id.
◇ ФТ IV 543; АНИКИН **Сиб.** 750.

ягнёнок sb.m. 'lamb'. Continues ORus **ягнѧ** id. from Slav ***agnę**: OCS **агнѧ** ἀρνίον, ἀρήν, ἀμνός, Bulg **а́гне** 'lamb',

Maced **јагне** id., SCr **jȁgne** id., Slvn **ágnje** id., Czech **jehně** id., Slvk **jahňa** id., USorb **jehnjo** id., LSorb **jagńe** id., Pol **jagnię** id., Ukr **ягня́** id., Blr **ягня́** id. A derivative in ***-ęt-** related to Gk ἀμνός id., Lat **agnus** id., OIr **úan** id. with oscillations in root vocalism (***a** ~ ***o**, Slavic shows the lengthening) and guttural (***g**^{w} ~ ***g**^{w}**h**). Cf. also unattested Gmc ***agwnaz** reconstructed on the basis of ***agwnōjan** > OE **eánian** 'to yean, to bring forth (of ewe)'. See **а́гнец**.
◇ BERNEKER I 24–25; MEILLET **BSL** XXIV 183–184 (isolates Gk and Lat); WALDE-HOFMANN I 23; POKORNY I 9; FRISK I 93; ФТ IV 545; SADNIK-AITZETMÜLLER I 11; ТРУБАЧЕВ **Жив.** 71–73, **ЭССЯ** I 54–55; ДЫБО **БСА** 123–124; OREl **HGE** 4.

я́года sb.f. 'berry'. Continues ORus **ягода** 'berry (esp. of grapes)' from Slav ***agoda**: OCSl **агода** καρπός, ῥώξ, Bulg **я́года** 'strawberry', Maced **јагода** id., SCr **jȁgoda** id., Slvn **jágoda** 'berry', Czech **jahoda** 'strawberry, berry', Slvk **jahoda** 'strawberry', USorb **jahoda** 'berry', LSorb **jagoda** id., Pol **jagoda** id., Ukr **я́года** id., Blr **я́гада** id. Derivative of the unattested ***aga** related to Lith **úoga** id., Latv **uôga** id. Further connections, other than Toch **oko** 'fruit', are not clear.
◇ MIKLOSICH **EW** 99; LIDÉN **IF** XVIII 503–506 (to Gmc ***akranan** > Goth **akran** 'fruit'); BERNEKER I 25; TRAUTMANN **BSW** 202; BRÜCKNER 197; LANE **Language** XIV 33; POKORNY I 773; FRAENKEL 1165; МЕРКУЛОВА **Раст.** 211–212; SADNIK-AITZETMÜLLER I 12–13; ФТ IV 545; ТРУБАЧЕВ **ЭССЯ** I 57–59.

я́годица sb.f. 'buttock'. Semantic development of dial. **я́годица** 'cheek' derived from **я́года** and continuing Slav ***agodica**: Maced **јагодица** 'jaw', SCr **jȁgodica** 'cheek', Blr **я́гадзіца** 'buttock'.
◇ BRÜCKNER 197 (a different semantic motivation); ТРУБАЧЕВ **ЭССЯ** I 59.

яд sb.m. 'poison'. Continues ORus **ядъ** id. from Slav ***ědъ**: OCSl **ядъ** ἰόν, venenum, Bulg **яд** 'ire, anger; poison', Maced **јад** 'sorrow, anger, poison', SCr **jêd** 'bile, poison', Slvn **jâd** 'poison, wrath', Czecdh **jed** 'poison', Slvk **jed** id., USorb **jěd** id., Pol **jad** 'poison, wrath, anger', Ukr **їд** 'poison', Blr **яд** 'poison'. Derived from **есть** (MIKLOSICH **EW** 98; for the semantic development cf. **е́дкий**).
◇ FORTUNATOV **AfslPh** XII 100 (to Gmc ***aitaz** > OHG **eiz** 'abscess'; separates words for 'anger'); MEILLET **MSL** XIV 387–388; BERNEKER I 271–272 (same as FORTUNATOV);

KOŘINEK **LF** LVII 8-9 (prefix ***ē-** and ***dō-** 'to give'); BRÜCKNER 196 (follows MIKLOSICH); ФТ IV 546; ТРУБАЧЕВ **ЭССЯ** VI 45-46 (accepts both etymologies of MIKLOSICH and KOŘINEK).

ядрёный adj. 'vigorous, healthy'. From ***ędrьnъ(jь)**: SCr **jedr(e)n** 'solid, firm', Slvn **jédrn** 'quick', Czech **jadrný** 'firm', Slvk **jaderný** 'having a core', USorb **jadrny** 'stony, rocky', LSorb **jěderny** 'firm, ripe', Pol **jędrny** id., Ukr **ядре́ний** 'granular, fresh', Blr **ядраны** 'ripe, fresh, cold' - derived from ***ędrъ(jь)** (> Bulg **е́дър** 'large' and the like). The latter is identical with **ядро́** (BERNEKER I 455-456).
◇ ТРУБАЧЕВ **ЭССЯ** VI 67-68.
ядро́ sb.n. 'kernel, core'. From Slav ***ędro**: Bulg **езгро** id. (with a secondary phonetic change of the inlaut), Maced **јадро** id., SCr **jédro** id., Slvn **jédro** 'kernel', Czech **jádro** 'kernel, core', Slvk **jadro** id., USorb **jadro** 'kernel, testicle', LSorb **jědro** 'grain, kernel', Pol **jadro** 'kernel, core', Ukr **ядро́** 'grain, seed, testicle', Blr **ядро́** 'kernel, core'. Together with Latv **īdrs** 'core' goes back to IE ***n̥-dhro-** where the first component is connected with IE ***en-** > prep. **в** (FORTUNATOV **BB** III 54), while the second is a suffix.
◇ MIKLOSICH **EW** 104 (to Skt **aṇḍá-** 'testicle'); БРАНДТ **РФВ** XXII 133; BERNEKER I 456; ФТ IV 547; ТРУБАЧЕВ **ЭССЯ** VI 66 (treats *-**dr-** as a variant of *-**tr-**, cf. **нутро́**).

я́зва sb.f. 'ulcer, wound'. Continues ORus **язва** id. from SLav ***ězva**: OCSl **язва** id τρώγλη, foramen, μώλωψ, vibex, Bulg **я́зва** 'ulcer, wound', SCr **jazva** id., Slvn **jâzba** 'den, hole, cave', Czech **jizva** 'scar', Slvk **jazva** id., Blr **я́зва** 'ulcer, wound'. Related to OPrus **eyswo** 'wound' and, further, to Lith **áiža** 'slit, fissure' (MIKLOSICH **EW** 102; BERNEKER I 277). The verb stem is attested in Hitt **igā(i)-** 'to crack', Lith **ìžti** 'to burst'.
◇ TRAUTMANN **BSW** 68; FRAENKEL I 4; ФТ IV 549-550; RITTER **Sprache** XXI 191; ТРУБАЧЕВ **ЭССЯ** VI 56-57.

язы́к sb.m. 'tongue; language'. Continues ORus **языкъ** id. from Slav ***ęzykъ**: OCSl **ѩзыкъ** γλῶσσα, lingua, ἔθνος, populus, Bulg **ези́к** 'tongue, language', Maced **јазик** id., SCr **jèzik** id., Slvn **jézik** id., Czech **jazyk** id., Slvk **jazyk** id., USorb **jazyk** id., LSorb **jězyk** id., Pol **język** id., Ukr **язи́к** id., Blr **язы́к** id. Derived from an old **ū**-stem. Despite phonetic discrepancies, related to Toch A pl. **käntu** 'tongue', B **kantwo** id. (< PToch ***tänkwo**), Skt **jihvā** id., Av **hizvā-** id.,

Arm **lezu** id., Lat **lingua** id., OIr **tengae** id., Gmc ***tungōn** > Goth **tuggo** id., Lith **liežùvis** id., OPrus **insuwis** id.
◇ BLOOMFIELD **AJPh** XVI 427-428 (from ***ĝheu-**); ZUPITZA **Gutt.** 101, 205; BARTHOLOMAE 1815; BERNEKER I 270; WALDE-HOFMANN I 806-807; PORZIG **Gliederung** 129; MAYRHOFER I 436-437; POKORNY I 223; FRAENKEL 369-370; VENDRYES T-50-51; ФТ IV 550-551; ТРУБАЧЕВ **ЭССЯ** VI 74-75 (from ***ĝheu-** 'to call' ~ 'to pour'); WINTER **JIES** X 167-186; ADAMS **TB** 139.

язь sb.m. 'a kind of fish, Leuciscus idus, Idus melanotus'. From Slav ***azь**: SCr **jâz** id., Slvn **jêz** id., Czech **jes** id., USorb **jaz** 'bullhead Cottus', LSorb **jaz** 'Leuciscus idus, Idus melanotus', Pol **jaź** id., Ukr **язь** id., Blr **язь** id. Identical with Lith **ožỹs** 'goat', cf. the German name for this fish - **Ziege** (JANZÉN **ZfslPh** XVIII 29-32).
◇ FRAENKEL 519; SŁAWSKI I 532-533 (to Slav ***ězъ** 'weir, pond' > Rus dial. **ез**); LEDER 51-52 (< *'bright'); ФТ IV 551; ТРУБАЧЕВ **ЭССЯ** I 103.

яйцó sb.n. 'egg'. Continues ORus **яице** id. from Slav ***ajьce**: OCSl **аице** ᾠόν, Bulg **яйцé** 'egg', Maced **јајце** id., SCr **jájce** id., Slvn **jájce** id., Czech **vejce** id., Slvk **vajce** id., Pol dial. **jajce** id., Ukr **яйцé** id., Blr **яйцó** id. Historically, a diminutive of Slav ***aje**: SCr **jáje** id., USorb **jejo**, **wejo** id., LSorb **jajo** id., Pol **jaje** id. The latter is related to OPers **xāya** id., Gk ᾠόν id., Arm **ju** id., W **wy** id., Lat **ōuum** id., Gmc ***ajjaz** id. > ON **egg**, OHG **ei** continuing IE ***ō(u̯)i̯om**.
◇ MIKLOSICH **EW** 99; BERNEKER I 26; BRÜCKNER 196-197; POKORNY I 783-784; SADNIK-AITZETMÜLLER I 13-14; ФТ IV 552; ТРУБАЧЕВ **ЭССЯ** I 61-63 (directly to Osset **ajk** ~ **ajkæ** 'egg'); OREL **HGE** 11.

якýт sb.m. 'Yakutian'. Borrowed from Mongolian pl. of ***jaka** 'edge, side' - ***jaka-t**, cf. Buriat **jaxad** 'Yakutians'.
◇ ФТ IV 553; АНИКИН **Сиб.** 751-752.

я́лик sb.m. 'small flat-bottom boat'. Derived from **я́л** which is borrowed from Eng **yawl**.
◇ WHITTALL 97; ФТ IV 553.

я́ловый adj. 'sterile, barren (of cattle)'. Continues ORus **яловыи** id. from Slav ***alovъ(jь)**: CSl fem. **алова** ἀτεκνοῦσα, Bulg **я́лов** 'sterile, barren', Maced **јалов** id., SCr **jȁlov** id.,

Slvn **jálov** id., Czech **jalový** id., Slvk **jalový** id., USorb **jałowy** id., LSorb **jałowy** id., Pol **jałowy** id., Ukr **яловий** id., Blr fem. **ялавая** id. Related to Latv **ãlava** 'sterile cow'. Further connections unclear.
◇ MIKLOSICH **EW** 99 (Latv < Slav); BERNEKER I 444; TRAUTMANN **BSW** 107 (to Latv **jêls** 'raw, unripe'); POKORNY I 504–505, **ZfceltPh** XXI 55–56 (to W **ial** 'clearing (in the woods)'); FRAENKEL **ZfslPH** XI 36–38 (adds Lith dial. adj. **olaus** 'bachelor' < ***olavas**); MACHEK **Slavia** VIII 209–210 (from Slav ***olъ** 'ale'); ФТ IV 555; ТРУБАЧЕВ **ЭССЯ** I 67–68.

яма sb.f. 'pit'. Continues ORus **яма** id. from Slav ***(j)ama**: Bulg **яма** id., Maced **јама** id., SCr **jȁma** id., Slvn **jáma** id., Czech **jáma** id., Slvk **jama** id., USorb **jama** id., LSorb **jama** id., Pol **jama** id., Ukr **яма** id., Blr **яма** id. Of unknown origin.
◇ JAGIĆ **AfslPh** II 396 (to Latv **juõma** 'depth, bay' but it come from WFinnish, cf. Fin **uoma** id.); GEBAUER apud MEILLET **MSL** XIV 365 (to ***jęti**, see **взять**); BERNEKER I 444 (< ***ama**); LIDÉN **KZ** XLI 395–396 (to OIr **uaimh** 'den'); ROZWADOWSKI **RS** VI 53 (to Fin **uoma**); ФТ IV 555; ТРУБАЧЕВ **ЭССЯ** I 70–71 (to Gk ἄμη 'hoe, spade').

ямщик sb.m. 'coachman'. Continues ORus **ямьщикъ** id. Derived from dial. **ям** 'stan na bol. doroge gde proisx. smena loshadej' continuing ORus **ямъ** 'ямская повинность **FIND**'. The latter is an old borrowing from Turkic: Ujgur **jam** 'postal station', Turk **jam** 'post-horses'.
◇ DOERFER IV 110–118; ФТ IV 555–557 (**ям-щик** < Turkic ***jam-či**); АНИКИН **Сиб.** 753–755; ЧЕРНЫХ **ИЭСРЯ** 470 sub **ямской.**

янки sb.m. 'Yankee'. Borrowed from Eng **Yankee** (of uncertain origin) in the middle of the XIXth century.
◇ САБЕНИНА **ИРС** 234–236.

янтарь sb.m. 'amber'. Attested since 1550s. Borrowed via dial. Germ with its ***g-> *j-** from Lith **gintãras** id. (ДОБРОДОМОВ **PP** V/4 138–142), cf. Latv **dzītars** id., **dziñtars** id. (OLith **jentaras** 'amber' is from dial. Germ). Chuv **janDar** 'glass', **janDal** 'beads, amber' is from Rus.
◇ БУДИЛОВИЧ **Перв.** I/2 291 (a recent borrowing from OLith **jentaras** 'amber', Lith **gintãras** id.); MIKLOSICH **EW** 99 (same as БУДИЛОВИЧ); BERNEKER I 445; BRÜCKNER 50; MIKKOLA **SuM** I 33–34 (on Chuvash forms); FRAENKEL 152 (related to OLith **jentaras**, Lith **gintãras**); ЛАРИН **ИРЯ** 73–75

(originates from Hung **gyantár** 'amber', **gyanta** 'tar' which, however, are loanwords - from Slavic); SŁAWSKI I 501; ДОБРОДОМОВ **РР** 1971/4 138-139; ТРУБАЧЕВ **Этим. 1978** 10-11 (the original Baltic form had **j-** as in OLith **jentaras** borrowed from Rus), 11-18 (from Pontic Indo-Aryan, cf. Skt **yántar-** 'keeping (away)').

яр sb.m. 'steep bank, ravine'. Borrowed from Turkic: Tat **jar** 'steep bank', Turk **jar** id., OTurk **jar** id.
◇ ФТ IV 559; АНИКИН **Сиб.** 757.

ярём sb.m. 'obs. yoke'. Continues ORus **ярьмъ** id. from Slav ***arьmъ**: OCSl **ярьмъ** ζυγόν, ζυγός, Bulg **ярéм** id., Maced **јарем** id., SCr **járam** id., Slvn **jarem** id., Slvk dial. **járom** id., Ukr dial. **ярем** id., Blr dial. **яр^у^ом** id. A morphological variant of **ярмó**.
◇ ФТ IV 561; ТРУБАЧЕВ **ЭССЯ** I 77-78.

я́ркий adj. 'bright'. Continues ORus **яръкыи** 'severe, wrathful, bright' from Slav ***jarъkъ(jь)**: Bulg **я́рък** 'bright', Maced **јарок** id., SCr **jârak** id., Slvn **járek** id., Czech **jarký** id., LSorb **jerki** 'fragile', Pol **jarki** 'of spring; fragile; fierce, temperamental', Ukr **яркúй** 'passionate, sensual', Blr **я́ркі** 'bright'. Derived from **я́рый**. Some forms were (e.g. Pol) were influenced by ***jara** 'spring' (see **ярово́й**).
◇ ТРУБАЧЕВ **ЭССЯ** VIII 180.

ярлы́к sb.m. 'label, tag'. Continues ORus **ярлыкъ** 'Mongolian khan's edict' borrowed from Turkic: Chag **jarliq** 'order, edict', Alt **jarlyq** id., OTurk **jarlïγ** id.
◇ МЕНГЕС 187; ФТ IV 561; АНИКИН **Сиб.** 758.

ярмó sb.n. 'yoke'. Continues Slav ***arьmo**: Czech **jařmo** id., Slvk **jarmo** id., Pol **jarzmo** id., Ukr **ярмó** id., Blr **ярмó** id. Derived from ***ariti** attested in Pol **kojarzyć** 'to join' < ***ko-(j)ariti** reflecting IE ***ar-**, cf. Gk ἀραρίσκω id. Technically, **ярмó** represents a more advanced tool than **и́го**.
◇ MIKLOSICH **EW** 100; BRÜCKNER 199; SŁAWSKI I 508-509; ПАРАСУНЬКО **Мов.** 1968/4 49-51; ФТ IV 561; SADNIK-AITZETMÜLLER I 26-27; ТРУБАЧЕВ **ЭССЯ** I 76-77 (thematization of IE ***ar-m-** > Lat pl.t. **arma** 'armor, shield, arms').

ярово́й adj. 'spring (of crops)'. Continues ORus **яровыи** id. Based on ORus **яра** 'spring' from Slav ***jara** ~ ***jarъ** ~ ***jaro**:

Bulg dial. **ярá** 'summer heat', Maced dial. **japa** id., SCr **jȁra** id., Slvn adj. **jâr** 'of spring', Czech **jaro** 'spring', Slvk **jaro**, **jar** id., LSorb **jaro** id., Pol **jar**, **jaro** id., Ukr dial. **яр** id. Related to Av **yār-** id., Gk ὥρα 'season', Gmc ***jēran** > Goth **jer** 'year', ON **ár** id., OE **geár** id., OFris **jēr** id., OS **jār**, **gēr** id., OHG **jār** id. (MIKLOSICH **EW** 100; BERNEKER I 446–447).
◇ BARTHOLOMAE 1287; БРАНДТ **РФВ** XXII 132 (to **ярый**); SCHULZE **Kl. Schr.** 831; BRÜCKNER 199; PORZIG **Gliederung** 115; POKORNY I 297; ДЫБО **ВСЯ** 26; FRISK II 1150–1151; CHANTRAINE 1303–1304; SŁAWSKI I 505 (same as БРАНДТ); JAKOBSON **IJSLP** I/II 278 (same as БРАНДТ); ФТ IV 559; ТРУБАЧЕВ **ЭССЯ** VIII 175–178; OREL **HGE** 206.

ярýга sb.f. 'ravine'. Borrowed from Turkic: Kuman ***jaruɣ** id., Chag **jaruɣ** 'chink, crack, slit', Turk **jaryq** id.
◇ МЕНГЕС 189–190; ФТ IV 561–562; АНИКИН **Сиб.** 759

я́рый adj. 'violent, furious, fierce'. Continues ORus **ярыи** 'wrathful, cruel' from Slav ***jarъ(jь)**: CSl **яръ** κατάπικρος, αὐστηρός, amarus, austerus, SCr **jâr** 'hot, cruel', Slvn **jâr** 'wrathful', Czech **jarý** 'youthful, fresh, violent', Slvk **jarý** 'fresh, merry', USorp **jěrý** 'astringent, pungent', LSorb old **jary** 'lewd', Pol old **jary** 'clear, pure, hot', Ukr **ярий** 'passionate'. Identical with Gk ζωρός 'fiery, strong (of wine)' (SOLMSEN FIND, see FRISK).
◇ BERNEKER I 447–448; POKORNY I 501; FRISK I 618; ФТ IV 562–563; ТРУБАЧЕВ **ЭССЯ** VIII 178–179 (from ***i̯ōu-ro-**, further to Skt **yuváti** 'to mix' and ***i̯ōus-**, cf. **юшка**).

я́сень sb.m. 'ash-tree'. Continues ORus **ясьнь** id. from Slav ***asenь** ~ ***asenъ**: Bulg **я́сен** id., Maced **jасен** id., SCr **jȁsên** id., Czech **jasan** id., Slvk **jaseň** id., USorb **jaseń** id., LSorb **jaseń** id., OPol **jasien** id., Ukr **я́сень** id., Blr **я́сень** id. Derivationally close to Lat **ornus** id., OIr **huinnius** id. Further cf. Lith **úosis** id., Latv **osis** id., OPrus **woasis** id. with the long ***ō** like in Slavic.
◇ MIKLOSICH **EW** 100; ZUBATÝ **BB** XVIII 254; SOLMSEN **KZ** XXXIV 32; BERNEKER I 31; MEILLET **BSL** XXIV 41; TRAUTMANN **BSW** 203; POKORNY I 782; FRAENKEL 1167; SZEMERÉNYI **Glotta** XXXVIII 229; ФТ IV 564; SADNIK-AITZETMÜLLER I 31; ТРУБАЧЕВ **ЭССЯ** I 79–80.

я́сли pl.t. 'manger; nursery'. Continues ORus **ясли** 'manger' from Slav ***ědsla** ~ ***ědslь**: CSl pl.t. **ясли** φάτνη, praesepe, Bulg **я́сла**, pl. **я́сли** 'manger', Maced pl.t. **јасли** id., SCr **jȁsla** id., Slvn pl. **jásli** id., Czech pl.t. **jesle** id., Slvk pl.t. **jasle** id.,

USorb pl. **jasla** 'Schafhorde FIND', LSorb pl.t. **jasła** id., Pol **jasła** id., Ukr pl.t. **я́сла** id., Blr pl.t. **я́слі** id. Close to Latv dial. **ēslis** 'glutton'.. Derived from **есть**.
◇ MEILLET **MSL** XIV 336 (initial *ō-); BERNEKER I 275; ФТ IV 565; ECKERT **ZfSlaw** XIX 503; ТРУБАЧЕВ **ЭССЯ** VI 44-45.

я́сный adj. 'clear'. Continues ORus **ясьныи** id. from SLav ***ěsknъ(jь)**: OCSl **яснъ** clarus, Bulg **я́сен** 'clear', Maced **jасен** id., SCr **jȁsan** id., Czech **jasný** id., Slvk **jasný** id., USorb **jasny** id., LSorb **jasny** id., Pol **jasny** id., Ukr **я́сни́й** id., Blr **я́сны** id. Related to Lith **áiškus** id. (MIKLOSICH **EW** 101). Cf. also **и́скра**.
◇ ПОГОДИН **РФВ** XXXII 272 (to Skt **yáśas-** 'glory, beauty'); PEDERSEN **IF** V 43; BERNEKER I 276 (reconstructs ***ěsьnъ**); BRÜCKNER 201 (against the reconstruction of *-**k**-); SZEMERÉNYI **Glotta** XXXVIII 237 (to **иска́ть**); FRAENKEL I 3; ФТ IV 565-566; ТРУБАЧЕВ **ЭССЯ** VI 51-52.
я́ство sb.n. 'dish, meal'. From Rus-CSl **я́ства** 'food'. The latter is related to Rus dial. **є́ство** 'dish, food' continuing ***ěstvo** ~ ***ěstva**: old SCr **jestvo** 'food, dish', **jestva** id., Slvn **jêstva** 'food', OCzech **jestva** 'species (in apotheca)', Ukr **їство́** 'dish' derived from **есть I**.
◇ ТРУБАЧЕВ **ЭССЯ** VI 54-55.

я́стреб sb.m. 'hawk'. Continues ORus **ястрѧбъ** id. (also **ястребъ**) from Slav ***(j)astrębъ** ~ ***(j)astrěbъ**: Bulg **я́стреб** id., Macrd **jастреб** id., SCr **jȁstrijeb** 'kite', Slvn **jâstreb** 'hawk, kite', Czech **jestřáb** 'hawk', Slvk **jastrab** id., USorb **jastřob'** 'hawk, kite', LSorb **jastśeb'** 'hawk', Pol **jastrząb** 'hawk', Ukr **я́стріб** id., Blr **я́страб** id. An etymologically unclear compound.
◇ MEILLET **MSL** XI 185-186 (from IE ***āk'ro-**, cf. Lat **accipiter** 'eagle'); LOEWENTHAL **WuS** XI 62 (to Illyr ***assos** 'hawk' < ***atto-**); UHLENBECK **KZ** XL 556-557 (from ***jastь-rębъ** 'partridge eater', see **ря́бчик**); ИЛЬИНСКИЙ **РФВ** LVIII 424-427 (from ***ei-** 'to go' > **идти́**); BERNEKER I 32; BRÜCKNER 200 (on secondary OPol **jastram** 'hawk'); PETERSSON **IF** XXXIV 247 (to late Lat **astur** 'hawk' < Messapic); MAYER **KZ** LXVI 102-103; WALDE-HOFFMANN I 74 (contra PETERSSON); HAAS **LB** I 41 (to pre-Gk prop. **Astrabakos**); VEY **BSL** XLIX 24-40 (< ***ōk'u-ptr-**, cf. Gk ὠκυπέτης 'fast-flying'); SADNIK-AITZETMÜLLER I 34-35 (prefix ***ja-**); ФТ IV 556; ТРУБАЧЕВ **ЭССЯ** I 83-84 (suffix *-**ęb-**, cf. **го́лубь**; derived from ***astrъ** > Ukr **я́стер** 'hawk').

я́тро́ sb.n. 'intestine, testicle(s)'. Continues ORus **ятро** 'liver, intestines' from Slav ***ętro**: Bulg **ятро́** 'liver', SCr fem. **jêtra** id., Slvn pl. **jétra** id., Czech pl. **játra** id., Slvk **jatrá** id., USorb pl. **jatra** id., LSorb pl. **jětša** 'liver and lung'. Close to Skt **antrám** 'intestines', Arm pl. **ənderk'** id., Gk pl. ἔντερα id.reflecting IE ***en-t(e)ro-** (BERNEKER I 269).
◇ MAYRHOFER I 36; POKORNY I 313-314; ФТ IV 568-569; ТРУБАЧЕВ **ЭССЯ** VI 72-73.

я́тровь sb.f. 'wife of the brother-in-law; sister-in-law'. Continues ORus **ятры** 'sister-in-law, brother's wife' from Slav ***jętry**, gen. ***jętrъve**: CSl **ѩтры** σύννυμφος, εἰνάτηρ, fratria, uxor fratris mariti, Bulg **ятръ́ва** 'brothers' wives in relation to each other', Maced **јатрва** 'sister-in-law', SCr **jêtrva** id., Slvn pl. **jetrve** id., OCzech **jatrev** 'wife of the brother-in-law', Pol old **jątrew** 'brother's wife'. Influenced by other **ū**-stems in kinship terminology (cf. **свекро́вь**), goes back to IE ***i̯enəter-** 'sister-in-law': Skt **yâtar-**, Afgh **yōr-**, Arm **ner**, Gk ἐνάτηρ, Lat **ianitrīces**, Lith **jentė** (MIKLOSICH **EW** 104).
◇ BERNEKER I 456; BRÜCKNER 203; WALDE-HOFMANN I 668; POKORNY I 505-506; FRISK I 464; MAYRHOFER III 15-16; BENEVENISTE **Inst.** I 251; SŁAWSKI I 539; ФТ IV 569; ТРУБАЧЕВ **Род.** 138, **ЭССЯ** VIII 188-190 (further etymology based on ASCOLI **KZ** XII 239-240).

ять sb.**FIND [kakoj rod]** '**FIND** letter of the Russian alphabet'. The expression **на ять** 'perfectly, thoroughly' comes from the school jargon and is explained by the difficulty of learning the proper usage of this character.
◇ ВИНОГРАДОВ **ИС** 362-364.

я́хта sb.f. 'yacht'. Borrowed in 1520s from Dutch **jacht** id. **[tak?]**
◇ THOMAS 217-218; Черных **ИЭСРЯ** II 475.

ячея́ sb.f. 'FIND'. Together with Ukr **нечая́** 'hole in the middle of the millstone' (with secondary anlaut) and Blr **я́чэя** 'cell' continues ORus **ячая** 'link, connection'. Continues IE ***ank-** 'to bend' (BERNEKER I 267; ФТ IV 571) which might be the source of unattested Slav ***ękti** id. (ТРУБАЧЕВ **ЭССЯ** VI 60). Cf. also **ячме́нь**.
◇ VAILLANT **Festschr. Kurz** 381-382 (reconstructs ***ačaja** from ***ačiti** 'to look').

ячме́нь sb.m. 'barley'. Continues ORus **ячьмы, ячьмень** id. from SLav ***ęčьmy**: Bulg **ечмен** id., Maced **јачмен** id., SCr **jȅčmên** id., Slvn **ječmen** id., Czech **ječmen** id., Slvk **jačmeň** id., USorb **ječmjeń** id., LSorb **jacḿeń** id., Pol **jęczmień** id., Ukr **ячмі́нь** id., Blr **ячме́нь** id. Related to **яче́я** (BERNEKER I 268) and eventually derived from IE ***ank-** 'to bend' - the ripe spikes tend to bend to the ground (MACHEK[2] 219).
◇ ФТ IV 571; ТРУБАЧЕВ **ЭССЯ** VI 63-64.

я́чный adj. 'of barley'. Continues ORus **ячьныи** id. from Slav ***ęčьnъ(jь)**: OCSl **ѩчьнъ** κρίθινος, hordeaceus, SCr rare **ječan** 'of barley', Czech **ječný** id., USorb **ječny** id., LSorb **jacny** id., Ukr **я́чний** id., Blr **я́чны** id. An archais derivative of ***ęč-**, see **ячме́нь.**
◇ ТРУБАЧЕВ **ЭССЯ** VI 64.

я́щер sb.m. 'rash on the tongue (of cattle)'. Continues Rus-CSl **ящеръ** 'lizard' (for the semantic development cf. SCr **jȁšterica** 'rash on the tongue' ~ Rus **я́щерица**) from ***aščerъ**: OCSl **ащеръ** σαῦρα, old SCr **jȁšter** 'lizard, tonsillitis', Czech **ještěr** 'dragon ,serpent', Slvk **jašter** id. A prefixed derivative of **щéрить.**
◇ MIKLOSICH **EW** 101; ZUBATÝ **KZ** XXXI 15 (to Gk ἐσχαρός 'a kind of fish'); МЛАДЕНОВ **РФВ** LXXI 454-458 (< ***ask-ščerъ** 'cave digger', cf. Slvk **jask** 'tunnel' and the like from ***askъ** and **щéрить**); ILJINSKIJ **AfslPh** XXXII 337-343 (prefix ***ja-** and ***skora**, see **шку́ра**); BERNEKER I 33 (to Gk σκαίρω 'to jump'); ФТ IV 572 (to **ско́рый**); ТРУБАЧЕВ **ЭССЯ** I 87-89 (follows МЛАДЕНОВ).

я́щерица sb.f. 'lizard'. Continues Rus-CSl **ящерица** id. from Slav ***aščerica**: SCr **jȁšterica** 'rash on the tongue', Slvn **jȃščerica** 'a kind of lizard', Czech **ještěřice** 'lizard', Slvk **jašterica** id., USorb **ješćeŕca** id., old Pol **jaszczerzyca** id., Ukr **ящури́ця** id. Derived from **я́щер.**
◇ JOKL **IF** XXXVII 110 n. 1 (to Alb **hardhël** 'lizard'); ФТ IV 572-573; ТРУБАЧЕВ **ЭССЯ** I 87.

я́щик sb.m. 'box'. Der. in the beginning of the XVth century from an earlier **аск, яск** 'basket' borrowed in the XIVth century from OIsl **askr** 'wooden vessel'(< 'ash tree').
◇ THOMAS 58-59; ЧЕРНЫХ **ИЭСРЯ** II 476.

я́щур sb.m. 'a kind of dormouse; foot-and-mouth disease'. Continues Slav ***aščurъ**: Czech dial. **jaščur** 'salamander', Slvk dial. **jaščur** 'lizard', Pol **jaszczur** 'salamander', Ukr **я́щур** id. A taboo modification of **я́щер**.

◇ BERNEKER I 33 (influence of **щур**); ФТ IV 573 (derived from ***ščurъ** 'rat'); ТРУБАЧЕВ **ЭССЯ** I 87–88 (labialization of *-**e**- after *-**šč**-).

www.ingramcontent.com/pod-product-compliance
Lightning Source LLC
Chambersburg PA
CBHW050130170426
43197CB00011B/1776

* 9 7 8 1 7 7 0 8 3 0 2 6 4 *